2024

中国古典学年鉴

Almanac of
Chinese Classical Studies

吴洋 主编

中国社会科学出版社

图书在版编目(CIP)数据

中国古典学年鉴. 2024 / 吴洋主编. -- 北京：中国社会科学出版社，2024.11. -- ISBN 978-7-5227-4384-4

Ⅰ. Z126-54

中国国家版本馆 CIP 数据核字第 2024RH9897 号

出 版 人	赵剑英
责任编辑	韩国茹
责任校对	郝阳洋
责任印制	张雪娇

出　　版	中国社会科学出版社
社　　址	北京鼓楼西大街甲 158 号
邮　　编	100720
网　　址	http://www.csspw.cn
发 行 部	010-84083685
门 市 部	010-84029450
经　　销	新华书店及其他书店
印刷装订	北京君升印刷有限公司
版　　次	2024 年 11 月第 1 版
印　　次	2024 年 11 月第 1 次印刷
开　　本	787×1092　1/16
印　　张	26.25
插　　页	2
字　　数	526 千字
定　　价	158.00 元

凡购买中国社会科学出版社图书，如有质量问题请与本社营销中心联系调换
电话：010-84083683
版权所有　侵权必究

《中国古典学年鉴 2024》编委会

主　编：吴　洋（中国人民大学国学院）
主　任：杨庆中（中国人民大学国学院）
副主任：黄维忠（中国人民大学国学院）
　　　　辛亚民（中国人民大学国学院）
编　委：陈仁仁（湖南大学岳麓书院）
　　　　谷曙光（中国人民大学国学院）
　　　　郭院林（扬州大学文化传承与创新研究院）
　　　　李若晖（中国人民大学国学院）
　　　　梁　涛（中国人民大学国学院）
　　　　宋洪兵（中国人民大学国学院）
　　　　宋立林（曲阜师范大学孔子文化研究院）
　　　　沈卫荣（清华大学中文系）
　　　　孙洪伟（中山大学中文系）
　　　　孙劲松（武汉大学国学院）
　　　　孙闻博（中国人民大学国学院）
　　　　孙显斌（中国科学院自然科学史研究所）
　　　　索罗宁（中国人民大学国学院）
　　　　王小婷（山东大学儒学高等研究院古典文献研究所）
　　　　问永宁（深圳大学国学院）
　　　　吴国武（北京大学中国古文献研究中心）
　　　　乌云毕力格（内蒙古大学蒙古学研究中心）
　　　　辛晓娟（中国人民大学国学院）
　　　　张瀚墨（中国人民大学国学院）
　　　　张宜斌（南昌大学国学院）

前　言

从裘锡圭先生发表《中国古典学重建中应该注意的问题》一文至今，已经二十三年了。在这二十多年中，学界从出土文献、国学、中国哲学、中国古典文献学、经学、汉语史、古典语文学、古典学术、诠释学等不同角度对"中国古典学"进行了深入的探讨，使得"中国古典学"成为我国 21 世纪热门学术话题之一。

除了理论上的探讨之外，中国人民大学和北京大学也开始了学科建设的实践。2017年，中国人民大学国学院挂牌成立古典学学院，开始探索国学与古典学的结合；2019年，北京大学中国古典学研究平台建立，同时北京大学中文系成立了与之对应的"北京大学中文系中国古典学平台"，包含中文系的"五古"（古代汉语、古典文献、古代文学、古代文论与古文字学）力量；2020 年，北京大学中文系承办的《中国古典学》创刊；2023 年，中国人民大学支持国学院向教育部申报设立"中国古典学"本科专业；2024 年，中国人民大学国学院申报的"中国古典学"本科专业成功获批并进入教育部《普通高等学校本科专业目录（2024 年）》，同年 9 月，第一批"中国古典学"本科生进入国学院开始学习。

近年来"中国古典学"学科建设的发展以及学界持续的热烈讨论，都反映出新时期人文学科建设的新动向。身处其中、亲历其事，我们意识到应该尽早将这具有历史意义的一系列新发展加以记录，为中国未来的"自主知识体系"建设保留史料。

有鉴于此，中国人民大学国学院邀请各界同仁组成编委会，开始编辑《中国古典学年鉴2024》。这本年鉴分为以下五部分内容。

第一，"中国古典学学科论证"。在这一部分，我们将全文收录有关"中国古典学"学科论证的文章，文章按照发表时间排序，在收入年鉴的时候我们统一了注释格式，并按照新的出版要求做了必要修订。由于这是"中国古典学"的第一本年鉴，为了保存史料，我们将 2024 年之前发表的文章也收录其中，以便读者了解学科论证的完整过程。

第二，"中国古典学学术刊物"。在这一部分，我们按照自己的理解（详见下文）收录了"中国古典学"研究领域内重要的学术刊物，按照音序排序，刊物的介绍由我们从官方网页上搜集整理而成。

第三，"中国古典学教育与研究机构"。这一部分，是在我们原来搜集的全国高校国学院信息的基础上扩充而成的,凡是国学院以及类似机构或者以"中国古典学"为主要教育和研究内容的机构,我们都收录进来,按照音序排序,机构的介绍由我们从官方网页上搜集整理而成。

第四,"中国古典学相关学术活动"。在这一部分,我们搜集了以"中国古典学"为主题的学术活动,按举办时间排序,内容由我们从新闻报道中搜集整理而成。同样为了保留史料,我们将2024年之前举办的相关活动也收录进来,以便读者了解学术实践的完整过程。

第五,"附录:中国人民大学国学院'中国古典学'建设大事记"。在这一部分,我们记录了近年来中国人民大学国学院建设"中国古典学"学科的经历。

以上是这部年鉴的主要内容。由于所涉及的刊物、机构和学术活动众多,相关资料大都从公开发布的信息搜集整理,难免有遗漏和错误,恳请读者原谅我们的粗疏,也请发现有误的相关单位和人员赐告正确的信息,我们将于下一期年鉴中加以修订。感谢各位同仁对我们的包容与理解。

这本年鉴的编写,最初由中国人民大学国学院黄维忠副院长提出建议,该建议得到了杨庆中院长的肯定和支持,年鉴编辑的工作由我承乏。在年鉴的编辑和审稿过程中,国学院的杨庆中、黄维忠、李若晖、张耐冬、陈伟文、吴寒、章莎菲等各位老师以及编委会的其他各位老师都给予了宝贵的意见,在此向各位老师的辛苦付出表示感谢。年鉴的资料搜集、内容编写、调整校对等工作由国学院23级硕士研究生王鑫主要承担和统筹;参与此项工作的,还有国学院的博士研究生刘欣如、廖浩天、郝一铭以及硕士研究生肖倩、蒲佳易、朱悦源、李永可、龚喆、李洋、余天伟、吴依洋等,在此一并向这些严谨认真的同学们致谢。在年鉴的选题、编校和出版过程中,中国社会科学出版社赵剑英社长和总编辑助理朱华彬编审都给予了极大的帮助与指点,韩国茹编辑以及校对科的同仁们更是加班帮助审稿和校订错误,我们在此也向中国社会科学出版社的领导和各位同仁表示衷心的感谢。这本年鉴的最终完成,是大家共同努力的结果。

最后,我想将我们对于"中国古典学"的理解以及建设"中国古典学"学科的倡议附录于此,期望得到学界同仁的指正。

中国古典学上承清代考据学、民国国学,是20世纪末到21世纪初,伴随着更加丰富的考古发现和档案史料以及更加自信的学术认知、更加立体的学术思路、更加开阔的学术视野和更加包容的学术胸怀逐渐成长起来的具有中国特色的人文研究新范式。

中国古典学,以中国古代典籍和文明为研究核心。这一核心,是在中国源远流长的人文研究传统基础上的拓展。中国古代典籍,既包括汉语典籍,也包括非汉语典籍。中国古代文明,既包括有物质载体的文明,也包括无物质载体的文明;既包括纵向的文明的起源、嬗变、定型与革新,也包括横向的文明的辐射、影响、对抗与融合。

中国古典学，主张以实证主义的治学方法，回归文本，理解文献，并从本体论的角度阐释中华文明庞大且精致的体系。其最终目标，在于构建人类文明研究的新方向和新路径，创造世界人文学界百花齐放的新局面，为中华文明未来的进步提供理论基础与认同前提。

中国古典学是一个充满张力的场域，它继承了中华文明悠久的学术传统，它通过回溯创造未来；它融汇了世界人文研究最新的学术方法，它通过借鉴彰显本体；它突破了区域文明固化的学术视野，它通过包容重塑价值。

中国古典学是一个面向未来的古老灵魂，它自觉拥抱新技术，利用新技术保存中华文明的根脉、延续其自我更新的活力，同时也为21世纪人类的发展提供中国智慧。

2024年，中国人民大学国学院申报的"中国古典学"本科专业成功获批并进入教育部《普通高等学校本科专业目录（2024年）》。在此基础上，在21世纪的第二个十年，我们提出倡议：

在交叉学科门类下设立中国古典学一级学科。

我们希望从事中国古典学研究的学者们求同存异、凝聚共识，共同开创人文研究的新局面，共同建设中国古典学，让中华文明突破学科畛域，成为人类命运共同体的宝贵的精神资源。

吴　洋
中国人民大学国学院
2024年10月

目 录

中国古典学学科论证 / 1

中国古典学重建中应该注意的问题 …………………………… 裘锡圭 / 3
论中国古典学的重建 ………………………………… 刘 钊 陈家宁 / 13
国学=中国古典学 ……………… 主持人：朱汉民 访谈嘉宾：林庆彰等 / 25
20世纪学科体制全球化背景下的中国古典学
　　——兼论出土文献在古典学复兴中的作用 …………………… 曹 峰 / 33
出土文献与古典学重建 ………………………………………… 裘锡圭 / 47
古典学的重建 …………………………………………… 裘锡圭 戴 燕 / 65
古典学知识与民族精神的双重建构
　　——当代中国国学学科建设的思考 ………………………… 朱汉民 / 80
中国古典学与中国哲学"接着讲" ……………………………… 匡 钊 / 89
略议《四库全书总目》与中国古典学的成立 …………………… 吴国武 / 107
从"中国古典学"说起 …………………………………………… 常 森 / 120
借用、借鉴，还是另起炉灶
　　——关于建立中国古典学的一些思考 ……………………… 廖可斌 / 125
谈"古典学" ……………… 文/Robert L. Chard 整理/李卿蔚 审定/刘玉才 / 130
略谈中国古典学 ………………………………………………… 孙玉文 / 134
扎实推进"中国古典学"学科建设 ……………………………… 徐正英 / 140
跨学科与跨文化：从海外汉学看国学或中国古典学的意义 ………… 孙显斌 / 145
什么是"国学"的本来面目？
　　——兼谈宗教研究对理解古代中华文明的重要性 ………… 张雪松 / 150
"三代之学"与中国古典学的本体构成和精神接续 ……………… 傅道彬 / 154

提一个口号：复兴古典学！ ………………………………… 鲁国尧 / 177
古典教育与中华文脉 ……………………………………… 李四龙 / 179
古典学：中国古典学术的绍续与发展 …………………… 钱志熙 / 195
构建以国学为基础的中国古典学 ………………………… 沈卫荣 / 212
中华文明转型创新与中国古典学重建 …………………… 江林昌 / 219
知识视域下的中国古典学 ………………………………… 张齐明 / 222
《穆天子传》与汉武故事
　　——兼论古史材料审查与中国古典学重建问题 …… 周书灿 / 229
建设中国古典学的一些设想 ……………… 乌云毕力格 吴　洋 / 241
中国古典学的破圈与跨界 ………………………………… 李春林 / 245
回归与创新：关于中国古典学学科建设的几点思考 …… 肖永明 / 249
略论构建中国古典学科的可行性 ………………………… 刘玉才 / 253
中国古典学与敦煌学 ……………………………………… 郑炳林 / 257
楚简《诗·召南·驺虞》与上古虞衡制度
　　——兼论当代中国古典学的构建 ………………… 黄德宽 / 261
从传统走向未来
　　——"中国古典学"自主知识体系建设 ……… 吴　洋 刘欣如 / 281
略说语文学、古典学与"中国古典学" ………………… 沈卫荣 / 289
探寻中国古典学建构的第三种路向 ……………………… 景海峰 / 294
再谈中国古典学的构建 …………………………………… 黄德宽 / 305
内蒙古大学民族古典学高等研究院成立致辞 ………… 乌云毕力格 / 315
中国古典学的开阔视野与包容特征 ……………………… 景海峰 / 317
中国古典学的语境和特性 ………………………………… 王中江 / 320
国学与中国古典学 ………………………………………… 杨庆中 / 324

中国古典学学术刊物 …………………………………………… / 327

中国古典学教育与研究机构 …………………………………… / 343

中国古典学相关学术活动 ……………………………………… / 363

　湖南师范大学"东亚古典学研究"学术研讨会 ……………… / 365
　中国人民大学国学院"中国古典学的问题与方法"研讨会 … / 367

《文献·文学·文化：中日古典学交流与融通工作坊论集》第一卷
　　正式出版 …………………………………………………………… / 371
中国人民大学国学院"中国古典学问题与方法"学术论坛 …………… / 373
中国人民大学国学院首届中国古典学青年学者论坛 ………………… / 377
冯其庸学术馆"人文学术新路径：中国古典学研究"学术研讨会 …… / 379
北京大学国学研究院举行《传统文化研究》创刊号出版座谈会 …… / 380
中国人民大学国学院"国学与中华民族现代文明建设"暨全国高校
　　国学机构负责人学术研讨会 ……………………………………… / 382
北京大学"文体·文献·文本形态"中国古典学前沿论坛 ………… / 384
北京大学"中日古典学交流与融通工作坊"第四届学术研讨会 …… / 386
中国人民大学国学院首届中国古典学本科生、硕士生学术论坛 …… / 388
中华孔子学会儒家古典学研究专业委员会首届年会 ………………… / 390
北京大学"东亚古典学的方法"国际学术研讨会 …………………… / 391
中国人民大学"古典新诠与古史重释"暨顾颉刚《与钱玄同先生论古史书》
　　发表一百周年学术研讨会与第二届中国古典学青年学者论坛 …… / 394
"中国蒙古学与国学—古典学传统"学术研讨会 …………………… / 396
内蒙古大学民族古典学高等研究院揭牌仪式暨新时代中国民族学学科建设
　　高层论坛 …………………………………………………………… / 398
南京大学"文史结合与中国古典学的推进"学术研讨会暨卞孝萱先生
　　百年诞辰纪念会 …………………………………………………… / 400
首届世界古典学大会 …………………………………………………… / 402
"'中国古典学'视野中的法家学说"学术研讨会暨中国先秦史学会法家
　　研究会第七届年会 ………………………………………………… / 405

附录：中国人民大学国学院"中国古典学"建设大事记 ………………… / 407

中国古典学学科论证

中国古典学重建中应该注意的问题

裘锡圭

古典学跟其他学科一样,是不断发展变化的。尤其在近现代,往往由于观念、方法的更新或重要新资料的发现,在较短的时期内就发生了剧烈的变化,呈现出新的面貌。这可以称为古典学的重建。

近代以来中国古典学的第一次重建,可以认为是从20世纪一二十年代开始的。

当时,一部分受国外学术思想影响的人文学者,在破除了对古代的圣人和经书的迷信之后,对传统的上古史和古典学产生了深刻的怀疑,要求对它们进行全面的理性的审查。最早比较清晰、全面地表达出这种思想的,是从美国留学回来任教于北京大学的胡适。他在讲义的基础上写成的《中国哲学史大纲》上卷于1919年出版。在《导言》中讨论中国哲学史的史料问题时,胡适把经书完全当作一般的古书对待,并认为《易经》只是"一部卜筮之书",《书经》也缺乏史料价值。[1] 在古书真伪和年代问题上,他大量接受以往学者辨伪的意见(这些意见以前往往为一般学者所忽视),并且比他们走得更远。[2] 他还认为:"以现在中国考古学的程度看来,我们对于东周以前的中国古史,只可存一个怀疑的态度。"[3] 胡氏的见解在当时的学术界产生了巨大的影响。

接着,胡氏的学生顾颉刚于1923年在《努力周报》上发表《与钱玄同先生论古史书》,提出了中国古史"层累地造成"说,又于1926年出版了他所编的《古史辨》第一册[4],在学术界掀起了疑古的浪潮。顾氏在疑古史和疑古书两方面,都比胡氏走得更远。

从20年代到30年代,疑古逐渐成为古典学界的主流思潮,传统的古典学在很多方面受到清算。经书的神圣外衣完全被剥除。很多先秦古书的年代被推迟,有不少书被看作汉以后的伪作(这里所说的书包括书中的单篇)。虽然怀疑古书之风早就存在,但是

---

[1] 胡适:《中国哲学史大纲》上卷,商务印书馆1936年版,第24页。
[2] 胡适:《中国哲学史大纲》上卷,第10—25页。
[3] 胡适:《中国哲学史大纲》上卷,第23页。
[4] 顾潮:《顾颉刚年谱》,中国社会科学出版社1993年版,第79—80、125页。

只是到了这一次才发展成主流思潮，怀疑的广度和深度也大大超过以往，从而明显地改变了古典学的面貌。

就在顾颉刚等掀起疑古浪潮的时候，以研究殷墟甲骨卜辞和敦煌汉简等新出土的古代文字资料①而驰名的王国维，在清华研究院1925年的"古史新证"课上，针对疑古派过分怀疑古史的偏向，提出了以"地下之新材料""补正纸上之材料"的"二重证据法"②。疑古派认为周以后人所述古史多不可信。王氏根据甲骨卜辞中所见殷王世系，指出《史记·殷本纪》所记殷王世系"虽不免小有舛驳而大致不误"③；又根据甲骨卜辞所记殷先公"王亥"等名，阐明了《山海经》《楚辞·天问》所说王亥等人事迹，证明即使是这类"谬悠缘饰之书"，"其所言古事亦有一部分之确实性"④。由于当时已出土的古代文字资料的局限性（如缺乏简帛古籍书），王氏的努力在总体上并没有能够遏止疑古的势头。

二重证据法既是研究古史的方法，也是研究古书的方法。就上举王氏使用这种方法的实例来说，他既证明了《殷本纪》所记殷王世系的可靠，也指出了其中的一些错误；他对《天问》所说王亥（《天问》称"该"）等人事迹的阐明，从解释《天问》内容的角度来看，也是一个重要贡献。王氏在讲授、研究《尚书》《诗经》时，也时常援用甲骨卜辞、铜器铭文等出土资料。王氏之后，由于他的影响和"地下之新材料"的不断出土，用二重证据法研究古书的人逐渐多了起来。

在古典学的第一次重建中，由于对国外学术思想的借鉴（如研究先秦名学著作时对西方逻辑学的借鉴）和二重证据法的应用，在先秦古书的解读方面涌现了很多新的见解，解决了不少疑难问题。

20世纪50年代以后，由于考古事业的发达，地下的古代文字资料大量出土。尤其是70年代以来，陆续发现了大量汉代（多数属于西汉早期）和战国时代所抄写的古书，如临沂银雀山、阜阳双古堆、定县（今称定州市）八角廊等汉墓出土的竹书，长沙马王堆汉墓出土的帛书，慈利石板坡、荆门郭店等战国楚墓出土的竹书等，为古典学提供了一大批极为宝贵的新资料。

由于这批资料的出土，很多久已亡佚的先秦古书得以重见天日，不少传世的先秦古书有了比传世各本早得多的简帛古本，古书中很多过去无法纠正的错误和无法正确理解的地方得以纠正或正确理解，不少曾被普遍怀疑为汉以后所伪作的古书得以证明确是先秦作品，不少曾被普遍认为作于战国晚期的古书得以证明是战国中期甚至更早的作品，

---

① 殷墟卜辞、汉简以及跟古典学有密切关系的敦煌莫高窟写卷，都是在19、20世纪之交发现的。
② 王国维：《古史新证——王国维最后的讲义》，清华大学出版社1994年版，第2页。
③ 王国维：《古史新证——王国维最后的讲义》，第52页。
④ 王国维：《古史新证——王国维最后的讲义》，第52—53页。

4

先秦古书的体例也被认识得更清楚了。出土的古书之外的古代文字资料以及没有文字的古代遗物和遗迹，有些也具有帮助我们纠正古书中的错误，理解古书中的难解之处，以至确定古书时代的作用。

受赐于上述那些资料，我们已经"走出疑古时代"①，开始了古典学的第二次重建。这次重建的任务相当繁重。已出土的简帛古书等资料，有不少尚未整理完毕，而且今后极有可能还会出土这类资料。已发表的资料的研究工作有待深入开展。不少传世古书也需要结合简帛古书重新加以研究。所以这次重建虽然可以认为从20世纪70年代就已开始，目前所处的阶段仍然只能看作初期。

古典学的重建往往跟其他人文学科的重建紧密联系在一起。在疑古思潮笼罩下的古史和古典学的重建之间的密切关系，是众所周知的。包含重要的儒家和道家著作的郭店楚墓竹书在1998年发表以后，在人文学界引起震动。有的学者认为，有了这批资料，"整个中国哲学史、中国学术史都需要重写"②。由此可见古典学重建工作的重要性。参加这项工作的学者应该有极强的责任心。

在古典学的第一次重建中，学者们在古书真伪和年代问题上，一方面廓清了传统古典学的不少错误观念；一方面又"对古书搞了不少冤假错案"③，为古典学和一些相关学科的发展带来了负面影响。在用二重证据法校读古书方面，也有不成功的例子。例如：《周易·萃》六二爻辞中有"引吉"之语，高亨在《周易古经今注》中，闻一多在《周易义证类纂·四·馀录》中，都根据甲骨卜辞中常见的所谓"弘吉"，说《周易》的"引吉"是"弘吉"之误。到70年代，有学者证明卜辞中的所谓"弘吉"，其实是"引吉"的误释，《周易》并没有错。④希望在古典学的第二次重建中，学者们能吸取这些教训，尽量少犯错误。

我参加了古典学重建的工作，想谈谈为了做好重建工作应该注意的问题，与其他参加重建工作的学者们共勉。由于时间限制，我只准备谈两个方面的问题：以简帛古书与传世古书相对照方面的问题和古书真伪方面的问题。

先谈前一个问题。我参加了《郭店楚墓竹简》（以下简称"《郭简》"）的审订工作，想用这批竹简（以下简称"郭简"）中的例子来说明问题。下面所说的"我们"，包括原整理者和我自己。

出土的简帛古书，有些是尚未失传的书。释读这种简帛古书，当然需要跟传世本相

---

① "走出疑古时代"是李学勤先生发表一篇根据他在1992年的一个座谈会上的发言整理而成的文章时所用的题目。此文又作为导论收入他的一本以"走出疑古时代"为名的文集（辽宁大学出版社1994年出版）。
② 杜维明：《郭店楚简与先秦儒道思想的重新定位》，载《中国哲学》第二十辑《郭店楚简研究》专辑，辽宁教育出版社1999年版，第4页。
③ 李学勤：《走出疑古时代》，第9页。
④ 于豪亮：《说引字》，载《于豪亮学术文存》，中华书局1985年版，第74—75页。

对照。已失传的简帛古书也往往含有个别或一些可以跟传世古书相对照的语句。如果不知道它们可以跟传世古书相对照，释读时就非常可能犯本不应有的错误。我们对古书不够熟悉，编写、审订《郭简》时检索工夫又花得不够，犯了不少这类错误。这里举两个例子。

《性自命出》34—35 号简有如下一段话（依原释文录）：

憙（喜）斯慆，慆斯奋，奋斯羕（咏），羕（咏）斯猷，猷斯迕。迕，憙（喜）之终也。忥（愠）斯惪（忧），惪（忧）斯慼，慼斯懃，懃斯亲，亲斯通。通，忥（愠）之终也。①

我为"迕"字加了按语，认为此字可能当释为"迮"。②

已有好几位学者指出，《礼记·檀弓下》所记子游论礼之语中，有与上引简文大体相同的话，其文如下：

人喜则斯陶，陶斯咏，咏斯犹，犹斯舞，舞斯愠，愠斯戚，戚斯叹，叹斯辟，辟斯踊矣。

把上引简文跟《礼记》此文对照一下，就可以知道：简文"迕"应该读为"舞"。"迕"从"亡"声，"舞"从"無"声，"亡""無"古通。我在《郭简》中怀疑此字当释"迮"，完全错误。隶定为"慼"之字应释为"感"。"感""戚"古通。"懃"当读为"叹"，"通"当读为"踊"。

上引《礼记》文"舞斯愠"一句不好理解。《礼记·释文》所据本无此句，"愠斯戚"句《释文》说："此喜怒哀乐相对。本或于此句上有'舞斯愠'一句并注，皆衍文。"从上引简文看，此说可信。简文与《礼记》"陶"字相当的字是"慆"，《说文》训"慆"为"说（悦）"。《礼记》"陶"字，郑注训为"郁陶"，似不如据简文读为"慆"合理。③

由于我们不知道上引简文可以跟《礼记》对照，不但在释读上犯了不应有的错误，而且丢失了以简文校正《礼记》的机会，并使在讨论《性自命出》跟孔门的关系时可用

---

① 荆门市博物馆编：《郭店楚墓竹简》，文物出版社 1998 年版，第 180 页。
② 荆门市博物馆编：《郭店楚墓竹简》，第 183 页注 34。
③ 以上所说据彭林《〈郭店楚简·性自命出〉补释》，载《中国哲学》第二十辑，第 315—319 页。彭文有详细论证，请参阅。彭先生读《礼记》"叹"字为"戁"，训为"恐"。他家则多读简文"懃"为"叹"。在这一点上，我们从他家之说。

的一条重要线索变得模糊了。

再举第二个例子。

《语丛一》31号简释文为：

豊（禮）因人之情而为之，

32号简释文为：

善里（理？）而句（后）乐生。①

释文虽然没有将这两条简文连写成一句，但将它们紧挨着排列，表示有可能应作为一句读。

同篇97号简释文为："即，麎者也。"②我为此简加按语说："'即'疑读为'节'或'次'，'麎'疑读为'度'或'序'。"③

陈伟《〈语丛〉一、三中有关礼的几条简文》指出：《语丛一》31、32两号简文的连读缺乏根据。《礼记·坊记》说："礼者，因人之情而为之节文，以为民坊者也。"类似表述在其他几种古书中也可看到。所以97号简应该排在31号简后，二简文字应连读为：

礼因人之情而为之即（节）麎（度）者也。

跟《坊记》的"礼者，因人之情而为之节文"非常近似。④

陈先生的意见无疑是正确的。我们由于没有注意到《坊记》的那句话，把简文系联错了，而且由于把97号简文误认为完整的句子，在"即"字下错加了逗号。当然，同时也使在讨论《语丛一》跟《礼记》的关系时可用的一条线索变得模糊了。

通过郭简的释读，我们深刻地认识到，像我们这种古书不够熟的人，在释读简帛佚籍时，必须随时翻看有关古书，必须不怕麻烦地利用索引书籍和电脑做大量的检索工作，尽最大努力去寻找传世古书中可以跟简文对照的语句。

---

① 荆门市博物馆编：《郭店楚墓竹简》，第194页。
② 荆门市博物馆编：《郭店楚墓竹简》，第198页。
③ 荆门市博物馆编：《郭店楚墓竹简》，第200页注19。
④ 武汉大学中国文化研究院编：《郭店楚简国际学术研讨会论文集》，湖北人民出版社2000年版，第143—144页。

在将简帛古书与传世古书（包括同一书的简帛本和传本）相对照的时候，则要注意防止不恰当的"趋同"和"立异"两种倾向。前者主要指将简帛古书和传世古书中意义本不相同之处说成相同，后者主要指将简帛古书和传世古书中彼此对应的、意义相同或很相近的字说成意义不同。下面各举一例。

《老子》通行本第五十七章有如下一句：

天下多忌讳而民弥贫

有些传本和马王堆帛书本，句首有"夫"字，此外无重要异文。① 《郭简·老子》中与上引之句相应的文字见于甲30号简，释文如下：

夫天多期（忌）韦（讳）而民尔（弥）畔（叛）②

注67说："据各本，简文'天'下脱'下'字。"③ 认为简本此句主语原来应与传本相同。

李零《郭店楚简校读记》不同意上引注文的意见，指出"天多忌讳"与此章下文"民多利器"相应，"或为本来面貌"④。李若晖《郭店老子零笺》也有这种看法，并有较详细的论证。⑤ 我认为他们的意见是正确的。

我在《郭简》出版之后，也发现此句"天"字下不应补"下"字，已在拙文《郭店〈老子〉简初探》中指出。⑥ 不过我在那里"怀疑'期韦'当读为'期违'"，"指约期和违期"，又怀疑"畔""是'贫'的音近讹字"，则都是不对的。"期韦"仍应据各本读为"忌讳"。《淮南子·天文》："虹霓、彗星者，天之忌也。"高诱注："忌，禁也。""天多忌讳而民弥叛"的意思是说，天频繁地以特殊的天象示警于下民，下民反而更不听话。《说文·三上·言部》："諅，诫也。""讳，諅也。"我倾向于把《淮南子》和《老子》的"忌"都读为"諅"。"諅"和"諅讳"都是教诫、警诫的意思。一般所熟悉的"忌讳"的意思，可能是由这种意思引申出来的。老子从天道自然的观点出发，是反对"天多忌讳"的。但是他的这句话反映出，在他心目中，天是能够这样做的。这是研究老子思想的重要材料。今本此句无疑经过窜改。用"趋同"于今本的办法来对

---

① 参看高明《帛书老子校注》，中华书局1996年版，第103—104页。
② 荆门市博物馆编：《郭店楚墓竹简》，第113页。
③ 荆门市博物馆编：《郭店楚墓竹简》，第116页。
④ 陈鼓应编：《道家文化研究》第十七辑，生活·读书·新知三联书店1999年版，第470页。
⑤ 《古文字与古文献》试刊号（台北），楚文化研究会，1999年，第77页。
⑥ 陈鼓应编：《道家文化研究》第十七辑，第56页。

待简本的这句话，实在太可惜。

下面举"立异"的例子。

《礼记·缁衣》第十七章说：

> 子曰：民以君为心，君以民为体。心庄则体舒，心肃则容敬。心好之，身必安之。君好之，民必欲之。心以体全，亦以体伤。君以民存，亦以民亡。……

《郭简·缁衣》中与此章相应的，是见于8—10号简的第五章，释文如下：

> 子曰：民以君为心，君以民为体。心好则体安之，君好则民（欲）之。古（故）心以体法，君以民芒（亡）。……①

简本"芒"字从"亡"声，释文据《礼记》本相应之字读为"亡"，无疑是正确的。《郭简》他篇中，《语丛四》6号简"皮邦芒（将）"之"芒"亦借作"亡"。《老子》甲25号简以"茪"为"兆"，《五行》6、8、28诸号简以"藥"为"乐"，情况与以"芒"为"亡"相类。对简本"法"字，我加有按语，认为应读为"废"。② 借"法"为"废"的现象，在周代金文和秦简、秦印中都能看到。③ 包山楚简中也有这种用例。④ "心以体法"是比喻"君以民亡"的，与《礼记》本的"（心）亦以体伤"句相当，读"法"为"废"显然是合适的。"以体废"和"以体伤"的意思基本相同。

有的学者不同意我们对"法"字和"芒"字的读法。周桂钿《郭店楚简〈缁衣〉校读札记》在讨论上引这一章时说：

> 结论部分，简本是："心以体法，君以民芒"，不好理解，主要是"法"与"芒"两个字。今本作："心以体全，亦以体伤；君以民存，亦以民亡。"这就比较容易理解。从今本说法来理解简本的结语，"法"与"芒"都是双向的，有两种可能性的。也许本来正是如简本所写，后人为了通俗明白，才改成今本的样子。法，法则，体全心也全，体伤心也伤。民要君存，君就存，民要君亡，君就亡，这叫芒。把芒解释为"亡"，恐不合原意。⑤

---

① 荆门市博物馆编：《郭店楚墓竹简》，第129页。
② 荆门市博物馆编：《郭店楚墓竹简》，第132页注27。
③ 王辉：《古文字通假释例》，台北：艺文印书馆1993年版，第759—760页。
④ 如18号简"宋强法（废）其官事"等，参见刘国胜《郭店〈老子〉札记》，载武汉大学中国文化研究院编《郭店楚简国际学术研讨会论文集》，第518页。
⑤ 《中国哲学》第二十辑，第206页。

像周先生这样，把"心以体法"的"法"按照字面理解为法则，句子根本讲不通。周先生大概是按照"心以体为法"的意思来理解这句话的。这样的意思在古代也许可以说成"心法体"，但绝对不能说成"心以体法"。周先生对"芒"字的解释更令人费解。为什么"民要君存，君就存，民要君亡，君就亡"就叫"芒"呢？在古往今来的汉语中，找得出一个与此类似的"芒"字的用例来吗？他的说法恐怕难以成立。

刘信芳《郭店简〈缁衣〉解诂》对这一章的"法"和"芒"也有独特的解释。刘先生说：

> ……"心以体法"与上文"君以民为体"相照应，是谓为君治国之法，本之于民。……或读"法"为"废"，非是。法者，模也，范也。
>
> ……"法"、"芒"互文，若读"芒"为"亡"，甚不合文理。《说文》："芒，草耑也。"又："杪，木标末也。"又："标，木杪末也。"芒为草之耑，标为木之耑，草之芒亦释为"杪"（《一切经音义》卷二引《字林》），而标可引申为徽识（参段注），是"君以民芒"者，君之所以"好"，民之"安"、民之"裕"（引者按：此文读简本此章上文中之"愆"为"裕"）乃标识也。传本改"芒"为"亡"，"君以民亡"读不顺适，故衍为"君以民存，亦以民亡"。①

刘先生大概把"心以体法"和"君以民芒"理解为"心以体为法"和"君以民为芒"。上面已经说过，这种理解是不合语法的。而且"心以体法"是以心与体的关系来比喻衬托君与民的关系的，怎么能就解释为"为君治国之法本之于民"呢？把"芒"解释为标识，也难以使人信从。在古今汉语中，"芒"字的这种用例也是一个也找不出来的。无论从语法还是从语义来看，"君以民亡"都要比"君以民芒""顺适"得多。

周、刘二位先生对"心以体法，君以民芒"的解释，应该可以看作不恰当地立异的例子。

不恰当的趋同和立异，对古典学的发展都很不利。我们一定要注意防止这两种倾向。

现在来谈古书真伪方面的问题。目前国内在这方面存在的主要问题，是部分学者对古书辨伪的已有成果不够重视。

疑古派以及其他做过古书辨伪工作的古今学者，确实"对古书搞了不少冤假错案"。不过他们也确实在古书辨伪方面取得了不少成绩，有不少正确的、有价值的见解。真正

---

① 武汉大学中国文化研究院编：《郭店楚简国际学术研讨会论文集》，第 168 页。

的冤案当然要平反，然而决不能借平反之风，把判对的案子也一概否定。对古书辨伪的已有成果，我们要给予足够的重视，决不能置之不理或轻易加以否定。可是现在有一些学者所采取的，却正是后一种态度。虽然他们多数只是对古书辨伪的一部分成果采取这种态度，在学术上的危害性也还是相当大的。

我们通过《列子》和伪古文《尚书》的例子，来看看这方面的情况。

过去大多数学者把《列子》看作伪书，[①] 在20世纪70年代以来出土的简帛古书中，也没有发现过《列子》的踪迹。但是近年来却颇有一些学者热心为之翻案。[②]

辨《列子》之伪的，不但有文献学家，而且还有语言学家。后者根据《列子》语言的时代色彩，判断其成书年代不能早于魏晋，举证甚多。[③] 主张《列子》非伪书的学者，必须把语言学家所举的那些证据驳倒，才有可能证明他们的见解是正确的。然而实际上并没有人认真这样去做。我们至少可以说，《列子》的真伪目前还难以断定。可是就在这种情况下，已有一些学者把《列子》当作真书，据以进行先秦思想史的研究了。例如有的学者就根据《列子》，得出了"列子学系稷下黄老学之先导"的看法。[④] 希望学术界对《列子》这部继续采取审慎的态度，不要把它当作先秦的书来用。

我们现在使用的十三经中的《尚书》，出自东晋元帝时代梅赜献给朝廷的古文《尚书》。前人早已论定这是一部伪书，其中多出于今文《尚书》的各篇都是伪造的。这久已成为古典学的常识了。可是这些年来，把伪古文《尚书》当作真《尚书》来引用的学者，却愈来愈多。[⑤] 这是很不正常的现象。

郭简中的一篇佚书（《郭简》定名为《成之闻之》），引用了《尚书》的《大禹谟》的一句话"余才宅天心"。《大禹谟》不见于今文《尚书》，而见于梅赜古文《尚书》。可是在今传《尚书·大禹谟》中却找不到上引的那句话。这是梅赜古文《尚书》，也就是今传古文《尚书》是伪书的又一证据。[⑥] 然而却有学者根据郭简引《书》的情况来为伪古文《尚书》翻案。他说：

> ……郭店竹简引用了多条《古文尚书》的材料，其中大部分见于今传《古文尚书》（有几条不见于今本，说明今本有佚文），这足以证明《古文尚书》不伪。[⑦]

[①] 参看张心澂《伪书通考》下册，商务印书馆1957年版，第818—833页。
[②] 例如《道家文化研究》第十辑（上海古籍出版社1996年版），就发表了陈广忠的《〈列子〉非伪书考》三篇。
[③] 这方面的论文，以较晚发表的张永言《从词汇来看〈列子〉的撰写时代》一文举证最多，也最有说服力。此文载李铮、蒋忠新主编《季羡林教授八十华诞纪念论文集》，江西人民出版社1991年版，第189—208页。
[④] 胡家聪：《〈列子·天瑞〉中"天、地、人"一体的常生常化论——兼论列子学系稷下黄老学之先导》，载《道家文化研究》第十五辑，生活·读书·新知三联书店1999年版，第151—162页。
[⑤] 参看程丰《关于〈伪古文尚书〉》，《中国典籍与文化》1996年第4期。
[⑥] 李学勤：《郭店楚简与儒家经籍》，载《中国哲学》第二十辑，第19—20页。
[⑦] 郭沂：《郭店竹简与中国哲学》，载武汉大学中国文化研究院编《郭店楚简国际学术研讨会论文集》，第572页。

他所说的"见于今传《古文尚书》"的郭简引《书》之文，全都见于《缁衣》篇。《缁衣》编入《礼记》后一直传了下来。其中的引《书》之文，伪造古文《尚书》者当然可以分别采入相应之篇。而郭简中的佚篇，伪造者见不到，其中的引《书》之文无从采入，所以在今传古文《尚书》中就见不到了。① 这种现象只能用来证明今传古文《尚书》之伪，怎么能反而用来证明其"不伪"呢？

我们走出疑古时代，是为了在学术的道路上更好地前进，千万不能走回到轻率信古的老路上去。我们应该很好地继承包括古书辨伪在内的古典学各方面的已有成果，从前人已经达到的高度继续前进。只有这样做，古典学的第二次重建才能正常地顺利地进行下去。

[原载于《北京大学中国古文献研究中心集刊（二）》，北京燕山出版社 2001 年版]

---

① 参看廖名春《郭店楚简〈成之闻之〉、〈唐虞之道〉篇与〈尚书〉》，《中国史研究》1999 年第 3 期。

论中国古典学的重建

刘 钊　陈家宁

殷墟甲骨文出土以来，一批批包括甲骨文、铜器铭文、简牍帛书以及玺印文字、货币文字、陶文、石刻文字等在内的先秦秦汉出土文献相继被发现。回顾20世纪，我们可以称其为"大发现时代"。[①] 这些大发现为中国古典学研究带来了丰富的新资料，提供了众多的新信息和新认识。由于这些大发现，古代典籍中记载的有关史料和史实或被证实，或被修正和推翻，人们充分认识到古代的许多思想观念有着比传统认识更为久远的来源，以往在中国古典学研究上形成的一些观点和结论一次次被证明需要进行重新的思考和定位。这些大发现及其带来的研究热潮引起了学术界有识之士的普遍关注。当前，由此引发的一场被称为"重建中国古典学"的学术变革正在进行中。关于出土文献对中国古典学相关学科的影响，已有许多学者进行过较为深入的研究。但到目前为止，尚未有人对中国古典学的概念做出准确描述，对当前古典学的重建做出总结和展望。本文将就此做些尝试性论证，不当之处，敬请指正。

一　中国古典学及相关概念

1. 什么是"古典"

"典"字甲骨文作"𠕋"（《甲骨文合集》36489）、"𠕋"（《甲骨文合集》38307）等形，金文作"𠕋"（弭父丁觯）、"𠕋"（召伯簋）等形，"像双手奉册之形"。[②] 在古文字中，"典"与"册"本为一字之分化，所以"典"的本义就是指典册，即记载文字的竹木简。《尚书·多士》谓"惟殷先人有册有典"，指的就是典册。《说文解字》曰："典，五帝之书也。"[③] 此意为"典"即"三坟五典"之"典"，可见"典"可泛指上古

[①] 李学勤：《考古新发现与中国学术史》，载《中国古代文明研究》，华东师范大学出版社2005年版，第400页。
[②] 徐中舒主编：《甲骨文字典》，四川辞书出版社1990版，第490页。
[③] 许慎：《说文解字》，中华书局1979年版，第99页。

之书。

  "古典"一语常见于古代典籍，主要有如下两种含义：一种是指上古的经典著作，如《史记·五帝本纪》太史公曰："《书》缺有间矣，其轶乃时时见于他说。"司马贞《索隐》谓："言古典残缺有年载，故曰'有间'。"① 这里的"古典"是指《尚书》。一种是泛指古代书籍，如《后汉书》曰："至孝明皇帝，兼天地之姿，用日月之明，庶政万机，无不简心，而垂情古典，游意经艺，每飨射礼毕，正坐自讲，诸儒并听，四方欣欣。"②

  因为典章制度都载于典册之中，因此"古典"又指古代的典章制度。甲骨文中常见"用旧典"或"用新典"的说法，③"典"是指行事的常法，也就是典章制度。《汉书》曰："汉氏诸侯或称王，至于四夷亦如之，违于古典，缪于一统。"④ 又《后汉书》谓："数上书顺帝，陈宜依古典，考功黜陟，征集名儒，大定其制。"⑤ 文中的"古典"用法相同，也是指典章制度。

  既然古代的历史主要是靠典册流传下来的，因而记载了古代历史的"古典"就包含了古代物质文明和精神文明两个方面的内容，因此从某种意义上说，"古典"就是指古代文明，而"古典学"也就是"古代文明"之学。

  所谓"古典"之"古"在绝对时间上并不确定，"古"与"今"相对，因此只要是早于当时的时代都可称"古"。但人们通常所理解的"古典"除了时间上的意义外，应该还有文化上的含义。由于中国具有悠久的历史和灿烂的文化，而且中国古代文明一直延续至今，从未间断，因此对于中国的"古典"而言，它具有传统的而非后世的、典范的而非俚俗的、本土的而非外来的等多重含义。

  西方也有"古典"的概念，英语叫"classic"，具有优秀的、重要的、传统的、历史悠久的、经典的等含义，⑥ 与汉语中"古典"的内涵大体相当。其词根"class"具有"等级"的含义，相当于中国古代的"礼"。分等级就是分出高下，"classic"的词义就由此引申而来。中国古代的"礼"也是古人推崇的高贵品质，是古代五种德行即"五行"之一。⑦ 在对"古典"的认识上，中国和西方具有相通之处。

2. "中国古典学"及其与"国学"的关系

  "古典学"（Classics）本来是西方的一个学科概念，它的范围很宽泛，不是一个单

---

① 司马迁：《史记》，中华书局1998年版，第35页。
② 范晔：《后汉书》，中华书局1973年版，第1125页。
③ 刘钊：《叔夨方鼎铭文管见》，载《黄盛璋先生八秩华诞纪念文集》，中国教育文化出版社2005年版，第160页。
④ 班固：《汉书》，中华书局1975年版，第4105页。
⑤ 范晔：《后汉书》，第921页。
⑥ ［英］Thompson, D.：《牛津现代英汉双解词典》（新版），外语教学与研究出版社2004年版，第359页。
⑦ 马王堆汉墓帛书和郭店楚墓竹简中的"五行"均指仁、义、礼、智、圣。

一的学科名称，而主要是指研究古希腊、古罗马时期的学问，是古典语文学、古代史、古代哲学等若干相邻学科的总称。① 古典学在西方具有悠久的传统，直到今日，它在许多国际著名高等学府和研究机构的学科设置中还具有重要地位。

有的学者借用这一概念，并赋予它新的含义，用"中国古典学"来指代研究中国上古时期语言学、历史学及哲学等相关诸多学科的总称，即主要研究先秦秦汉时期中国古代文明的学问。这种认识与上文阐释的"古典"含义是相对应的。

中国考古学研究的先驱苏秉琦先生生前致力于中国古代文明"起源、形成及走向秦汉帝国道路的研究"②，这一研究的时段与我们所说的"中国古典学"正相符合。历史学家林志纯先生曾将中国古代从五帝三代到春秋战国时期称为"古典时代"。③ 其划分与我们所说的"中国古典学"的时间跨度虽然下限稍有差异，但内涵也大体相当。

其实中国本有与"古典学"相关的概念，称为"国学"。国学最初是指国立高等学府及其制度，所以教子者也。如《周礼》载："乐师掌国学之政，以教国小子舞。"④ 又《汉书》曰："其有秀异者，移乡学于庠序；庠序之异者，移国学于少学。"⑤ 这个意义一直沿用到清代新式学校兴起以前。

清朝末年，国门洞开，西学东渐，"国学"遂转指有别于"西学"的中国固有之学术。1902年，梁启超在日本计划创办《国学报》，⑥ 即用此义。罗振玉在日本撰写的《扶桑二月记》中也使用了"国学"的称呼。当时在海内外有各种以"国学社""国学会""国学馆"等命名的组织，《国学萃编》《国学丛刊》《国学杂志》《国学丛选》等书刊也相继出现，"国学"一语颇为流行。值得注意的是，早期用"国学"来指称中国学术的学者多曾在日本活动，因此有学者认为"国学"语义的转变可能是受了日本的影响。⑦ 在20世纪二三十年代和90年代到本世纪初，我国先后出现了两次关于国学定义和内涵的大讨论。⑧ 各家众说纷纭，莫衷一是，但以"国学"指称中国学术这一说法，已经基本得到认同。从某种意义上说，国学就是研究清代以前（包括清代）中国古代文明的学问。

因此，中国古典学可以被看作国学的一个分支，即研究汉代以前（包括汉代）中国古代文明的学问。对此李学勤先生就直接称之为"中国古代文明研究"。其研究内容是

---

① [英]玛丽·比尔德、约翰·汉德森：《当代学术入门：古典学》，董乐山译，辽宁教育出版社1998年版。
② 苏秉琦：《中国文明起源新探》，生活·读书·新知三联书店1999年版，第7页。
③ 林志纯：《再论中西古典学》，载《中西古典学引论》，东北师范大学出版社1999年版，第558页。
④ 《周礼》，辽宁教育出版社1997年版，第41页。
⑤ 班固：《汉书》，第1122页。
⑥ 丁文江、赵丰田：《梁启超年谱长编》，上海人民出版社1983年版，第292页。
⑦ 桑兵：《晚清民国时期的国学研究与西学》，《历史研究》1996年第5期。
⑧ 李权兴：《"国学研究"论争综述》，学说连线·学术视野·学术综述，http://www.sl.com/htm/ssy/szs/。

"国学"研究内容的前半段。这一段"就是中国历史上文明早期的一段，大体与《史记》的上下限差不多"①，是中国文明发展史上至关重要的阶段。

二 中国古代两次重要的古典学重建

随着社会的演进和变迁，中国古典学在历史上也经历了波澜起伏的发展和变化。每当古典学因陈旧僵化以致被忽略鄙薄，或是因其不能适应社会现实的需要而濒临湮灭沉沦，或是因重要资料的发现不得不改变其面貌之时，统治者或学术界都要做出相应的努力和调整，以使古典学在社会上能够恢复到应有的地位，发挥出应有的作用。这种随着社会形势的变化而打破旧的古典学学术体系、重建新的学术体系的过程，就是古典学的重建。

虽然中国古典学的名称出现得很晚，但实际上这种学问的产生却很早。传统上的经学、古史学和先秦诸子学实际上就是中国古典学的前身。它们在历史上是不断演进变化的，正是它们构成了中国学术发展史的主流。中国历史上曾有过两次比较重要的古典学重建，它们在学术史上起到了极其重要的作用，是决定学术发展走向的关键所在。分析和比较这两次古典学重建的特点，将有助于我们认清当前古典学重建中所面临的问题。

1. 汉晋前后的中国古典学重建

中国的传统学术是以经学为核心的，经学是以与孔子有关的儒家经典为主要研究内容的。从孔子删定六经，到秦始皇焚书，儒家经书各有传承，这可以说是经学的滥觞。焚书对经学造成了毁灭性的打击，致使秦亡之后，儒生们只能靠口耳相传恢复经书的传习，并逐渐形成了今文经学。汉惠帝四年除"挟书律"，以孔子壁中书为代表的古文经书重见天日，并以此为契机形成了古文经学。在经学史上，汉代古文经书的出现、古文经学与今文经学之争以及古文经学作为主流对经学的统一，都是非常重要的焦点。在此之前，今文经学是学术主流，但今文经学的研究对象是汉初儒生凭借记忆用隶书写出的儒家经典，而古文经学的研究对象则是战国末期用六国文字——主要是齐系文字写成的先秦儒经，是未经改动的原始文献。显然在可靠性上后者要远远高于前者。古文经就是当时的出土文献，当时以古文经为主要研究材料重建儒家经学，从实质上讲，就是以出土文献为主要依据来重建中国古典学。可见出土文献与中国古典学重建之间的渊源是相当久远的，将二者紧密结合是汉代学者就已经注意到并加以身体力行的，这为经学在后代的发展奠定了重要基础。

同时我们也应注意到，今文经学家最初对古文经学所依据的出土文献曾普遍表示过

---

① 李学勤：《中国古代文明十讲》序言，复旦大学出版社 2003 年版，第 1 页。

怀疑，这在当时就是一股疑古思潮。① 它在客观上促进了学术的发展，对经学的重建也起到了重要的推进作用。后来今文经学逐渐衰落，同时今文经学的许多观点也渗透到古文经学家的著作中，到郑玄时实现了古文经学和今文经学的融合和统一。汉代古典学重建的部分成果以东汉灵帝时刻制的"熹平石经"的形式公布出来。曹魏正始年间，又用古文、篆文和隶书三种字体刻写了"三体石经"，这说明出土文献及古文字体在当时是很受重视的。

在古典学研究史上还有一件影响重大的事，就是西晋年间汲冢竹书的面世。《晋书》记载："汲郡人不准掘魏襄王冢，得竹简小篆古书十余万言，藏于秘府。"② 这是继西汉古文经书之后又一次重要的文献出土。竹书出土后随即受到政府的高度重视，并组织众多学者加以整理研究。"然同时杜元凯注《左传》，稍后郭璞注《山海经》，已用其说。"③ 这又是学者利用出土文献研究传世典籍，不自觉地使用"二重证据法"来重建中国古典学的一次宝贵尝试。

我们今天所能见到的《十三经注疏》中的注多数是汉晋古注，如郑玄注的三《礼》、笺的《毛诗》，杜预注的《左传》等。当时刚刚经历了一个出土文献发现的时代，利用出土文献来研究传世经典已经成为学术界一股渐趋强劲的潮流，因此他们或多或少都会受此影响。这批汉晋古注为后来经学的发展奠定了良好的基础。可以这样说：这是在秦始皇焚书之后完成了中国古典学的第一次重建，而出土文献在其中的重要作用不容忽视。

2. 唐宋前后的中国古典学重建

魏晋南北朝时期，经学出现了玄化、佛化等趋向，并逐渐分裂为南北两派。隋唐时期，随着国家政权的统一，经学也重新趋于一统，《经典释文》、《五经正义》、"九经注疏"等著述显示了官方重建经学的意图。这在一定时期内维护了经学的地位，将经学研究又一次推向了高峰。《十三经注疏》中唐代学者完成的"义疏"和"正义"是这次经学重建工作的一个总结。由于六朝时期经历了佛、道对儒学的冲击，孔颖达等人在奉敕编撰《五经正义》时坚持"疏不驳注"的原则，这是"对汉代经学的重新认同"④。因此唐代的经学重建实际上是在保持汉学原貌的基础上进行的解释和阐发，并没有使学术特征产生实质性的转变。

在宋代，由于受当时社会现实的影响，求变的思想在文人中颇为盛行，经学也为之

---

① 刘建国：《先秦伪书辨正》前言，陕西人民出版社 2004 年版，第 1 页。
② 房玄龄：《晋书》，中华书局 1974 年版，第 70 页。
③ 王国维：《最近二三十年中中国新发见之学问》，载傅杰编校《王国维论学集》，中国社会科学出版社 1997 年版，第 207 页。
④ 吴雁南等：《中国经学史》，福建人民出版社 2005 年版，第 247 页。

一变。邢昺等人奉旨校订的群经义疏就体现了不泥于经的倾向。后来疑古之风再次兴起，不少学者开始对汉唐古注提出疑问，李觏、司马光等人甚至提出了"斥孟""疑孟"的主张。这对后世学术思想的发展产生了重大影响，也是中国学术史上的一件大事。宋代产生的理学、明代兴起的心学以及清代形成的汉学无不直接或间接受到这股疑古之风的引导和牵动。疑古思想也引起了辨伪学的兴盛，学者们对一些前人深信不疑的古书产生了怀疑。不少学者撰写文章、举出例证，证明某些古书为伪书。这使得中国古典学的根基产生了动摇，如何重建古典学成为摆在当时政府和学者面前的一道难题。

同时，出土文献也引起了宋代部分学者的注意，这主要体现在金石学的兴起上。青铜器的出土早在汉代就有先例，但在一段时间内，它仅被当作祥瑞之兆来看待，并没有引起学者们的重视。宋代由于皇室的提倡，引起了官员和富有知识分子们的兴趣，于是人们纷纷搜集、著录、研究青铜器铭文，促进了金石学的形成和发展。吕大临的《考古图》、王黼的《宣和博古图》、薛尚功的《历代钟鼎彝器款识法帖》和王俅的《啸堂集古录》等著录书籍相继出现。金文的释读和考证也取得了很大进展。[1]"偏旁分析""辞例推勘"等释字方法的名称虽然还没有出现，但却已经被当时的学者不自觉地加以运用了。

宋代的古典学重建最终是以在疑古思潮影响下产生的理学作为其主体面貌铭刻在学术史上的，朱熹等人为四书五经所做的注成了其代表性的成果，对后世的影响至为深远。宋代古文献的出土和传承并没有对经学的发展走向起到引导作用，也没有对古典学的重建产生多大推动。尽管如此，我们还是应该对当时的疑古思想和出土文献研究加以充分的肯定。因为虽然二者没有发生明显的互动作用，但前者为学术思想的变革提供了动力，后者则为后世古文字学的兴盛起到了传承作用，它们在古典学史上的功绩都是不应抹杀的。

三　中国现代的古典学重建

通过比较上述两次历史上较为重要的古典学重建，我们可以看出，古典学的重建并不是随时都可能进行的，它需要有多种主客观条件，而当前我们就具备了这些条件。我们目前正处在一场古典学重建的重大学术变革中，这次古典学重建其规模和深度是历史上任何时期都无法比拟的，其所能达到的辉煌目标也是难以限量的。

裘锡圭先生指出古典学重建是"（古典学）往往由于观念、方法的更新或重要新资

---

[1] 赵诚：《二十世纪金文研究述要》，书海出版社2003年版，第17—29页。

料的发现，在较短的时期内就发生了剧烈的变化，呈现出新的面貌"①，这无疑是十分正确的。但是从宏观上看，每次古典学重建，从其根源的产生、旧体系的打破到新体系的最终建成，又必然要经历一个较为漫长的历史过程。因此我们认为：从时间上讲，中国现代的古典学重建发端于19世纪末，经历了整个20世纪，目前正逐渐被广大学者推向高潮。

1. 清末以来的社会变革是中国现代古典学重建的原动力

19世纪后半叶，近两千年来在中国思想界占统治地位的经学体系受到了严重冲击，人们对封建社会的合理性产生了怀疑，对中国古代社会的传统认识也开始动摇。西风东渐，不仅使许多人意识到应该推翻封建统治，模仿西方建立民主政体，而且吸引了越来越多的人学习西学。清朝政府创办新式学校，废除科举考试，不再以传统经学作为培养人才的核心。这些都使中国古典学的面貌发生了改变，人们开始换一种眼光来看待从前被奉为圭臬的典籍。清朝覆亡后，尤其是新文化运动后，中国的思想学术界更是呈现出百家争鸣的态势，以经学为主体的中国古典学格局被彻底打破。

马克思主义传入中国后，以郭沫若为代表的一大批学者尝试用唯物史观研究中国古史，重建中国古典学。中华人民共和国成立以后，马克思主义成为国家意识形态，在相当长的时间里，由于极"左"思想的干扰，对封建主义的批判使得古典学研究受到了严重影响，古典学研究在某种程度上成了为政治斗争服务的工具。

以19世纪末经学作为传统古典学主体的格局逐渐被打破为滥觞，古典学的重建工作就开始进行了。但直到20世纪80年代以前，其规模和深度还远远称不上壮观，古典学的研究不断受到社会变革和社会思潮的左右和牵制。这些左右和牵制严重影响了古典学重建的科学性。改革开放以后，很多学者开始自觉地将古典学作为一门科学来看待，在相当程度上摆脱了社会变革和社会思潮的干扰，加之地下出土资料"井喷"时代的到来，中国古典学的重建不论在深度还是在广度上都进入了一个新的时代。

2. 疑古思潮的兴起是导致中国古典学重建的诱因

在整个古典学研究的发展进程中，疑古思想贯穿始终。这种思想在清末民初又一次达到高峰，演变成了新的疑古思潮。在晚清经学研究中出现了以康有为"托古改制"为代表的今文经学，"古为今用"，借以宣传变法思想。这种思想为旧有经学体系的崩溃创造了条件。后来在古史研究中出现了以顾颉刚为代表的"古史辨派"，对许多传统典籍的可信性提出怀疑。顾颉刚提出了著名的"层累地造成的中国古史说"，使"疑古"和"信古"成为针锋相对的两股力量，它们之间的辩难为后来"释古"观念的产生提供了

---

① 裘锡圭：《中国古典学重建中应该注意的问题》，载《中国出土古文献十讲》，复旦大学出版社2004年版，第2页。

土壤。

　　随着社会的变革，旧有的古典学体系已经明显不能适应时代的需求，新的社会形势要求人们对中国古代文明有新的认识。在打破旧的古典学体系方面，上述疑古思潮的功绩是不容抹杀的。它使人们从盲目信古的禁锢中解放出来，在客观上要求人们必须对中国古典学进行重新建构，这是十分重要的。疑古思想者本身对古典学的重建也进行了有益的尝试，其中康有为对六经的阐释，古史辨派在对古书年代和上古历史研究的基础上形成的中国古史观，都自成体系，有相当多的发明发现，具有重要的启示意义，后者甚至几乎影响了20世纪中后期中国的整个古典学研究。但由于时代的限制，受各种主客观条件的制约，他们的思想都具有一定的片面性。那么，被打破的古典学体系要在什么客观条件的基础上才能重新建立起来呢？这个重任历史地落在了考古学和出土文献的肩上。

　　3. 现代考古学的引进和大量出土文献的发现是中国现代古典学重建的基本条件

　　1899年王懿荣认出从安阳小屯挖掘出来被当作药材"龙骨"出售的商代甲骨，从此甲骨学渐渐成为学者们竞相研究的显学，甲骨文成为我国近代最重要的出土文献之一。甲骨文的发现也拉开了我国现代古典学重建的序幕。

　　考古学是20世纪中国发展最快、取得成就最大的学科之一。如果说历史上许多出土文献（包括殷墟甲骨）的发现带有很大偶然性的话，那么现代考古学在中国出现之后，人们就开始有针对性地、主动地进行考古发掘，进而进行科学研究了。从19世纪末到20世纪初，在西方现代考古学的影响下，我国完成了从传统金石学向现代考古学的转变。1928年中央研究院历史语言研究所考古组在李济等人的带领下对安阳殷墟进行了首次发掘。从那时至今，一批批重要的出土文献随着考古遗迹的发掘相继与世人见面，中国迎来了一个考古大发现的时代。

　　裘锡圭先生曾经撰文指出中国古典学重建中应该注意的问题，包括简帛古书与传世文献相对照、古书的真伪、[①] 古籍的时代和源流、[②] 古汉语研究[③]等方面。裘锡圭先生以自己切身的体会，用大量的具体例证深刻地说明了出土文献在古典学重建过程中的重要作用。其实不仅上述研究需要出土文献的支撑，包括出土文献在内的一切经科学发掘出土的遗迹遗物都已经影响到了中国古典学研究的各个领域。下面我们列举一些近几十年来的考古新发现对中国古典学诸学科有重要影响的例子。

　　在中国古代文明的起源方面，考古发现表明，早在新石器时代就有上万个史前遗址

---

① 裘锡圭：《中国古典学重建中应该注意的问题》，载《中国出土古文献十讲》，第5页。
② 裘锡圭：《阅读古籍要重视考古资料》，载《古代文史研究新探》，江苏古籍出版社2000年版，第63页。
③ 裘锡圭：《谈谈古文字资料对古汉语研究的重要性》，载《古代文史研究新探》，第156页。

"满天星斗"般地遍布在中国大地上。① 在文明起源的时间、早期文明传布的空间范围、文明起源的中心等研究领域,考古发现都打破了传统认识。人们认识到中国古代文明的产生非常早,早期文明的传布非常广阔,文明起源的中心并非以黄河中下游地区为中心的"蔓延辐射"式,而是多元的、在不同方位、多个地点的"分头并进"式。从考古学角度对"三皇五帝"时代文化的探索取得了相当大的进展。

在古代文明与外界交往方面,考古发现使人们认识到,传统的"内华夏,外夷狄"观念是一种狭隘的民族主义。中国古代文明从很早开始,就与周边地区和文化有着广泛的接触和交往。因此,必须把中国古代文明放到世界文明的整体格局中看问题。考古发现提示我们,文明的接触和交往是一种互动的过程,中国古代文明既影响了周边和世界,世界和周边也影响了中国。中国早期文化中不断被考古发现证实的西方文化因素和北方草原地带文化因素就是这种互动影响的显例。

在哲学史方面,《周易》《五行》《老子》都分别有不止一个的简帛写本出土。其他如《楚帛书》《孙膑兵法》《阖庐》《归藏》《道原》《性自命出》《太一生水》《孔子诗论》《容成氏》《恒先》等以往未见的儒家文献、道家文献和其他先秦诸子的作品,以及能反映古人哲学思想的某些著作的佚文也大量面世。这些新资料在道家的宇宙观、《老子》的早期面貌、早期儒道关系、儒家的心性学说、儒家子思学派的思想和传承、被荀子指斥的子思孟轲的"五行"内容等重要问题上,都为学术界提供了大量的新知,解决了一些长久悬而未决的疑难。这有助于我们重新正确认识并全面把握先秦秦汉时期哲学思想的发展演变。

在思想史方面,考古发现表明古代的许多思想观念有着比我们想象的更为久远的来源。如《尚书·洪范》中的"五行"思想,早在甲骨文时就已初露端倪。而《尚书·洪范》这一古代治国的"大法",经新出土的"公盨"证明,其至迟在西周时期就已经产生并流行。② "兵阴阳家"的资料在甲骨文中就有体现,说明这一学派有着久远的来源。③ 已出土的简牍帛书中有大量的数术文献,揭示了古代在相当长的时间内,"数术"思想和观念对民间意识形态的笼罩。这些数术文献的出土,使得学术背景久已湮灭或渐趋消亡的早期数术原理和内涵,正在被我们慢慢读懂。

在宗教学方面,考古发现中有越来越多的祭坛、祭祀坑、神庙遗址、祭祀法器、朱书解注瓶、封禅玉牒、祷病玉版等的出土,为我们研究上古宗教思想和观念提供了新资料。出土文献中的甲骨文是我们研究殷商西周时期宗教信仰的重要依据,同时也不能低

---

① 苏秉琦:《中国文明起源新探》,第 101—127 页。
② 裘锡圭:《公盨铭文考释》,载《中国出土古文献十讲》,第 46—77 页。
③ 刘钊:《卜辞"师惟律用"新解》,载张永山主编《胡厚宣先生纪念文集》,科学出版社 1998 年版,第 140—143 页。

估某些金文材料和简帛资料在研究上古帝王和神话传说发展形成中的作用。简牍帛书中大量涉及神祇、祭祀、占卜、祝诅、宗教法术方面的记载，也让我们对早期宗教的认识不断得到加强。在早期巫道关系、古代的祝由术、医术中的精神疗法与道教法术间的联系等方面，我们也获得了许多新知。

在语言学方面，利用金文和简帛中的韵文、出土文献中的假借和异文材料以及古文字构形中的表音声旁及表音规律进行的上古音研究取得了长足进展。利用出土文献研究上古汉语的词义、语法乃至修辞等也都取得了极为丰硕的成果。越来越多的词汇在出土文献中找到了词源上的根据以及以往不见的义项或是更早的书证。随着以往不见的字头越出越多，汉字发展演变中的许多缺环得以补充，对汉字逐一进行发展演变谱系的描述已经变为可能。同时，对中国古代文明产生标志之一的汉字起源所进行的研究也正在成为学术界的热点。

在文学史方面，甲骨刻辞中富有文采的部分辞条已被视为最早的文学作品。上博简的《孔子诗论》、阜阳双古堆汉简的《诗经》和《楚辞》残简，都为先秦文学史的研究注入了新的活力。睡虎地秦墓竹简《为吏之道》中的韵文《成相》让我们看到了这一早已湮灭的文学题材。临沂银雀山汉简的《唐勒赋》和连云港尹湾汉简中的《神乌赋》在文学史上都具有重要的价值和意义，尤其是后者将汉代用白话写成的俗文学作品生动地展现在我们面前。敦煌汉简中"韩朋夫妇"的故事和天水放马滩秦简中的志怪故事让我们对古代志怪故事的起源获得了新的认识。

在民族学方面，以传世典籍记载的民族分布和文化习俗为线索，通过有目标的考古发掘来探索民族起源、分布与迁徙的工作越来越引起重视。不断发现的有别于早期汉字的文字资料，使得探索异族文字的设想变为现实。DNA 技术的应用，使得体质人类学在考古学中的地位格外凸显。对考古发掘出土的人骨进行测定，也使得从人种角度对不同民族的区分更为准确。甲骨文是研究我国商周民族史、民族关系史的重要材料。金文中也有大量的部族、方国名称，这些都为我们提供了许多传世文献中未见的民族史料，为研究华夏诸民族的起源和构成提供了珍贵的佐证。

考古资料尤其是出土文献与历史学的关系更为紧密，考古新发现对历史学产生重大影响的例证俯拾即是，在此不烦殚举。举凡当代科学化下的史前史、先秦史、秦汉史、历史文献学（包括古文字学）等学科，可以说在很大程度上是建立在考古学和出土文献基础之上的。在其他的一些相关专门史，如上古经济史、政治史、法律史、军事史、文化史、社会史、城市史、科技史、数学史、中医中药学史等方面，考古资料尤其是出土文献的重要作用也是不可或缺和替代的。

总之，考古学的长足进展和出土文献的层出不穷，使得中国古典学中的诸多学科不得不相应地改变自己。

4. "二重证据法"等科学方法的运用是中国现代古典学重建的利器

实践证明，凡是涉及研究中国古典学的一切学科，都必须把地下资料与地上资料加以充分的结合。地下资料与地上资料的关系正如车之两轮或门之两扇，缺一不可，不能偏废。那种仅靠在传世典籍中打转转的研究早已失之于陋，难以摆脱被抛弃的境地。王国维先生曾精辟地指出："吾辈生于今日，幸于纸上之材料外更得地下之新材料。由此种材料，我辈固得据以补正纸上之材料，亦得证明古书之某部分全为实录，即百家不雅驯之言亦不无表示一面之事实。此'二重证据法'惟在今日始得为之。虽古书之未得证明者不能加以否定，而其已得证明者不能不加以肯定可断言也。"① 此即"二重证据法"的最早出处。王先生的这段话是针对当时学术界过分怀疑古书的疑古思潮提出的批评，在方法论上对古典学的重建具有重要的指导意义，他及其以后的许多学者都身体力行地实践着这种科学方法。

饶宗颐先生在此基础上又提出了"三重证据法"的概念，他称："我认为探索夏文化必须将田野考古、文献记载和甲骨文研究三个方面结合起来，即用'三重证据法'进行研究，互相抉发和证明。"② 饶先生指出的"三重证据法"其实可以广义地理解为无字的考古出土物、有字的出土文献和传世文献之间的互证。这是对"二重证据法"科学的继承和进一步的细化。

在对待史料的态度上，冯友兰先生提出的既不"疑古"也不"信古"的"释古"主张，③ 代表了古典学重建过程中的正确抉择。"清华学派"学者中注重"会通古今、会通中西和会通文理"的特点，也是古典学重建中应当发扬的学风。今后的古典学研究还应在三方面注重融会与整合，这三方面即考古与文献（下和上）、域内和域外（内和外）、研究和调查（手和脚），④ 如此才能做出更为全面立体的研究，无愧于历史赋予我们的古典学重建的任务。

四 余 论

在历史上，每次古典学的重建都会遇到各种各样的困难。同样道理，在中国现代古典学重建的实践中，也存在着许多亟须解决的问题。古典学重建的任务是十分艰巨的，它不仅需要出土文献研究者的努力，而且还应该充分调动相关学科研究者的积极性，实现多学科的沟通和互动。可以预言：我们将长期处于中国古代文明的探索过程中，处于

---

① 王国维：《古史新证——王国维最后的讲义》，清华大学出版社1994年版，第2—3页。
② 饶宗颐：《谈"干支"和"立主"》，载《饶宗颐史学论著选》，上海古籍出版社1993年版，第22页。
③ 冯友兰：《冯序》，载罗根泽编著《古史辨》（第六册），上海古籍出版社1982年版。
④ 葛兆光：《思想史研究课堂讲录》，生活·读书·新知三联书店2005年版，第125页。

中国古典学的重建过程中。

中国现代古典学的重建之所以区别于历史上曾经发生过的古典学重建，除了时代的差别外，更重要的是历史上的古典学重建是自发的，而现代的古典学重建带有自觉的因素。如上文所述，汉代的古文经学家在经学研究中就已经不自觉地使用了"二重证据法"，宋代的金石学家在释读金文时就已经不自觉地使用了"偏旁分析""辞例推勘"等方法。但他们并不会像我们一样能够从实践中总结出理论，并用理论来指导实践，实现自觉的研究；也不能像我们一样抛开阶级的局限，用理性的眼光来看待中国古代文明；他们研究的目的也不完全是追求科学、探索事实的真相；他们甚至还不知道自己当时正处在中国古典学的重建过程中。

与他们相比，我们有现代考古学和众多的出土文献资料，有科学的方法和理论指导，更重要的是，我们对当前正在进行的古典学重建有着充分的认识和宏观的把握，能在更大程度上发挥主观能动性，而这正是古人无可比拟的优越条件。但在中国现代古典学重建的早期，我们也曾经茫然过，我们也是仅仅着眼于解决具体问题，而没有自己的明确目标。上世纪70年代以后大量战国秦汉简帛文献的出土产生了足以改变人们传统观念的力量，引发了学者们更加深入的思考。"走出疑古时代""重新估价中国古代文明""重写学术史""重写文学史""重写思想史""重写经学史"等响亮的口号标志着中国现代古典学重建的实践者们正在从自发走向自觉，从茫然走向明确。我们热切盼望并欢迎这个自觉时代的到来，也殷切地希冀有更多相关学科的学者能认识到考古资料尤其是出土文献的重要性，自觉地投入古典学重建的实践中来。

［原载于《厦门大学学报》（哲学社会科学版）2007年第1期］

国学 = 中国古典学

主持人：朱汉民

访谈嘉宾：林庆彰　姜广辉　李清良　吴仰湘　邓洪波

主持人：国学是否可以成为一个独立学科，学界内外都还存在着不少疑虑与分歧。主要有两个原因：其一是国学学科体系的内在条件，即国学体系的知识构架和学理依据；其二是国学的外在条件，即国学能否具有现代学术视野而能得到普遍承认并开展国际学术交流。

最近我注意到，有些学者在讲到中国国学合法性的时候，援引了西方大学的"古典学"的概念。在世界一些著名的大学，如哈佛、剑桥、牛津等，都设立了古典学系。那么这个古典学研究什么呢？它是以古希腊、罗马的文献为依据，研究那个时期的历史、哲学、文学等等。古典学注重将古希腊罗马文明作为一个整体来研究。在西方，古典学可以作为一门单独的学科，为什么"国学"就不能被容于中国现在的学科体系呢？

我认为，"国学"其实就是"中国古典学"。如果我们用"中国古典学"来定义"国学"，可以解决"国学"作为一门独立学科的两个难题。一方面，在几千年的漫长历史中中国形成了建立自己特有的具有典范意义的文明体系，建立"中国古典学"，也就是以中国古人留下的历史文献为依据，将中华文明作为一个整体来研究。由于"中国古典学"是以中国传统学术体系为学科基础，这是一门从学术范式到知识构架、学理依据均不同于现有的文学、历史、哲学学科的独立学科，这是"中国古典学"得以确立的内在条件。另一方面，由于"国学"概念仅仅能够为中国人自己使用，西方人则只能使用汉学，以"中国古典学"来定义原来的国学，"国学"具有了文化共享、知识共用的现代学科的要求，并能兼容国学、汉学，为中外学者所通用，这是国学能够具有现代学术视野并能开展国际学术交流的外在条件。

今天我想利用这个机会，邀请各位老师，共同来从学理层面上思考、讨论一下以"中国古典学"来定义原来的"国学"，以推进"国学"作为一门学科的学科建设问题。

先请林先生谈谈。

林庆彰：现在国学非常热，几乎每个星期都有国学机构在剪彩。那么剪彩之后能否有一个比较长期的规划呢？能否针对以前中国传统文化研究的缺点加以改造呢？我认为这些应该是更重要的。

其实国学在民国初年的时候就慢慢分化了：史部分化到历史系了，子部由哲学系来承担，集部有中文系来承担。单单这个经部，就无家可归了。所以今天的国学院最重要的是把经学放在比较重要的位置。

国学院不能以院长的专长来进行专业设置，不能院长研究什么，国学院就以什么研究为主。

我八年前曾去日本参加一个"古典学再构筑"的会议。我讲完后，大概有三四位学者向我提问。他们主要问我说，他们西方都有自己的古典学，你们为什么对古典那么痛恨，那么不友善？他们说古典对子孙后代来讲有着非同一般的意义，保护她、研究她，是他们的一个天职和责任。他们还追问我们对待传统的态度还有没有改善的空间。我当时确实不了解中国大陆的情况，就说不知道。他们有点失望。我回来后一直想这个问题。国学如果用其他用语来表示，可能会比较中性，不像"国学"有那么多的争议。这次朱院长有把"古典学"等同于"国学"的想法。我觉得非常好。昨天晚上请了几个助理印了些关于西洋的古典学的资料看了一下。哪些大学有开古典学的专业呢？耶鲁、剑桥、牛津、哈佛、海德堡大学、慕尼黑大学、巴黎大学、莫斯科大学、东京大学等大学都有。如果我们岳麓书院有意朝这个方向走，这些大学的古典学系都可以作为我们的参考。如果我们朝这个方向迈进，应该大有可为，因为大部分人还没有觉醒过来，只是在国学的热潮中炒冷饭。

主持人：我为什么想到要把国学当成中国的古典学呢？西方古典学的研究方式和内容基本上就是研究古希腊、罗马依存的文献，跟我们现在研究以古汉语为载体的历史文献诸如经、史、子、集等非常接近。但另一方面又有差别。古希腊、古罗马、古埃及、古印度文明都曾中断，它们都只是作为一种历史存在而被研究。而中国的古典从来没有中断，是延续的。由于近代以来西方文化的影响，虽然发生了很大的变化，但中国传统文化和古典自身的生命线没有断。只是作为一种学术，中国的古典学科分化到了文、史、哲等各个学科中去了。现在，我们需要重新回到中国古典学的历史的、整体的原生态。

经学是中国古典学的核心。姜广辉先生对经学的研究很有成就，那么接下来请他谈谈。

姜广辉：朱院长提出，可以把"国学"理解为"中国古典学"，从这个视角重新讨论国学在现代教育体系中的定位问题。我觉得这个提议非常好。

西方很多现代著名的大学都有古典学系，古典学甚至成为他们的招牌学科与专业。马克思本人当年也是修的古典学。而我们的大学却没有这样的古典学系。我们把古典学的内容分割成了哲学、历史、文学等专业。现在我们提出中国古典学，但学界对古典学的理解也有很大差异，有的把中国古典学理解为中国的上古史，或者上古学术史，下限到秦汉时期。其实，在西方称之为千年黑暗的中世纪时代，中国的古典学也一直在延续，一直延续到清末。这个延续一方面发挥了积极的作用，培养了无数的人才；但另一方面也带来较大的副作用，特别在清中期以后，影响了中国近代化的发展。人们把这个副作用看得非常重，以致现在很多人反对国学。我个人觉得，要定义中国古典学，不能简单地与西方古罗马时代相对应，截止在汉代。中国的古典学一直到清代都是一脉相承的。

最近学者在报纸、网络发表了很多文章，讨论关于中国古典学建构的问题。人民大学又走在前面，设立了比较古典学专业的实验班。这里就有个问题，中西比较古典学已经包含了国学，但又设立了国学院，这就有重叠和冲突。那么国学院还要不要呢？

很多人认为"国学"应该包括"今学"，指责搞国学的人基本上把国学定义为中国传统文化，或者是经史子集之学，没有包括"今学"。国学如果真的包括今学，那概念可能更混乱了。还有，他们觉得"国学"这个词含有感情因素。有篇文章提到，"国学是有感情因素的概念，因此也就由感情高扬而导致非科学理性"。我对这个意见甚不以为然。有感情因素并不是什么坏事。

主持人：西方讲古典学也有感情因素。

姜广辉：是啊。我们经常说的一些带"国"字的词汇也都有感情因素，比如祖国、国旗、国歌等，难道因为"有感情因素"就一定会"导致非科学理性"，就要把这些词汇废掉？我们承认"今学"对于国家独立和富强起了很大的作用，甚至是决定性的作用（我们权且用这个"今学"概念），但不能因为"今学"有这么大的作用就认为可以完全取代古典学。古典学仍旧有它的意义在。这个意义在哪里？我觉得可以从两个方面来讲。

第一个方面，是中华民族的精神家园问题。中国传统文化有几千年的历史，是一种辉煌灿烂的文化，一种在四大文明古国里唯一没有中断的文化。传统文化里面有没有寄托中华民族的价值和感情的文化内涵呢？答案是肯定的。我最近看程颐的文集，他有一段话大意是说：你要自己有家，别人的家再好，你也不会舍弃自己的家而跑到别人的家里去。有些儒者之所以跑到异教中去，是因为自己没有体认到儒学之道。我觉得程颐的话说得很好。有的学者写书，说孔子是"丧家狗"。其实我们想一想，到底是孔子是"丧家狗"，还是我们自己是"丧家狗"？没有精神家园，这是我们现代人的问题。

第二个方面，对当今教育改革的反思提供一些思路。刚刚过世不久的钱学森教授在病床上的时候，温家宝总理多次去看望他。钱老向温总理多次提出这样一个问题：中国的教育为什么培养不出杰出的人才？这个问题是值得认真反省的。

我们回顾历史，唐、宋、明、清几个大朝代，差不多都有三百左右年的历史，所出的一流名人的数量大致与各个朝代的存在年数相当，检点各朝的历史人物，总能检点出二三百位的著名学者和文人，他们都有传世的著作。而且每个朝代都有非常著名的"超级"大师。为什么我们这个时代就培育不出可以与之媲美的杰出人物在我看来，这与我们对传统文化的肢解有很大的关系。中国传统文化被肢解成哲学、文学、历史等等。这就像瞎子摸象，每个人都只接触到它的一部分，而不知其全貌，没有得到传统文化的全部的营养，所以要成就大师级的人物就很难。而且现在的趋势，从全国的许多文科的教学和科研机构看，是一代不如一代。这样的教育体系应不应该反省，应不应该改革？

现在高校重新考虑中国古典学的学科建设，意义非常重大。关于学科的名称，究竟叫什么好，我认为"国学"还叫"国学"，后面可以加个括号，即"中国古典学"。或者，将"中国古典学"简称为"国学"。用"中国古典学"来界定"国学"。没有必要因为提倡中国古典学而废掉"国学"的称谓。至于"国学"或者"中国古典学"应不应该设一级学科？我认为非常应该。但为了慎重起见，可以在某些院校先试行。

主持人：林先生和姜先生都赞成"中国古典学"这个概念。其实中国古典学也是借鉴了西方古典学的用语。接下来请李老师来谈谈。

李清良：西方古典学的兴起比较早，从希腊化时期就已开始，经过文艺复兴之后更加兴盛。发展到后来，它跟中国的经学有非常类似的问题，也有考据和义理之争。有注重文献、校勘、注释的，也有注重发挥义理的，认为如果不管义理，那就跟现实生活脱节了。尼采24岁就成了古典学专业的教授，他就是主张义理的，与当时的一个非常有名的注重考据的古典学家维拉莫维兹（Wilamowitz）发生了争论，并且产生了重要影响。德国古典学的传统，就是既重视对古典文献的研究、注释、校勘，也非常强调其中的义理，并且据此来对现代性进行反思。所以德国思想非常发达，这与他们非常重视古典研究是密切相关的。

古典学的研究在西方从未间断过，因此他们的思考总是有基础，有根本。从西方哲学的角度来举几个例子。哲学诠释学的代表人物伽达默尔，他是海德格尔的学生。海德格尔对古希腊的解释并没有得到学术界的承认；伽达默尔则专门花费了时间从事古典学的研究，后来通过了国家考试，成为一位古典学专家，是古希腊柏拉图、亚里士多德的研究专家，非常厉害，得到了古典学圈内的承认。他在古典学的基础之上提出他的哲学诠释学，与古希腊智慧联系起来，尤其是与经过他重新诠释的亚里士多德实践哲学、柏拉图的对话辩证法联系起来，他的基本观点就基本上能够为学术界所接受。这是因为他本人就是西方古典学专家。

此外，最近几年我们开始注意到法国著名哲学家列文纳斯。他是法国人，曾经在德国跟随胡塞尔、海德格尔学习过。他是把德国的现象学介绍到法国的第一人。但他在海德格尔的基础上讲出了另外一套理论，即"为他者""爱他者"的哲学，并且提出不是存在论而是伦理学才是第一哲学。他为什么能够做到这一点呢？因为他是一个犹太人，并且是犹太民族的经典《塔木德》的研究专家。几十年来他担任一所师范学校的校长，不仅在学校中推行犹太经典的教育，而且在研究《塔木德》的学术圈子中差不多每年开年会都要提交论文。举这些例子，都是为了说明，哲学思想的创造性，与古典学的研究是分不开的。

具体来讲，古典学对现代社会的意义主要有三个方面。

第一个方面，经典凝聚着一个民族的各个方面的经验和教训，并且是经过历史的淘汰与锤炼的经验与教训。如果我们围绕着古典学来继承和发展，就使得每个人都不是凭着个人的私智小慧，而是依赖整个民族的历史经验和集体智慧来思考、决策和行动。

第二个方面，经典是对整个民族智慧的积累、参与和反思的一个公共平台和公共空间，也可以说是精神家园，因而具有强大的凝聚力。它把大家的思考尤其是把历代的思考和智慧都汇聚到这个中心点上来，从而可以使一个民族的思想发展有始有终，有线索可寻。最重要的是学有传承，思有传承。我一直在反思，西方哲学为什么有这么强大的创造力？我觉得其中一个重要原因就在于他们一直有传承。一有传承，整个民族的文化就不是凭借个人智慧，而是凭借一个庞大的公共空间和全民的集体智慧来发展。现当代的中国思想文化的传承味道不浓，其中一个重要的原因就是我们没有以经典为主轴来形成和发展我们的思想。用孟子的话来说，一个民族的学术发展，如果有传承、有这个公共空间的，就是"有本者"，就能够"源泉混混，不舍昼夜。盈科而后进，放乎四海"；而如果没有以经典为根本的，就像七八月的雨水是突然来也突然去的，虽然在下雨时"沟浍皆盈"，但"其涸也，可立而待也"。没有传承，就什么都是零散的、片段的，不能深入，也没有什么力量，不能发挥什么用。

第三个方面，经典之所以成为经典，还在于它是永远不可能被完全占有的思想源泉与典范。没有一个人，也没有一个时代，敢说自己完全理解了经典，发挥了经典的全部意义。从这个角度来讲，经典可以说是一个"绝对的他者"。经典不仅是我们思想的基础，它还可以映衬出我们的相对性和有限性，从而使我们总是能够不断发展。

这三个方面中，前两个方面是使一个民族的创造力得以强大亦即"可大"，后一个方面则是使这种创造力得以持续不断亦即"可久"，三者合一，就是使民族文化的创造力"可大""可久"。其实不仅是对于整个民族、国家而言是这样的，对于个人而言，同样如此。把中国古典学作为一级学科来建设，确实是一项刻不容缓的工作。

主持人：确实如李老师所言，"国学"或者古典学是我们中华民族的集体智慧的结晶、整个民族的精神家园，是促进我们不断向前发展的精神动力。下面请吴教授谈谈。

吴仰湘："国学"一词，原指我国古代由朝廷设立并直接管理的高等教育机构。到了晚清，由于西学潮涌而入，加上欧化论日盛一日，不断有人从新的意义上来使用"国学"，用来泛指中国固有的学术、文化、思想乃至价值体系。民国以来，这种被赋予新义的"国学"名词，迅速在全社会流行起来，但是其间并没有经过科学的界定。习俗相传的"国学"，有时指中国传统学术、文化、思想（整体或局部），有时又指对中国传统学术、文化、思想开展研究的学问。这样的概念相当含混、游移。有鉴于此，当要表示后一种意蕴的"国学"时，只好改用"国学研究"或"国故整理"。今天继续使用"国学"这一概念，与当今的学术文化与教育体制更是不相适应。事实上，"国学"这个名词，民国时期就曾经引起过很大的争议，当代也不断受到质疑。前段时间因为申报"国学"一级学科，更是引起一场轩然大波。正是因为"国学"一词过于模糊、陈旧，有人提出了"大国学""新国学"的说法。然而，这些新的概念比"国学"更为宽泛、含混，不易获得学术界的广泛认同，似乎更难以纳入现行的学科体系之中。

1923年，梁启超在东南大学国学研究所演讲时，提出可以开展"古典考释学"的工作，即"将所有重要古典，都重新审定一番，解释一番"。近些年来，国内也有学者借鉴西方的"古典学"概念，提出"中国古典学"一词，将它界定为研究先秦秦汉时期中国古代文明的学问，并主张将"中国古典学"作为"国学"的一个分支。我个人认为，我们可以借助梁启超等前代学者的提示，借鉴西方"古典学"的界定方法，把研究以古汉语为工具记录的文献的学问称为"中国古典学"。当然，这只是一个粗浅的想法，如何完成"中国古典学"的正名与定位，并且建立起一套相对完备的学科体系，还需要做大量严谨、详细的论证工作。

主持人：我们今天在岳麓书院探讨这个话题，其实也有特别的意义。书院在中国古代历史上，一千多年前就开始在研究、传授中国传统学术。我们今天在这里学习、研究传统文化和学术，可以说是对岳麓书院一千多年学术传统的承传。

邓洪波：国学在现阶段是不是（或可不可以成为）一级学科，这是一个争议很多的问题。可以回顾一下，过去的经史子集四部之学，受到冲击之后，是怎样一步步退出正规教育的学科体系的。1903年和1912年是两个节点。我们传统是讲究博通之学，四部之下没有具体的学科分类。晚清从书院到学堂，新的学科体系基本上是按西方的标准来建立的。当初张百熙的设计中，就没有经学的位置。但张之洞对此特别反对，第二年的癸卯学制中第一个学科就是经学，这是张之洞坚持的结果。最后实行的新学堂都有经学的地位。按照西方的学科体系，把四部之学拆分为若干部分，一一对应西方的学科如文史哲等，唯独经学成了孤家寡人，无处可去。张之洞就干脆单独为经学设立了一门学科。这种设计在1903—1911年间尚还一直得到实施，可是在蔡元培当教育总长的时候就全部撤销了，经学科目完全废弃，经学从此就无家可归四处游荡了。此后的历史不断对传统学术进行打压，一直在批判中国文化，连孔孟都被打倒，到"文化大革命"时登峰造极。传统学术中最精华的东西失去了。我们现行的学科体系和学术分科，一级学科、二级学科的设置，全是按西方的一套来设计的。在这样的学科体制之下，经学作为中国传统文化的核心始终没有挂靠的地方。还有史部也不能说全部进入了历史学。比如史部中的目录学是一门很重要的学问，不只是翻翻书本的工具，而是辨章学术、考镜源流的一门学问，是在更高层次上对学问的把握。但是我们现在的目录学，已经分到图书馆学了，完全变成了一种工具，本身所固有的最核心、最高的学术价值丢失了。现在的新书出来两个月就上网了，可以查目录了，而大量的古籍却都没有上网，还要靠卡片找书。这也可见我们传统的东西难以进入现代的学科体系。现在很多人在争论国学是不是一级学科、二级学科；能不能作为一级学科等问题。其实问题的关键是，我们所有思考的原点完全是西方的学术体系。所以百多年来我们传统中最核心的东西找不到自己的归宿，有些即使找到了归宿，也变了样。

我们提出来中国古典学就是国学，并且列入教育的学科体系中。我认为是非常必要的。既然国学是承载着感情的，挨打的时候，当时的学部并没有反对，民国时候无论是北洋还是南京政府都没有反对；反而是今天我们的民族开始伟大复兴，找回自信的时候，为什么不能让它找到一个归宿，成为一门学科呢？我觉得国学理所当然地可以列为一级学科。可以跟其他学科"中西并行"，没有矛盾。

最后，从书院的角度来讲，书院改制之前，长期以来都是讲授经史子集四部之学，这是当然的事情。晚明的时候就有西学的传入，但当时的西学都可以纳入中国固有的学科体系中，比如传教士带过来的几何学就归入算学中。同光以后，西学大量输入，传统的经史子集四部之学就统摄不了了。这也是百年来的一个现状，是我们应该重视的一个问题。就岳麓书院来讲，同光之后，特别是"中兴"以后，岳麓书院的学生曾国藩等人打下太平天国之后，大清中兴了，书院等文化机构也开始"复兴"，都把经史作为根柢之学在书院教授。在书院课程的设计中（包括张之洞和岳麓书院的王先谦），虽然对西学大多有过试验，有翻译、数学等内容，但是经和史从来都是根柢，是不动摇的。如果我们把国学界定为中国古典学，使之以一级学科进入我们的学科体系中，然后参照传统中国一千多年中书院的课程设置，借鉴在与西方打交道的过程中总结出来的经验，再来设计一些二级学科，我认为完全是可以的。

主持人：今天这场讨论特别有意义。国学本身确实从近代以来就一直是一个非常模糊的概念。既然如此，是否可以用一个符合现代学术规范而且有利于中外交流、沟通的概念来重新界定它呢？我们今天至少形成了这样一个比较接近的意见：国学可以用中国古典学这样一个学理性更为清晰，并且能在中外学术交流中通用的概念来重新界定。这样一来，国学作为一门独立学科的思路，它的内涵外延都清晰得多。在这个问题上，我们当然要借鉴西方古典学的概念体系和学术范式。这个学科在西方已有两百多年的历史，基本上成熟了，我们可以借鉴他们的经验。但这并不意味着只有以它为依据中国古典学才具有合法性。我们更需要挖掘中国传统学术自身，从中寻找中国古典学的学理脉络。

刚才很多老师提出，中国古典学的建立还存在一些问题，这些问题需要我们探索解决。我认为，我们应该可以在一些著名的大学，对如何建立中国古典学开展讨论，做一些学术上的专题思考和研究，同时办一些试验班。我们岳麓书院研究中国传统文化的同仁们应该一起努力，来建立作为我们民族精神家园的中国古典学。

（原载于《光明日报》2010年10月18日第12版）

20世纪学科体制全球化背景下的中国古典学

——兼论出土文献在古典学复兴中的作用

曹　峰

　　古典学，是一个世界通用的概念，一般指今人对近代化以前的、传统的知识体系和为学方式所作的研究。换言之，是以近代学科分类体系及"科学"的研究方式尚未建立之前的学问为对象的研究。不同的国家，古典学所涵盖的时代也不尽相同，对于较早进入近代社会、较早采用近代学科分类体系及"科学"研究方式的欧美而言，古典的时代结束得更早一些，而东方则相对较晚。就中国而言，一直到20世纪初期，才开始大规模采用西方的学科分类体系及相应的学术研究和教育制度。而日本则比中国要早半个世纪左右。因此，从广义上讲，我们可以把到清代为止的中国古代知识体系和为学方式当作古典学研究的对象；而从狭义上讲，我们常常把最早期的古代文明即到中国先秦时代为止的文明当作古典学研究的对象。本文基本上从广义的角度使用"古典学"的概念。

　　因此，虽然每个国家有着各自的古典，然而古典学形成的过程，对古典学加以分类的体系以及研究的方法却是相近的。也就是说，传统的知识体系和为学方式之所以没有延续下去，是因为全球范围的近代化过程阻止了其发展和延续，而且，各自不同的古典学被以相同的分类方式、研究方法所审视和剖析，因此中国的古典学也就不再为中国人所独有，而成为世界性的学问，从而产生出欧洲的中国古典学、美国的中国古典学、日本的中国古典学等等。可以说，中国古典学作为一门学问是西方文明从制度（包括科研制度和教育制度）上影响全世界的产物。如果我们把19世纪以后西方工业文明对世界文明进程不可阻挡的影响视为一种全球化，那么，中国古典学的诞生也是全球化的产物。

　　中国古典学建立至今，已有一个多世纪。不能否认，把古典的知识当作纯客观的研究对象，通过文、史、哲等门类分别加以研究的理念和模式，产生了大量的研究成果。但是，回首这百年历程，学者们也都越来越深切地认识到，文、史、哲各自为政的体制，使得内部分工越来越细，彼此间沟通、协作越来越少，古典学研究日渐琐碎化，作为有机整体的古典学已经陷入危机，趋于死亡。本文致力于探索这种弊端产生的原因，同时以近年出土文献大量涌现后分科壁垒自然打破，沟通、协作越来越多为契机，讨论中国古典学再生和复兴的可能性。

一　近代学科体制影响下的中国古典学

中国古典学的诞生既然是全球化的产物，那么就必然会打上全球化的深刻烙印。这种烙印主要体现在两个方面，首先是知识的重新分类和相应学科体系的形成，其次是以西方学术理念和范式为标准的所谓"科学"的研究方法。这两个方面的接受并不是同时的，无论是日本还是中国，都是学科分类和相应科研、教育制度的引进在先，"科学"理念、方法的接受在后。

值得注意的是，"科学"这个概念，最初对应的并非 science。一般认为，日本人西周是"科学"一词的发明者。[①] 但有研究证明，西周最初使用的"科学"一词，其实是 subject 或 discipline 的意思。[②] 也就是说，"科学"的含义不是 science，而是"学科"。关于西周在《百学连环》中对"科学"的使用情况，沈国威作过这样的推断：

> 西周的原意是用"学"作 science 的译词，用"术"做 art 的译词，用"科学"代替以前使用的"学科"去译 subject 或 discipline，以表达"一科之学"、"专科之学"或"分科之学"的意思。[③]

当然，随着西方学术体系的全盘引进，用"科学"一词专门指代 science 逐渐为日本人所接受。受日本的影响，20 世纪以后，中国人也开始使用"科学"一词，[④] 但同样有将"科学"理解为"分科之学"的现象，如张之洞等制定的《学务纲要》中有"凡教员科学讲义，学生科学回答，于文辞之间不得涉于鄙俚粗率"。[⑤] 这里的"科学"只

[①] 明治三年末，西周在私塾育英社使用题为《百学连环》的讲义，系统介绍西方的知识体系。其中首次出现了"科学"一词。铃木修次对 science 概念传入日本以及译词诞生作过详细的梳理和论证。见［日］铃木修次《日本汉语と中国》，东京：中央公论社 1981 年版，详参其书第二章。

[②] 参见［日］飞田良文《明治生まれの日本語》，淡交社 2002 年版，第 205 页。

[③] 沈国威：《严复与译词：科学》，载王宏志主编《翻译史研究》第 1 辑，复旦大学出版社 2011 年版，第 118 页。

[④] 在中国究竟谁最早使用"科学"一词，又是在怎样的意义上使用的，学界研究甚多，主要可参樊洪业《从"格致"到"科学"》，《自然辩证法通讯》第 10 卷第 3 期（1988 年）；金观涛、刘青峰《观念史研究：中国近代重要政治术语的形成》，香港中文大学出版社 2008 年版。

[⑤] 张百熙、荣庆、张之洞：《学务纲要》（1903 年 9 月），载舒新城编《近代中国教育史料》，中华书局 1928 年版，第 8—30 页。

能当"分科之学"解,而非 science。严复在翻译亚当·斯密的《国富》(今译《国富论》)时所使用的"科学"及其他一些场合所使用的"科学"一词也当作西方知识及学术体系下的"一科之学"来理解。① 这里,之所以花较多的篇幅介绍"科学"一词的早期含义,目的在于通过这样一个有趣的现象来说明,"科学"进入东方,最初主要是在学科分类的意义上,因此其形式要大于实质。东方首先是在学科分类的体制上引进西学,在建立起与西方学术体制相一致的门类之后,才开始大规模地、真正地导入西方的学术思想、观念和方法。同时,无论是日本还是中国,西方科学知识和教育体系的引进,不仅仅意味着引入和学习东方所没有的东西,也意味着对固有的学问加以改造,这种改造首先指的是对固有的学问重新加以分类,并纳入新的教育体系中去。正是在这样一种理念指引下,古典学被置于"人文科学"的框架下,划分成文史哲等门类,走上了和西方学术相匹配的发展轨道。

在日本,明治时期,随着政府欧化政策的实施(例如1872年,明治五年的"太政官布告"宣告推行法国的学校体制),西学大为流行,过去以传授汉文汉学为主的学校多被关闭。② 在大学中,虽然仍然保留了对汉文汉学的研习,但已成为新型教育体制中的一环,成立于1877年(明治十年)的东京大学,在其文学部中设有"和汉文学科",力图培养的是学贯东西的人才,除支那经学、东洋哲学、汉文学外,还要必修英语、西洋哲学、论理(即逻辑)、心理学、社会学等西方学术。

有趣的是,这种试图将传统学问纳入新型体制的努力,一开始仅仅是形式上的改变而已,由于没有老师懂得西方的研究理念、方法,和汉文学科的教授多为旧江户幕府以来的宿儒。直到1885年(明治十八年)为止,学生也只有两名。从目前还能找到的东洋大学前身哲学馆(始建于1887年,明治二十年)的讲义来看,虽然出现了诸如《支那哲学》(冈本监辅)、《支那哲学史》(内田周平)、《支那伦理史》(藤田丰八)之类的课程,和《希腊哲学史》等传播西学的课程相并列,但从其内容看,并没有什么新的概念、框架,也没有什么新的方法。《支那哲学》等于是四书学,《支那哲学史》采用的是《汉书·艺文志》九流十家的框架,《支那伦理史》采用的是《汉书·太史公自序》所见六家的框架。因此并不是近代西学理念下的哲学史,只不过名称作了更换,旧酒装入了新瓶而已。

中国和日本一样,中国传统学术和教育制度向现代转型的第一步,是建立基于分科的新型教育和研究制度。具体而言,即随着科举制度的废止,旧式书院教育体制走向衰

---

① 详参沈国威《严复与译词:科学》,载王宏志主编《翻译史研究》第1辑,第121—137页。
② 近代日本文明开化之后汉学者的命运可参[日]三浦叶《明治の汉学》,东京:汲古书院1998年版;[日]町田三郎《明治の汉学者たち》,东京:研文出版社1998年版;[日]村山吉广《汉学者はいかに生きたか》,东京:大修馆书店1999年版。

落。传统的"四部之学"走向了"七科之学",所谓"四部之学",指"四部"之内的经学、史学、诸子学、词章学等传统学术门类;所谓"七科之学",指以"七科"(文、理、法、农、工、商、医)为代表的文、史、哲、数、理、化、政、经、法、地、农、工等现代学术门类。① 从"四部之学"到"七科之学"的转变,代表着中国从文史哲不分、讲求博通的"通人之学"向近代分科治学的"专门之学"的转变。这项转变,就对西学的"引导"而言,当然指西方分科观念和分科方法的全面引入,而对古典学而言,则表现在对传统学术的"消解"和"拆分"上,因此,一开始难免仅具形式上的意义,出现换汤不换药的现象。下面是晚清宿儒俞樾(1821—1906)写的一首诗,其中谈到了"哲学":

> 举世人人谈哲学,愧我迂疏未研榷。
> 谁知我即哲学家,东人有言我始觉。②

这里的"东人"指的是日本人小柳司气太,他写过一篇《俞曲园に就いて》③ 的文章,俞樾在读到此文的译文之后,写下了这首诗。可见他对"哲家""哲学家"这些新概念,带有嘲讽的意味,即便头衔、称呼换了,但在他的心目中,学问的内容和方法其实并没有实质性的变化。

当然,俞樾的感受只是西学席卷中国之初,一种短暂的、特殊的现象而已。在那之后,不仅从学科分类而且从理念方法上,中国传统学术被彻底改造,走上了从传统学术转型为"中国古典学术"之路。在严复等人看来,西学取代中学,不仅是因为西学有着传统学术所欠缺的足以"经世致用"的实际功用,更是因为从实质上看,西学有着传统学术所不具备的组织体系与理念方法。尤其后者,是严复等人所大力宣扬、积极倡导者,严复指出:

> 西人举一端而号之曰"学"者,至不苟之事也。必其部居群分,层累枝叶,确乎可证,涣然大同,无一语游移,无一事违反;藏之于心则成理,施之于事则为术;首尾赅备,因应厘然,夫而后得为之"学"……是故取西学之规矩法戒,以绳

---

① "七科之学"正式形成于1913年初,民国政府教育部公布的《大学令》《大学规程》。"七科之学"正式形成之前,已有不少人提出学科分类之理念并付诸实践,例如,1901年张之洞、刘坤一在联名上奏的《筹议变通政治人才为先折》中,以日本"六科分立"制为蓝本,提出了大学分设经学、史学、格致学、政治学、兵学、农学、工学等科的"七科分学"方案。关于中国近代学制的演变,可参左玉河《从四部之学到七科之学——学术分科与近代中国知识系统之创建》,上海书店出版社2004年版。
② 《俞樾集》诗编卷二十三,清光绪二十五年春在堂全书本,第32页a。
③ 此文刊载于《哲学杂志》第21卷,明治三十九年(1907)3月号。

吾"学",则凡中国之所有,举不得以"学"名;吾所有者,以彼法观之,特阅历知解积而存焉,如散钱,如委积。①

这样看来,在严复眼中,真正的"学"必须有组织、有系统,即所谓"部居群分,层累枝叶","首尾赅备,因应厘然",而且是可以论证、可以定义的。用此标准来衡量中国古典之学,则"如散钱,如委积"而已。严复还指出:

> 古之为学也,形气道德歧而为二,今则合而为一。所讲者虽为道德治化形上之言,而其所由径术,则格物家所用以推证形下者也。撮其大要,可以三言尽焉:始于实测,继以会通,而终于试验。三者阙一,不名学也。②

也就是说,中国古代之学有形上、形下之分,形上之学即"道德治化"之学,本来是不可证、不可测的,而现在形上、形下已合二为一,形上之学的研究也要遵从形下之学的三大原则,那就是"实测、会通、试验"。

如果说中国古代"四部之学"并非有组织、有系统,那是不合理的。"经史子集"显然是一个有机整体,以"经"为首,以"史子集"为辅的体系其实可以将所有的知识容纳进去,而且这个系统是有层次的,"经"基本上和形上之学相应,而其他的知识则是为传扬、实践"经"所反映的理念服务的。因此这是一种"活"的学问,也就是说,学者和他所研究的对象、为学与为人息息相关,连成一体,成为生命本身,死而后已。知识分子倾其毕生精力研习古籍,并按照古典的世界不断地重塑自己的精神,结果在各自不同领域、不同程度地成为古典世界的化身或代言人。因此,即便为学之人最终偏重于"四部之学"的某一方向,也会因为"四部之学"整体的不可分割性和相互关联性,而不至于出现严重的偏科。同时,学者和学问之间不可能像自然科学那样是冷冰冰的关系。按照西学的理念,不仅自然科学,即便人文科学也要求主体与研究对象之间要保持距离,保持客观、冷静的态度和立场,在研究对象面前,研究者不能有自己的价值取向,不能显露自己的情感,否则就会影响自己得出完全客观的结论。

当"四部之学"被纳入"七科之学"后,如前所述,首先是被以"科学"的名义重新审视、重新分科,其次是成为"科学"的对象,不再是一种活着的学问,而是在新的学术框架、概念、方法下可假设、可定义、可分析、可论证的"古典学"对象了。在这样的理念背景下,实用主义、实证主义也就必然受到推崇。

---

① 严复:《救亡决论》,载王栻编《严复集》第1册,中华书局1986年版,第52页。
② 严复:《天演论》,载王栻编《严复集》第5册,第1358页。

二 20世纪中国古典学研究的三种类型

20世纪是"古典学"发生、发展、发达的世纪,要在这样一篇小文中,对20世纪"古典学"的长短功过作出全面的审视是不现实的,我也无意否定人文科学背景下"古典学"的许多成就。在此,我想通过一些重要的人物和事件,梳理出古典学产生之后的主要线索,对这门学问之所以会日渐琐碎化、开始陷入危机的原因作出探索。

西方学科分类体系大规模引进之后,在中国古典学研究方面,有哪些影响深远、值得重视的学者或学者群呢?在此,我想分成三种类型加以论述。第一种类型是几乎看不到争议,直到今天仍受到极高评价的学者,这可以王国维为例。王国维短暂的一生,创造出令人叹为观止的学术成果。作为新旧交替、文化转型时期的人物,他有着"四部之学"的深厚功底,但他出色的研究成果,又几乎都是在新的学科体系创建之后形成的。王国维对西方学科分类不是被动地接受,而是对其长处有着深刻认识:

> 我国人之特质,实际的也,通俗的也;西洋人之特质,思辨的也,科学的也,长于抽象而精于分类,对世界一切有形无形之事物,无往而不用综括及分析之二法,故言语之多,自然之理也。吾国人之所长,宁在于实践之方面,而于理论之方面则以具体的知识为满足,至分类之事,则除迫于实际之需要外,殆不欲穷究之也。①

他的一生,纵横于文史哲三个领域,早年醉心于哲学,中年潜心于文学,晚年归心于史学。一般认为,1911年辛亥革命爆发,王国维随罗振玉避难日本之后,学风大变,尽弃西学,回归古典之学。但实际上如刘东指出的那样,他中晚年虽然埋首"经史小学",但实际上他的学问是"以西格中"的产物。

必须警觉地看到,即使在他被说成是尽弃所学之后,由于他心里还是认定学术不分中西,所以他那种针对中国过往文化经验所提出的问题,主要是从西学的基点上发出的,还受到了西方话语的强有力制约。

也必须警觉地看到,他的国学并非传统文化的原意,而乃以西格中的产物,如果不能时时牢记到这一点,而径直把他的某些判定——那些被发明的传统——看成是原汁原味的中国传统,那么就会陷入迷宫。②

---

① 王国维:《论新学语之输入》,载《王国维遗书》第5册,上海古籍书店1983年版,第97b—98a页。
② 刘东:《重估王国维的"尽弃西学"》(未刊稿),转引自方麟《王国维学术思想评议》,清华大学博士后研究报告,2012年9月,第8页。

同王国维有过交往的日本著名学者狩野直喜也说过：他对西洋科学研究法理解很深，并把它利用来研究中国的学问，这是作为学者的王君的卓越之处。①

那么，王国维是如何利用西学眼光来审视中国古典的呢？这里，我无法作详尽的论述，仅从王国维开拓的领域，我们可以看出新型的学科分类和学术理念对他产生的影响，从1911年到他自尽的1927年，他辗转于文学、美学、甲骨学、金石学、文字学、音韵学、训诂学、版本目录、古史学、西北史地学、简牍学、敦煌学等领域，几乎在每个领域都作出了辉煌的成就。尽管这里面不少领域是中国传统的学问，但我们可以发现，即便和中国传统学术重合的领域，王国维也是受到了西方汉学或日本"京都学派"的影响，也就是说，仅仅延续中国传统之学，是不可能造就如此辉煌的。王国维其实是在西方的"中国古典学"领域，利用自己有着深厚国学功底的优势，建树起了更多的成就。而他的学风则接近于"强调确实的事实、注重文献的考订、推行原典的研究"的实证主义理念。② 因此，由王国维提出今天评价甚高的"二重证据法"，也是完全可以理解的。

所以，王国维之所以会享有这么高的评价，在于他成为中国推行西方的学科分类体制后，在许多新的领域都有开拓之功的先驱者。可以说，他充分利用了自己能够融会贯通文史哲的优势，在不同的领域任意遨游。他四处出击，广泛建树，但不固守在一个专业。这样就避免了今人视野狭隘，学问越做越小的弊端。

王国维的成功既在于不墨守旧学，也在于他对西学潜在的弊端有所警惕。如前文所言，在"四部之学"中，经学具有至高的地位，具有统领的作用，在严复看来，西学与中学的重要区别在于，西学把中学中形上、形下两种学问合二为一，形上之学也必须遵从形下之学的为学标准，这样其实是把经学拉下了神坛。王国维则认为学科分类与保留形上之学并不矛盾。在他的《奏定经学科大学文学科大学章程书后》一文中，王国维批评张之洞《奏定学校章程》不设哲学科目道："其根本之误何在？曰在缺哲学一科而已。"他认为："人于生活之欲外，有知识焉，有感情焉。感情之最高之满足，必求之文学、美术；知识之最高之满足，必求诸哲学。叔本华所以称人为形而上学的动物而有形而上学的需要者，为此故也。故无论古今东西，其国民之文化苟达一定之程度者，无不有一种之哲学。而所谓哲学家者，亦无不受国民之尊敬，而国民亦以是为轻重。"③

王国维在将经学拉下神坛的同时，却提出任何一个科目都必须学习哲学，这是在认可西学分科背景下，把哲学提到了至高无上的地位。他的目的很明确，就是不想把学术

---

① ［日］狩野直喜：《回忆王国维君》，载陈平原、王风编《追忆王国维》，生活·读书·新知三联书店2009年版，第295页。
② 这是严绍璗对"京都学派"学风之评价，参见严绍璗《日本中国学史》，江西人民出版社1991年版，第373页。
③ 王国维：《奏定经学科大学文学科大学章程书后》，载《王国维遗书》第5册，上海古籍书店1983年版，第644页。

仅仅变成一种认识的工具，而希望在整体上提升学术的品格。

总之，王国维的眼光在今天看来也是非常超前的，一方面他积极利用西方学科分类体系，凭借他雄厚的国学基础，开拓出无数供后代研究者继续前行的新领域。但他又不受专业的束缚，不使自己的学术走向狭隘和琐碎。同时，他也注意提升学术的品格，使学者不是为了研究而研究，竭力避免学术形而下化之后必然走向庸俗化、实用主义化，离开道德与精神越来越远的弊端。

第二种类型可以东京大学的古典讲习科和清华大学的国学研究院为例。设立于1882年（明治十五年）的东京大学的古典讲习科分为甲部"国学"（即日本的古典学）和乙部"汉文学"两个部分，其目的是挽救日本全面西化之后迅速衰落的汉学、儒教。学生可以免修外语，教师由岛田重礼、中村正直、三岛毅等宿儒担当，也有西方留学回来的井上哲次郎；毕业生中人才辈出，出现了林泰辅、安井小太郎、市村瓒次郎、泷川龟太郎、儿玉献吉郎等一大批重量级的学者。[①] 设立于1925年的清华研究院国学门（即通称之国学研究院），同样也有挽救国学于衰亡的使命，导师梁启超、王国维、陈寅恪、赵元任、李济均受过西学的熏陶，学贯中西，而学生则多有深厚的国学基础。此研究院开办仅4年，共录取74人，完成学业68人，其中徐中舒、姜亮夫、王力、吴其昌、姚名达、高亨、陆侃如、刘节、刘盼遂、谢国桢、贺麟、张荫麟、罗根泽、周传儒、蒋天枢等等，日后都成为中国20世纪人文学术的中坚力量。就办学宗旨而言，清华国学研究院特别强调新型的国学研究之道，即"尤注重正确精密之方法（即时人所谓科学方法），并取材于欧美学者研究东方语言及中国文化之成绩"[②]。但并未显示出西化的特征，从相当多的毕业生日后的研究成果看，促使他们获得成就的理念与方法，显然更多得益于他们早年扎实的古典训练。因此，这是一个非常有趣的现象，尽管进入了现代学科分类体制，但这些人成就之形成，似乎主要不是得益于西学的训练，反而是得益于有意识地和西学保持一定距离。如下文所要讨论的那样，过度西化对于古典学而言，反而会导致灾难性的后果。

第三种类型可以胡适、冯友兰的中国哲学以及20世纪的逻辑学、地理学研究为例。胡适的中国哲学有着鲜明的倾向，就是要借助西方哲学的概念框架，重述中国古代思想传统。他在《中国哲学史大纲》的《导言》中说：

> 我做这部哲学史的最大奢望，在于把各家的哲学融会贯通，要使他们各成有头绪条理的学说。我所用的比较参证材料，便是西洋的哲学。[③]

---

① 战前日本"京都学派"也有类似的特征，这里限于篇幅不做展开。
② 吴宓：《清华开办研究院之旨趣及经过》，《清华周刊》第351期，1925年9月18日。
③ 胡适：《中国哲学史大纲》，东方出版社1996年版，第24页。

从某种意义上讲，胡适在撰写中国哲学史时，有一个相当强烈的愿望，就是按西方能够理解的思维模式和语言，让西方人了解中国，同时让中国的思想走向世界。梁启超在评价这部书时，毫不客气地指出："这部书讲墨子、荀子最好，讲孔子、庄子最不好。""凡关于知识论方面，到处发见石破天惊的伟论。凡关于宇宙论人生观方面，十有九很浅薄或谬误。"这是因为墨子、荀子有接近于西方的知识论和政治思想，因此也最容易用西方的概念框架来描述。梁启超认为以知识论来讲孔子，只是"弃菁华而取糟粕"。因为知识论在孔子哲学中只占得第二、第三的位置。孔学的根本精神是如何做到"我的思想行为与我的生命融合为一"及"我的生命和宇宙融合为一"，孔子的"学"并非如《中国哲学史大纲》所言"只是读书，只是文字上传授来的学问"，而是"活动"和"体验"。[①]

钟泰也认为胡适的中国哲学研究有牵强附会之处，为此，他也写了一本《中国哲学史》，在该书"凡例"中，他明确指出了此书的宗旨，即"中西学术，各有统系，强为比附，转失本真。此书命名释义，一用旧文。近人影响牵扯之谈，多为葛藤，不敢妄和"。[②] 当然钟泰又有矫枉过正之嫌，最终没有进入中国哲学研究的主流，但他的批评在今天看来确实极为中肯。胡适之后，冯友兰所著中国哲学史一般认为比胡适更具有系统性，但在梳理中国的材料以塞入西方的框架之特征上与胡适没有什么两样，冯友兰在他的《中国哲学史》中说：

> 哲学本一西洋名词，今欲讲中国哲学史，主要工作之一，即就中国历史上各种学问中，将其可以西洋所谓哲学名之者，选出而叙述之。[③]
>
> 所谓中国哲学者，即中国之某种学问或某种学问之某部分之可以西洋所谓哲学名之者也。所谓中国哲学家者，即中国某种学者，可以西洋所谓哲学家名之者也。[④]

对此，著名哲学史家劳思光有严格的批评，"冯书中确有哲学，但并不是中国哲学"，"冯书虽然有'哲学'，但并不与中国哲学的主流相应"。[⑤] 劳思光认为冯友兰套用西方哲学的分类法来解释中国哲学并不能涵盖中国哲学的主要问题，更失去了中国哲学的精神。

20 世纪之后，使用西方的模式、戴着西方的眼镜在中国固有的材料中寻找相应的学

---

① 梁启超：《评胡适之〈中国哲学史大纲〉》，《饮冰室合集》之三十八，中华书局 1936 年版，第 60 页。
② 钟泰：《中国哲学史》，东方出版社 2008 年版，《凡例》第 1 页。
③ 冯友兰：《中国哲学史》上，商务印书馆 1947 年版，第 1 页。
④ 冯友兰：《中国哲学史》上，第 8 页。
⑤ 劳思光：《新编中国哲学史》第 1 卷，广西师范大学出版社 2005 年版，第 306 页。

术成为时尚，当然和全球化有着必然关联，这种关联不仅是来自外部的压迫，也来自中国自身内在的需求。当中国人意识到西方的先进主要不在于船坚炮利，而在于有着"科学"的亦即逻辑的思维方式时，在中国固有的思维中找出可与之相匹敌的东西，就成了紧迫的工作。胡适的博士论文《中国名学史》的出现绝非偶然。"名学""辩学"不仅成为深入了解西方、学习西方文明精髓的桥梁和捷径，甚至成为激发起中国比西方更优越的民族自信心的良药。因此20世纪中国逻辑学研究的兴盛可以说其实是文化上缺乏自信所导致的，是一种虚假的、存在缺陷和偏差的"兴盛"。今天我们回过头来看，这个领域的研究从一开始就有方向性的错误，表现为不顾"名家"所生存的思想史环境，将西方逻辑学概念、框架、方法简单地移植过来，有削足适履之嫌。20世纪后在西方学术背景下形成的先秦名学研究，只重视语言学逻辑学意义上的"名"，有时甚至曲解伦理学政治学意义上的"名"，将其当作语言学逻辑学材料来使用。自从将"名""辩"与西方逻辑学相比附后，只要谈到"名"，似乎就只能从逻辑的角度出发。这样使很多看上去与逻辑学无关的"名"的资料被轻视，被闲置，甚至被曲解。特别是那些伦理学意义上、政治学意义上的"名"，虽然是中国古代"名"思想中不可割裂的、有机的、重要的成分，却因为西方逻辑学研究的思路而得不到正视，得不到客观的研究。这就出现了《荀子》的《正名》篇，到了逻辑思想史学者手中，只看前半部分和所谓逻辑相关的内容，不管后半部分论道论心之内容的奇怪现象，这是典型的断章取义。①

再来看地理学，中国古代没有建立在西方自然科学意义上的地理学，但不乏地理的论述。然而20世纪初的地理学却完全按照西学的模式来雕琢，以至于无处下手建立学科。1938年，王庸在撰写《中国地理学史》时，认为中国学术史上可称为地理学的知识甚少，"严格地说，除掉地图合西方科学输入以后的地学之外，在中国学术史上实在很少可以称为地理学的。所谓地志，在分量上虽是'汗牛充栋'，不可胜数，但论其内容，却多半是历史性质。即如所记山水、地域、人口之类，亦不过地理事迹的记载，仿佛不定期的年鉴，不能认为是真正的地学……而明清以前，除地图地志以外，实在没有多少系统的地理学可讲……""中国古书里不免偶然有些和地理学相近似而巧合的推论。但大都是东鳞西爪，甚为散漫。要在浩如烟海的古书中披沙拣金，实在颇不容易。"② 同样是屈从于西方的学术体系，但弊端的表现不同，本来与逻辑学不相干的一些中国古代名学资料，被硬拉来凑数；本来极其丰富的人文地理资料，却因为盲目使用西方的标准，少到要"披沙拣金"才能找出的地步。

---

① 详尽论述可参曹峰《20世纪中国名学诠释的偏差及其历史原因》，载《中国诠释学》第6辑，山东人民出版社2009年版；曹峰《回到思想史——先秦名学研究的新路向》，《山东大学学报》（哲学社会科学版）2007年第2期。

② 王庸：《弁言》，载《中国地理学史》，商务印书馆1938年版。关于王庸的学术成就及其局限，可参赵中亚《王庸先生学述》，清华大学博士后研究报告，2012年9月。

20世纪中国古典学还和国运密切相关,第二次世界大战以前,日本尤其是东京帝国大学的儒教研究几乎完全是为培养国民道德、维护天皇体制的政治目的服务的。而20世纪后期,中国大陆的古典学研究受意识形态支配的特征更是明显。虽然保持文史哲的近代学科体制,但在概念、框架、理论上教条化的倾向更为严重,这些情况众所周知,不必赘述。

上面论述的三种类型,基本上都出现于20世纪初期,但我觉得其影响延伸到整个20世纪,从这三种类型可以看出20世纪中国古典学命运的变迁。中国古典学既是西方学科体制的产物,其模式、框架、概念无不深受西学的影响,又受制于中国古典自身的特点,也就是说,即便有深厚的西学基础,没有深厚的国学基础,那也不可能获得影响长远的学术成果。只有既能在形式上利用学科分类之便利,又能在事实上不打破中国古典有机整体的人,才有可能获得最高的成就。这人就是王国维,但王国维是独一无二的。东京大学古典讲习科和清华大学国学研究院的许多毕业生在不同的领域各领风骚,其成就为不同学科奠定了基础,但在对古典把握的整体性上已不可能和王国维相比。然而,即便是这些某一领域的大家也越来越少,现在,文、史、哲内部分工越来越细,彼此间沟通、协作越来越少,各自为政、画地为牢、老死不相往来的现象日益严重,这种现象使得古典学研究日渐琐碎化,作为有机整体的古典学已经陷入危机。这种危机可以用"西化"基础上的"细化"来表示,一方面过度西化的研究方式①虽然引起许多学者的警惕,并试图纠正,但"以西格中",为了某种理论或假设的成立而不惜断章取义、削足适履的现象仍十分多见,使得中国古典学日渐脱离其本来面目,成为一些学者谋生的工具或掌上的玩物。另一方面,由于对中国古典缺乏有机和整体的把握,目前的学者以及正在培养的新一代学者所作研究更多是掘井式的,但由于视野的狭隘,可供开掘的有价值的井已经越来越少,使得中国古典学的生机不免走向衰微和枯竭,我们越来越呼唤给中国古典学注入活力的契机。

更可怕的是由于知识爆炸,学者们看自己学科的论文都来不及,难以有时间和精力再去关心其他学科。同时,每个学科各有各的话语体系、评判标准,各自的刊物、学会。在某种程度上,学科体系成了势力范围,使中国古典学在平庸中慢慢死亡。个人无能力通观和整合,而体制也扼杀了通观和整合的能力。近年开始大量出现的国学院、国学班可以说是一种扭转的努力,但依然受制约于学位体制,难以有大的作为。

三 出土文献在古典学复兴中的作用

20世纪末和21世纪初,回首百年,国内文史哲各个方面,对自身的性质、研究的

---

① 在中国哲学研究领域,日本小岛祐马和中国郭沫若、侯外庐的中国哲学史、思想史研究同样是西化的产物,只是路线不同而已。

方法、现代社会中的作用与意义、今后发展的方向，都展开了积极的讨论。那个阶段，各种反思类的文章特别热。例如史学领域，对于五种社会形态演进论能否适用于中国，对如何评价20世纪古史辨派的功过，对上古史研究是否需要"走出疑古时代"展开了热烈的讨论。文学界围绕西方文论指引下的中国文论"学科史"是否导致"学科死"的问题，展开了激烈的争论。在中国哲学界，中国哲学的合法性问题、主体性问题，"援西释中""反向格义"的成败问题，始终是这几年关注的焦点。

这些反思更多注意的是西方的概念、框架、思维模式、研究方法是否适合于中国古典学以及中国古典学如何走向新生。然而这种讨论仍然是以文史哲为单位展开的，也就是说，仍然受到西方学科的限制。虽然有一定的警示作用，但难以为中国古典学的新生提供直接而实际的机会，以扭转"西化"基础上日益"细化"的颓势，为中国古典学重新整合带来契机。

笔者以为，20世纪后半期大量涌现的出土文献或许为我们提供了复兴中国古典学的有效机会。随着中国近年来工业化、城市化的深入，深埋于地下两千多年，用竹简、木牍和缣帛抄写的先秦秦汉文书，大批大批地呈现于世人眼前。[①] 以思想史领域为例，郭店楚墓竹简、上海博物馆藏战国楚竹书、清华大学藏战国竹简、岳麓书院藏战国秦简、北京大学藏西汉竹简，都堪称惊人的发现。加上20世纪70年代出土的马王堆西汉帛书、睡虎地秦简、银雀山汉简等无比珍贵的资料，历史的窗口一扇接着一扇打开，从每一扇窗看出去，风景都格外精彩。现在投身其中的学者越来越多，对思想史研究的影响也越来越大，说中国古典学已经进入了"简帛时代"，绝不为过。

值得注意的是，这些随葬于先秦秦汉乃至魏晋三国古墓中的古代文献，以一种原始的、自然的状态呈现出来。例如，出土于1970年代的马王堆帛书内容极其丰富，涉及古代历史、思想、天文、历法、地理、军事、医学、数术等各个方面，好像一部百科全书。不仅仅包括所谓"精英"的思想和文化，还包括大量阴阳五行、天文、历法、算术、星象、占卜、释梦、医学、养生、动物学、植物学、矿物学等葛兆光称之为"一般知识、思想与信仰"的内容。[②] 出土于1990年代的郭店楚墓竹简、上海博物馆藏战国楚竹书中呈现出复杂的儒道关系。文本的不确定性、思想的丰富多样性是出土文献的显著特征。[③]

这些未经后人染指的出土文献，仿佛将思想定格在了时间的某一刻，其文本形态往

---

① 这种现象并未止于中国，在日本、朝鲜半岛也有类似现象，例如近年在朝鲜出土的木简《论语》，就引起了国际性的关注。
② 葛兆光：《中国思想史》第1卷，复旦大学出版社1998年版。
③ 详参曹峰《价值与局限：思想史视野下的出土文献研究》，载《中国哲学与文化》第6辑，广西师范大学出版社2009年版。

往凌乱不齐、其思想面貌往往杂芜纷呈，但却保留了思想生动而鲜活的特征。如果我们要在里面寻找统一的线索，纯正的概念，以佐证后人整齐加工之后的体系，往往会令人失望。因此，不仅难以用文史哲的西学框架，甚至难以用"四部之学""九流十家""六家"的方式去分类。也就是说在一个墓葬中出现的文献往往极为复杂，而同一篇文献中也未必显露出清晰的学派面貌，可以供我们轻松地塞入今天的学术框架中。

借助最新出土文献，使一系列新的、过去无法想象的论题被激发出来，如孔孟荀之间的儒学展开、孟学和荀学的源头，老庄之外的道家轨迹、黄老思想的早期面貌，墨家的异端思想、从《易经》到"易传"的传承和谱系，多种多样的宇宙生成论，重视自然之情的人性论，数术方技和阴阳五行思想与社会政治和民众生活的联系，等等。由此而被激活的或引发出来的研究课题有学派判别、经典确认及其文本演变的问题、天人关系论、儒道关系论、齐楚文化关系论、传世文献价值的再评价，乃至"疑古"和"释古"关系的大讨论，等等。这些问题有很多都是跨学科的。因此，可以说，出土文献为中国古代文明的重新认识提供了革命性的契机，为古典学的新发展带来了千载难逢的机遇。

出土文献的研究必须依靠多学科通力合作，仅仅依靠某一个领域是无法胜任的。这种通力合作表现在两个方面，从横向看，考古、文字、音韵、训诂、文献、历史、思想、哲学都必须参与进来，甚至数、理、化、工、农、医、占卜、天文、历法、饮食等领域也必须加盟。从纵向看，从事出土文献研究的学者必须密切关注了解、懂得其他学科的研究成果。出土文献仿佛是一潭池水，最先向其中投入石子的是从事考古及古文字研究的人，这批人比较少，产生的波纹也比较小。其次向其中投入石子的是研究学术史、思想史的人，这批人相对较多，产生的波纹也比较大。当更多的人、更多的学科向其中投入石子时，产生的波纹也就越大。没有不同学科甚至同一学科不同学者之间的相互交流、影响、协同、合作，就不可能得出为学界公认的结论。以思想研究为主的学者如何尊重、消化前期文字文献研究者的成果，文字文献研究者如何理解、吸收后期研究者的立场观念，是促使这门学科今后健康发展的重大问题。这两方面都不可偏废，虽然前者为本、后者为末，但其实一开始就是相互尊重、相互融通、取长补短的关系。总之，出土文献必须借助各方之力，同时又要求研究者注意各方面之研究成果，互为条件、互为补充，由此也有利于培养出新一代的学者。现在投身出土文献的青年学者越来越多，成果越来越丰富，就证明了这个跨学科的领域展现出了越来越强的魅力。

出土文献研究这种跨学科的性质，使其成为古典学研究的热点，这方面的会议相当多，论文也极为丰富，同时催生出新的学会，例如日本的中国出土资料学会，是日本国内包含学科领域最为广泛的学会。反观中国，尚未出现这样的学术组织，实在令人遗憾。出土文献还是目前最为国际化的研究对象，它吸引了来自不同国家、不同学科的学者参与其中。不知道出土文献，已没有古典研究的发言权。日本学者有着深厚的古典学基础，投身出土文献研究也非常早，已形成非常丰富的研究成果。而欧美学者在文本研究方面有悠久的历史，因此在文本的书写和结构、口头传播的影响、作者的概念、书的概念等问题的讨论上极为活跃。世界古典学研究的经验和知识正在得到借鉴。

因此，日益兴盛的出土文献研究已使一种新的古典学油然而生，这是一种被考古发现逼出来的古典学，它逼着现行学科体制中的学者跳出自己的领域，去关心、学习其他领域的知识，它逼着现行学科调整已经僵化的体制，以适应充满生机活力的新材料，迫使现有的观念、现有的问题意识、现有的研究方式发生改变。而且这种回到古典的研究也不易受意识形态、时代潮流的影响。

总之，由于材料的不同，参与者的不同，使用方法的不同，简帛研究的研究将不同于以往文史哲任何一门学科。这不仅将刺激、促进我们反思20世纪将文史哲分而治之的不合理性，而且，还完全有可能通过简帛研究使文史哲重新走向合流，成为一门综合的古典学，使中国古代思想的面貌得以比较真实的还原。因此，就古典学而言，说我们已经进入了一个简帛研究的时代，恐不为过。如何以理智的态度和创造性的智慧把握住这次机遇，如何在各个重要研究领域中实现重要突破，是我们面临的时代课题。

（原载于《社会科学战线》2013年第8期）

出土文献与古典学重建

裘锡圭

我们根据学术界已有的认识和研究成果，简单谈谈出土文献与古典学重建的关系。对所据资料和研究成果的出处，恕不一一注明。

先对"古典学"作一些解释。

我国学术界使用"古典学"这个词，是借鉴了西方学术界的"古典研究"的。古典研究指对于作为西方文明源头的古希腊、罗马文明的研究。古典研究以古希腊语、古拉丁语的研究和古希腊、罗马时代典籍的整理、研究为基础，涵盖了对古希腊、罗马时代各个方面，诸如哲学、文学、艺术、科技、历史等的研究。

我们认为中国的"古典学"，应该指对于作为中华文明源头的先秦典籍（或许还应加上与先秦典籍关系特别密切的一些汉代的书，如《史记》先秦部分、《淮南子》、《说苑》、《新序》、《黄帝内经》、《九章算术》等）的整理和研究，似乎也未尝不可以把"古典学"的"古典"就按字面理解为"上古的典籍"。我们的古典学的涵盖面不必如西方的古典研究那样广。这是由先秦时代的语言和历史跟我们的关系所决定的。

我们今天使用的汉语、汉字，跟先秦时代的汉语、汉字之间，我们的现代历史跟先秦时代的历史之间，存在着不间断的传承关系。而古希腊、罗马的语言和历史，对绝大部分从事古典研究的人来说，却是异民族的古代语言和古代历史，跟他们今天使用的语言和他们的现代历史并无直接的传承关系。

所以，虽然先秦时代的汉语、汉字，跟今天使用的汉语、汉字很不一样，却没有必要把先秦时代汉语、汉字的研究，从汉语言文字学里分割出来，纳入古典学的范围。同样，也没有必要把对先秦时代各个方面的研究都从相关学科里分割出来，纳入古典学的范围。

对先秦典籍的整理、研究应该包含以下内容：搜集、复原（对在流传过程中有残缺的或本身已经亡佚、只在其他古书中有引文的书以及新发现的散乱的书尽量加以复原）、著录、校勘、注释解读以及对古书的真伪、年代、作者、编者、产生地域、资料的来源和价值、体例和源流（包括单篇的流传、演变，成部的书的形成过程和流传、演变等情况）的研究。为了做好这些工作，必须对典籍的实质性内容有较透彻的理解。即以校勘而论，对异文的去取就往往不能只停留在语言文字层面上去考虑，更不用说注释解读等工作了。所以一位好的古典学者，不但要有文献学和文字、音韵、训诂等语言文字学方面的良好基础，还要对那些跟所整理、研究的典籍的实质性内容有关的学科有较深的了解。我们在前面指出，中国的古典学不必将有关学科中关于先秦的研究全都纳入其范围。但是应该看到，这些学科跟古典学有密切关系，而且古典学的研究领域，跟这些学科是会有重叠之处的。有不少问题需要古典学者跟这些学科的学者共同来研究。

在西方的古典研究中，抄写时代距原著较近的古抄本和已无传本的古希腊罗马时代典籍的发现，往往能有力地推动研究的进展。在我国，先秦典籍的古抄本（包括有传本的和无传本的，后者即所谓"佚书"），通常见于出土文献之中。

"出土文献"指出自古墓葬、古遗址等处的古文献资料。除了从地下发掘出来的古文献，后人发现的古人遗留在地上的古文献，如西汉前期在孔子故宅墙壁里发现的古文经书，又如上世纪初在敦煌莫高窟一个早已封闭的藏经洞里发现的大量唐代及其前后的写卷，也都是出土文献。

出土文献中的有传本的先秦典籍的抄本，其时代往往要早于传世刻本千年以上，如战国和西汉墓葬所出抄本。它们在校正文本、研究典籍的真伪、年代和源流等方面，具有巨大价值。出土文献中有大量久已亡佚的先秦典籍（包括尚有传本的典籍的亡佚部分）的抄本。通过它们，我们可以对先秦典籍以及先秦时代其他很多方面有更全面、更深入的了解。这对整理研究先秦典籍当然是很有用的。由于上古著作的一个特点，即内容相同或相似的篇章、段落或文句，往往出现在两种或多种不同的著作里，这些佚书的抄本对传世典籍往往能起与它们本身的古抄本相似的作用，有时还能用来研究有关传世典籍的资料来源和形成过程。

即使是出土文献中非典籍的各种先秦文字资料，由于能提供当时的语言文字以及其他方面的信息，对古典学的研究也是很有用的。尤其是那些内容丰富的品种，如商代后期的甲骨卜辞、西周时代的青铜器铭文等，更是如此。例如：王国维根据甲骨卜辞中关于殷王先人王亥的资料，阐明了《山海经》和《楚辞·天问》中讲到王亥（《天问》作"该"）的内容，证明这种"谬悠缘饰之书"，"其所言古事亦有一部分之确实性"。通过西周青铜器铭文与今传《尚书·周书》和《逸周书》诸篇在语言文字上的对照，可以看出哪些篇是可信的，哪些篇是后来的拟作或伪作；还可以解决那些真《书》解读上的不少问题。

由于时代接近，秦汉时代的出土文献，即使不是先秦典籍的抄本，而是秦汉典籍的抄本或非典籍的各种文字资料，对古典学往往也很有用，不可忽视。

总之，出土文献对古典学研究的重要性是极为突出的。古典学研究者不能满足于使用第二手资料，最好能有整理、研究出土文献的能力。由于与古典学有关的出土文献多用古文字书写，他们应该有较好的古文字学基础。这跟西方从事古典研究的学者，需要有古希腊语、古拉丁语的基础，有相似之处。

我们使用"古典学"这个名称，是晚近的事，但是从实质上看，古典学在我国早就存在了。发源于孔子及其弟子的经学，就属于古典学的范畴。对于先秦诸子和屈原、宋玉等人的《楚辞》等先秦著作的整理和研究，自汉代以来也不断有学者在进行。西汉晚期成帝、哀帝两朝，命刘向、刘歆父子等人全面整理先秦以来典籍。他们所做的，大部分是古典学的工作。

经学与政治相结合，在古典学中占据统治地位长达两千年。辛亥革命和反封建的五四运动结束了这个局面。经书的神圣地位不复存在，以经书为依托的"孔家店"在五四运动中成为打倒的对象。五四以后，对包括先秦典籍在内的传统文化，知识界有不少人持简单的否定态度。他们认为这种文化对新文化的建设有害无益。

几乎与五四运动同时，在西方学术思想的影响下，我国学术界兴起了怀疑古史和古书的思潮。这种疑古思潮到上世纪二三十年代发展到了顶峰。疑古派（或称"古史辨"派）成为商代之前的古史研究和古典学研究的主力。在将传统的上古史大大缩短的同时，他们在怀疑古书方面，以前代学者的辨伪工作为基础，大大扩展了怀疑的范围。包括经书在内的很多先秦古书的年代被推迟（这里所说的"书"包括成部的书中的单篇，下同。有时，怀疑的对象还可以是一篇中的段落或文句），很多一般认为属于先秦的古书被认为是秦汉以后的伪作。在经书被还原为一般典籍的同时，孔子跟经书的关系也被极力淡化。疑古派对古书真伪、年代等问题的很多看法，是从前代学者那里承袭下来的，或是前人已引其绪的。不过那些看法有很大一部分在过去的学术界不占主流地位，由于疑古思潮的影响才变得深入人心。疑古派的古典学对传统的古典学的冲击是巨大的。疑古派有不少值得肯定的地方，但是他们的疑古显然走过了头。

新中国成立后，在社会上相当普遍地存在着简单否定传统文化的思想。上世纪60年代后期到70年代的"文化大革命"，更把这种思想强化到了极其荒谬的地步。学术界在70年代发现西汉前期墓出土受疑古派怀疑的先秦典籍抄本之前，也仍有相当大的一部分人信从疑古派怀疑古书的很多看法。

改革开放以后，大家对传统文化有了比较全面、比较正常的态度。在"复兴中华"的思想影响下，学术界研究传统文化的热情明显升温。很多有识之士指出，我国人民（包括广大知识分子）缺乏人文素养，甚至对作为本民族文明源头的先秦典籍中最重要的那些书（有些学者称之为"原典"）也茫然无知，或知之过少，这是关系到国家、民族命运的严重问题。发展古典学已经成为时代的要求。我们不能照搬在很多方面都早已过时的传统古典学,也不能接受那种疑古过了头的古典学,必须进行古典学的重建。而古典学的重建是离不开出土文献的。

在我国古典学的历史上,曾有两次极其著名的出土文献的大发现。第一次在西汉前期,景帝之子,封在先秦鲁国故地的鲁恭王,想拆除孔子故宅,在墙壁里发现了用"古文"抄写的《尚书》、《礼记》(指一些被看作对礼的阐释的单篇著作,不是后来被纳入十三经的《礼记》)、《论语》、《孝经》等儒家典籍。此即所谓"孔壁古文",当为战国时抄本,可能是秦焚书时掩藏起来的。第二次在西晋早期。汲郡有人在郡治汲县(今河南卫辉市附近)盗掘一座战国时魏国大墓,墓中有大量竹简书。政府获知,收取整理,得《纪年》(即《竹书纪年》)、《穆天子传》等古书二十来种。此即所谓"汲冢竹书"。这两次发现在学术史上都产生了重大影响。

但西晋之后,直到新中国成立前,就未见先秦典籍的这类重大发现了。前面提到过的敦煌写卷中,也有经书和《老子》等先秦典籍的不少残卷,由于抄写时代比"孔壁古文"和"汲冢竹书"晚得多,重要性当然不能与之相比。上世纪40年代初,盗墓者从长沙子弹库一座战国楚墓中盗出一幅完整的帛书,有九百多个字,分成三部分,分别讲创世神话、天象灾异和十二个月的宜忌,内容虽然重要,毕竟不能与成批的大发现相提并论。

新中国成立以后,主要是上世纪70年代以来,由于考古事业的发展,多次在从战国时代到汉代的墓葬中发现先秦典籍的抄本。从总体上看,其数量已大大超过历史上的两次大发现。下面简单加以介绍,除秦墓出土文献放在最后综述外,基本上按发现先后分批叙述:

1. 长台关楚墓竹书　1957年,河南信阳长台关1号战国楚墓出土一批竹简,其中有一些比较残碎的简是抄写某种书的,有学者认为是《墨子》佚文,也有学者认为是儒家佚书。

2.《仪礼》汉简　1959年,甘肃武威磨咀子6号汉墓(大概下葬于王莽时)出土《仪礼》的部分抄本。

3. 银雀山汉墓竹书　1972年,山东临沂银雀山1号汉墓(下葬于汉武帝早年)出土一批竹书,有《孙子》、《晏子》(整理者按《汉书·艺文志》命名,即《晏子春秋》)、《尉缭子》(《艺文志·兵书略》称《尉缭》)、《太公》(我们按《艺文志》命名,今传《六韬》为其一部分)和已无传本的《齐孙子》(我们按《艺文志》命名,即《孙膑兵法》)、《地典》(有自题之名,《艺文志》著录于兵阴阳家)以及大量过去不知道的佚书,内容包括政治、军事、阴阳时令、占候等方面,还有一篇自题篇名为"唐勒"(篇首二字)的宋玉佚赋(残碎较甚)。此墓出有一块记着十三个篇题的木牍,所记之篇多数可以在此墓竹简中找到或多或少的残文。其中,《守法》《守令》的内容多与《墨子》的《备城门》《号令》等篇近似,《王兵》篇的内容分见于《管子》的《参患》《七法》《地图》等篇;《兵令》与《尉缭子·兵令》相合,但其字体与此墓其他五篇《尉缭子》不同,而与上述篇题木牍各篇相同,原来当与这些篇编在一起,而不是与那五篇《尉缭子》编在一起的。此墓所出《晏子》《尉缭子》《太公》《齐孙子》和《地典》的篇数,都大大少于《艺文志》著录之本,乃是部分单篇的抄本。《孙子》有"十三篇"(即今本《孙子》十三篇,但残碎较甚。墓中还出了一块记录这十三篇篇题的木牍)和少量佚篇,也只是《艺文志》所著录的《吴孙子兵法》八十二篇的一部分。此墓所出的书,用古隶抄写,抄写时间大概多在武帝之前,书的著作时间当然要更早得多,从内容看,基本上都是先秦著作。

4. 八角廊汉墓竹书　1973年,河北定州八角廊40号汉墓(大概是宣帝五凤三年逝世的中山怀王刘脩墓)出土一批已因焚烧而炭化的竹书,其中有《论语》、《文子》、《太公》、见于《大戴礼记》的《哀公问五义》、内容与《大戴礼记·保傅》基本相合的《保傅传》(整理者拟名)以及内容大都见于《说苑》《孔子家语》等书的《儒家者言》(整理者拟名,共有27章,绝大多数记孔子与其弟子的言行,整理者认为编成于战国晚期)等书,但残损十分严重。

5. 马王堆汉墓帛书　1973年,湖南长沙马王堆3号汉墓(下葬于汉文帝十二年)出土一大批帛书,其中有《周易》以及与今本有较大出入的《系辞》和几篇过去不知道的《周易》佚传、《老子》两本(整理者称甲本、乙本)以及甲本卷后佚书(有儒家著作《五行》、道家著作《九主》等,皆整理者据内容拟名)和乙本卷前佚书(道家著作《经法》《十六经》《道原》和格言汇编性质的《称》,皆自题篇名)、分章记一些春秋史事并附当事人或贤者对其事的评论的《春秋事语》、与《战国策》相似且有不少章重见于《战国策》和《史记》的《战国纵横家书》(以上二种为整理者拟名)以及很多医药、占候等方面的佚书。此外,还出了抄在简上的房中术佚书等。此墓所出的书,从内容看绝大部分是先秦著作。有些实用性较强的医书、占书或非先秦著作的忠实抄本(如《五星占》讲到汉文帝时星行情况),但其基本内容在战国时代当已形成。《五星占》(整理者拟名)等天文方面的占书,反映了古代天文学知识。此墓古书抄本所用古隶的字体,可以分出早晚。字体较古的,抄写时间可能早到秦至汉初。

6. 双古堆汉墓竹书　1977年,安徽阜阳双古堆1号汉墓(大概是文帝十五年逝世的汝阴侯夏侯灶之墓)出土一批竹书,其中有《诗经》(主要是《国风》)、《周易》(卦、爻辞后加有便于实用的占辞)和一些佚书,可惜残损十分严重。佚书中有一种,分章记春秋至战国初期一些人物的言行,其内容大都见于《说苑》《新序》,文句亦相近。墓中所出的2号篇题木牍,从所列章题看,所属之书与上述佚书同性质。木牍与佚书皆严重残损，已整理出来的佚书各章残文，尚无与木牍所存章题相对应者。此墓所出1号篇题木牍，上列四十七个章题。从章题内容看，所属之书的性质与八角廊汉墓《儒家者言》相似，章题所记之事大都见于《说苑》《孔子家语》等书，绝大多数是关于孔子及其弟子的言行的。

7. 张家山汉墓竹书　湖北江陵张家山有一处西汉早期墓地。1984年，247号墓（当下葬于吕后时）出土一批竹书，除西汉早期的律、令外，有《脉书》（内容基本与马王堆帛书中的一些医书重合）、《引书》（讲养生、导引）、《算数书》、《阖庐》（兵书）等佚书。《阖庐》没有问题是先秦著作。其他几种有实用价值的书，可能不是先秦著作的忠实抄本，但其基本内容在战国时代当已形成。1988年，366号墓出土一批竹书，除西汉早期的律、令外，有见于《庄子》的《盗跖》和《食气却谷书》等。此墓竹书尚未正式发表。

8. 慈利楚墓竹书　1987年，湖南慈利石板坡36号楚墓（发掘者认为属战国中期前段）出土一批竹书，有见于《国语》的《吴语》、见于《逸周书》的《大武》及一些佚书。此墓竹书尚未正式发表。

9. 九店楚墓竹书　20世纪80年代发掘湖北江陵九店楚国墓地，56号墓（发掘者认为属于战国晚期早段）和621号墓（发掘者认为属于战国中期晚段）出有竹书。56号出《日书》，是讲时日宜忌等事的数术类书，未见自题书名，整理者据秦墓所出同类书定名。621号所出竹书，文字极为漫漶不清，性质不明。

秦代至西汉早期墓葬屡见内容与九店56号楚墓所出相当接近的书，有些自题书名为《日书》。这些《日书》的基本内容，大概在战国时代就已形成。

10. 郭店楚墓竹简（此即这批简的著录书之名，一般简称"郭店简"）　1993年，考古工作者清理已遭盗掘的湖北荆门郭店1号楚墓（清理者认为属战国中期偏晚），获得一批竹书，其中有：《老子》三组（总字数相当于今本三分之一左右）、道家佚篇《太一生水》（整理者拟名，原来可能与《老子》丙组编在一起）、见于《礼记》的《缁衣》，也见于马王堆帛书的儒家佚篇《五行》（帛书本有经有传，郭店本有经无传）和多篇其他佚书（大多数为儒家著作）。此墓所出之书皆未见自题之名。

由于舆论极为重视考古工作者清理被盗掘的郭店1号墓所获的这批简书，盗墓者开始重视随葬竹木简。1994年以来，香港古董市场上陆续出现由内地战国、秦汉古墓盗掘出土的成批简册。下面所介绍的11、12、13三批简，以及综述秦墓出土文献时要讲到的岳麓书院和北京大学所藏的秦简，就都是从香港市场上抢救回来的。

11. 上海博物馆藏战国楚竹书（此即这批简的著录书之名，一般简称"上博简"）1994年入藏，整理者推测出自战国晚期白起拔郢（278BC）之前下葬的楚墓。这批竹书主要有：《周易》（原当为全经，但已残失一半左右）、《缁衣》、与《礼记·孔子闲居》

前半相合的《民之父母》（整理者拟名）、与《大戴礼记·武王践阼》有同源关系但出入较大的《武王践阼》（整理者因其与《大戴礼记·武王践阼》大体相合而定名，但其篇首没有以"武王践阼"开头的一段）、很多儒家著作佚篇、一些道家著作和其他可以归入诸子类著作的佚篇、很多体裁近于《国语》或《晏子春秋》所收篇章的佚篇（大都记春秋至战国前期时事，多为楚事，也有齐、晋、吴之事）、由远古传说中的帝王讲到武王伐纣的长篇古史佚作《容成氏》、佚兵书《曹沫之阵》、讲龟卜的《卜书》（整理者拟名）以及一些文学佚作（有《诗经》体的诗、体裁近于楚辞或近于赋的作品）等。这批简中的《缁衣》和儒家佚篇《性情论》（整理者拟名），也见于郭店简（郭店简整理者为后者所拟之名为《性自命出》）。这批简尚未发表完毕。

12. 清华大学藏战国竹简（此即这批简的著录书之名，一般简称"清华简"）2008年入藏，从各方面看也应出自湖北楚墓，专家鉴定会定为战国中晚期简，碳14加速器质谱仪测年结果是公元前305±30。这批简基本上都是书籍，主要有：与《尚书·金縢》为"同篇异本"的《周武王有疾周公所自以代王之志》、百篇《书序》称"《说命》三篇"的佚《书》《傅说之命》三篇、《书序》称《咸有一德》的佚《书》《尹诰》（简本无篇题，《缁衣》引此篇称《尹告》，整理者据以定名）、见于《逸周书》的《皇门》（简本无篇题）和《祭公之顾命》（《逸周书》篇名作《祭公》，《缁衣》简本引作《祭公之顾命》，《礼记·缁衣》作《叶公之顾命》，"叶"为误字或音近通假字）、《逸周书》的佚篇《程寤》（简本无篇题）、类似《尚书》《逸周书》的前所未知的佚《书》多篇（如《耆夜》和整理者拟名的《保训》等）、《周颂》体佚《诗》《周公之琴舞》（共有诗十首，周公、成王所作，其中一首即《诗·周颂·敬之》，其余皆佚《诗》）、《大雅》体佚《诗》《芮良夫毖》（周厉王时芮良夫所作，整理者拟名）、分二十三章记录周初至战国前期的一些重要史事的《系年》（整理者拟名。整理者后来指出，此书非编年体而稍近于"纪事本末"体）、叙述自楚先祖季连到楚悼王二十三位楚君的居地和迁徙情况的《楚居》（整理者拟名）、讲占筮的理论和方法的《筮法》（整理者拟名）、可用来做100之内任意两位数（且可带分数二分之一）的乘法的实用《算表》（整理者拟名。以上二种目前尚未发表，但在《文物》上已有介绍文章）等。其他重要佚书尚多，由于尚未发表，情况不是很清楚，从略。

有的学者认为，郭店、上博、清华这三批简的时代，都可以看作在公元前300年左右，距离实际情况应该不会远。所以见于这三批简的古书的著作时间，当不会晚于战国中期。

13. 北京大学藏西汉竹书（此即这批简的著录书之名，可简称"北大汉简"）2009年入藏，从字体看当抄写于西汉中期（不早于武帝后期），所抄既有先秦著作，也有西汉著作，绝大部分尚未发表。这批竹书中最重要的一种，是已发表的《老子》（自题篇名《老子上经》《老子下经》。上经为《德经》，下经为《道经》，篇序同于马王堆帛书《老子》而异于今本，马王堆《老子》乙本有自题篇名"德""道"），保存情况好，完整程度大大超过帛书本。虽然尚未发表但已有较详介绍的先秦著作有《周训》，是战国中晚期之交的东周君昭文公多次以史事为鉴训诫西周恭太子之辞的汇编。整理者根据书名和整理出来的篇数，认为此书即《汉书·艺文志》著录于道家的《周训》十四篇。

秦禁诗、书、百家语，秦墓当然不出这方面的书籍。至于数术类书，在秦墓中是可以看到的。前面讲过，有些秦墓出《日书》，这里举几个《日书》之外的例子。1993年，江陵王家台15号秦墓（发掘者认为有可能早到秦统一前）出了亡佚于宋代的三《易》之一《归藏》的竹书残本。秦墓出这种比较重要的先秦典籍，是很难得的。此墓还出日书和灾异占，如此墓确在秦统一前下葬，它们就也是先秦的数术书。湖南大学岳麓书院2007年入藏的一批秦代简里，有自题书名为《数》的算术书。北京大学2010年入藏的一批秦代简里也有算术书（尚未发表），没有自题书名的两种，整理者拟名为《算书》甲篇、乙篇；另一种自名为《田书》，是讲田亩面积与田租的计算的。这些算术书可能就是秦统一前使用的本子，也可能是其差异不大的改编本。上面提到的岳麓秦简里还有整理者据内容定名的《占梦书》，也可能是秦统一前的本子或其差异不大的改编本。这些都是数术类书。此外，上面提到的北大秦简中，据介绍还有一篇《公子从军》（整理者拟名），整理者认为"应是一篇失传的战国晚期的文学作品"。

以上简述了新中国成立以来陆续出土的先秦典籍抄本的情况。为了称说的方便，下文把它们总称为"新出文献"。

作为一个整体来看，新出文献完全可以跟孔壁古文和汲冢竹书媲美。后二者的实物都早已不存在。那些用战国文字抄写的古书，有些大概根本没有用当时的通行字体转写的完整整理本；有整理本的绝大多数也已失传，如汲冢所出之书，完整流传至今的只有一部《穆天子传》（《竹书纪年》至迟在宋代已经失传，今本《竹书纪年》不可信）。新出文献大部分肯定能长期保存下去，在学术上应该会比孔壁古文和汲冢竹书发挥更大的作用。

前面曾就出土文献对古典学的重要性作过一般的论述，这里再从"古书的真伪、年代""古书的体例、源流""古书的校勘、解读"这三个方面，通过实例来看一下新出文献对古典学重建的重要性。

一　关于古书的真伪、年代

新出文献可以证明前人在先秦古书的真伪、年代问题上有不少怀疑过头的地方。

今传《六韬》(《汉书·艺文志》著录的《太公》的一部分)、《尉缭子》、《晏子春秋》(《艺文志》称《晏子》,但《史记》已称《晏子春秋》)诸书,前人或疑其并非出自《艺文志》所著录的原本,而是汉以后人的伪作。疑古思潮兴起后,这种看法更是深入人心。汉武帝早年下葬的银雀山一号汉墓出土了这些书的部分篇章的抄本,内容与今本基本相合。可见今本的确出自《艺文志》著录之本,并非后人伪作。从这些书的内容看,应为先秦著作。

今本《吴子》和《鹖冠子》,过去也有不少人疑为伪书。在上博简《曹沫之阵》中,有两处文句与《吴子》基本相合,有一处文句之义与《吴子》相合,皆未见于其他传世古书。在学者公认为先秦著作的马王堆帛书《老子》乙本卷前古佚书中,有不少与《鹖冠子》相同或相似的文句,未见于其他传世古书。可见此二书也应出自《艺文志》所著录之本(《吴子》在《艺文志》中称《吴起》,《艺文志》杂家中有《吴子》,与之无关。《吴起》有四十八篇,今本《吴子》只六篇,是经后人整理的残本。今本《鹖冠子》中可能混入了《艺文志》著录于兵权谋家的《庞煖》),从内容看,应为先秦著作。

三《易》之一的《归藏》,未著录于《艺文志》,传本至宋代残存三卷,此后全部亡佚。但自晋至宋,颇有人引用此书,所以其卦名和一些卦辞得以保存了下来。前人多以为传本《归藏》为汉以后人所伪作。王家台秦墓出土《归藏》残本,其内容与古书所引佚文基本相合,可见传本《归藏》确是从先秦传下来的。清华简整理者指出,尚未发表的《筮法》所用的卦名,坤卦作"𠀉",同于传本《归藏》;坎卦作"袲(勞)",同于王家台秦墓《归藏》,传本《归藏》作"犖",音近相通;震卦有时作"壾(来)",传本《归藏》作"釐",音近相通。由此也可见传本《归藏》确为先秦古书。

百篇《书序》,汉人以为孔子所作。自朱熹以来,学者多疑之。清末,反对古文经的康有为,斥之为刘歆所伪作。近人还有主张其为西汉晚期张霸伪造《尚书》"百两篇"时所作者。百篇《书序》非孔子所作,是很明显的(前人已指出,百篇中有《尧典》《禹贡》,此二篇所反映的地理知识是孔子之时所不可能有的)。但是《书序》说:"高宗(指商王武丁)梦得说(指傅说),使百工营求诸野,得诸傅岩,作《说命》三篇。"《说命》分三篇,不见于任何传世古书(伪古文《尚书》的《说命》分三篇,是根据《书序》的),而清华简中的《傅说之命》正好明确地分为三篇。整理者据此指出,《书序》作者是确实看到百篇《尚书》的。秦火之后,《说命》已亡佚,孔壁古文《尚书》中亦无《说命》,可见《书序》是战国时人所作,以《书序》为汉人所作的各种说法都是不可信的。《史记》三代《本纪》等篇有不少与《书序》相同或极为相近的文字,前人或以为《书序》袭《史记》,其实应为《史记》袭《书序》。

题为宋玉所著的《大言赋》《小言赋》,见于来源可疑的《古文苑》,过去讲文学史的人几乎都不敢相信是宋玉作品。银雀山竹书中的《唐勒》赋，学者已考订为宋玉佚赋，其内容曾大量为《淮南子·览冥》所采用。有学者指出，《大言赋》《小言赋》的体裁与《唐勒》赋相似，很可能确为宋玉所作。

  古代即有学者怀疑孙武的历史真实性。近代日本学者或谓《孙子》十三篇实为孙膑所作。疑古思潮影响下的国内学者，也有持这种说法的。银雀山汉墓同时出土孙武与孙膑的兵法，此说不攻自破。

  疑古思潮兴起后，不少学者认为从思想、文辞等方面看，《老子》应是《孟子》、《庄子》（内篇）之后的著作。顾颉刚作《从〈吕氏春秋〉推测〈老子〉之成书年代》一文，更断定"老聃是杨朱、宋钘后的人，已当战国的中叶"，"当战国之末还没有今本《老子》存在"，"自秦、汉间"，随着"道家"之称的创立，才有《老子》的编成。他还认为《老子》的"发展"（当指"流行"）在公元前2世纪，"《淮南》的《原道》《道应》固是这时代潮流下的作品，即《韩非子》的《解老》《喻老》，《庄子》中的《外篇》《杂篇》，亦是这一时代所作"。他不但尽量推迟《老子》的成书年代，并且由于《解老》《喻老》解释了《老子》，《庄子》的外、杂篇引用了《老子》，就把它们都定成了西汉作品。

  郭店简中的三组《老子》简，究竟是《老子》五千言的摘抄本，还是《老子》的一些比较原始的本子，学者们的意见尚不统一。但是这三组《老子》简，足以证明在战国中期，老子的语录汇编已相当流行，其出现年代显然早于《孟子》《庄子》。马王堆帛书《老子》甲本不避"邦"字讳，字体近于秦隶，且夹杂少量楚文字字形，学者公认其抄写年代不晚于西汉初年。司马迁所说的《老子》"五千言"，在战国晚期无疑早已形成，顾氏的说法显然不能成立。《解老》《喻老》和《庄子》外、杂篇，按照传统看法都是战国晚期作品。它们跟《老子》的关系，正说明《老子》在战国晚期已很流行，这跟马王堆帛书《老子》甲本反映的情况完全符合，决不能像顾氏那样，按照他自己对《老子》成书年代的主观判断，把它们定为与《淮南子》同时代的作品。张家山336号西汉早期墓出了见于《庄子》杂篇的《盗跖》，这对以《庄子》外杂篇为先秦作品的传统看法是有利的。

  在疑古思潮的影响下，古代文史学界的很多人，曾认为大小戴《礼记》（以下简称"二《记》"）所收诸篇，是由战国晚期到汉代的作品。《礼记·王制》究竟是不是《史记·封禅书》所记汉文帝命博士所作的《王制》，学者尚有不同看法。《大戴礼记》的《保傅》（内容又分见贾谊《新书》的《保傅》《傅职》等篇）、《礼察》（大部分内容也见贾谊《陈时政疏》），都说到秦之亡，自是汉初作品（也有人认为秦汉之际所作）；《公符〈冠〉》篇末的"孝昭冠辞"等，当然也是汉人附入的。但是，二《记》的绝大部分应该是先秦作品。从新出文献中的有关资料来看，过去古代文史学界很多人对它们的年代的估计，显然偏晚。

在郭店简和上博简的儒家作品中，有不少与二《记》有关之篇。《礼记》的《缁衣》篇同时见于郭店简和上博简。上博简的《民之父母》与《礼记·孔子闲居》的前半篇相合；《武王践阼》与《大戴礼记·武王践阼》有同源关系。部分或个别段落、语句与二《记》相合、相似的，要多一些，例如上博简《内礼》与《大戴礼记》的《曾子立孝》《曾子事父母》有不少相近的内容，有时连文句也基本相同；郭店简《性自命出》自"喜斯慆也"至"愠之终也"一段，与《礼记·檀弓下》子游回答有子的"人喜则斯陶"一段话，显然出自一源，前者可以纠正后者文字上的一些重要错误。别的例子就从略了。其实，郭店简和上博简的儒家著作，大部分都很像《礼记》的"通论"类著作（关于《礼记》各篇的分类，参看《礼记正义》各篇题下所引郑玄《目录》），如果编在《礼记》或《大戴礼记》里，一点也不会显得不自然。郭店简和上博简抄写的著作，其撰成时间都不会晚于战国中期；二《记》中各篇的撰成时间，也应有不少是不晚于战国中期的。

梁代沈约说，《礼记》的"《中庸》、《坊记》、《表记》、《缁衣》皆取《子思子》"（《隋书·经籍志》引）。郭店简不但有《缁衣》，还有跟子思有密切关系的《五行》和《鲁穆公问子思》，《缁衣》极可能确为子思所撰。《坊记》《表记》，体例与《缁衣》相似，为子思所撰的可能性也很大。《中庸》的情况比较复杂，但《史记·孔子世家》已说"子思作《中庸》"，至少其主要部分有可能出自子思。如果事实真是如此，这几篇就可以看作战国早期作品了。

《礼记·礼运》讲"大同"，推崇"天下为公"的禅让制度。顾颉刚作《禅让传说起于墨家考》，认为禅让传说为墨家所创，儒家本不主张禅让，孟子对禅让加以曲解，荀子径斥禅让说为"虚言"，荀子之后的儒家，如《尧典》和《论语》"尧曰"章的作者，才采用墨家的说法来讲禅让。《礼运》篇也被他看作荀子之后的作品。郭店简《唐虞之道》和上博简《子羔》这两篇儒家作品都推崇禅让。已有学者指出，这两篇作品应该作于公元前 314 年燕王哙禅让的实验失败之前。可见在此之前，儒家也是推崇禅让的，孟子和荀子对禅让的态度，显然受到了燕王哙禅让失败的影响，顾氏之说不能成立，他对《尧典》、《论语》"尧曰"章和《礼运》篇的著作时代的判断都是错误的。《礼运》也应该撰成于燕王哙禅让失败之前，著作时间不会晚于战国中期。

《礼记》的《月令》，郑玄已认为它是抄合《吕氏春秋》十二《纪》首章而成的。晚近仍有不少学者，着眼于《月令》所反映的五行说的发展程度，主张此篇晚出，持与郑玄相同的见解。据清华简整理者说，尚未发表部分有一篇讲阴阳五行的著作，已将很多事物纳入五行系统，所包范围极广。看来我们对五行说发展过程所经历的具体年代，应该有新的认识，《月令》的撰成年代不见得一定很晚。《月令》跟十二《纪》的关系，应该是后者袭用前者，而不是前者袭用后者。

总之，从新出文献看，二《记》各篇绝大多数应为战国时代作品，而且其中应该不乏战国中期和早期的作品。对二《记》各篇时代的传统看法，有很多应该是正确或接近正确的（但是以《月令》为周公所作那样的旧说，当然是不可信的）。

从上述例子可以看出，我们亟须立足于新出文献（当然同时也不能忽略有关的其他出土文献和各种传世文献），对先秦典籍的真伪、年代进行一番全面、深入的新的研究，纠正过去疑古过头的倾向，尽可能搞清事实真相。

但是必须指出，在古书的真伪、年代问题上，一方面要纠正疑古过头的倾向，另一方面也要注意防止信古过头的倾向。近些年来，在学术界"走出疑古"的气氛中，信古过头的倾向已明显抬头，下面举例说明。

伪《古文尚书》一案，在学术界大多数人看来，早已有了定谳。但是近些年来，颇有人为之翻案。在新出文献中，有可以说明伪《古文尚书》不可信的新证据。《书序》说："皋陶矢厥谟，禹成厥功，帝舜申之，作《大禹》、《皋陶谟》、《弃稷》。"《大禹》是佚《书》，但伪《古文尚书》有此篇，称《大禹谟》（汉人已称此篇为《大禹谟》）。郭店简儒家佚书《成之闻之》说："《大禹》曰：'余才宅天心。'"这是先秦古书中仅见的《大禹》佚文。传世古书中所见《尚书》佚篇之文，如也见于郭店简和上博简的《缁衣》所引佚文，伪《古文尚书》皆已编入相应之篇中。《成之闻之》是佚书，作伪者看不到，此篇所引《大禹》佚文就不见于伪《古文尚书·大禹谟》。已有学者指出，这又是伪《古文尚书》的一个伪证。清华简的《尹诰》（即《咸有一德》）和《傅说之命》（即《说命》）也是佚《书》，但伪《古文尚书》里都有。清华简的《尹诰》跟伪《古文尚书·咸有一德》，清华简的《傅说之命》跟伪《古文尚书·说命》，除传世古书引用过的文句外，彼此毫无共同之处，绝不能以"同篇异本"作解释。伪《古文尚书》还把作于商汤时的《咸有一德》安排为作于太甲时。清华简整理者已指出，这些也是伪《古文尚书》的伪证。有些学者在看到清华简之后，仍为伪《古文尚书》辩护，这就叫人难以理解了。

学术界大多数人认为今本《列子》是伪书，新出文献中也没有发现可以说明今本《列子》可信的证据。但是有的学者却趁学术界为一些被前人错认为伪的子书恢复名誉之机，为今本《列子》翻案，有的学者还在研究文章中直截了当地把今本《列子》当作真书来用。这是不妥当的。

有些古书的真伪、年代问题比较复杂，应该注意不要简单化处理。

今本《文子》长期以来被很多人看作抄袭《淮南子》等书而成的伪书。通过跟八角廊竹书中的《文子》残简比对，发现今本有些篇（主要是《道德》篇）保存有与竹书本相合的内容（但把书中的那些"平王问文子"改成了"文子问老子"）。有些学者因此就把整部今本《文子》当作先秦时代的真书。但是八角廊《文子》简极为残碎，今本中已经跟简本对上的文字，只占全书一小部分。而且今本中的确有很多不像是出自先秦时人之手的内容。有的学者认为，今本《文子》是魏晋时人在古本《文子》残本的基础上，采撷《淮南子》等书，补缀而成。此说比较合理。

今本《孔子家语》的真伪问题也比较复杂。阜阳汉墓所出 1 号篇题木牍和八角廊竹书中的《儒家者言》，只能证明从先秦到西汉的确存在与今本《孔子家语》体裁相类的书（《汉书·艺文志》著录有《孔子家语》），并不能证明今本一定不是伪书。

我们千万不能"走出疑古"而回到"信古"。

二 关于古书的体例、源流

新出文献可以验证余嘉锡等学者在先秦古书的体例、源流方面取得的研究成果，并使我们能在这方面有更全面、更精确的认识。在这里，不想就此作全面论述，只准备举些实例来说明新出文献对研究古书体例、源流的重要性。

先说《诗》《书》。清华简中有类似《周颂》的《周公之琴舞》和类似《大雅》的《芮良夫毖》。《芮良夫毖》是佚《诗》。《周公之琴舞》包括十首诗，只有以"成王作儆毖"为"序"的九首组诗的第一首，与《诗·周颂·敬之》基本相合，其余诸首也都是佚《诗》。就是与《敬之》相合的这一首，异文也极多，而且差别还往往很大，如《周颂》本的"命不易哉"清华本作"文非易帀"（《周颂》本他句的句末助词"思"，清华本亦作"帀"），《周颂》本的"维予小子"清华本作"仡我夙夜"，《周颂》本的"学有缉熙于光明"清华本作"季（整理者括注为'教'，注释谓当读'效'）其光明"。据清华简整理者说，清华简中的《书》类文献约有二十篇。其中见于百篇《尚书》的只有五篇，即《咸有一德》（《尹诰》）、《金縢》和《说命》三篇。清华简的《尹诰》无自题篇名，后二者的自题篇名都与百篇《尚书》的《金縢》《说命》不同。清华本《金縢》的整理者和一些研究者已经指出，清华本与我们现在看到的《尚书》中的传本，有不少很重要的差异。《说命》是佚《书》，但先秦古书有所引用。整理者指出，《礼记·文王世子》《学记》所引，以及《缁衣》所引两条中的一条，"不见于竹简本，这应该是由于《说命》的传本有异"。《缁衣》所引见于清华本的一条，也为《墨子·尚同中》所引，《墨子》的引文比较接近简本。这一点整理者已于注释中指出。《尹诰》也是佚书。《缁衣》所引的两条《尹诰》都见于竹简本，但也有出入较大的异文（有的可能是《缁衣》的传抄讹误所致）。上述这些情况，对于研究《诗》《书》的源流极为重要。

《诗》《书》本来大都是一篇篇写成的，其流传和集结的情况很复杂，原无定本。汉代人有孔子删定《诗》《书》之说。《诗》《书》既无定本,也就无所谓"删"。《史记·孔子世家》说"古者《诗》三千余篇"。《尚书纬》说孔子曾求得《书》三千余篇。这种数字当然不能认真看待。但是孔子之时,流传的《书》篇和《诗》篇的总量,无疑是很大的。孔子要与弟子讲习《诗》《书》,当然要有所选择。所以我们不必说孔子删《诗》《书》,但可以说孔子选《诗》《书》。孔子所说的"《诗》三百",应该就是他的选本。清华简《周公之琴舞》和《芮良夫毖》的作者,都是西周时代极重要的人物,孔子应该看到过这些诗。很可能他在见于《周公之琴舞》的那些诗中只挑了一首,而《芮良夫毖》由于质量不如同一作者的《桑柔》(见《大雅》),就落选了。前面说过,今传《尚书》中的《尧典》和《禹贡》,在孔子之时还不可能存在。所以百篇《尚书》应该是战国时代儒家所划定的传习范围(这不等于说儒家著作中就绝对不用"百篇"之外的《书》,《缁衣》中就引了《祭公之顾命》)。孔子所用以与弟子一起讲习的《书》篇,可能也不出"百篇"的范围。在古代使用简册的情况下,百篇《尚书》的篇幅无疑显得很大。古书往往以单篇或部分的形式流传。估计战国时代在儒家中流传的《书》,百篇的全本一定不多。孔壁中发现的《尚书》的篇数,就远少于百篇。就连篇幅较小的《诗》三百篇,在双古堆汉墓中发现的本子,也不是全本。

清华简的主人,显然并未受到儒家《诗》《书》选本的影响。他所搜集的《诗》篇、《书》篇,绝大部分不见于儒家选本;即使是见于儒家选本的,其篇名也不相同,其文本也全都明显有异(今传《尚书》和《礼记》各篇所引之《书》,都是儒家传本)。有学者指出,清华本与传本《金縢》"应分属不同的流传系统"。这一意见十分正确。今传《尚书》《诗经》属于儒家系统,清华简的《诗》《书》则属于非儒家的流传系统。我推测,儒家系统的《说命》上篇很可能不会有见于清华简《傅说之命》上篇的佚中氏生二牡豕那样的神怪传说。从清华简的情况来看,在战国时代,至少在战国中期以前,《诗》《书》的儒家选本,在儒家之外的人群中,似乎没有多大影响。

秦火之后,《诗》只有儒家选本基本完整地流传了下来;《书》的儒家选本已成亡佚大部分的残本(即今文《尚书》二十八篇,孔壁古文《尚书》多出于今文《尚书》的那些篇后来并未传下来),不过"百篇"之外的《书》篇,尚有一小部分保存在《汉书·艺文志》著录的《周书》(今传《逸周书》为其残本)中。至于此外的《诗》篇、《书》篇,就只能在清华简这样的出土文献中看到了。

余嘉锡等学者早已指出,古代子书往往是某一学派传习的资料汇编,其中既有老师的著述、言论,也有弟子、后学增益的内容。银雀山汉墓出土的《孙子》是一个很好的实例。此墓所出《孙子》,除了主要部分"十三篇",还有一些佚篇。这些佚篇有解释"十三篇"中的内容的,也有记孙子事迹的,显然为弟子、后学所增益。在属于"十三篇"的《用间》中,简本在伊尹、吕尚这两个例子之后,还有今本没有的两个例子。前一例，文字残损，意义不明。后一例是："燕之兴也，苏秦在齐。"苏秦比孙武晚了一二百年，这一例显然是后学所增入的，其目的是使"用间"的重要性有更有力的证明。如果这一本子一直流传下来，有些考证古书真伪、年代的人，也许会以此来证明"十三篇"的形成在苏秦之后。由此可见，考虑古书的真伪、年代问题的时候，要注意古书体例及其形成和流传过程的特点，不能把问题看得太简单。但是由于子书的主要部分，也可能由弟子或后学据老师的语录、讲章等编成，我们也不能因为《孙子》"十三篇"是真书，就肯定其必为孙武亲手所著。

《老子》是新出文献中出土次数较多的书之一。简帛古书中已有四种《老子》：抄写于战国中期的郭店《老子》简（以下简称"郭简"）、抄写于西汉初年的马王堆帛书《老子》甲本（以下简称"帛甲"）、抄写于西汉早期（约在文帝时）的马王堆帛书《老子》乙本（以下简称"帛乙"）、抄写于西汉中期的北大本《老子》（以下简称"北《老》"）。根据这些本子，并结合传本，可以看出《老子》自古以来在形式和内容上的一些重要变化。

《老子》在章的划分和篇、章排序方面都发生过变化。郭简由于有可能是"五千言"的摘抄本，很难据以讨论篇、章排序方面的问题。但是可以看出，郭简与今传八十一章本，在分章上有不少出入。今本的有些章，从郭简的有关内容来看，本是分为两章或三章的。但也有今本将原来的一章分成两章的个别例子，如今本的第十七、十八章，在郭简中是一章，与今本第十八章首句相当的那一句之首并有"故"字，以表示与上文的承接关系。这样的情况一直维持到北《老》本。此章是在其后才分作两章，并去掉起承接前后作用的"故"字的（也可能是先脱落"故"字，然后分成两章）。帛乙本没有分章符号，帛甲本只是部分章有分章符号，因此它们的分章情况不大清楚。从可以观察到的情况看，似处于郭简与今本之间。北《老》本的分章极为明确，共分七十七章，划分情况与今本有七处不同。西汉末期严遵所著《老子指归》分为七十二章。八十一章的格局大概是在东汉时代形成的。

前面讲过，帛甲、帛乙和北《老》都以《德经》为上篇，《道经》为下篇，篇序与今本相反。《老子指归》虽已亡佚《道经》部分，但据书首的《君平说二经目》和《德经》章数，可知也是把《德经》放在前面的。大概《道》前《德》后的次序也是东汉时定下来的。不过也有学者认为西汉以前可能也存在《道经》在前之本。如果不管篇序和章的划分，就篇内各章的次序来说，帛甲、帛乙跟今本有三处不同。以今本章序来称说，就是在帛书二本中，第二十四章在第二十一、二十二两章间，第四十、四十一两章前后颠倒，第八十、八十一两章在第六十六、六十七两章间。北《老》的章序则已与今本完全一致。从章与章在内容上的关系来看，帛书本的章序似较合理。

从内容上看，从郭简到今本，文字的增减和错讹是大量存在的。不但简帛各本跟今传各本间有很多异文，简帛各本间和今传各本间也有很多异文。而且各本之间的关系，非常错综复杂。较晚之本不同于较早之本的异文，往往跟更早的本子相合。《老子》面世既早，流传又广，所以造成了这种情况。尤其可以注意的是，在《老子》流传过程中，除了后人为了凑"五千言"的字数有意减字外，还存在着由于思想上较深层次的考虑而窜改文本的情况。例如：《老子》第十九章有"绝圣弃智""绝仁弃义"这两句话。说"绝圣"，跟《老子》全书多次赞扬圣人矛盾。"绝仁弃义"显然是对战国时儒、墨极力鼓吹仁义的反动，不像是生活在春秋晚期的老子的话，这成为主张《老子》晚出的学者的一个重要论据。在郭店简里，这两句话分别作"绝智（或读为'知'）弃弁（辨）""绝伪（为）弃虑"，完全合乎老子的思想。在帛书本里，这两句话就已同于今本。这显然是战国晚期激烈反对儒家的那一派道家进行窜改的产物。如能立足于简帛本，并充分考虑今传各本，认真整理出一本比较接近原貌的《老子》来，我们也许会看到一位跟一般思想史著作告诉我们的相当不一样的老子。

上博简中有很多篇关于孔子及其弟子的言行的儒家佚著，有些内容可与《论语》中的有关内容对照（一般是竹书详于《论语》，有些地方彼此有出入）。这些不但是研究早期儒家思想的资料，也是探索《论语》如何形成的重要线索。前面说过，银雀山竹书《王兵》篇的内容，分见于《管子》的几篇。此外，同墓所出的《四时令》《三十时》《禁》《迎四时》等篇，与《管子》的《幼官》《五行》《四时》诸篇也有相同或相似的内容。马王堆帛书《老子》乙本卷前古佚书中，也有一些与《管子》很相近的文句。这对研究《管子》的形成，都是重要线索。

今本《论语》的分章，比八角廊简本要多。从银雀山简本《晏子春秋》看，今本也有将原来的一章分为两章的情况。《缁衣》简本的章序跟《礼记》本有很多不同，章的划分也偶有不同，简本还证明今本的第一章是后加的。古书流传过程中的这种变化，没有简帛古本的出土，往往是难以知道的。

三 关于古书的校勘、解读

先秦古书流传至今，文字错误极多，引起了文义不完、导致误解以及无法索解等问题。以新出文献校正传世古书，能解决大量这样的问题。以同一书的简帛本与今本对照，有时能发现本来想不到的问题。例如《孙子·计》篇有一句讲地形的话，今本作"地者，远近、险易、广狭、死生也"，简本作"地者，高下、广狭、远近、险易、死生也"。除语序有所不同外，简本多了"高下"二字。讲地形不应不提地势的高下，今本显然误脱了这两个字。但如没有简本，谁也想不到这一点。传世古书中有些本来根本无法讲通的文字，用简帛本一对，错字得到校正，文义豁然贯通。例如今本《逸周书·祭公》有如下文字："祭公拜手稽首曰允乃诏毕桓于黎民般……""于黎民般"是什么意思，从来没有人能真正讲通。清华简《祭公之顾命》中的相应文字是："公懋拜手稽首，曰：'允哉！'乃诏（召）毕𩰫（与'桓'可通）、井利、毛班……"原来"于黎民般"是"井利、毛班"的错字。"于"与"井"，"民"与"毛"，形近而误。"黎"与"利"，"般"与"班"，音近而误。毕桓、井利、毛班是穆王的三位大臣，即《祭公》中祭公称为"三公"的人。今本的"曰允"相当于简本的"曰：'允哉！'"这样，文义就豁然贯通了。简帛古书只有一段或一句与传世古书相合的，也同样能起校勘、解读的作用，这里就不举例了。

简帛古书所反映的古代用字习惯，也能起解读以至校正古书的作用。例如马王堆帛书和银雀山竹书都有以"佴"为"耻"之例，得此启发，司马迁《报任安书》"佴以蚕室"（见《文选》）、《墨子·经上》"佴，自作（怍）也"的"佴"，才被学者们正确地读为"耻"。又如武威《仪礼》简有时以"埶"为"设"，得此启发，学者才发现《荀子·儒效》"埶在本朝"、《正名》"无埶列之位"的"埶"，不应读"势"而应读"设"，《礼记·内则》"少者执床与坐"的"执"乃是"埶（设）"的误字。

依靠出土文献解读古书，也有跟校勘和明用字之法（包括明通假、异体等）无关的情况，最著名的例子就是子思"五行"说之谜的破解。《荀子·非十二子》责罪子思、孟轲"案往旧造说，谓之五行"，杨倞注："五行，五常，仁义礼智信是也。"近人多不信其说，子思"五行"说的内容究竟是什么，成为古典学和古代思想史上的一个谜。见于马王堆帛书和郭店楚简的儒家佚书《五行》篇，告诉我们"五行"指"仁义礼智圣"，文中对五行说作了详细解说。马王堆帛书整理者指出，《孟子·尽心下》说："仁之于父子也，义之于君臣也，礼之于主宾也，知之于贤者也，圣人之于天道也，命也。"这就是孟子的五行说。"五行"之谜终于得到了破解。

在利用新出文献校勘、解读古书方面，还有大量的工作要做。

从上面所说的情况可以清楚地看出，要进行古典学的重建，必须更快、更好地开展新出文献的整理和研究。

在学校和社会的素质教育中，需要用到不少古典学知识。我们应该把最新、最正确的知识传授给学生和社会公众，不能以讹传讹，谬种流传。从这一角度看，也需要更快、更好地开展新出文献的整理和研究。

新出文献既是古典学的重要新资料，也是相关学科的重要新资料。郭店简公布后不久，就有学者感慨地说："思想史、学术史应该重写！"为了支持有关学科的发展，也需要更快、更好地开展新出文献的整理和研究。

前面介绍的那些批新出文献，有些尚未正式发表，有些还未发表完毕。已经发表的新出文献，有不少还需要重新整理。在研究方面，更有大量工作要做。但是真正能担负起新出文献的整理和研究工作的人才却相当缺乏。希望有关教育领导部门能采取一些特殊措施，大力支持这方面的专业人才的培养。考虑到古文献还会不断出土，培养人才的重要性、迫切性是怎样估计都不会过分的。

［原载于清华大学出土文献研究与保护中心编《出土文献》（第四辑），中西书局2013年版］

古典学的重建

裘锡圭　戴　燕

一　为什么提出"古典学"重建

戴　燕：这些年，您多次谈到"古典学"的重建，我们首先想要了解的是，您为什么有这样一个想法？您提出的"古典学"的宗旨又是什么？

裘锡圭："古典学"这个名称，中国学术界以前不太用，我用这个名称也很偶然。二〇〇〇年，日本学者池田知久在东京主持一个公开研讨会，题目叫"文明与古典"，是不是他打过招呼说要讲讲古典学方面的问题，我记不清了。我想"文明"这种大的问题，我也不会讲，那还是讲古典学的问题吧，就写了一篇《中国古典学重建中应该注意的问题》。这是我用这个名称的开始。

为什么提"古典学"重建？因为从一九七〇年代以来，地下出了好多简帛古书，有西汉早期的，也有战国时代的，内容很重要。当然在此之前出的那些汉简等等，对于我们研读先秦、秦汉的古书也有帮助，有时候可以纠正错字，有时候可以把没有弄清楚的问题弄清楚，我也写过这方面的文章。二十世纪七十年代以来，首先发现了马王堆帛书、银雀山竹简，后来又发现了战国竹书，这些对研读先秦、秦汉古书起的作用更大。大家知道比较多的，就是《荀子·非十二子》讲的子思、孟轲"案往旧造说，谓之五行"，子思他们提出的"五行"到底是什么东西，马王堆帛书一出来，就彻底解决了。又因为出土的《老子》比较多，对于《老子》的一些错误，尤其重要的是像战国时候人的窜改，庄子后学对《老子》的窜改，以前不知道，现在都知道了，有些地方甚至跟原来的意思完全相反。我在这方面写过文章，在《长沙马王堆汉墓简帛集成》中，我作《老子》甲本的注，也有说明。还有关于孔子跟六经的关系、早期儒家的思想、所谓"黄老思想"（我称为"道法家"）的源流等等，大家谈得很多了。在这些方面，都有新的认识。

这些资料出来以后，学界还普遍认识到，"古史辨"派在辨古书上有很多不对的地方。他们在辨古史方面功劳很大，但在辨古书方面错误太多。辨伪其实也不是从他们开始的，古代人对古书年代也有考辨，他们是集其大成。集其大成，又走过了头，好多古书，"古史辨"派认为是假的，现在出土的文献可以证明它们是真的，至少是先秦的书。但是现在不少人，否定"古史辨"派也走过了头。有些人甚至于认为传统旧说都是可信的，连伪古文《尚书》《列子》这样的伪书，都信以为真，简直是走回头路，比清代人、宋代人都不如了，回到"信古"去了。我感到不能因为"古史辨"派走过头，就一概否定他们，那是更错了。我们应该在充分吸取前人成果的基础上，根据新资料、新的研究，重建"古典学"。

"古典学"的名称，虽然古代没有，但是古典研究从孔子跟他的学生就开始了，后来一直有人继续这方面的工作。可以认为宋人对古典学有一次重建，应该说力度比较小。上世纪二三十年代，"古史辨"派否定很多传统的东西，也是一种重建。他们在西方思潮的影响下，强调要根据理性来看问题。现在看他们是走过了头。我们也应该重建，但不是回到信古，是要比前人更进一步，把古书里的问题，大大小小的问题，尽可能弄清楚。一方面对于"古史辨"派的错误意见应该批判；另一方面我感到很重要的，重要性一点不在批判"古史辨"派之下的，是不能够像有些人那样盲目否定"古史辨"派，这个倾向更要不得。我提出"古典学"重建，有这么个背景。

这里有个很明显的例子，就是禹的问题。"古史辨"派说，传统旧说认为夏人祖先、商人祖先、周人祖先都在尧舜的朝廷上当官，这不是事实，是古人虚构的，在较早的传说中，禹是从天上派下来的。上世纪末有一件重要的西周时代铜器出土，就是豳公盨，上面写着"天命禹"如何如何，那上面根本没有提尧、舜，这不证明"古史辨"派讲的基本是对的吗？但有人说西周铜器上有禹，说明他是个历史人物，"古史辨"派讲禹不是历史人物，是错了。古代到底有没有禹这个人先不讲，在西周人心目中，他显然就是天即上帝派下来的，并不是尧、舜朝廷上的一个大臣。这明明是支持"古史辨"派的资料嘛，但是他们却那么讲，简直是不讲道理了，那怎么行呢？

二 "古典学"研究的是作为我们古代文明源头的上古典籍

戴　燕："古典学"的提法得来偶然，但您的想法是早已有的。那么您提倡的"古典学"，与西方的古典学有没有关系？主要有哪些内容？

裘锡圭：用了"古典学"这个名称，后来感到也很需要。在西方学术界一般说"古典研究"。这个古典研究的范围很广，包括古希腊、罗马的语言、典籍，也包括古典时代的历史、思想史、科技史以至文艺、美术等方面。当然，是以读古希腊、古拉丁文献为基础。

古希腊语、古拉丁语早已不用了。虽然不少从事古典研究的西方学者，他们的语言与古希腊语或古拉丁语有程度不等的相当密切联系，他们的历史、文化与古希腊、罗马的历史文化也有密切关系，古希腊、罗马文化是他们的文化的重要源头，但这种关系毕竟是比较间接的。

我们中国的情况呢，虽然上古汉语跟现代汉语差别很大，上古汉字跟现代汉字也差别很大，但毕竟是一脉传承下来的。那些传世的先秦的书，其文字现在还能认。当然其内容一般人已经不大懂了，但毕竟跟西方一般人看古希腊、古拉丁原文不一样。所以我们的"古典学"虽然借鉴了他们的"古典研究"，但不必像他们范围那么广。你要把先秦的思想文化研究、社会历史研究都包括在我们的古典学里，一般的人文学者不会同意，我感到也没有必要。

我们这个"古典学"是比较名副其实一点，主要就是研究作为我们文明源头的那些上古典籍。主要是先秦的，但也不能讲得那么死，秦汉时候有一些书跟先秦的书关系非常密切。譬如传世的最早医书《黄帝内经》，有些人说是东汉才写的，它成书可能是在东汉，但现在根据出土的文献一看，它好多内容是先秦的。马王堆以及其他一些西汉早期的墓出土了好些医书，那些医书肯定是先秦的，因为西汉早年不可能写出那么多，《黄帝内经》的不少内容，就是因袭它们的。还有《淮南子》、刘向编的《新序》和《说苑》，有很多内容来自先秦古书。科技方面的算术，现存最早的《九章算术》肯定是东汉时编成的，但从出土文献看，秦代、西汉的算术书，跟它关系非常密切，其内容肯定大部分来自先秦。我们的"古典学"就是以这些书的研究为基础，牵涉的方面很广，如这些书的形成过程、资料来源、体例、真伪年代、作者、流传过程，流传过程里的变化、地域性等等，都应该研究。这些书的校勘、解读，当然也是古典学的重要任务。古典学不用把上古思想史、社会史、历史研究等包括进去，但要是没有这些方面的知识，你能读懂这些古书吗？研究的时候，还是需要这些方面的很多知识的，实际上关系非常密切，不能割断。

现在我们研究先秦、秦汉的古典，可以说如果没有出土文献研究的基础，那肯定是不可能深入的，而要真正掌握出土文献，古文字又是基础。这方面跟西方的"古典研究"又有相似之处，他们必须有古希腊语、古拉丁语这个基础，我们也要有古汉字、古汉语的基础。当然，最根本的基础，还是汉语言文字和古代典籍方面的一般基础，没有这种基础，古汉字、古汉语和出土文献都无法掌握。

三　要努力提高我们对古代文化的研究水平

戴　燕： 您讲的"古典学"，还是以古典典籍为核心的研究。

裘锡圭： 我们这个"古典学"啊，比较符合字面的意思，不是范围那么广。

戴　燕： 那么，现在流行"国学"，还有人要恢复儒家，这些跟您讲的先秦、秦汉时代我们文明的源头，有没有关系？

裘锡圭： 从内容上讲当然有关系，但是我讲的范围比较窄，没有他们那么广。我是不太愿意用"国学"这个名称的，范围不清楚，而且现在起用"国学"这个旧名称，不一定很合适。现在不是清末民初。那时，"西学"第一次大量涌入，我们传统的学问似乎要被淹没了，所以有人打出"国学"的旗号，与"西学"抗衡。现在我们研究传统文化（也可以说是古代文化）的人很多，并且他们在研究中不排斥外来的好的研究方法。外国人以中国古代文化为对象的汉学研究，当然不属于我们的"国学"，但是他们的研究如果出自纯正的学术立场，除了研究者国籍不同外，跟我们的"国学"研究又有什么本质不同呢？他们的好的研究成果，我们应该积极吸取，很多人也确实是这么做的。在这样的学术背景下，起用"国学"这个旧名称，似乎并不很合适。"国学"只能视为对中国人的中国古代文化研究的一个非正式的简称。

戴　燕： 在中国，现在还有很多人也开始讲西方古典学，有人要读西方的经典。

裘锡圭： 那当然很好，我们应该对别人的文化有更深入的了解。

戴　燕： 现代人讲古典学，都希望古典的学问、古代的文化传统，跟今天能做一个对话。当然我们都知道您是一个只讲学术的人，可是我们也知道您并不是一个不关心时代的人，那么您提倡"古典学"的重建，跟今天这个时代会不会有所互动？

裘锡圭： 当然，像社会主义核心价值观，跟我们古代的核心价值观有联系，这是不用说的，但是我不太同意现在有些提倡"国学"的人的做法。有些提倡"国学"的人喜欢强调"全球视野"。从有的人的话来看，他们认为外国人对我们的古代文化知道得太少，强调"全球视野"，是急于把我们古代文化中好的东西推向世界，使他们能较好地认识我国古代文化的价值。其实，提倡"国学"的主要目的，应该是提高"国人"对自己的古代文化的认识。我国一般人对自己的古代文化，尤其是作为中华文明源头的先秦重要典籍，知道得太少，亟须提高在这方面的认识。这是关系到民族命运的大事。

无论是为了提高我国一般人对自己的古代文化的认识，还是为了把我们古代文化中好的东西推向世界，最需要做的事，是努力提高我们对古代文化的研究水平，多出真正的精品，包括通俗读物的精品。有了足够的精品，才能切实提高一般人对古代文化的认识水平。我们有了真正的精品，国外的汉学家当然会加以注意，会吸取或参考其中有价值的东西。这种精品如能译成外语，或能将其内容介绍给国外对中国古代文化感兴趣的一般人，也比较容易为他们所接受。但是如果用大力气，花大本钱，把并非精品的东西推荐给"国人"或推向世界，有可能会起反作用，会使人产生对我国古代文化的错误认识，甚至产生反感。

在我们的古代文化研究领域内，还有很多没有很好解决的问题。例如我们对先秦两位最重要的哲人老子和孔子的理解，跟他们的真实情况恐怕就有不太小的距离。尤其是对孔子，往往一贬就贬到九泉之下，一捧就捧到九天之上，态度极不客观。我们必须努力全面掌握跟所研究的问题有关的新旧资料，认真进行客观而深入的研究，才能使我们的认识接近真实。我重视古典学重建工作，也是由于考虑到了这种情况。

四 传世文献与出土文献要很好地结合起来

戴 燕：您的意思，还是要老老实实去遵循学术的标准。那么，要做到您所倡导的"古典学"重建，需要什么样的基本训练？如果今天去研究早期的历史文化，是不是一定要看出土的东西，如甲骨、简帛等，如果没有摸过那些东西，是不是也没法做？

裘锡圭：最重要的还是古汉语、古文字以及文字、音韵、训诂的基础，也要有古典文献学的基础和出土文献整理方面的知识，对古代思想、历史、社会也要有一定了解。其实就是要求把出土文献和传世文献很好地结合起来进行研究。古文字和一般文字、音韵、训诂的知识都要有，而且还要多读多接触传世古书本身，不能够只是看一些什么学什么概论，对古书没有足够的感性认识。那样是很难做好研究的。

戴 燕：由于学者的提倡，出土的东西越来越多，还有文物的商业价值也被开发，我们感觉到差不多这十多年来，对于地下新出的东西的重视程度越来越高。不光是您长期研究的先秦、秦汉时代，基本上是在各个时段，大家都认为需要用到这些出土的东西，这已成风气。像中古时期，好像不用碑志不行，到了明清时代，不进村不找庙，也不行。

裘锡圭：现在刊物上常常有新发现的宋代以来的文书的研究。

戴 燕：近一二十年来，这成了一个学界的新常识，就是不讲新发现，都没办法做学问。这是一个潮流，特别年轻人都受这个影响很大。

裘锡圭：这实际上还是如何处理新资料和旧资料关系的问题。我以前就跟有些年轻人说过，如果一个人不懂新资料，旧资料搞得很好；另一个人，旧的基础没有，用新资料胡说八道，那么宁愿要前面那种人。如果对新资料不熟悉，但传统东西搞得很好，通常还是有他的用处的，那比传统东西的基础很缺乏，眼里只有新资料好得多。譬如考释古文字，如果没有应有的古汉语基础，没有文字、音韵、训诂的基础，看到一个不认得的古文字，就用"偏旁分析法"，自认为分析出来了，就到《康熙字典》里去找，找到用同样偏旁组成的字，就认为把那个古文字考释出来了，这样考释，考释一百个字，恐怕有九十九个是不正确的。研究出土文献，如果对有关的旧文献很生疏，就会犯错误。我自己就犯过这种错误，我在《中国古典学重建中应该注意的问题》里提到过。

这个问题其实很多人都讲过，陈寅恪啊、李学勤先生啊，我在文章里也引用过他们的话。陈寅恪的意见是很恰当的，他说必须对旧材料很熟悉，才能利用新材料，因为新材料是零星发现的，是片段的，旧材料熟，才能把新材料安置于适宜的地位，正像一幅已残破的古画，必须知道这幅画的大概轮廓，才能将其一山一树置于适当地位，以复旧观。譬如一个古代画的摹本，当然有人说是后来摹的靠不住，可是在发现不了完整的真本，只能发现真本的一些残片的情况下，如果没有摹本，就不知道这个、那个残片应该放在哪儿，更不用说完全复原了。

戴　燕：但是现在的趋势，比如一枚新发现的简，或者像中古时期的研究读一个碑，杂志都很容易登这种文章，反而你不用新材料的文章很难发表，已经变成了一个潮流。

裘锡圭：那你们就应该多宣传陈寅恪他们的观点。陈寅恪是非常注意新资料的人，但他的意见很客观，我们应该重视。

戴　燕：就是过去人讲的，还是要从常见书里面做学问、找题目。

裘锡圭：对。过去有学者批评向达，说他重视新材料，但《资治通鉴》不好好读，其实向达在旧资料方面的基础已经比现在我们这些人好得多了。余嘉锡有个斋名，就叫"读已见书斋"，就是强调要读常见书。

戴　燕：就在您研究的领域，出土文献有那么多，即便是这样，传世文献还是很重要，您还是觉得要依靠传世文献。

裘锡圭：传世文献很重要，有些出土文献不根据传世文献几乎一点也读不通，过去已经有很多人讲过了。譬如地下出土的尚有传本的古书，如果本子不好，在很大程度上得根据今本来读。最明显的例子就是马王堆《周易》，用字很乱，假借字很多；还有后来上海博物馆的战国竹简《周易》，要是没有今本《周易》，很多字的意思根本猜不出来。这是说直接可以跟传世古书对读的（当然其间也有不少出入），还有很多不能直接对上的东西，怎么念通，还得靠有关的传世文献，还有文字、音韵、训诂方面的知识。当然，我们也决不能轻视新资料，忽略新资料，一定要新旧结合，而且要尽力结合好。

五　郭沫若是个了不起的学者

戴　燕：除了"古史辨"派，您怎么评价还有一些前辈学者在古文字及上古史领域的成就,像一般人喜欢讲的郭沫若、罗振玉、王国维、董作宾这所谓"甲骨四堂",他们在学术史上的意义如何?

裘锡圭:他们对甲骨学是很有贡献的,那是一个客观事实。学问是不断进步的,从他们当时在学术界的水平讲,提"甲骨四堂"是完全有道理的。现在甲骨学的水平当然比那时高得多了。

戴　燕:在那个时代还是了不起的。

裘锡圭:的确是了不起的。

戴　燕:这里面,郭沫若是您接触过的。我们北大七七级古典文献这一班,都记得一九七八年《光明日报》有一篇文章报道您,那时候我们刚进学校,就知道您解释山西侯马盟书"麻夷非是",受到郭沫若的称赞。

裘锡圭:他也不是特别称赞我,因为文章是朱德熙先生跟我合写的,还讲到很多问题。当然,"麻夷非是"是我的意见,我在纪念朱先生的文章里也提到过。当时自己有什么发现,就想让朱先生马上知道。那一次看出来《公羊传》的"眛雉彼视"就是侯马盟书的"麻夷非是"的时候,天正在下雨,我就冒着雨跑到朱先生那儿跟他说。

戴　燕:报道的时候特别提到这一条。

裘锡圭:因为郭沫若的文章特别提到"麻夷非是"这一点,他写了个"至确"。那是"文化大革命"后,《考古学报》一九七二年刚复刊,我们的文章《战国文字研究(六种)》发在复刊后的第二期上。这篇文章是朱先生跟我一块写的,写了以后,朱先生把文章誊清,寄给郭老,郭老交给《考古学报》登出来。我在《我和古文字研究》里也讲了这件事。郭老收到我们的稿子后,还亲笔写了封回信。当时朱先生正好在北京下厂,信是我收的,后来交给了朱先生。朱先生和我看了信都很感动,可见郭老在那时候,虽然职务很忙,对学问还抱着非常大的兴趣。他在信里肯定了我们的文章,还说,你们的字写得太小了,看起来非常费劲。似乎是告诉我们,再要给他寄文章,可得把字写得大一点。所以这封信还是很有意思的,可惜朱先生后来找不到这封信了。

戴　燕:记得您以前说您年轻时见过郭沫若。

裘锡圭:我在一九五六年到了历史所,当时我是复旦历史系的研究生,因为导师调历史所工作,就跟着一起来了,还不算是历史所的人。见到郭老是在一九五七年"反右"之前。那时候郭老还兼历史所所长,隔一段时间就会来所一次,来的时候,所里年老年轻的研究人员,他都要见一下,那时候见过一次。"反右"以后就没有那个事了。他对年轻人很热情,那是他的一个优点。

戴　燕:对他的上古时代研究,您怎么评价?

裘锡圭:那要有历史观点,他写《中国古代社会研究》,写《青铜时代》《十批判书》,那个时候他的水平肯定是第一流的。

戴　燕：是一个了不起的学者。

裘锡圭：当然是了不起的。中华人民共和国成立后他有些地方比较粗枝大叶，有些地方有所"迎合"，写了一些学术质量不很高的文章，那是另一码事。但是总的来说，他在中华人民共和国成立以后仍对学术有真挚的兴趣，也写了不少有学术价值的文章，还是很不错的。中华人民共和国成立后，他有了地位，可是对年轻人还很谦和、很热情。

除了朱先生跟我合写的、登在《考古学报》上的《战国文字研究（六种）》，我还给他寄过文章。一九七〇年代陕西新出土一个西周青铜器"师𩛥鼎"，我为了解释铭文里的一句话，写了篇短文《说"白大师武"》，这篇文章寄给了郭老。

为什么要寄呢？为了说明原因，需要讲到黄盛璋先生。黄先生这个人有点怪。他开始在语言所搞汉语语法，语言所编的《现代汉语语法讲话》里就有他写的部分。他搞语法的时候，对历史地理感兴趣，后来转到自然科学史研究室，专搞历史地理，这时他又对金文有浓厚兴趣了，最后他的编制大概是在地理所，但是他主要研究古文字，写了很多这方面的文章，很有贡献。他早已退休，现在大概已经九十岁了。他从上世纪五十年代开始就给郭老写信，讨论学术问题、提供金文新资料等等，他不受政治风向变化影响，"文化大革命"期间郭老不得意，他还是照旧写信，郭老大概也常给他回信。大概是"文化大革命"基本过去后不久，郭老情绪比较好一点的时候，有一次在给黄先生的信里说，我们好久没有见面了。其实黄先生虽然经常给郭老写信，却从没有跟郭老见过面，他就回信给郭老说您记错了，其实我们从来没有见过面。郭老就让他的秘书安排，请他去见了一次。

那个鼎里有两个很奇怪的字（已见于我的文章篇题），我认为应该读作"范围"，黄先生跟我说，郭老也认为应读作"范围"，我想那我这篇小文章应该先寄给郭老，就给寄去了。郭老没有回信，但他让秘书还是什么人把这篇文章交给了《考古》，后来就在一九七八年五月那一期上登出来了。

戴　燕：那时候你们自己找个地址、贴个邮票就寄去了？

裘锡圭：科学院院长还能寄不到？寄给科学院就行了。

戴　燕：现在恐怕秘书就会给你挡了。

裘锡圭：这个事情郭老肯定是知道的，因为秘书不会自作主张把我的文章转给《考古》。后来在一九七七年较晚或一九七八年较早的时候，我写了一篇《马王堆〈老子〉甲乙本卷前后佚书与"道法家"》，有个副标题"兼论《心术上》《白心》为慎到田骈学派作品"，文章写得很长（后来发表在《中国哲学》1980年第2辑上）。这篇文章我也给郭老寄了。为什么寄呢？因为他认为《心术上》《白心》的作者是宋钘，我的意见是慎到、田骈的学生。这个意见跟郭老不一样，所以我把文章寄给他。当时郭老的身体大概已经很不好（郭老是 1978 年 6 月去世的），这一次就没有回音了，秘书大概不会让他看这篇文章。

郭老大概常常把别人寄给他的、他阅后认为有学术价值的文章推荐给刊物发表，我还知道两个例子。朱德熙先生说，他发表在《历史研究》一九五四年第一期的《寿县出土楚器铭文研究》，也是先寄给郭老，郭老推荐发表的。最近读汪宁生《八卦起源》一文，汪先生在文末"补记"中说："这原是写给郭沫若先生的一封信，承他改成文章形式并推荐发表。"（汪宁生：《古俗新研》，兰台网路出版商务股份有限公司 2001 年版，第 25 页。此文原载《考古》1976 年第 4 期）郭老这种无私奖掖后进的好作风，是他对学术有真挚感情的一种表现。

六　对我影响大的是张政烺先生和朱德熙先生

戴　燕：您这一行里面，大家熟悉的还有几位先生如唐兰、陈梦家、张政烺等。

裘锡圭：唐兰先生是非常聪明的人，在古文字学方面贡献很大。

戴　燕：您是跟朱德熙先生合作最多，但朱先生有一半学问属于现代，他是怎么兼通战国文字和现代汉语的？

裘锡圭：朱先生后来主要研究现代汉语，但他念大学的时候喜欢古文字，毕业论文也是做古文字的。中华人民共和国成立后因为工作需要，他才主要搞现代汉语。现代汉语跟古代汉语当然有相通的地方，最好是研究现代汉语的人也懂古汉语，研究古汉语的人也懂现代汉语。

戴　燕：朱先生原来在西南联大，他的老师是谁？

裘锡圭：他听过唐先生的课，他的毕业论文导师是闻一多。

戴　燕：闻一多研究上古成就如何，应该怎么评价？因为他也做文学，我知道学界评价不一。

裘锡圭：他搞古代，文学我不管，他的古代文字研究，也还是有一定价值的，但是应该说不是什么大家。

戴　燕：这里头是不是有训练不同的问题？

裘锡圭：是精力花了多少的问题。闻一多古代的基础还是不错的，但古文字方面的功夫下得还不够。

戴　燕：学术上对您影响最大的学者有哪些？

裘锡圭：这很难说，因为在学术上，后人总是广泛吸收前人成果的。从跟我个人的关系上说，当然是张政烺先生、朱德熙先生对我的影响最大，好像没有能相提并论的第三个。当然，我的导师胡厚宣先生对我也有影响，就是我纪念胡先生的那篇文章讲的，胡先生领我进了学术之门，但是全面地看，我觉得还是跟前面两位先生不能比。

戴　燕：学术上的理念跟他们比较接近。

裘锡圭：对。

戴　燕：您跟朱先生这么多年除了古文字方面，还有其他合作吗？

裘锡圭：我的古文字方面的文章，牵涉到语法比较多的地方，朱先生有时亲自动笔改过。"文化大革命"后，我在《中国语文》一九七八年第三期上发表的《汉字形成问题的初步探索》那篇文章，朱先生也给我提过很多修改意见。当时我不大会写文章，初稿完成后就请朱先生看，朱先生看了说，你这文章不像一篇论文，就让我改，改了之后还是不行，又提出意见让我改，至少改过两次，也可能改过三次。最后一次再拿去，我能看出来朱先生也不是很满意，但是大概觉得按我的能力，也只能改成这个样子，就不再让我改了。我后来写《文字学概要》，有些问题也跟朱先生讨论过。"字符"（指构成汉字的符号）这个术语，就是朱先生提出来的。

戴　燕：《文字学概要》是一本非常好的入门书，既专门又通达。

裘锡圭：那里边还是有错的。现在是修订改版了，初版印刷超过二十次，修订以后也重印了一次。

戴　燕：您把那么专门的东西，写得那么清楚明白，大家都能用得上。

裘锡圭：实际上并没有很好地做到这一点，朱先生在这方面对我是有批评的。改版时我在书的前面加上了朱先生批评我的信，朱先生指出《文字学概要》行文好多地方不够明白通畅。改版是铅印的，有些字本来是对的，反而印错了。因为时间紧，出版社和作者都未能仔细校对，对不起读者。等有空的时候，要做一个勘误表，在网上公布。

戴　燕：朱先生的文章写得就跟说话一样，读起来很舒服。

裘锡圭：语法方面有些文章也不是随随便便就能真正读懂的。朱先生写文章十分认真，朱师母讲过一句很形象的话："德熙写一篇文章，就像生一场大病。"他写文章总是改来改去，对自己要求很高。他跟我合写的那些文章，最后都由他亲自定稿，亲笔誊清（当时还不用计算机）。

戴　燕：因为有个美国人何伟写了一本《甲骨文》，里面讲到陈梦家的一些遭遇，最近不少人看到，于是又有人谈起陈梦家以及他在学术上的贡献。您过去已经写过评论，今天来看他的《殷虚卜辞综述》《汉简缀述》等书，应该怎么评价？

裘锡圭：陈梦家甲骨学的水平，我是肯定的，他的《殷虚卜辞综述》是通论性质的书，能讲得这么深入、全面，实在不容易。尽管书中的有些内容已经过时，现在还没有同类的著作能在总体上超过《殷虚卜辞综述》。陈梦家在西南联大就教过文字学，他在文字学方面也有很好的见解，我的《文字学概要》里面引用过他的说法。但是他文字、音韵、训诂的底子并不好，就是聪明，当然也很勤奋。《殷虚卜辞综述》里有一些常识性的错误，说明他文字、音韵、训诂的底子不好。尽管这样，在考释文字方面，他也还是有贡献的，不是很多，但还是有别人没有看出来而他看出来的例子。在汉简方面，大家也承认他很有贡献，就是有些粗枝大叶，我们把他引甲骨卜辞和汉简所注的出处核对一下，就能发现大量错误。在金文方面他也有贡献，这也是大家都承认的。总之，他是一个很聪明、很有贡献的学者，但不是一个很谨严的学者。他写文章也比较随便，有时候很浓缩，看的人要仔细看，有些地方初学的人很难看懂，或者认为自己看懂了其实没看懂，因为他写的时候，并不是一步步都交代得很清楚，那些他以为累赘的话就不说了。

戴　燕：您见过他吗？

裘锡圭：我看见过他两次。一次是我在历史所时，参加科学院（当时社会科学院还没有分出来）召开的一次批右派的会，车从历史所出发，到考古所停下来，陈梦家也是一个被批的对象，就看见他上了车。他当时还是不在乎的样子，看不出他非常沉重。到"文化大革命"他就受不了了。听传闻说，陈梦家被迫跪在地上，所里有人往他头顶上吐了一口痰，他回家后就自杀了。这种侮辱知识分子往往受不了。这里讲一件王力的事。"文化大革命"中，北大很多教授挨批斗，王力屡次受批斗，好像有点习惯了，不是很在乎了，但是有一次批斗会刚结束时，王力还在台上低头站着，我们中文系一个个儿较高的年轻教师出会场时走过他身旁，在他光秃秃的头顶上用手轻轻拍了一下，我看见王力的眼泪就流下来了。所以在"反右"时，我看到陈梦家还并不太在乎，在"文化大革命"中就受不了，自杀了；还有一次看到他，是在"反右"以后，可能在二十世纪六十年代初，去考古所，在一间屋里查书，他那时候大概做《考古》的编辑工作，也去查书。但我跟他没有交往，没有打过招呼，没有讲过话。

戴　燕："文化大革命"时，北大、清华都有教师加入"梁效"，您和朱德熙先生都没有参加，是不是因为不够"入世"？

裘锡圭：当时哪里有资格参加。但是我还给"梁效"做过事情。当时毛主席眼睛已经不好了，找了人民大学中文系的卢荻给他念书，念得较多的大概是旧诗词，有一次交给"梁效"一部诗词选，要求注音释义，"梁效"就从中文系找了一些教师来做这件事，我也在里面。还有当时"四人帮"想批周总理，需要把《四书集注》中《论语》的《乡党》篇翻译成白话文，通过篇中所记生活上的一些规矩批周总理伪君子。这就需要把《乡党》篇跟朱熹的注一块翻译成白话文，当时找了中文系郭锡良等人去做这件事，我也去了。我现在还保存着当时印的一个薄薄的线装本子。

戴　燕：这个没收在您的文集里面吗？

裘锡圭：那是好多人一起做的，当然不会收在我的集子里。

七　关于文化人类学、芝大名誉博士、《马王堆简帛集成》等等

戴　燕： 您过去写《寒食与改火——介子推焚死传说研究》《"杀首子"解》，这些文章影响都很大，以后还会不会写这一类的文章？

裘锡圭： 我现在大概很难抽出完整的时间来写这种文章了。但是以后想写的古代思想方面的有些文章，恐怕还是要用到文化人类学方面的知识。譬如关于道家所说的"道"，过去我讲过但没有讲透，早在上世纪三十年代，李玄伯（即李宗侗）还有后来一些人就已经讲过，中国古代的"道""德"，原初跟文化人类学讲的原始巫术思想中的精气、马那之类东西相似。它是一种力量，吸收马那越多，人就特别聪明强壮。宝石也是包含较多精气的东西。

戴　燕： 玉也是这样的？

裘锡圭： 对，玉也是这样。好多人讲了。

戴　燕： 其实这种文章最难做，既要有通观，又要知道边界在哪，不能胡说，不能没有根据。

裘锡圭： 重要的是对中国自己的有关资料要真正钻进去，不能只有浮光掠影的印象。对于西方的，我们实在是知道得太少，但是西方有些书还是能给我们提供很有用的资料的。

戴　燕： 您的方法，也就是文化人类学或者比较人类学的方法。

裘锡圭： 上世纪三十年代前后的一些学者，就已经用这种方法来研究我国古代文化了。

戴　燕： 您读的外国书里，我们知道有《金枝》，还有什么是您喜欢的？

裘锡圭： 我过去对一本小书，苏联学者柯斯文的一本小书《原始文化史纲》很喜欢，读了以后感到真是言简意赅，深入浅出。

戴　燕： 那是很早读的吗？

裘锡圭： 应该是"文化大革命"前。

戴　燕： 您哪一年成为芝加哥大学名誉博士的？

裘锡圭： 应该是二〇〇〇年。

戴　燕： 中国人里，之前有胡适，然后就是裘先生吧？

裘锡圭： 并不是他们仅仅把名誉博士授予这么少的中国人，这大概仅仅是指人文学科方面的。

戴　燕： 您以后还跟他们有什么合作？

裘锡圭：合作嘛，就是跟芝加哥大学东方语言文化学系的夏含夷教授有些合作，名誉博士也是他推荐的，因为他的研究领域与我相近，比较了解我。当然，他推荐以后还要征求这方面不少同行的意见，才能评定。

戴　燕：是很不容易的。

裘锡圭：要看什么大学，芝加哥大学授予名誉博士还是比较认真的。

戴　燕：您这个领域比较特殊，海外研究的大体水平怎么样？

裘锡圭：研究中国古代的人越来越少，那是个客观事实，因为有出土文献还好一点，如果没有出土文献，研究的人大概会更少。水平嘛，在中国古代文化，包括出土文献的研究方面，我们没看出来的问题他们看出来了，这样的情况还是不少的，当然也有一些没有价值的东西。其实，我们自己的研究也有不少是没有价值的。

戴　燕：海外学者有时候会抱怨看到东西太晚，他们不容易做。

裘锡圭：有好多东西，我们这儿也是看不到的，没发表的话也没办法。

戴　燕：现在新出来的简这么多、新出土的东西这么多，您以为未来最值得期待或者说我们最应该关注的有哪些？

裘锡圭：这个东西是可遇而不可求的。清华简出来以前，谁也想不到有这么一批东西，它对研究古代的经书用处很大。

戴　燕：还有北大的、岳麓书院的等等。

裘锡圭：从时代和内容来讲，清华简最重要。以后还能不能出这样的资料，还能不能出更重要的资料，这都很难说。地下资料的出土有偶然性，有时候很短的时间里，出现好几批重要的，有时候好多年都没有重要的。要说期待，我最期待什么时候挖出来一个古代的图书馆，那就好了。

戴　燕：这次把马王堆的东西重新做了一个集成，有哪些部分是我们应该注意的？

裘锡圭：里面的东西都应该注意。拼上了好多帛书碎片，释文改正了好多，注释里也有点新的意见，所以还是应该注意的。遗憾的是，一方面是催得太紧，博物馆、出版社都在催；另一方面我们不能够集中精力单打一搞这个东西，很遗憾不能把工作做得比较完满。我们六月份就要开《马王堆简帛集成》修订讨论会，希望大家多提意见，现在自己就感到里面有好多错误，好多没有互相照应的地方。有些部分出书前已经认识到需要做很大的修改，但来不及改了。《马王堆简帛集成》的价值是应该肯定的。一是把过去没有发表的资料都发表出来了，二是整理水平在过去已有的基础上有较大提高，但是在出版前就已感到要修改，而且修改的地方还很多，这也是很遗憾的。

八　京沪生活及读书爱好

戴　燕：您说过中学时对清史有兴趣，大学时对古代社会性质的讨论也有兴趣，这些对您的历史观也就是您对中国历史的整体判断有没有影响？

裘锡圭：我很少考虑到中国史整体性的问题。我后来考虑的问题主要是先秦秦汉史方面的。我很少去考虑古代历史跟现代社会的关系，很少考虑中国人为什么是现在这个样子，中国人的思维方式跟外国人有什么不一样等问题。

戴　燕：您在北大待了四十几年，十年前回到复旦。您觉得过去讲海派、京派的学风，比如鲁迅有一个讲法就说京派的学风近官，有官气，海派的学风近商，有商人气，还有没有道理？

裘锡圭：我从一九六〇年底进入到二〇〇五年离开，在北大共四十五年。海派、京派的事情很难讲，尤其不能完全从地理上来讲。这个东西是有的，京派其实也不是近于官，我们现在理解的所谓京派，应该是比较谨严的、比较注重使用史料的正确性、讲话比较有根据的那种学风。但是像郭沫若算海派还是京派，就很难说。所以过分强调京派、海派没有意义，主要是要看这个人谨严不谨严，瞎说不瞎说。过去在上海，瞎说的人多一点，这是个事实，现在北京瞎说的人也不少了。还是要看一个人做学问实在不实在。

戴　燕：如果您自己给在北京的四十五年做一个总结的话，会怎么说？

裘锡圭：总结这个话太笼统了，总结什么东西？

戴　燕：比如您生活或者工作方面，习惯不习惯，始终习惯上海还是习惯北京？

裘锡圭：我回上海也没有感到不习惯，那时从上海到北京也没有不习惯。我倒是感到因为现在学术交流、信息传播都比较发达，如果是以前，到了上海肯定会感到学术环境不如北京，现在即使有这个感觉，也不严重。当然有些新资料我看不到，但我在北京也不见得看得到，我也不是一个很活跃的人，也不是别人都会来找的那种人。

戴　燕：您的朋友是在北京的多还是在其他地方的多？

裘锡圭：哪儿都不多。

戴　燕：您有时间读闲书吗？

裘锡圭：现在应该是很少了。

戴　燕：以前呢？

裘锡圭：以前我看侦探小说，看雨果、狄更斯、巴尔扎克、契诃夫、托尔斯泰，很喜欢看，后来就没时间看了。

戴　燕：您以前还是喜欢文学的。我还记得我们上学时您还唱戏，您是正经学过、登过场的？

裘锡圭：并没有，就是自己喜欢，跟着唱片、录音自己学的。

戴　燕：您喜欢什么剧目？

裘锡圭：我主要还是喜欢老生。

戴　燕：耽误您好多时间，今天就到这儿，谢谢裘先生。

（原载于《书城》2015 年第 9 期）

古典学知识与民族精神的双重建构

——当代中国国学学科建设的思考

朱汉民

作为学科意义的"国学"提出以后的百年来,中国人文学界的硕学鸿儒都对这一问题发表过自己的学术见解。特别是近一二十年来,中国思想文化界兴起的"国学"热更加强盛,官方和民间纷纷兴办以"国学"命名的文化学术社团,许多大学纷纷成立以"国学"命名的教育研究机构。事实上,"国学"已经成为当代人文学术、思想文化领域的一个热点问题。与此相关,国学学科是否应该进入国家学科目录的问题,也开始浮出水面并引发学界的普遍关心和认真讨论。

国学学科是否应该进入国家学科目录的问题,既是一个国家学术制度的问题,也是一个国学学科建设问题。作为学者,我们希望能够进一步探讨国学学科建设问题。笔者认为,国学学科建设问题,与"国学"所包含的知识与价值两个问题相关。所以,我们应该从中国古典学的知识传统与中华民族的精神传统这两个方面,思考其必要性与合理性。

一 中国古典学知识传统的国学

"国学"虽然是历史文献中古已有之的概念,但是作为我们讨论的学科意义的"国学",却是20世纪初才出现并成为一个重要的学术概念。"国学"的出现,其基本原因就是回应近代以来的西学大潮对中国知识传统与思想传统的冲击。这种回应,既是知识学意义的,也是价值观意义的。我们首先从知识学的视角和意义讨论国学。

在经历了强大的西学东渐思潮洗礼后,特别是经过晚清新政、民国学制的改革,西方的学科体系和教育体系全面移入中国。但是有一个问题也跟随而来:长期主导中国知识界的传统学术,如何进入到新的学科体系和教育体系中来?为了区别西方的知识体系和学科体系，许多学者将中国传统学术称为"国学"。他们还给这一个知识学意义上的"国学"取了另一个名词，就是所谓的"国故学"。

1906年9月章太炎在日本东京发起"国学讲习会"，不久又成立了国学振起社。章太炎又称"国学"为"国故"，并著有《国故论衡》。《国故论衡》分上、中、下三卷：上卷论小学，共十一篇，讨论语言、音韵问题；中卷论文学，共七篇；下卷论诸子学，共九篇，通论诸子学的流变。章太炎所说的"国故"一词，"国"当然是指作为国家、国族的中国，"故"则是指中国历史上已经过去的古典学术，"国故"也就是"我国固有的文化、学术"。可见，"国故"显然是一个中国古典学意义上的概念。

胡适作为中国近代学术的奠基人之一，也是从"国故学"的意义接受了"国学"概念。1921年7月，胡适在南京高师暑期学校演讲时说："'国学'在我们的心眼里，只是'国故学'的缩写。中国的一切过去的文化历史，都是我们的'国故'；研究这一切过去的历史文化的学问，就是'国故学'，省称为'国学'。"① 在胡适看来，中国的国故书籍，实在太没有系统了。他主张现代学者对这些没有系统的历史资料，通过引进西方学术的方法重新加以辨别、整理，用这些新的研究方法建立起"国故学"。胡适心目中的"国故"主要是一套历史文献的材料，这是他和章太炎的区别。

"国故学"的提出，肯定了中国传统学术应该以及如何进入民国时期新的学科体系和教育体系中来，肯定了"国学"在新的学科体系和教育体系中应有一席之地。同时，"国学""国故学"的提出，也对新的中国史学、中国文学、中国哲学的建立起到了一定的促进作用。1922年，北京大学正式设立"国学门"，确立了"国学"在新的学科体系中的重要地位，国学门分设文字学、文学、哲学、史学、考古学五个研究室。同时，胡适还在校庆演讲中以整理国故的工作与全校师生共勉，以贯彻其整理国故的学术宗旨。此后不久，即1925年清华学校成立国学研究院。清华国学研究院完全采用传统书院的学科制度和教育制度，没有采用引入的西学分科制度，希望延续作为独立知识体系的中国传统学术，在历史上影响很大。

由于胡适等仅仅是从"国故学"的意义接受了"国学"概念，其中包含的矛盾和问题也是十分明显的。胡适反复强调，"国故学"的建立就是要引进西方学术的科学方法，对中国传统学术重新加以辨别、整理。显然，他心目中的"国故学"还不具有现代的学科意义，中国传统学术似乎只是一堆自身没有独立系统的文献材料。故而，这种"国学"并不是一种独立知识体系的学科，而只能是西方学科体系的附属，即只能够被肢解到西方的文学、哲学、史学等学科之中。1922年北京大学设立的"国学门"，最后还是按照西学分科设立的建制。所以，这种并不是独立知识体系的"国学"也难以持续。

---

① 胡适：《〈国学季刊〉发刊宣言》，载《胡适文存》二集，黄山书社1996年版，第6页。

1932 年，国学门改称文史部。与此同时，清华国学研究院也因为与清华大学的西学学科体制和教育体制不相容，被认为在教学上与大学部"脱节"，故而被看作一种"畸形发展组织"，最终在四年后停办。

其实，当代学界在讨论"国学"作为一门独立学科时，面临的重大问题仍然是："国学"与中国哲学、中国史学、中国文学的关系问题。北京大学的"国学门"将国学看作中国哲学、中国史学、中国文学等学科的总和，即以西方哲学、历史、文学的学科观念与方法处理中国学术的材料，这种"国学"失去了中国传统学术本有的内在体系、完整知识、文化生态。但是，如果像清华国学研究院那样完全采用传统书院体制而不分科，又很难与已经定型的现代中国的学科体制和教育体制相容。如何化解这一矛盾？

几年前，笔者和学界同仁一起倡导从古典学的学科视角和方法来建构国学，即将"国学"看作"中国古典学"。① 古典学的一大特点，就是将世界上实存的文明形态、历史文化作为一个整体来研究，以解决北京大学"国学门"将中国传统学术分化到中国哲学、中国史学、中国文学等各个不同学科的问题。西方一些大学如哈佛、剑桥、牛津等，都设立了古典学系。这些大学的古典学系，主要是以古希腊、罗马的原典文献为依据，将古希腊、罗马作为一个文明整体来研究。但是，这与当代中国学者希望以中华原典文献为依据、以中华古典文明为整体来研究的"国学"学科理念，确实是高度契合的。西方大学的古典学是研究古希腊、罗马文明的一门单独的学科，中国大学的国学也应该是研究中华古典文明的一门单独学科，完全可以纳入当代中国的学科体系与教育体系中来。

我们将国学看作"中国古典学"，与胡适将国学看作"国故学"有相通的地方，就是均希望中国传统学术进入近代以来新的学科体系和教育体系中，肯定中国传统学术文化在新的学科体系和教育体系中的地位，推动这些新学科的建立。但是，将国学看作"中国古典学"，与胡适将国学看作"国故学"又有特别不同的地方。

胡适将国学看作"国故学"，强调以"科学"的方法去研究中国传统学术的材料；作为"中国古典学"的国学，并不将中国传统学术看作一堆任现代学者切割、处理的杂乱材料，而是看作有着自身内的体系性、完整性、合理性、完整生命的文化生态。因而，作为中国古典学的国学，应该以中华文明的历史的、整体的原生态为研究对象，以古汉语为载体的经、史、子、集为文献和历史文化遗产为依据，探讨在几千年的漫长历史中形成的，并且具有典范意义的中华文明体系。"中国古典学"应该以中国古人留下的历史文献为依据，以中国传统学术体系为学科基础，这是一门从学术范式到知识构架、学理依据均不同于现有的中国文学、中国历史、中国哲学的独立学科。

---

① 参见《国学＝中国古典学》，《光明日报》2010 年 10 月 18 日第 12 版。

"中国古典学"与胡适的"国故学"还有一个重要区别。胡适将国学看作"国故学",强调中国传统学术是"故"去了的文化知识。世界上其他古文明形态可以说是中断了,但是中华文明从来没有中断,是世界上唯一延续的古老文明。作为"中国古典学"的国学,并不将中国传统学术看作死去的文化知识,而是看作一个活的文明体系,一个承载着中华民族思维方式的知识体系和中华民族精神的价值体系。这样,研究者对"中国古典学"的研究,就不能够简单以所谓"科学"的傲慢态度,而应该持一种人文的"温情敬意"的态度对待中华文明。从春秋战国到晚清时代,中国传统士大夫在诠释中国传统学术时,均坚持了这一态度。恰恰是近代中国,一些知识界人士自以为掌握了"科学"的工具,将中国传统学术看作"死"去的学问、"故"去的材料,以粗暴和傲慢的态度看待养育中华民族的文化与学术。更有甚者,一些宣扬全盘西化论者对待中国传统学术文化采用一种精神暴力的态度,很像不孝之子不恭地对待自己年迈的父母,将自己混得不好归责于自己的父母没有留下丰厚的遗产,其实他们对自己祖先留下的珍贵遗产完全熟视无睹。所以,我们认同的"国学"不仅仅是"国故学",国学还与当代的中华民族精神价值建构问题密切相关。下面我们进一步讨论这个问题。

二 中华民族的精神传统的国学

当近代世界进入以西方文明为主导的全球化时代以来,西洋学术和文化在国家制度层面逐渐占据主导地位。"国学"概念的出现,同时还是中国知识界为了强化中华民族的国家认同、民族精神而产生的一种文化现象。将"国学"看作"中国古典学",只是强调其知识学的特点。晚清以来知识界之所以提出"国学"概念,首先考虑的并不是学科建设的知识学问题,而是一个民族精神的价值建构问题。"国学"看起来是知识界希望复兴中国传统学术,其实骨子里是与民族精神的价值建构紧密联系在一起的。所以,近代中国知识界在倡导"国学"的同时,还提出一个"国粹"的价值概念。

中国文化近代化的过程,一直存在两个相反相成的演变趋势和发展方向。一方面,中国知识界不断通过学习、引进西方文化而推动中国近代化,所以中国近代史是一个从西方器物文化、制度文化到精神文化的引进过程,西方文化由浅入深、延续不断地影响、改变着古老的中华文明。另一方面,深受西方文化影响的中国知识精英,其骨子里仍然坚持一种强烈的民族主义精神,他们引进西方器物文化、制度文化、精神文化的精神动力,正是源于中华文化与学术中的民族主义精神。加之在20世纪的文明史上,以西方为主导的现代文明已经暴露出越来越多的严重弊端,文明的多元互补成为越来越多的各界精英的思想共识。

中国人强烈的民族主义精神,植根于中国传统学术文化之中。近代知识界一部分人开始意识到，只有通过对中国传统学术文化的挖掘、弘扬，才能够更多地获得中华民族的国家认同与精神弘扬。他们之所以提出"国学"概念，就是希望通过对中国传统学术文化的保存、挖掘，以弘扬中华文化的民族主义精神。所以说，"国学"并不仅仅是一个与知识学相关的学科概念，更是一个表达中华民族精神的思想概念。"国学"的学科、知识表达是"国故"，"国学"的思想、价值表达则是"国粹"。早在晚清，一些士大夫提出"国学"概念时，就将"国学"与"国粹"等同起来。如1902年秋，梁启超写信给黄遵宪提议创办《国学报》，不仅使用了"国学"之名，还提出"以保国粹为主义"的弘扬民族文化价值的思想。1906年9月，章太炎还在日本东京发起"国学讲习会"。提出"国学"概念的章太炎、邓实、黄节等，同时以"国粹"的价值建构为目标，形成中国近代文化思潮中的"国粹派"。1905年初，国学保存会成立，他们提出了"研究国学，保存国粹"的宗旨，并创办了《国粹学报》。邓实在为《国粹学报》所写《发刊辞》中说："一国之立必有其所以自立之精神焉，以为一国之粹，精神不灭，则国亦不灭。""国粹"一词的"国"是国家、国族，"粹"则是精粹、优质。"国粹"之说强调通过挖掘中华传统学术资源，实现中华文化中精粹、优质的传统资源、价值体系、民族精神的建构和弘扬。他们张扬"国粹"的目的，就是要反对民族文化虚无主义态度，摆脱中国百事不如人的自卑心理，弘扬民族主义的自信、自强的精神，即"用国粹激动种性，增进爱国的热肠"。他们追求民族精神的价值建构，离不开中国传统学术的知识保存和挖掘。所以，国粹派的精神领袖章太炎强调：中国人为什么提倡国粹，就是要人爱惜中华民族的历史，这个历史包括语言文字、典章制度、人物事迹。国粹派希望通过对代表"吾国固有之文明"的传统学术等体现"国粹"价值的挖掘、弘扬，达到弘扬民族精神的目的。

在西学东渐的大背景下，"国粹派"特别强调从中国传统典籍的国学中寻求"一国之立必有其所以自立之精神"的想法，在历史上曾经受到知识界其他思想流派的批判。但是，国粹派努力从中国传统国学中寻求中华"一国之民族精神"，也得到许多知识界的同情性理解和支持，因为希望确立"一国之民族精神"是近代中国不同思想流派的普遍精神追求。即使那些推动西化的自由主义者，他们在国族认同、民族精神的追求上，也是希望确立"一国之民族精神"的。

如民国时期民主主义者杨昌济，虽然也致力于引进西方文化而推动中国文化的近代化，但是又有很强烈的民族主体性文化意识。杨昌济1914年10月发表《劝学篇》，系统地阐发了他的中国文化主体性理念。杨昌济对于晚清中国的师夷长技、变法维新、建立共和政治均持积极肯定态度，认为引进西方文化是中国近代化的必经途径。但是，他又强调中国的近代化过程必须以本国的民族文化、民族精神为主体。他说："夫一国有一国之民族精神，犹一人有一人之个性也。一国之文明，不能全体移植于他国。"① 杨昌济认为中国近代化过程太关注西方的器物、制度文化，故而呼吁挖掘中华文明的传统资源。他相信中国近代化应该以中华文化精神为主体，而这一中国文化的主体精神就存在于国学典籍中。他说："且夫学问非必悉求之于他国也。吾国有固有之文明，经、史、子、集义蕴闳深，正如遍地宝藏，万年采掘而曾无尽时，前此之所以未能大放光明者，尚未谙取之之法耳。今以新时代之眼光，研究吾国之旧学，其所发明，盖有非前代之人所能梦见者。"② 他肯定中华文化有着"万年采掘无尽时"的恒常价值与普遍意义，希望"以新时代之眼光"来研究传统学术，以激活中华文化的恒常价值与普遍意义。

一百多年来，从"国学"概念的提出，到今天的"国学热"，国学之所以能够不断兴盛和发展，其深层次的历史原因首先是思想史而不是学术史。所以说，"国学"的提出首先并不只是一种学术现象，更是一种思想文化现象。"国学"概念从出现到今天成为一个热词，恰恰体现了一百多年来，在世界进入以西方文明为主导的全球化时代以来，古老的中国传统文化及其精神价值历经了兴衰起落的巨大历史演变。

"国学"看起来是一个学术、学科概念，但是，"国学"学科的提出、变革的背后，是为了实现民族精神的价值建构。"国学"的兴起和发展，首先应该从中华民族精神的价值建构的时代需求来考察。我们认为，国学在当代的复兴，应该从中华民族精神的价值建构的时代需求来看待，因为国学能够为当代中华文明的崛起提供重要的精神支撑。中国崛起与中华文明崛起不是同一个概念：中国崛起是指一个独立的中国在政治上、经济上的强大；中华文明崛起则是强调一种延续了五千年的文明体系在经历了近代化、全球化的"浴火"之后，重新成为一个有着强大生命力的文明体系。在世界文明史上，中华文明是唯一历经五千年而没有中断的古文明，并且一直保持其强大的生命力。近代中国学习、吸收西方文明的同时，开始形成了一种文明的自觉意识，而国学的兴起，充分体现了中华文明的主体性自觉。

国学之所以能够为中华民族提供精神源泉，不仅仅因为国学中具有中华民族的历史价值和特殊意义，同时还因为包括传统国学的现代价值和普适意义，能够为当代世界、未来人类文明建构提供精神资源。现代化导致社会的急剧变革，个人命运往往变化无常，但是，现代人有关驾驭命运的精神动力、行动选择的人生智慧却严重不足，而中国传统的心性之学能够为当代中国人的安身立命提供帮助，为现代人的个体精神需求提供思想营养。特别是在现代化转型过程中，人们正在面临着种种社会失序的严重问题，中国传统的仁爱思想、忠恕之道仍然可以成为建构现代和谐社会的价值理念。总之，国学

---

① 杨昌济：《劝学篇》，载《杨昌济集》第1册，湖南教育出版社2008年版，第73页。
② 《杨昌济集》第1册，第76页。

传统中的仁爱、中和、大同等价值追求，不仅仅对中华民族具有重要的意义，同时具有全球性的、普遍意义的价值观念，能够弥补某种单一文明主导的价值观念的缺失。西方人强调西方文明的核心价值具有普适性，而中国传统国学中表达的中华文明核心价值同样具有普适性，能够丰富、完善人类文明。我们相信，21 世纪建构的人类文明必然是一种多元互补的文明。

三　知识与价值统一的国学

"国学"提出一百多年了，尽管国学能否成为一个独立学科，仍然在争议与讨论之中，但是诸多大学纷纷建立国学的研究教学机构，推动国学教育的试点，有关国学的著作、教材也出了许多种。国学学科建设问题受到学界的密切关注。

完成国学的学科建设，需要在当代中国知识界形成一系列共识。如上所述，这些共识中有两点最为重要：其一，从学科的知识形式来说，国学是中国古典学；其二，从学科的知识内容来说，国学是民族精神之学。由于"国学"既要体现中国古典学的知识传统，又要追求中华民族的精神传统，这样，国学学科建设的任务十分艰巨，应该实现中国古典学的知识传统与中华民族的精神传统的统一。

在当代学科分类中，体现为知识和价值统一的学科是人文学科。近代以来，知识界、教育界受科学主义思潮影响很深，认为一门学科必须是"科学"的，才具有存在的合理性。学界有人认为国学、儒学只是一种价值诉求而不具有"科学"性，故而不能够成为独立学科，就是受了这种科学主义思潮影响。其实，当代人类的文化知识可以分成基本的两大类。英国著名学者斯诺在他的名著《两种文化》一书中，将一切文化知识分为科学文化与人文文化这两种文化。科学知识与人文知识确实存在很大区别。一切科学（包括自然科学和社会科学）的目的都是要揭示对象的性质和规律，以获取关于对象的本质性、必然性的知识，其所要回答的主要是客观对象是什么、为什么等问题。与此不同，人文学科的根本目的则是要探寻作为主体的人本身，思考人的本质、人的生存意义等人的价值问题，并由此表达某种价值观念和价值理想，从而为人的行为确立某种价值导向，其所要解决的主要是人应该如何的问题。因此，如果说科学知识是一种求真的真理性知识的话，人文知识则是一种追求善、美、圣的价值性知识。按照马克斯·韦伯的说法，科学知识源于人的工具理性，而人文知识源于人的价值理性。

中国传统国学应该是以价值理性为主体的人文知识。尽管中国传统学术也包括一些科学知识，但我们今天谈的国学学科应该是人文学科。因为人类对客观自然的认识总是在不断深化，过去的科学知识或者已经过时，或者在不断改变。但是，人文学科的价值总是非常稳定，那些基本的人文价值往往具有恒常性。中国传统学术本来也是以价值理性为擅长，那些深刻表达中国人文价值的文化经典往往具有恒常性意义。国学对人的本质、人的生存意义等问题的思考，对价值观念和文化理想的倡导，在当代世界仍然有着十分重要的现实意义。所以，作为具有恒常价值和意义的国学经典，仍然可以为当代中国和世界提供重要的价值资源。

国学是一门人文学科，具有人文学科的一般特点。但是，国学与其他文、史、哲的人文学科有什么区别？为什么要将中国传统国学看作一门独立的学科？这是由于国学除了具有人文学科的一般特点外，还具有一系列不同于一般中国文学、中国史、中国哲学等人文学科的特点：

其一，中国传统学术的整体性。我们强调国学应该是一门独立门类的人文学科，应该不同于现代中国大学所设文、史、哲的任何一个门类的人文学科，因为这些文、史、哲的学科分科、知识体系、学科范式、研究方法源于西方分门别类的知识传统。这些文、史、哲的学科均不可能研究一个整体文明的知识体系、价值体系，特别是不能够将这一种知识体系、价值体系统一起来做统一性研究。我们希望建立的中国古典学，则应该是一个将中国传统学术做整体性研究的学科，是一种包括中华文化的知识体系、价值体系的整体性研究。

其二，中国传统学术的延续性。西方的人文学科是继承、发展他们的学术传统而繁荣起来的，欧洲的文艺复兴和18世纪的新人文主义都是在继承古希腊、罗马的人文精神中实现创新的。西方现代大学及其体制首先是源于其传统的人文知识，他们的哲学、文学、历史学、古典学等均是在古希腊、罗马文化的学术基础之上形成的。中国的新文化运动、整理国故运动乃至新式的大学体制，则是在否定自身传统的基础上进行的。中国现代大学的人文学科没有很好地继承和发展本民族的知识传统和价值传统。所以，当代中国知识界复兴国学、儒学并推动相关学科建设，既是为了延续中国学术的知识传统，同时是为了延续中华民族的精神传统。

其三，中国传统学术的民族性。人文学科还有一个重要特点，即人文价值、人文经典具有民族性特点。如果说科学知识强调客观性、普遍性的话，那么，人文知识总是具有地域性、民族性的特征。表达价值理性的人文经典，不像表达工具理性的科学知识那样，完全以一种普遍的人类性为知识形态特征，而是以地域性、民族性为基础。人类人文价值理性本来就源于各不同地域文明传统的特殊性，不同文明的圣哲依据自身文明条件而提出了各自文化特点的价值体系、文化信仰。与自然科学、社会科学较注意探讨普遍规则不同，人文学科则与各民族文化的特殊性紧密相关，它提醒人们注意文明和文化的差异性、多元性，以及不同文明的交流和互补。所以，西方大学的古典学是以古希腊、罗马文明形态为研究对象，以探讨西方民族、文明传统的特殊性，并且在各民族文明传统中寻求普遍性价值。中国大学建立的中国古典学，应该是以整体的中华文明形态为研究对象，通过探讨特殊的中华民族文明传统，并且在这一特殊的民族文化传统中寻求普遍性价值。

其四，中华文化的主体性。将中国传统国学看作一门独立的学科，还与人文学科的另一个重要特点相关，即人文价值、人文经典具有主体性的特点相关。人文学科思考人的本质、人的生存意义等人的价值问题，总是与作为主体存在的人本身有关，与一个文明体系的民族主体有关。"国学"以"国"名"学"，就是强调这一学科的民族主体性、文明主体性意义。国学的兴起，本来就鲜明地表达出中华文化的主体性要求，故而国学学科的建立，就具有民族文化主体性的特点，表达出中华文化复兴的要求。

随着中华文明的复兴和世界文明多元互补格局的形成，国学的学科建设会显得日益重要。而且，中国人文学科的现状和发展表明，缺乏对自身知识传统和价值传统的继承，人文学科很难有所突破与创新。由于国学学科建设承担着建构整体性、民族性、延续性、主体性的中华文明的历史使命，所以，在中华文明传统的继承、创新和发展的进程中，国学学科建设必将是中国人文学界面临的一个长远而艰巨的任务。

［原载于《中山大学学报》（社会科学版）2017年第5期］

中国古典学与中国哲学"接着讲"

匡钊

用"古典学"这一术语指称围绕中国古代文献形成的某种新兴研究领域,已有近20年的历史,裘锡圭先生[1]、刘钊等[2]、曹峰[3](甘阳、刘小枫等亦采用"中国古典学"指称类似的针对中国古代典籍的研究[4])等学者均以"中国古典学"泛指研究汉代及先汉典籍中包含诸问题的学问,其核心宗旨首先在于使古书更为"可读",即某种从现代角度出发的针对古书的回溯性工作,而问题覆盖可能涉及文字训释、版本辨伪、校勘、体例和源流的研究以及早期诠释的再疏解等等。此种"读书"中隐含的关怀,则在于一定程度上摆脱现有学科建制之束缚,从某种整体知识的角度看待中国原有之经典。中国古典学新名之成立,在科学建制、覆盖领域、方法立场等方面均与中国古代或现代的诸种业已存在的学术范式处于某种或紧张或包容的关系当中,综述目前学界对此研究领域的定位,并由此出发略论其与现代学科建制意义上的中国哲学研究之关联,或可理解中国古典学作为一个学术或知识领域,针对其所继续展开的思考如何将对现有的中国哲学研究有所助益。

一 中国古典学的相对地位

古典学"是一个世界通用的概念,一般指今人对近代化以前的、传统的知识体系和

---

[1] 裘锡圭:《出土文献与古典学重建》,载李学勤主编《出土文献》第四辑,中华书局2013年版,第1—18页。
[2] 刘钊、陈家宁:《论中国古典学的重建》,《厦门大学学报》(哲学社会科学版)2007年第1期。
[3] 曹峰:《20世纪学科体制全球化背景下的中国古典学——兼论出土文献在古典学复兴中的作用》,《社会科学战线》2013年第8期。
[4] 甘阳、刘小枫:《专题:古典西学在中国(之一)》,《开放时代》2009年第1期。

为学方式所作的研究"①。其在中国出现，则是受到西方类似学术建制影响的结果，中国古典学之名虽然出现较晚，但其学术实质则可回溯至清末，民国学术引领潮流之诸老的工作，大多可纳入中国古典学的范围来加以衡量。② 只是此一研究领域，未如由西方引进的其他现代学术科目一样，获得建制上的地位，比如在大学的文科教学中未曾成立类似于文、史、哲各系的古典学系，此种状况，或与中国引入现代西方学科建制时潜在的"师夷制夷"之实用主义精神有关——古典学之名目，显然不能简单符合国人对现代性的追求，但这不能表明中国古典学的研究本身不可成为一个现代的学术领域。对中国古典学的思考，或可不包含某种建立学科的野心（参见甘阳、刘小枫的观点。③ 近年对国学学科化的呼声甚高，且无论民国或是当代，多所大学均有"国学院"建制的设立，但所谓"国学"与笔者所论中国古典学仍有较大差异，详论见后文）。但将其视为相对独立的研究领域大概可以成立。纵观前贤对中国古典学的看法，实有以下数方面之共识。

首先，中国古典学之名的设立，出于一种普遍存在的、对在现代学科建制中以西方化的方式程度不同地切割肢解中国经典文献的不满，学者常预设中国古代学术传统有其自身发展的逻辑，并在很大程度上可由此形成一个值得尊重的本来连贯的知识体系。在某些局部的研究领域，比如对其范围、源流和方法均有相当共识的经学领域，如认为其自身的文献系统和研究传统在某种程度上形成了一个不应被拆解而应得到整体化讨论的知识体系或可成立，相反从现代政治哲学或历史学的角度切入，在分离出部分文献片段加以讨论的同时，确有可能因为知识立场的差异而出现理解上的盲区和误导。但似乎难以据此有意义地将全部中国古代学术传统视为一个连续的整体，先秦诸子的论战往往缺少必要的基础共识；传统"四部"之学实际上也无法构成连贯的知识体系——虽然我们可以将其内容通过某种方式统合到某些意识形态或价值认定上面，但在知识的层面，哪怕前人早已有的整合经史的方式，似乎也不能容纳"子""集"部的全部内容，且不论"以诗证史"的方法并不能处理全部的古代诗歌，即便对于那些可被如此看待的诗歌而言，其诗学特色也大概不可能在类似的处理中呈现。更何况中国古代学问的视野，无疑佛、道藏和各种天文历算、工农医技、数术兵法和地理乃至动植物知识等也不得不计算在内，在此种文献尺度上，欲达成任何一种统一或融贯的立足于某种知识系统的理解恐怕都是不可能的。这实际上意味着，如果以中国古典学为一研究领域，其知识立场显然应有别于目前惯用的分科方式，但绝对不是对现有学科体制的否定，而是在充分考虑以

---

① 曹峰：《20世纪学科体制全球化背景下的中国古典学——兼论出土文献在古典学复兴中的作用》，《社会科学战线》2013年第8期。
② 详见裘锡圭《出土文献与古典学重建》，载李学勤主编《出土文献》第四辑。裘锡圭、刘钊更主张中国古典学的传统可回溯至汉代乃至孔子，但笔者认为这种观点有混淆古今学术差异的危险，详论见后文。
③ 甘阳、刘小枫：《专题：古典西学在中国（之一）》，《开放时代》2009年第1期。

往经典之学原有的发展逻辑的前提下,增补一个现有分科方式中被忽略或无法加以妥善处理的知识视角。

其次,中国古典学是以西方古典学的存在为基本参照发展起来的。西方古典学可回溯至文艺复兴时代,且诞生时"是一门专门针对中世纪'学问'(doctrine)的批判艺术(art)",随后在对神学著作的批评性研究中,"开创了注释、整理古希腊和古典拉丁文本以及圣经希腊文本的古典学研究"①。此种古典学以古希腊、罗马典籍为研究对象,亦涉及文字辨析、版本校勘等内容,且十分重视出土文献和考古学证据的价值。回顾民国学术,如王国维、陈寅恪、傅斯年等人的贡献,除了面对中国古代文献的一面外,深受上述西方古典学的影响也是不可否认的事实。

最后,更不可忽视的是,出土文献研究已经且必然是中国古典学研究的重要部分②,中国自古本有古佚书和金石学的研究传统,孔壁古文与汲冢竹书均对古代的经典之学产生莫大影响,对金石铭刻的研究宋人也已经多有尝试,殷墟和敦煌藏经洞的发现对民国学术的刺激众所周知,而近40年来先秦汉初简帛文献大量出土,对于探讨古书形态源流、版本真伪、早期汉语言文字的发展等,均有无可替代的价值,有学者甚至认为当前"中国古典学已经进入了'简帛时代'"③。当然,出土文献因其内容之丰富,亦非某一学科可加以涵摄或可形成某一独立知识领域,但在中国古典学的视野中,其能够提供与传世文献相互印证的文本和文字层面的信息,却是最要紧之处。

但以上共识似仍不足以说明中国古典学将在何种意义上形成一个什么样的独立知识领域,且如在受西方影响的意义上仅将其源流回溯至清末,那么如何看待其与更早的中国本土学术传统的关系也就成为无法回避的问题。如前所述,中国古典学实际上很难因其研究对象边界确切而成立为一知识领域。曹峰曾从广、狭两种意义上考虑中国古典学的研究对象,其狭义上的研究对象包括"最早期的古代文明即到中国先秦时代为止的文明",而其广义上的研究对象更可包括"到清代为止的中国古代知识体系和为学方式"④。裘锡圭与刘钊在中国古典学的研究对象方面的看法,大体类似于以上狭义所指,即或以"作为中华文明源头的先秦典籍(或许还应加上与先秦典籍关系特别密切的一些汉代的书)"⑤为研究对象,或认为中国古典学为"研究汉代以前(包括汉代)中国古

---

① 赵敦华该文也已经充分注意到西方古典学传统与民国学术的相关性。赵敦华:《古典学的诞生与解经学的现代传统》,《北京大学学报》(哲学社会科学版)2013年第2期。
② 详见裘锡圭《出土文献与古典学重建》,刘钊、陈家宁《论中国古典学的重建》,曹峰《20世纪学科体制全球化背景下的中国古典学——兼论出土文献在古典学复兴中的作用》。
③ 曹峰:《20世纪学科体制全球化背景下的中国古典学——兼论出土文献在古典学复兴中的作用》,《社会科学战线》2013年第8期。
④ 曹峰:《20世纪学科体制全球化背景下的中国古典学——兼论出土文献在古典学复兴中的作用》,《社会科学战线》2013年第8期。
⑤ 裘锡圭:《出土文献与古典学重建》,载李学勤主编《出土文献》第四辑,第1页。

代文明的学问"①。问题在于，如从狭义上仅将中国古典学的研究对象视为与出土文献相互呼应的先秦和部分汉代典籍，则中国历史上漫长的经学传统、古代对铜器铭文与出土文献的原有研究莫非便不属于中国古典学的范围？如从广义上将中国古典学与民国以前全部的中国古代知识联系起来，则如前文所述，这种古典学作为学术领域或知识系统将是汗漫无所归依的。就以上问题而言，笔者以为最低限度可以认为，中国古典学之成立为一个有确切边界的现代学术领域，自不必被视为包罗万象的学问，亦并非一定是由于其研究对象具有清晰的文献边界。除了从内容着眼，从涉及的文献类型方面可对一知识领域加以归纳以外，确定某一学科或研究领域恐怕更需要从统一的方法层面着眼。

或考虑到以上设定中国古典学狭义的研究对象所可能带来的困难，裘锡圭、刘钊通过拓展其定义在时间上尺度的方式，重新将中国古代原有的部分学术传统包纳进来，视之为当前中国古典学的早期形态，如以为"从实质上看，古典学在我国早就存在了。发源于孔子及其弟子的经学，就属于古典学的范畴。对于先秦诸子和屈原、宋玉等人的《楚辞》等先秦著作的整理和研究，自汉代以来也不断有学者在进行。西汉晚期成帝、哀帝两朝，命刘向、刘歆父子等人全面整理先秦以来典籍，他们所做的大部分是古典学的工作"②。或主张"传统上的经学、古史学和先秦诸子学实际上就是中国古典学的前身"，而现代以前历史上已有汉晋与唐宋两次古典学的重建。③ 不过这种通过延伸中国古典学自身历史而容纳某些古代学术传统的说法，实际上模糊了中国古典学作为现代新兴学术领域和古代原有的经典之学在学术立场方面的分歧。以传统经学为例，其始终带有明确的意识形态属性或准宗教色彩，无论以某些经典及其早期注疏为无可置疑的权威文本，而针对其展开的研究亦须服从某些不可动摇的价值预设，或以孔子为准宗教先知或带有一定神秘色彩的"文化英雄"，并借据说是由其开辟的某些经典诠释道路而生发出种种"非常可怪"之论，其诉诸特定信仰的特质，均与现代学术对知识本身的追求迥异。盲信权威人物或权威文本的态度均非现代意义上的任何一种学术研究所应有，如所周知，批判并瓦解经学之权威地位正是哲学学科在中国得以确立之条件，亦是民国初年学术借西学东渐之风而繁荣一时的另一要素。在此意义上，如为了容纳某些传统的学术遗产而将中国古典学的历史加以回溯性延伸，则非常容易将传统学术中那些负面的因素，如经学当中种种盲信带入现代研究当中。因此，笔者仍然主张将中国古典学视为受西方古典学启发的现代学术研究领域，此种学问在历史上虽有其前导，但我们亦并非因其历史脉络而对其加以定义，打通知识系统之时间线索的关键，仍在于研究方法上的连贯性。

---

① 刘钊、陈家宁：《论中国古典学的重建》，《厦门大学学报》（哲学社会科学版）2007年第1期。
② 裘锡圭：《出土文献与古典学重建》，载李学勤主编《出土文献》第四辑，第3页。
③ 刘钊、陈家宁：《论中国古典学的重建》，《厦门大学学报》（哲学社会科学版）2007年第1期。

二 语文学、乾嘉学与术语之争

那么,使中国古典学成为一个相对完整的知识领域的方法上的根据何在呢?事实上,中国古典学可被视为与西方古典学对等的现代学术,其根本理由亦在于双方方法层面的共通之处,而将西方古典学凝聚为一个知识领域的关键,同样既不在于特定的文献集合,也不在于其与中世纪基督教神学存在延续性关系,而在于贯穿其中的语文学(philology)方法。philology 是对文字、词汇、文法以至文本作辨析性研究,本是源于《圣经》研究的一种手法,之后广泛应用于讨论希腊、拉丁诸语言之典籍,并于 19 世纪末在德国的古典学研究中蔚为大观。"古典学,按其'语文学'(philology)的词源含义来讲,是一门古已有之的学问,作为一个学术概念,它早在公元前 3 世纪的亚历山大里亚时期就已经被使用了……但是,现代古典学研究却是从文艺复兴时期开始的。正是在文艺复兴时期,由于同传统的断裂,文艺复兴的学者们开始狂热地搜集古代作家的手稿抄本,并且开始了现代意义上的古典学研究。"① 此种西方古典学对古希腊、罗马文字文本的语文学研究,恰非常类似于中国学术传统中的"小学",亦即深受清汉学家和众多民国学者重视的训诂与考据之学。可以认为,中国古典学和西方古典学在方法上的共通之处在于两者均立足于一种语文学的研究,并因此而发展为现代知识领域。

尤其应该正视的是,如果说清末以来中国古典学是在西方古典学的启发下逐步建立起来的,那么这种启发主要来自语文学层面。"'语文学'……现在主要用来指沃尔夫(Friedrich August Wolf)自 1777 年起所倡导,目前还在继续着的学术上的运动。"② 此种由沃尔夫所提倡的欧洲语文学如何通过因受梵文的发现而延伸出来的"比较语文学"(comparative philology)和其研究进一步向非欧洲文字和文明拓展时而出现的"东方学"(oriental philology)而对民国学术,特别是对陈寅恪、傅斯年、毛子水等人产生影响,而他们又如何尝试将此种研究趣味引入中国,张谷铭有专文论之甚详。③ 如张谷铭所言,中国学者充分意识到西方语文学的意义,或是受到西方"东方学"脉络中之敦煌学的刺激,从而有更新中国以往古典文献研究方法,急起直追西方而在新的学术领域内有所建树的抱负。如陈寅恪所言:"一时代之学术,必有其新材料与新问题。取用此材料,以研求问题,则为此时代学术之新潮流。治学之士,得预此潮流者,谓之预流。其未得预者,谓之不入流。此古今学术之通义。非彼闭门造车之徒,所能同喻者也。敦煌学者,

---

① 聂敏里:《古典学的新生:政治的想象,抑或历史的批判?》,《世界哲学》2017 年第 1 期。
② [瑞士] 索绪尔:《普通语言学教程》,高名凯译,商务印书馆 1999 年版,第 18 页。
③ 张谷铭:《Philology 与史语所:陈寅恪、傅斯年与中国的"东方学"》,《中央研究院历史语言研究所集刊》2016 年第 87 本第 2 分。

今日世界学术之新潮流也。"① 此外，胡适之整理国故，王国维受西方和日本汉学家的影响而埋头经史小学，亦为中国古典学初具规模之时即处于同西方古典学和语文学的积极互动之中的明证。可以认为，民国诸知名学者，均希望通过对世界性的语文学方法的认同而使作为现代知识领域的中国古典学能以后来居上之姿态"预流"于世界学术之图景。从语文学的视角出发确定中国古典学的知识体系，则其所能涵盖的文献、其与中国古代学术传统的关系及其世界性也就可得到清楚揭示。就研究对象而言，以语文学的方法为立场，中国古典学的文献对象，完全可以取上文所述之广义理解，三教九流、诸子百家、四部古典乃至出土文献，均可立足语文学的方法对其文字文本加以处理，儒家视角下自汉初以降的经学传统固然是中国古典学讨论的对象，道家视角下围绕《老》《庄》等经典形成的大量注疏也未尝不能再由语文学的角度加以研究，甚至汉译佛典大概也可纳入相关的视野之内——音韵学上的反切之法与唐守温三十字母的创制即是受梵语的启发。②

但需要再三申明的是，中国古典学与历史上与之存在高度关联的经学尤其是乾嘉汉学之间，也并非简单的继承关系。其一，经学无法摆脱其骨子里保守的性质，而古典学是一种批判性的现代学术。已有学者同样从语文学的角度发现中国的经学与古典学的关联："西方古典学相当于中国的经学。所谓古典（Classics），就其本义不过是指'经'而已。一部中国经学史实际上也就是中国的古典学史。同西方古典学一样，它在最基本的层面上也是语文学性质的。"③ 使西方古典学兴起的所谓"文艺复兴"，当然并非如其字面意思，是一种复古主义的运动，而是欲通过将古希腊、罗马的文化遗产整理为新的知识领域，再从中创造出西方现代性的新生，在此意义上，"从古代延续而来的传统语文学，开始抛掉了它单纯的通过研习古代的文化经典以获得古人的文化教养的目的，而逐渐具有了历史批判的功能"。因此，"古典学研究可以是保守主义的，但古典学研究也可以是现代性质的，属于现代性的事业"。④ 相反，试图完全从传统经学的立场出发而使相关研究适应现代对于知识系统的追求，无异于天方夜谭。这意味着，即使经学尤其是乾嘉汉学为中国古典学提供了极多的参照与学术资源，但现代学术所具备的价值立场和研究方法层面的批判性，也决定了后者绝非其现代变体。其二，语文学的方法固然类似于乾嘉汉学强调的训诂与考据，但其范围实则远在经学家的视野之外。固然，"语文学首先要确定、解释和评注各种文献；这头一项任务还引导它去从事文学史、风俗和制度

---

① 陈寅恪：《陈垣〈敦煌劫余录〉序》，载《金明馆丛稿二编》，上海古籍出版社1980年版，第236页。
② 唐作藩：《音韵学教程》，北京大学出版社1987年版，第21、32—33页。
③ 聂敏里：《古典学的新生：政治的想象，抑或历史的批判？》，《世界哲学》2017年第1期。
④ 聂敏里：《古典学的新生：政治的想象，抑或历史的批判？》，《世界哲学》2017年第1期。

等的研究，到处运用它自己的方法，即考订"①。如果说以上内容以及语文学与历史学的结合对于乾嘉汉学家们并不陌生，那么其随后的发展则远超于此。欧洲语文学在文字文本研究之外，除了上述学者们已经言及的与历史批判的密切关系，还与现代考古学的发展息息相关，并涉及文学与早期神话的研究。现代考古学对中国古典学的成立具有重大启发意义，而由其衍生出来的针对出土文献的研究更是后者的重要知识领域；来自西方的"比较神话学"的观念，大概也启发了傅斯年对古代民族传说的设想和"古史辨"派学者对中国古史当中由层累而来的虚构性因素的分析，这些内容，均超出了历史上经学的视野范围。其三，尤为重要的是，"philology 虽未免处理个别、零碎的考证，但是重要的 philologists 都强调，其研究的目标，不是零散的知识，而是宏观的视野及整合的历史图像"②。如视王国维、陈寅恪、傅斯年等人为中国古典学之奠基者，则他们的问题意识，往往来自上述这种欧洲语文学的广阔视野，因此，"傅斯年提及，即使中国近代学术的高峰，也就是乾嘉考据，和西方 philology 的方法、视野和成就相比，都相形失色；陈寅恪也说，若运用西方 comparative philology 的方法研究汉语，其成果要比乾嘉的成就更上一层"③。恰与此形成对照的是，当代中国学界所期待的有关传统经典世界的整合性知识，正应由语文学的方法加以锻造，一味强调诉诸经学传统，恐怕反而是缘木求鱼。不过，乾嘉汉学仍然可被视为中国古典学的先声和最重要的知识资源。无论语文学的覆盖面如何复杂，其基底一定不能离开对于文字文本的研究，而乾嘉汉学最重要的学术遗产，亦在于"小学"方面；特别应该指出的是，在中国历史上漫长的经学研究传统中，有意识地将以往研究成果亦视为需要再加审视和反思的对象，并由此发展出一定程度上主动的方法论意识，也是乾嘉汉学家的特出之处，在上述意义上，乾嘉的训诂考据之学在方法层面上最能与治语文学者引为同道。也就是说，西方的语文学虽然不能等同于中国原有的训诂考据之学，但如果我们当代正在主动而有意识地建立中国语文学，则训诂考据的资源无疑是其内核与基石，并可与西方语文学结合为共同的方法体系，构成中、西方古典学研究的通行技术平台。

　　中国古典学如统一于语文学的方法，则除了如上文所述不能将其与经学等同外，还有两个术语方面的问题应加以澄清。有论者在采用中国古典学之术语的同时，主张将其等同于"国学"④，亦有论者在同意上述中国古典学和国学之间的相似性的基础上，主张

---

① ［瑞士］索绪尔：《普通语言学教程》，第 18 页。
② 张谷铭：《Philology 与史语所：陈寅恪、傅斯年与中国的"东方学"》，《中央研究院历史语言研究所集刊》2016 年第 87 本第 2 分。
③ 张谷铭：《Philology 与史语所：陈寅恪、傅斯年与中国的"东方学"》，《中央研究院历史语言研究所集刊》2016 年第 87 本第 2 分。
④ 朱汉民：《古典学知识与民族精神的双重建构》，《中山大学学报》（社会科学版）2017 年第 5 期。

采用后一术语指称相应的研究领域①，更有认为国学作为学科或可成立，而"以西方古典学的范式来参比或者想象国学学科的建构，这显然是行不通的"②。但笔者以为，中国古典学作为新兴的知识领域，既非传统意义上的经学所能局限，亦非当前论者甚众的"国学"所能表述。抛开国内高校已经成为事实的国学院建制不谈，诸多学者欲将国学作为独立学科的呼声也有10余年时间，从知识领域的角度看，这种呼声的出现，包含一个与建立中国古典学的自觉当中欲求取理解传统的某种整合性知识角度同样的希冀，但对如何处理上述知识的整合，目前在国学的讨论范围内似乎并无方法论层面的共识，相反，以语文学为基点的中国古典学完全可以满足诸国学术语的持论者对于追求知识系统的意愿。但国学这个术语当中所包含的其他一些要素，却与中国古典学的追求迥然不同。国学之名，无论在民国初年的使用环境还是当代的学者中间，总是天然地显现出一种与所谓西学的紧张关系，通过对"国"的突出，无形中将其置于西方的对立面，包含着对于对立性、差异性和独特性的强调。强调中国文明在知识上的特色完全正确，亦为当代中国多种人文研究领域内共同的声音，但这种特色并不意味着某种交流上的不可通约性或者对一切非本土学术态度的拒绝，片面地把"我们"和"他们"对立起来，可能会容易落入某种"后殖民"主义的陷阱当中，在自我表述的错觉里重新主动矮化为西方的他者，并在知识道路上关闭通向世界的大门。孤立主义的态度，无助于世界范围内知识的流动，更谈不上"预流"于其大势。在此意义上，与西方古典学共享语文学方法的中国古典学而非国学更能体现作为知识体的中国文明的面貌。对知识的世界性，民国学者早有清晰见解，如对国学一名，钱穆曾言："学术本无国界。'国学'一名，前既无承，将来亦恐不立。特为一时代的名词。"如此态度，一来或即是由于看到了我们本无法以国家或文明边界作为知识边界，二来或出于对国学研究对象之模糊的焦虑："其范围所及，何者应列国学，何者则否，实难判别。"③ 此第二点，亦我们上文不欲从研究对象的角度界定中国古典学的理由之一，事实上"国学"的范围几乎可以无限膨胀，若溢出对文本性知识的讨论之外，则众多所谓"非物质文化遗产"恐不免泥石俱下，现实中足以混淆学术研究之视听。此外，主张国学的声音当中，普遍存有一潜在的有关文明精神与中国价值的预设，这些内容在信念层面固然有效且关系重大，但在知识之有效性判断方面并无直接的证明效力。我们可以有多种目标与趣味均不同的学术策略，但就知识领域而言，诚如亚里士多德于《形而上学》开篇数页所言，出于人类求知愿望，那些不具有实用的目的，为了知识本身而开展的学术活动才是真正自由的。此论断虽针对哲学

---

① 陈少明：《作为一个学科的"国学"》，《中山大学学报》（社会科学版）2017年第5期。
② 景海峰：《国学学科所面对的知识状况与体制困境》，《中山大学学报》（社会科学版）2017年第5期。
③ 钱穆：《国学概论》弁言，商务印书馆2008年版，第1页。

而言，但一切现代学术在知识意义上的底色恐均能借此而得到理解。即便不排除对某种精神价值的特别主张，此种主张亦应出现在知识辨析之后而非作为其预设。对于民族精神或文化价值之类，如不视之为超越性的精神实体，则其一定表现在特定的文本和话语系统当中；严格证成前者之实在于哲学上困难重重，而后者在形式上的构造，所可能具备的历史语境用法以及与话语之外的实践力量之互动，均可成为不同知识范式的处理内容，就此意义而言，对精神价值暂不做预设而以知识追求为皈依的中国古典学比欲做出类似承诺的国学更符合现代学术标准。

此外还有一个在技术上非常类似的术语，即中国诠释学，此术语如在方法上成立，则其与上文所言语文学又处于何种关系当中？近20余年来，有关中国诠释学的讨论始终备受关注，亦积累了大量观点。① 国内学者对于诠释学的看法，大体将其分为面向文本的诠释和面向主体的诠释两个层面，前一层面为诠释学发展的较早形态，注重处理文本的方法，实际上就是解经学（exegetics）的延伸；后一层面是现代哲学诠释学发展的结果，重点转向理解意义的主体意识自身，并强调因此而有可能借之发展出一种实践哲学来。前一种解经学意义上的文本诠释，在西方可以被视为语文学方法的具体运用，而与此部分相应的所谓中国传统诠释方法，亦被学者大体视同为训诂之学，② 如此，则面向文本的中国诠释学实际上就消化在乾嘉汉学与中国古典学及其语文学的方法当中，似乎无须再设名目。至于后一种哲学诠释学，问题意识在于理解主体而非文本，溢出了此处对古典学和语文学的讨论之外，而此种哲学诠释学未来发展并在何种意义上是实践哲学性质的（对于诠释学未来发展的实践哲学方向的讨论，参见潘德荣的相关论述③），笔者亦暂存而不论。

必须补充说明的是，在西方无论古典学还是语文学自20世纪中期以来均已式微，一方面其研究内容在诸多相关学科的发展当中被逐步蚕食，另一方面，其最核心的针对书面语文的研究，其重要性亦趋于被索绪尔之后的现代语言学（linguistics）所取代。当然，如我们所见，这并不意味着古典学在西方已经死亡，语文学研究对于古希腊和罗马世界的研究仍有不可替代的意义。与此相比，对中国古典学以及语文学方法的明确意识反而需要再加强调，这给了我们重新从整体知识的角度看待传统，理解中国现代学术研究的连续性，并在摆脱复古主义与孤立主义态度之后有效继承传统经学当中训诂与考据的遗产，再由此而更深入开展世界性学术对话的契机。中国古典学或语文学对其他现有

---

① 李承贵、王金凤：《中国诠释学基本理论之探讨——20年来中国诠释学研究述评》，《现代哲学》2013年第5期。

② 参见裘锡圭、曹峰、刘钊等论述。潘德荣：《文字·诠释·传统：中国诠释传统的现代转化》，上海译文出版社2003年版。景海峰：《中国哲学的诠释学境遇及其维度》，《天津社会科学》2001年第6期。

③ 潘德荣：《"德行"与诠释》，《中国社会科学》2017年第6期。

学科建制在研究范围上的渗透，天然显现出某种跨学科的视角，如针对古代语言文字的研究，结合训诂与语文学的方法，再加入现代语言学的考虑，大概会揭开不少谜团——举例而言，被音韵学家搞得颇为神秘的"四呼""清浊"之类的汉语语音问题，不外就关乎发音的口腔部位、是否送气、声带是否振动等等，而引入现代记音符号之后，类似《广韵》中复杂的对于"双声叠韵法"的反复说明就显得毫无必要。笔者更为感兴趣的则是，特别就中国哲学学科而言，来自中国古典学和语文学的知识，大概会同时拓展现有研究的文献范围和问题意识，而对其未来发展产生深远影响。

三　中国哲学"接着讲"与"由训诂通义理"

我们熟悉的现代意义上的中国哲学史研究，始于胡适、冯友兰等的努力，而学科建制意义上的中国哲学，如冯友兰所言，正是针对中国哲学史"接着讲"的成果。哲学史的工作，是揭示古代哲学研究所呈现出的连续的知识形式，即类似金岳霖在针对冯友兰《中国哲学史》所撰写的"审查报告"中所说的"思想的架格"或者说使特定论辩成立的有效的、可证成的形式。哲学史上的种种"义理"之具体内容如何固然要紧，但对于哲学史的工作而言，更为关键的是揭示出判断特定"义理"之可接受性背后贯穿的思想原则，这种工作将呈现为冯友兰所谓以刻画理论脉络为核心的"叙述式的哲学史"（冯友兰对中国哲学史研究等的思考及其对目前中国哲学研究界的持续意义，较详细的讨论参见李巍的相关论述[①]）。这种研究哲学史的态度，也为徐复观所主张，即哲学思想史的研究在于提炼中国思想家学说的"合于逻辑的结构"："西方的思想家是以思辨为主，思辨的本身必形成一逻辑的结构。中国的思想家系出自内外生活的体验，因而具体性多于抽象性。但生活体验经过了反省与提炼而将其说出时，也常会澄汰其冲突矛盾的成分，而显出一种合于逻辑的结构。……这种结构，在中国的思想家中都是以潜伏的状态而存在。因此，把中国思想家的这种潜伏着的结构如实地显现出来，这便是今日研究思想史者的任务。"[②] 以上从"思想的架格"或"合于逻辑的结构"看待中国哲学史研究的态度，至今仍然对于中国哲学学科的建设具有奠基性意义，反对的意见，往往未能把握到上述观点的核心内容，而从客观上适足以模糊中国哲学研究之应有面貌。正是在知识形式的意义上，中国哲学亦呈现出哲学思辨上的可通约性，即对古代文本蕴含的哲学意义的分析必最终立足于一般哲学（general philosophy）的层面，即世界范围内诸文明之间可通约的问题与判定论辩成立或话语有效的共同标准。当然，对于任何跨越文化的普遍

[①] 李巍：《从"讲哲学"看中国哲学——冯友兰的思想遗产》，《兰州大学学报》（社会科学版）2018年第3期。

[②] 徐复观：《中国思想史论集》，上海书店出版社2005年版，代序。

性问题的解答，仍可以有特殊角度的思想进路。有了关于中国哲学史的知识形式的了解，随后可如冯友兰所言进一步谈论"接着讲"的问题，即中国哲学的现代发展如何具有一个面向未来的形态。

对于什么是中国哲学的"接着讲"，比如从材料上、内容上或者方法上如何"接着讲"，冯友兰本人似乎并没有完全成熟的看法，而如果把这个"接着讲"理解为对中国哲学遗产的继承，则问题就与冯友兰晚年提出的"抽象继承法"联系了起来。冯友兰的意思，是说哲学命题均具有"具体意义"和"抽象意义"，具体意义往往关乎历史价值，但抽象意义可以在今天仍然有效（对"抽象继承法"之原委的讨论，参见陈卫平①、陈来的相关论述②）。冯友兰对具体和抽象的说明，在一定程度上可与金岳霖对思想的内容与形式的区分对应起来，而贺麟批评"抽象继承法"之时，实际上也认可并延续了这一区分。从这个角度看，冯友兰所谓"接着讲"或者"抽象继承法"的核心内容实际上是清楚的。如果认为哲学史的工作主要关乎对"义理"何以成立的论辩形式上有效性的分析，那么对其"接着讲"可以被认为是对哲学史上不同类型的形式有效性的进一步分析和判定，而分析判定的结果，应有助于我们对一般哲学问题的讨论和与其他哲学解释方案——比如古希腊的或现代西方的——进行比较和对话。至于"抽象继承法"，也就是在判定哪些中国古代哲学论辩的说理方式依然有效的基础上，再将其引入当前对于一般哲学问题的思考当中。可以看到，在以上意义上"接着讲"就是"抽象继承"，是基于对中国哲学史上的论辩的形式分析得到的探讨一般哲学问题的现代方式。做如是观，则"接着讲"或者"抽象继承"理所当然地不会涉及古代哲学命题或者说论辩的具体内容即其历史语境意义，但需要指出的是，冯友兰本人却在谈论上述问题时发生了混淆。

对于某个中国古代哲学论辩的形式和内容，冯友兰似乎将"抽象继承"理解为抽空某些哲学性语句在特定历史语境中的语义内容后的重新意义赋予。如举"仁者爱人"为例，似可抽去"仁"与"人"的原有历史语境意义，比如不认为"仁"与特定立场下对德性的设想有关而"人"则不具备今天我们所默认的那种法律权利意义，这种抛弃语句中包含的原始语义内容的所谓"抽象"与哲学研究没有关系，反而在一定程度上破坏了文本释义的可回溯性及其语义脉络的连贯性，实际上为漫无边际的"创造性诠释"古人的话语打开了方便之门，最坏的情况将使严肃的学术研究甚至难以区分于廉价的心灵鸡汤。"仁者爱人"的表述，必须被置于孔子一系列相关的主张中才能得到合理讨论，这些主张可能包括"仁者，人也""为仁由己""忠恕而已""为政以德""君子务本"

---

① 陈卫平：《"抽象继承法"蕴含的问题：传统哲学何以具有当代价值》，《社会科学》2013 年第 5 期。
② 陈来：《从道德的"抽象的继承"转向"创造的继承"——兼论诠释学视野中的文化传承问题》，《文史哲》2017 年第 1 期。

等等，这些讨论广泛涉及个人与政治生活，但蕴含其中的一般哲学问题实际上是：人需具备何种人格素质方可成为合格的或理想的人，并能和自我、他人、世界妥善相处？孔子本人当然未做如此表述，但发现并分析这一问题，正是中国哲学史研究的任务。对上述问题的解答与论证贯穿于全部早期儒家的思想发展史当中，而在更广阔的历史舞台上，比如宋明的中国或者古希腊世界还可以有更多不同发问、回答与讨论的方式。这个一般哲学问题在任何时代对于任何人都可以提出，且当然没有一以贯之的答案——笔者不认为我们已经或可能拥有超越历史的价值判断，但是，对于孔子或早期儒家如何就其展开论辩在形式上却是可加以分析的，而由此获得的某些有关其"合于逻辑的结构"的知识也将成为我们哲学史知识的一部分。"接着讲"或"抽象继承"，指的就是对上述知识再加评估，但绝不意味着是从今天的经验或立场出发，对古代文本加以任意使用并导入特定的价值诉求。

除了以上混淆，冯友兰"接着讲"的努力，出于其把握哲学材料的角度，很大程度上是接着宋明理学讲，基本跳过了清代汉学家的大部分学术工作，而其影响所及，后来多数中国哲学史的研究，也未能有效容纳经学文献。这从学术传承的角度看是不周全的，亦是我们立足中国哲学学科而对中国古典学研究有所期待之处。如补充中国古典学和语文学的视角，对未来的中国哲学应"接着"什么"讲"和怎样"接着讲"均有启发，或可开辟新的知识领域，并回答某些尚未得到解决的历史遗留问题。

从古典学的角度为中国哲学史研究扩充文献基础，实际上已经有很多成就，比如出土文献对近30年中国哲学史研究的促进，对于补充原有先秦哲学图景——比如补充了早期儒家孔孟之间的思想线索和以往知之甚少的道家黄老学谱系——的作用众所熟知，但经学文献如何作为知识形式进入哲学讨论的领域尚未得到足够有说服力的解答，而对出土文献从哲学角度出发的研究，也往往是一种"后端"的研究，即以原有的哲学史研究方法，讨论释读成功的出土文献的思想形态及其价值，笔者以为，除此相对成熟的进路之外，专注于古典学所提供的语文学方法，可能会在中国哲学的领域内更有效地消化经学特别是乾嘉汉学的思想遗产。

从语文学的角度看，乾嘉汉学的成果，除去历史考据的部分外，主要向文字训诂聚焦，而此部分内容对于中国哲学史研究的意义，也早为众多学者所推崇。那么，前文的讨论似将重新启动对训诂和义理之关系的古老问题的再思考，但笔者以为，问题的焦点恰恰不会局限在这个老话题上面。事实上，对于戴震主张的所谓由训诂通义理所包含的缺陷，早有论者指出："戴震强调由训诂考核以明义理，这一理论要求训诂方法本身具有绝对的独立性与准确性；但是另一方面，戴震又强调义理对考核的指导意义，从而又使训诂方法处于义理的从属地位。"① 戴震对训诂和义理关系的分析中，虽然还将义理与特定时代的"典章制度"联系起来②，但由于他对"典章制度"的存在缺乏现代学术所提供的批判分析工具，则训诂与义理的关系最终仍不免落入循环论证之中——任何"典章制度"均依赖古文献方为我们所知，而对这些文献的解读，仍然离不开训诂和考据。即便抛开上述矛盾，假如认为他所寻求的是以适当的文字训诂为义理奠基，即以训诂得到的语文知识作为证明特定义理之成立的文献依据，则此种解释上的方法之可行性，在古今许多研究者看来仍然是否定的。在实际的解释操作中，如果没有对特定义理的先行把握，很难由对文字的多种训诂中得出一个统一的"义理"层面的解释，而往往只有钱大昕式的一系列离散的语文学知识。③ 上述义理对训诂的前提性作用，在现代诠释学对"前见"的强调中已成学术常识，而钱大昕大概也因此而完全不看好戴震以训诂通义理的主张，于是他为了尽量摆脱义理"前见"的干扰就只能完全停留在训诂考据的领域之内。但仅止于训诂层面的文献解释，在冯友兰看来，大概最多只是一种对义理全无所见的"照着讲"，而停留在语文层次的"照着讲"，甚至不能被算作合格的中国哲学史研究。④ 这种传统的由训诂而通义理的思路，实际上是走不通的，而戴震自己的文本解释实践即可证明这一点。可举戴震对"性"的一段分析为例。在其颇为得意的《孟子字义疏证》中，戴震以为："性者，分于阴阳五行以为血气、心知、品物，区以别焉，举凡既生以后所有之事，所具之能，所全之德，咸以是为其本，故《易》曰'成之者性也'。""在气化曰阴阳，曰五行，而阴阳五行之成化也……""天道，阴阳五行而已矣；人物之性，咸分于道，成其各殊者而已矣。"⑤ 此处戴氏以汉人阴阳五行气化之说讲论孟子言性，完全没有学术史的严谨性可言，而其在训诂层面的品质亦不如阮元同一思路但从《尚书》讲起的《性命古训》。戴震的以上分析，不但对于我们理解孟子所言性的哲学意义可以说毫无帮助，也未真正遵循自己所设定的由训诂通义理的文献解释原则。

从中国哲学史研究的方法角度，徐复观亦对戴震式的由训诂通义理主张作出过反思。从哲学研究的层面看，"训诂、考证……方面的工作，也多是空中楼阁。许多考据的文章，岂特不能把握问题的背景；最令人骇异的是，连对有关资料的文句，也常缺乏

---

① 娄毅：《训诂与义理：中国传统释义学的两难选择——戴震的释义理论及其所反映的问题》，《中国哲学史》2004年第1期。

② 戴震《题惠定宇先生授经图》云："训明则古经明，古经明则贤人圣人之理义明，而我心之所同然者，乃因之而明。贤人圣人之理义非它，存乎典章制度者是也。"转引自娄毅文，参见娄毅《训诂与义理：中国传统释义学的两难选择——戴震的释义理论及其所反映的问题》，《中国哲学史》2004年第1期。

③ 肖永明、戴书宏：《训诂即义理：钱大昕在义理和义理之学上的权宜之计》，《中国哲学史》2017年第1期。

④ 李巍：《从"讲哲学"看中国哲学——冯友兰的思想遗产》，《兰州大学学报》（社会科学版）2018年第3期。

⑤ 戴震：《孟子字义疏证》，中华书局2008年版，第25页。

起码的解释能力"①;"清人固蔽傲狠,他们的训诂,在许多地方较《五经正义》为开倒车……如阮元的《释心》……《性命古训》等,集合了许多经过了他们训诂考据过的字语,但有如没有纪律训练的乌合之众,真是幼稚得不堪一击"②。徐复观的批评,上达清人,下及与之有同样取向的时人钱穆、毛子水等,而徐氏能有如此判断,是由于他对如何研究哲学史有自己清晰的见解:"先哲的思想,是由他所使用的重要抽象名词表征出来的。因此,思想史的研究,也可以说是有关的重要抽象名词的研究。"③此处徐复观所谓"抽象名词",大约类同于张岱年先生所说的"范畴",而对"抽象名词"或哲学范畴之意义的研究,便需要在对基本字义的辨识之上的广泛的文献归纳:"治思想史……并非置字形、字声之训诂于不顾,而系将由字形、字声所得之义,在一句之构造中、在一章之上下文义中,互相参证,以求其文从字顺。更进一步则将某一时代之有关资料,某一书、某一家之有关资料,加以归纳后,较同别异,互相勾稽,以求能在较广大之背景与基础上,得出较为实际之结论。"④"治思想史的工作,当然要根据有关的文献,凡是关涉到文献而需要训诂、考据的,当然要通过训诂、考据,但并非每一思想史的文献都需要作训诂、考据工作。并且这种工作,对治思想史而言,也只是起码的初步工作,因为仅有这步工作并不能做出思想史。"⑤思想史的工作,要高于或大于训诂之所知,"要研究思想史,除了文字训诂以外,还有进一步的工作。仅靠着训诂来讲思想,顺着训诂的要求,遂以为只有找出一个字的原形、原音、原义,才是可靠的训诂,并即以这种训诂来满足思想史的要求。这种以语源为治思想史的方法,其实完全是由缺乏文化演进观念而来的错觉"⑥。徐复观能有如此判断,是由于他主张:"义理之学,从其根源的地方说,根本与……考据无关,而古人有关义理方面的文字,大体也不须专作考据工作才能了解,即作了考据工作后也未必能了解,遇着需要考据的地方,治考据学的人便在考据上落脚,治义理学的人便还要继续前进。"⑦与考据无关的使义理之学成立的"根源",实际上就是前文早已言及的他所谓的思想的"合于逻辑的结构"或者说论辩成立的有效性形式,这种义理的结构或形式亦在一定程度上构成了戴震所以为的那种制约训诂的另一种"前见",而其对训诂的约束作用亦如徐复观所言:"不通过局部,固然不能了解全体,但这种了解,只是起码的了解。要作进一步的了解,更须反转来,由全体来确定局部的意义,即是由一句而确定一字之义,由一章而确定一句之义,由一书而确定

---

① 徐复观:《中国人性论史》,华东师范大学出版社2005年版,序。
② 徐复观:《中国思想史论集》,第93页。
③ 徐复观:《中国人性论史》,再版序。
④ 徐复观:《中国思想史论集》,第175—176页。
⑤ 徐复观:《中国思想史论集》,第71页。
⑥ 徐复观:《中国思想史论集》,代序。
⑦ 徐复观:《中国思想史论集》,第307页。

一章之义,由一家的思想而确定一书之义。"① 清人或徐复观的论辩对手的局限,便在于对这种某家思想中所贯彻的哲学论辩之结构或形式并无所见,更或如前文引戴震论孟子言性,由不恰当的义理"前见"导入错位的文字训诂,最终以某种带有循环论证色彩的解说方式与所欲理解之问题失之千里。

笔者引用徐复观对训诂和义理关系的看法不胜其烦,不外是为了提示:第一,原有的某种流传广泛的希望由训诂研究进而通达哲学讨论的路径,并未提供超出现有冯友兰、徐复观等主张的中国哲学史研究的基本旨趣的知识;第二,对训诂和义理关系的某些经典理解包含循环论证的嫌疑,亦不能对理解古代哲学观念有所贡献;第三,完全停留在语文学层面的"照着讲",并不能被算作合格的中国哲学史研究。对此困境,已经有学者努力尝试突破上述对训诂和义理关系思考中的局限,② 以更为现代意义上的语言观和语言哲学拓展传统的训诂学知识,并进而主张在一定程度上将中国哲学研究语言哲学化。笔者同意中国哲学研究"接着讲"在未来一定需要某种程度的"语言转向",且其可以调用的学术资源一定既与传统训诂亦与现代语言学有关,但以上转向的可能性,不能仅从训诂与义理关系的角度加以讨论。尤其需要强调的是,如前所言,所谓"义理",即特定的关乎道德实践或精神价值的教导,作为哲学论辩之具体内容固然要紧,但哲学史的工作更在于呈现出判断特定"义理"之可接受性背后的形式原则,对于这种形式原则,由对个别文字研究出发的训诂大概是完全无能为力的。

四 结语:比较语文学与话语结构分析的方法论意义

前文所论及的尝试将中国哲学研究语言化的致思路径中,可以分辨出三个特点:其一,均未对传统的训诂学和现代语言学做明确切分;其二,对训诂价值的强调不仅是对乾嘉学者主张的重述,更或加入了思想史的视野,或在一定程度上与傅斯年提出的"以语言学的观点解决思想史中之问题"的纲领性主张相联系;其三,在具体训诂问题的实例讨论中,仍然没有摆脱由对个别文字的研究出发探讨哲学问题的研究方向。上述第一点,或是由于现有的思路未从古典学和语文学的角度考虑训诂,也就未能注意到训诂仅是更广阔的、作为古典学之方法基础的语文学的一个部分,也就不会明确厘清语文学性质的对书面文本的研究与索绪尔之后立足于言语活动的现代语言学研究之间存在的差异。后一差异对于我们理解话语和文本的哲学意义有何种作用,至今实际上仍有待探

---

① 徐复观:《中国思想史论集》,第91页。
② 郑吉雄:《论先秦思想史中的语言方法——义理与训诂一体性新议》,《文史哲》2018年第5期。陈少明:《由训诂通义理:以戴震、章太炎等人为线索论清代汉学的哲学方法》,《中国社会科学》2018年第7期。

讨，但将方法视野从训诂扩大到语文学的领域，并对后一研究传统后续的更为现代的学术延展有所参照，对于建立由文字文本到哲学史讨论之间的知识通道是非常必要的。

上述第二点，思想史的视野是相关研究的题中应有之义，而目前的讨论方式，即对哲学史上某些关键性文字的研究从字形、训诂的层面开始，再归纳其在多种文献中的使用情况，也未超出徐复观与张岱年对"抽象名词"或哲学范畴加以研究的方法；但对傅斯年观点的回溯性思考，则为深化问题提供了新的信息。傅氏前述主张的理由或在于其"思想不能离语言，故思想必为语言所支配"的对于语言和思想关系的判断。此判断带有 19 世纪比较语文学的影子，与洪堡特《论人类语言结构的差异及其对人类精神发展的影响》和更晚一些的语言学中萨丕尔-沃尔夫假说有一定联系。虽然后一假说在现代语言学研究中并不乐观——语法化程度的差异并不足以表明不同语言使用者在思维水平上存在差异，而乔姆斯基围绕深层普遍语法展开的工作、现代神经语言学对语言运用和特定脑区及生物反映模式之间关系的探索，以及通过对世界上现存大量语言的综合分析而提出的人类原始共同语的猜测，无论其在较强的意义上是否能经受严格检验，均难以支持特定语言与特定思维方式相关联的假说。虽然傅斯年的观点在现代语言学研究的背景下难以成立，但其对作为语文学研究形态之一的比较语文学的重视，却是极具启发性的。这再次说明，不能仅仅从训诂出发考虑文字与哲学讨论之间的关系，正如陈寅恪所推测的那样，比较语文学的方法对于乾嘉学术将是重要的拓展，而这种拓展将有可能与哲学史的研究直接挂起钩来。可惜的是，国内学者多语言训练方面的缺陷，使时人往往已经无法完全胜任比较语文学的研究，拥有始于梵文再覆盖多种印欧语言和中亚语言的广泛知识，对多数人而言只是学术幻想而已。但最低限度，比较语文学视角的存在，提示我们汉语中的问题并非局限于汉语本身，并非仅依靠传统的训诂便可得到完全解决，而在语言的比较中更能获得解决问题的整体性眼界。在实际研究中，仅对印欧语言为我们熟悉的部分有所参照，便可能对中国哲学的讨论有所促动，如现有的围绕因系词的存在而印欧语言所具备的不同于古汉语的成句原则所开展的思考，便可被视为出于比较语文学立场对中国哲学史上不同于西方的某些核心问题的讨论，而相关思考更可深化至对不同哲学论辩原则的分析当中——古汉语无系词，当然不会有完全类似西方的主谓句式，但我们并不能就此认为古汉语中无法就某一话题作出必要的哲学判断，只是这种判断的论辩构造一定不同于我们熟悉的西方样式，辨析其形态面貌，便是留给我们的哲学任务。

对哲学论辩构造形态的辨析，与上述第三点形成对照，而后者亦是未来研究需要尝试突破之处。如前所述，使个别文字、抽象名词或范畴表现出其意义的话语构造或者说"思想的架格"可在一般哲学问题的地基上得到讨论，而这种面向形式构造层面的探讨，超出了传统训诂学的知识范围，大概首先需要对汉语语形学（syntax）的系统了解——

当年《马氏文通》之作，就有感于古汉语语法研究的缺失，而此种警醒对于中国哲学史的研究恐更为要紧。中国哲学史的研究，当然需要文字训诂方面的信息，亦需要对抽象名词或哲学范畴的归纳讨论，但更为需要的则是超出上述立场而追随冯友兰的主张，在"思想的架格"或者说论辩的有效形式方面有所断定，而相关知识则可在一般哲学的视野中得到评估。对于话语的形式层面，可以有多种研究态度，哲学领域内最为我们熟悉的就是金岳霖、冯友兰、徐复观等反复提倡的有漫长渊源的逻辑分析的方法，这也是我们最广泛运用的判断论辩有效性的标准与方式；此外，在处理知识何以可被确立为知识的问题时，还可以有其他的、不以语句的真值为考察对象的话语结构层面的分析，如较为激进的对其"真言化形式"（forms of veridiction）结合所产生的实践效果的"知识考古学"分析，将"历史知识替代为对于真言化形式的历史分析"[1]（从知识考古角度出发已有针对中国古代文本的尝试性讨论[2]）；或者较为保守的立足于呈现话语内部之语义线索的结构性分析。后一种分析完全面对话语的组织形式本身，而其关注焦点更在于大尺度的话语单位之间，如语篇或语句、句群的组织关系。对话语整体结构的把握优先于对作为其孤立部分的语言符号的讨论，而后者的意义往往需要通过不同角度的话语结构性分析才能获得——整体大于部分之和的结构语义学观点，前引徐复观的表述亦有所洞见。训诂虽然亦涉及某些零散的古汉语语法知识，但其提供的主要是作为语义整体之部分的文字层面的知识，在此意义上，对古汉语话语形式结构层面的讨论，超出了训诂的范围之外，对于乾嘉学者来说大概也是难以想象的——这需要众多他们完全陌生的有关古汉语语法，特别是句法层面的系统知识。语文学传统中对于语法的比较研究为古汉语语法的系统构造提供了来自西方语言的参照，由此出发结合索绪尔所开辟的现代语言学研究道路，分析古典书面文献包含的话语形式结构及其所提供的语义信息，必将使中国哲学史研究对原有思想架格的刻画更加丰满。

  本文的意图，首先在于唤起对语文学的方法论自觉。中国古典学的建设尚在途中，而对作为其与西方古典学共通方法论基础的语文学的自觉探讨更为罕见，对上述内容的强调既可见现代中国学术在知识意义上的延续性，亦可见其世界性。其次，笔者的关注点并非在古典学研究领域内部，而是希望通过现有的语文学知识，透视其对拓展中国哲学史研究的意义，这在于一方面在现代中国哲学研究的论域里激活了乾嘉汉学的思想遗产，另一方面则有助于突破传统上对训诂和义理关系思考的局限，建立从话语文本到对哲学论辩形式分析的新通道。最后，从语文学出发并结合了现代语言学知识的中国哲学"接着讲"，可能会通过引入比较语文学和话语语义结构分析的方式产生有关中国哲学论

---

[1] Michel Foucault, "The Government of Self and Others", Graham Burchell trans, Palgrave Macmillan, 2010, p. 5.
[2] 匡钊：《"赵氏孤儿"的两个面相："大复仇"与考古学》，《兰州大学学报》（社会科学版）2018年第3期。

辩形式的新知识。语文学、现代语言学与中国哲学史研究的结合点，即在于其均包含对思想或话语形式的共同关怀，而中国哲学"接着讲"，在知识领域内一定是接着对以往的思想形式或话语构造的分析来讲。这或许意味着，中国哲学研究未来将通过语言转向而"预流"于世界范围内一般哲学的探讨，而猜想的可行性，便需要我们通过更多的学术努力来加以验证。

［原载于《深圳大学学报》（人文社会科学版）2018 年第 5 期］

略议《四库全书总目》与中国古典学的成立

吴国武

一 引言

"中国古典学"一词，相当一段时间内为日本学界所使用。1928年，汉学名家内藤湖南写过一篇题为《关于支那古典学的研究法》[①]的文章，文中谈到其第一种学问就是经学，还提及西方科学的古典学方法。反观我国学界，大家长期使用"国学""中学""旧学"等语汇比较宽泛地讨论中国的传统学问。近年，国内研究者尝试用"中国古典学"来定义各自的传统中国研究或中国古典学术研究。归纳起来，海内外学界对于"中国古典学"的含义大致有四种看法：

第一种看法，日本学者将本国语境中的"传统汉学"称为"中国古典学"或"古典中国学"，与欧美语境中的"汉学"或"中国研究"区别开来。这种看法与日本久远的汉学传统有关，在日本学界已有较大共识。第二种看法，部分国内学者将"先秦典籍整理与研究"或"先秦秦汉历史文明"称为"中国古典学"，与西方古典学在时段和理念上对应起来。这种看法与晚近中国的上古史及出土文献研究有关，以裘锡圭老师为代表致力于所谓"中国古典学的重建"。[②] 第三种看法，部分国内学者将"国学"直接改称为"中国古典学"，以谋求整体地进入现代学科体系。这种看法与当下国学学科建设、传统文化弘扬有关，以一些国学研究机构及相关推动者为代表。第四种看法，部分国内学者将"中国古典文明"称为"中国古典学"，与西方古典文明相对应。这种看法着眼

[①] [日]内藤湖南：《支那古典学の研究法に就ぎて》，载《内藤湖南全集》第7卷《研几小录》，东京：筑摩书房1970年版。

[②] 按：此前，日知先生曾倡言中西古典学。裘锡圭首先发表《中国古典学重建中应该注意的问题》一文，立足于考古资料与先秦秦汉古籍整理，该文收入《北京大学中国古文献研究中心集刊》第二辑（北京燕山出版社2001年版）；后来，刘钊、陈家宁发表《论中国古典学的重建》一文，强调"研究先秦秦汉时期中国文明的学问"，刊登于《厦门大学学报》（哲学社会科学版）2007年第1期；近年，裘锡圭又发表《出土文献与古典学重建》一文，认为中国古典学"蕴含着中华文明源头的先秦典籍的整理和研究"，刊登于《光明日报》2013年11月14日第11版。

于中西古典的比较视野，在时段上不拘于"先秦秦汉"，在理念上又与"国学"论者有相通之处。

后三种看法中，以裘锡圭老师的"中国古典学"定义在国内学界中影响最大。然而，视"先秦典籍整理与研究"或"先秦秦汉历史文明"为"中国古典学"的主张，大体是现代学术理念、学科认识和方法意识的延续，还需要解决如何对接整个中国古典传统的大问题。其他两种看法，或者本土立场过浓，或者内涵外延太宽，需要反思的地方还更多。个人以为，回归古典学的根本理念和内在逻辑，回归中国古典学之于中国传统学术的接续传承，回归中国古典学之于现代学术的持久发展，是论者面临的新问题和新挑战。追本溯源，只有整体梳理中国古典及其学问的来龙去脉，才能准确说明和定义中国古典学。从古典学原意和中国古典传统源流来看，这种整体梳理的最好途径便是对中国古典目录的再审视和再研究。

众所周知，《四库全书总目》是数千年中国古典学术传统的集大成之作。可惜的是，论者要么拘于分析其作为学术门径的解题目录性质，要么止于观察其所反映的清代学术动向，要么旨在了解古典文献的流传，要么依此泛论中国文化的特质，鲜有论者专门考察《四库全书》纂修和《四库全书总目》编纂对于今日中国古典学的重要意义。个人以为，《四库全书》纂修和《四库全书总目》编纂，可以成为探讨中国古典学及其内涵外延的最佳切入点。

二 《四库全书》纂修与中国古典学的自觉

若要讨论"中国古典"，先应该回到汉文古典文献的形成发展上来，回到汉文经典要籍的传承研习上来。"西方古典学"是指古希腊、古罗马文献乃至整个文明的学问，"中国古典学"则是指先秦以来古典文献（特别是经典要籍）及其传习的学问。尽管两种古典学出自不同的历史环境，前者偏重文明研究，后者偏重经典传习，但它们都有一个共同点，即基于古典文献整理研究而生发出来的系列学问。

汉文古典文献整理有着悠久的历史，从春秋时期至清前期两千多年间的整理活动中，前贤编撰了非常可观的古典目录及相关著作，记录了中国古典及其学问的文化渊源和发端历程。然而，这些整理活动要么缺乏对"古"（即古书、古代）的整体认识，要么缺乏对"典"（即经典、典范）的地位确认，要么缺乏对"学"（即学理）的内在建构。迟至清代中叶乾隆间纂修《四库全书》，中国古典学才由充分积累进入了自觉建设时代。

1. 《四库全书》纂修对古典文献的全面系统整理

乾隆以前，汉文古典文献的整理，经历了整理"六艺"到整理"四部"文献等几个重要阶段。不过，这些整理活动的特点是，征书校书规模相对较小，所涉文献种类相对不多，所涉整理工作相对简易。而纂修《四库全书》，时间上延续数十年，空间上遍及朝野地方，征书规模牵涉数万种文献，工作任务则是征书、辑佚、辨伪和校雠四者并重。自来整理古典文献，未有如此全面系统者。

其一，全面系统地收集古书。从乾隆三十七年（1772）至乾隆四十三年（1778），清廷在内府藏书之外下诏全面征书。① 据统计，《四库全书总目》收书数目为10254种，若加上副本、禁毁等各种原因未登录者，应有数万种之多。自来征书，未有如此大规模者。这种收集程度，使馆内外学者有条件更为整体地认识传世的汉文古书和久远的主流学术。

其二，全面系统地辑佚古书。当初，设立四库全书馆与从《永乐大典》中系统辑佚古书密切相关。② 从四库全书馆组织架构来说，清廷专设"校勘永乐大典纂修兼分校官"并任命官员人数达39人，其重要性显而易见。据研究，《永乐大典》拟签佚书1100多种，辑佚出700多种书，收入《四库全书》有300多种。③ 自来辑佚，未有如此大规模者。这种辑佚程度，使馆内外学者有条件重建古书经典的完整序列和重构古典学术史的关键环节。

其三，全面系统地辨伪古书。四库开馆之后，对收集和辑佚的古书进行考辨校核，是《四库全书》纂修中分量很重的工作。据研究，《四库全书总目》辨伪书目有数百种之多。④ 当时的辨伪，以经书、子书为主，兼及史部、集部。自来辨伪，也没有如此大规模者。这种辨伪程度，使馆内外学者有条件建立一套可信的古典文献系统，更为准确地理解古典学术源流。

其四，全面系统地校雠古书。开馆之初，朱筠便提出"著录与校雠并重"⑤。从纂修过程来看，著录、校雠需要经过时间很长、严格复杂的工序，皇帝、总裁以下所有馆臣分别承担了分纂、总纂、分校、协勘、重校、总校、总阅、钦定等各项各阶段任务，并产生了目录形式的《四库全书简明目录》《四库全书总目》以及校勘记形式的《四库全书考证》等众多成果。自来校雠，未有如此大规模者。这种校雠程度，使馆内外学者有条件熟悉并把握古书经典和古典学术的内在规律。

---

① 黄爱平：《四库全书纂修研究》，中国人民大学出版社1989年版，第21—37页。
② （清）朱筠：《笥河文集》卷1《谨陈管见开馆校书折子》（影印清嘉庆二十年椒华吟舫刻本），载《续修四库全书》第1440册，上海古籍出版社2002年版，第127页。
③ 张升：《永乐大典流传与辑佚研究》，北京师范大学出版社2010年版。
④ 司马朝军：《四库全书总目研究》附录一《〈四库全书总目〉辨伪书目》，社会科学文献出版社2004年版，第454—481页。
⑤ （清）朱筠：《笥河文集》卷1《谨陈管见开馆校书折子》，载《续修四库全书》第1440册，第127页。

2. 《四库全书》纂修对于经典要籍的高度重视

乾隆以前，官方和学界逐渐重视经典要籍在汉文古典文献中的优先地位。乾隆即位不久，诏令校刊武英殿本《十三经注疏》《二十四史》等正经正史，开馆纂修《纲目三编》《通鉴辑览》《三通》等史部典籍，这直接影响到《四库全书》纂修时经史要籍优先地位的强化。

乾隆三十八年（1773），两江总督高晋上奏称："窃照钦奉上谕，纂辑《四库全书》，首冠以经，表自古圣贤之统绪；次列以史，垂累朝兴废之源流。此外，说经论史之书，苟能互相发明，均可列诸简册。"① 首冠以经，次列以史，征书和校书均以两部为重心。乾隆四十二年（1777），上谕寄浙江巡抚三宝："朕阅四库全书馆所进抄本朱彝尊《经义考》，于历代说经诸书广搜博考，存佚可征，实有裨于经学，朕因亲制诗篇，题识卷首。此书现已刊行于世，闻书板尚在浙江。著将御制诗录寄三宝，就便询问藏板之家，如愿将朕此诗，添冠卷端，听其刊刻，亦使士林咸知朕阐崇经学之意。"② 乾隆不仅强化《四库全书》纂修对于经学的重视，而且还将其阐崇经学之意颁告天下。

《四库全书》纂修过程中，正经正史、说经论史之书受到高度重视，不仅在经典要籍的提要中体现得淋漓尽致，还被用来作为考辨和评价其他古书的标准。自来表彰经典要籍，没有如此全面系统者。

3. 《四库全书》纂修中古典语文学的成熟

乾隆以前，汉文古典文献整理也涉及训诂、考证工作，但并没有形成一套完整的古典语文学理念方法。只有到了纂修《四库全书》，馆臣倡言"读书必先识字""以字通其词，以词通其道"，以"小学"为代表的古典语文学真正走向成熟。这套语文学理念方法，是在《说文》《尔雅》及经传注疏基础上形成的。自来校书，未有如此重视语文学者。

其一，《说文》《尔雅》之学的倡导。朱筠最先提倡《说文》之学，在安徽学政任内主持校订《说文解字》，并委王念孙等人校正刊行。他提出："读书必先识字，特取旧本《说文解字》重为校刻，自制序文，揭以四端：曰部分、曰字体、曰音声、曰训诂，为六书者指示途径。"③ 四库开馆后，朱氏及其后辈弟子如程晋芳、陆锡熊、任大椿、王念孙等人入馆，《说文》之学在馆内外蔚为风气。与此同时，戴震提倡《尔雅》之学。他指出："古故训之书，其传者莫先于《尔雅》，六艺之赖是以明也。所以通古今之异

---

① 《两江总督高晋奏续得经史各书开单呈览折》，载中国第一历史档案馆编《四库全书纂修档案》上册，上海古籍出版社1997年版，第139页。
② 《寄谕浙江巡抚三宝查询朱彝尊〈经义考〉藏板之家》，载中国第一历史档案馆编《四库全书纂修档案》上册，第583页。
③ 徐世昌等编，沈芝盈、梁运华点校：《清儒学案》卷85，中华书局2013年版，第3361页。

言,然后能讽诵乎章句,以求适于至道。……余窃谓儒者治经,宜自《尔雅》始。"①后来,邵晋涵便在戴震的基础上,完成了一部《尔雅正义》。《说文》明字学,《尔雅》通故训,在馆内外学者的努力下成为读古书、治古经之基础。

其二,文字音韵训诂之学的成立。朱筠在安徽学政期间,对于古典学术有新的见解。他说:"凡于经之天地、山水、宫室、器用、衣服、鸟兽、草木、虫鱼之详,悉皆当周知,而先之以训诂。然后其于经之义秩然、粲然、怡然、涣然也。……与诸生谆谆言之者,通经与识字而已。"② 先明训诂、后通经义,形成了新的治古经、读古书之法。四库总纂官纪昀在《小学类叙》中说:"古小学所教,不过小书之类,故《汉志》以《弟子职》附《孝经》,而《史籀》等十家四十五篇列为小学。……自朱子作《小学》以配《大学》,赵希弁《读书附志》遂以《弟子职》之类并入小学;又以《蒙求》之类相参并列,而小学益多歧矣。考订源流,惟《汉志》根据经义,要为近古。"③ 对此,张舜徽先生总结道:"《四库总目》以《尔雅》之属归诸训诂,《说文》属归诸文字,《广韵》之属归诸韵书,而总题曰小学,此清儒之所谓小学也。"④ 至此,作为语文学的"小学"得以成立。

其三,目录版本校勘之学的成熟。《四库全书》纂修时标举"著录与校雠并重",具体工作大致如下:先从历代目录群书的著录入手,搜罗古书各类版本,考察古书成书体例,校勘各版本及相关书籍,附校勘记于所校阁书之末,汇编《四库全书考证》并撰成《四库全书总目》。《凡例》说:"今诏求古籍,特创新规,一一辨厥奸媸,严为去取。其上者,悉登编录,罔致遗珠;其次者,亦长短兼胪,见瑕瑜之不掩;其立言非立训,义或违经,则附载其名,兼匡厥谬;至于寻常著述,未越群流,虽咎誉之咸无,要流传之已久,准诸家著录之例,亦并存其目,以备考核。等差有辨,旌别兼施,自有典籍以来,无如斯之博且精矣。"⑤ 可见,作为整体的目录版本校勘之学日趋成熟。

综上,诚如正总裁永瑢所言:"俾学者由书目(《简明目录》)而寻提要,由提要而得全书,考镜源流,用昭文治之盛。"⑥《四库全书》纂修,标志着中国古典学在"古(古书、古代)""典(经典、典范)""学(学理)"三个层次上走向自觉。

---

① (清)戴震:《文集》卷3《尔雅文字考序》,载汤志钧等整理《戴震集》上编,上海古籍出版社2009年版,第51页。
② (清)朱筠:《笥河文集》卷5《安徽试卷序》,载《续修四库全书》第1440册,第335页。
③ (清)永瑢等:《四库全书总目》卷40《经部小学类一》,中华书局1965年版,第338页。
④ 张舜徽:《四库提要叙讲疏》,云南人民出版社2004年版,第39—40页。
⑤ (清)永瑢等:《四库全书总目》卷首《凡例》,第16—17页。
⑥ 《质郡王永瑢等奏〈四库全书简明目录〉等书告竣呈览请旨陈设刊行折》,载中国第一历史档案馆编《四库全书纂修档案》下册,第1602页。

三 从《四库全书总目》看中国古典学性质宗旨和架构体系的成立

在中国古典及其学问的传习过程中，汉文古典文献整理是起点，经典要籍研究是关键，古典语文学是基础，由此而来还有文本史实考证、义理辞章评析，乃至于身家性命、天下国家之道。然而，先秦以来的文献整理活动，大体专注于古书的编目著录和文本的校订解释，缺乏对各类专门学问全面系统的认识和把握，也没有形成内涵外延明晰的古典学完整结构。只有到了乾隆间纂修《四库全书》和编纂《四库全书总目》，馆内外学者全面系统地总结各类专门学问，中国古典学的性质宗旨和架构体系才得以成立。

1. 古典学的性质宗旨

在《四库全书总目》编纂中，清廷和馆臣强调以正经、正史为代表的经典要籍是中国古典的主体，中国古典学的性质宗旨得以成立。这些经典要籍及其注释、仿作、翻新，呈现出层次分明、结构完整的文献序列；这些经典要籍的理解和传习，构成了丰富复杂的学术内容。

其一，古书经典的排序，依照注从经典、类附于本的原则。过去的目录，古书排序不太严整。《总目凡例》说："诸书次序，虽从其时代，至于笺释旧文，则仍从所注之书，而不论作注之人。……《史记疑问》附《史记》后，《班马异同》附《汉书》后之类，亦同此例，以便参考。……盖虽裒辑旧文，而实自为著述，与因原书而考辨者，事理固不同也。"① "礼类仪礼之属"案语又说："《仪礼》不专言丧服，而古来丧服之书，则例附于《仪礼》。盖言丧服者，大抵以《仪礼》为根柢，从其本而类附也。"② 馆臣以作者时代先后为序的同时，特别重视经典要籍及其注释连排，这种排序应该是模仿经部各类经书及其注释的旧例。如果说"笺释旧文"是对经典要籍的注解，"从其本而类附"往往是对正经正史的归附，反映了经典要籍的传承研习；而"自为著述"则是开创新的经典，将来形成新著述的传习。这种连排和类附原则，最能体现中国古典学根植自身的性质宗旨。

其二，古书经典的地位，依照考证精核、议论明确来衡定的原则。过去的目录，何为经典要籍，标准杂乱不一。《总目凡例》说："说经主于明义理，然不得其文字之训诂，则义理何自而推；论史主于褒贬，然不得其事迹之始末，则褒贬何由而定。……今所录者率以考证精核、辨论明确为主，庶几可谢彼虚谈、敦兹实学。"③ 馆臣对古书经典

---

① （清）永瑢等：《四库全书总目》卷首《凡例》，第17页。
② （清）永瑢等：《四库全书总目》卷20《经部礼类二》，第168页。
③ （清）永瑢等：《四库全书总目》卷首《凡例》，第18页。

的评价不再以陈词说教为标准，而是说经由训诂明义理、论史据事迹定褒贬。具体提要文字，"足资考证"之语、"议论允当"之言往往而在。这种考证和议论的原则，最能体现中国古典学特色鲜明的性质宗旨。

其三，古书经典的选取，依照明体达用、经世致用的原则。过去的目录，多停留在反映公私藏书和书籍流传状况上。《总目凡例》说："圣贤之学主于明体以达用，凡不可见诸实事者，皆属卮言。儒生著书，务为高论，阴阳太极。累牍连篇，斯已不切人事矣。……凡斯之类，并辟其异说，黜彼空言，庶读者知致远经方，务为有用之学。"① 馆臣选取见诸实事、切近人事的古书经典，旨在倡导致远经方、务为有用的学风。另一则《凡例》又说："九流自《七略》以来，即已著录。……圣朝编录遗文，以阐圣学、明王道为主，不以百氏杂学为重。"② 回归圣学王道、不与百家杂学，也是四库修书一贯的理念。这种明体达用、经世致用的原则，体现了中国古典学比较独特的性质宗旨，与西方古典学有很大的不同。

2. 古典学的架构体系

在《四库全书总目》编纂中，清廷和馆臣逐渐形成了一套古书分类及学术分野的构想。这套古书分类及学术分野的构想，以解题目录为载体，通过文本史实考证和义理辞章评论的方式，颇能切合古典学的根本理念和内在逻辑。

其一，确认四部学问架构体系。当初，朱筠上《开馆折子》时提到"或依七略，或准四部"③，对于是否采用四部分类法似有犹疑。开馆以后，四部分类法很快为主事者采纳。乾隆三十八年（1773）上谕称："朕意从来四库书目，以经、史、子、集为纲领，裒辑分储，实古今不易之法。"④《总目凡例》明确说："是书以经、史、子、集提纲列目，经部分十类，史部分十五类，子部分十四类，集部分五类。或流别繁碎者，又各析子目，使条理分明。"⑤ 这一套四部分类法确认了唐宋以来主流的四部学问传统，完整奠定了中国古典学的架构体系。

其二，强化经史之学在四部学问体系中的优先地位。四库馆臣高度重视经典要籍，尤其是经、史两部。总纂官陆锡熊提出："夫为学以穷经为首，而经师授实本专门，将溯源流，必资古义。诸生先当潜心注疏，穿穴诸家，详辨训诂，博稽名物，然后折中儒说以睹指归，精治一经，旁通六籍，敬臻贯串，必与甄嘉。至史学与经并重，体用相资，诸生方欲学古，放官而故事茫然，如将何以练习典章，扩充识见？即以行文而论，

---

① （清）永瑢等：《四库全书总目》卷首《凡例》，第18页。
② （清）永瑢等：《四库全书总目》卷首《凡例》，第19页。
③ （清）朱筠：《笥河文集》卷1《谨陈管见开馆校书折子》，载《续修四库全书》第1440册，第127页。
④ （清）永瑢等：《四库全书总目》卷首《圣谕》，第1页。
⑤ （清）永瑢等：《四库全书总目》卷首《凡例》，第16页。

亦未尝不可得其精意，羽翼微言，愿研经之余，时亦览史。"[①] 经学为首，经学、史学并重，是当时馆内外的共识。馆外名家钱大昕也说："自四库馆开，而士大夫始重经史之学。"[②] 此言最能见经史之学在四部学问中的优先地位。宋明以来，理学之风最盛，经史之学渐衰。自顾炎武倡言"经学即理学"，特别是四库开馆以后，经学、史学大为兴盛，成为中国古典学架构体系中最重要的学问。

其三，阐明四部及各类学问的内在关系。清廷和馆臣不仅重视经史之学的优先地位，还对四部及各类学问之间的内在关系有整体把握。乾隆四十年（1775），皇帝作《文渊阁记》云："以水喻之，则经者文之源也，史者文之流也，子者文之支也，集者文之派也。流也，支也，派也，皆自源而分。集也，子也，史也，皆自经而出。故吾于贮四库之书，首重者经，而以水喻文，原溯其源。"[③] 此论明确指出，经、史为源流关系，子、集则是经、史的支派，史、子、集都是从经而出的。《子部总叙》也说："夫学者研理于经，可以正天下之是非；征事于史，可以明古今之成败；余皆杂学也。然儒家本六艺之支流……要可与经史旁参。"[④] 经学居中国古典学之首、之核心，史学羽翼经学而行，子学则与经史之学旁参，四部学问之间的内在关系阐述得非常清楚。此外，《子部总叙》还将子部十四类学问分成四层，即"大道"（含儒、兵、法、农、医和天文算法六家）、"小道"（含术数、艺术两家）、"旁资参考者"（含谱录、杂家、类书和小说四家），第四层是"外学"（含释家、道家道教两家），每层之下各家学问亦有次序。[⑤] 这种分层排序，大体以经世致用为标准，从学理上说明了子学各门类及其学问在中国古典学架构体系中的位置。

其四，划定有争议的学术分野。在古书分类的过程中，馆臣对于一些学术分野有新认识。上节已揭"小学"的内容性质本来不太固定，朱熹因"大学"而立"小学"为之一变，四库修书时才确立了文字音韵训诂之学为"小学"，视之为经学的基础。然而，如此一来，朱熹所谓"小学"的学问归属需要调整。《小学集注》提要云："是书自陈氏《书录解题》即列之入经部小学类。考《汉书·艺文志》以《弟子职》附《孝经》。而小学家之所列，始于杜林，皆训诂文字之书。今案以幼仪附《孝经》，终为不类。而入小学，则于古无征。是书所录皆宋儒养正之功、立教之本也。改列儒家，庶几协其实焉。"[⑥] 馆臣认为，《汉志》训诂文字之书归属小学是汉人古义，陈振孙视《小学集注》

---

① （清）陆锡熊：《宝奎堂集》卷6《晓谕诸生示》，道光二十九年上海松江陆成沅重刊本。
② （清）钱大昕：《潜研堂文集》卷43《日讲起居注官翰林院侍讲学士邵君墓志铭》，载陈文和主编《嘉定钱大昕全集》第九册，江苏古籍出版社1997年版，第744页。
③ （清）爱新觉罗·弘历：《御制文二集》卷13，《影印文渊阁四库全书》本。
④ （清）永瑢等：《四库全书总目》卷91《子部》，第769页。
⑤ （清）永瑢等：《四库全书总目》卷91《子部》，第769页。
⑥ （清）永瑢等：《四库全书总目》卷92《子部儒家二》，第782页。

为小学之书不合适；然后根据儒家类分野原则，将该书转归儒家类。学术分野的重新划定，最可见馆臣在古典学架构体系上的深思熟虑。

四 从《四库全书总目》看中国古典学的典范形式和方法进路的成立

伴随汉文古典文献的整理，历代学者对中国古典学术传统的认识不断深入。比如，刘向父子有所谓"诸子出于王官"论。当然，由于缺乏一套完善的典范形式和方法进路，这些认识要么停留在就人论人、就书论书的程度，要么属于学术演变规律的总结。只有到编纂《四库全书总目》时，馆内外学者对历代学术特质方向有了深刻把握，中国古典学的典范形式和方法进路才得以成立。

1. 作为古典学典范形式的汉学和宋学

乾隆以前，"汉学""宋学"二语还只是汉、宋两朝学术的总名。至纂修《四库全书》，在清廷和馆臣的努力下，"汉学""宋学"二语超越朝代意义而上升到典范形式的高度。

众所周知，总纂官纪昀立足于经学史，将中国古典学术发展划分为六个阶段，把六个阶段的学术特质方向归纳成汉学、宋学两种范式，并讲明两种范式的根本差别和相互关系。《经部总叙》论道："要其归宿，则不过汉学、宋学两家，互为胜负。夫汉学具有根柢，讲学者以浅陋轻之，不足服汉儒也；宋学具有精微，读书者以空疏薄之，亦不足服宋儒也。消融门户之见，而各取所长，则私心袪而公理出，公理出而经义明矣。盖经者非他，即天下之公理而已。"① 其他馆臣也多持此意见，比如翁方纲有多篇文字专论汉学、宋学。对此，张舜徽先生指出："汉学、宋学之名，发自清儒。名之不正，孰甚于此。最初见于《四库提要》，其后江藩撰《汉学师承记》、《宋学渊源录》，于是门户之见，牢不可破，彼此攻诘，势同水火。"② 本来，汉宋两朝之学、汉宋门户之见只是一种学术演变规律的总结；但是依照馆臣的新见解，汉学、宋学本质上是两种不同的典范形式。

早在乾隆十八年（1753），戴震就说："先儒为《诗》者，莫明于汉之毛、郑，宋之朱子。然一诗而以为君臣朋友之词者，又可以为夫妇男女之词；以为刺讥之词者，又或以为称美之词；以为他人代为词者，又或以为己自为词。其主汉者必攻宋，主宋者必攻汉，此说之难一也。"③ 戴氏之意，主《毛传》《郑笺》者为汉学，主《诗集传》者为

---

① （清）永瑢等：《四库全书总目》卷1《经部》，第1页。
② 张舜徽：《四库提要叙讲疏》，第4—5页。
③ （清）戴震：《文集》卷10《毛诗补传序》，载汤志钧等整理《戴震集》上编，第192—193页。

宋学。后来，这一见解成为馆臣共识。纪昀在《诗类小叙》中指出："然攻汉学者，意不尽在于经义，务胜汉儒而已。伸汉学者，意亦不尽在于经义，愤宋儒之诋汉儒而已。"① 汉、宋门户之争，固然有意气用事，根本还在于汉学、宋学为两种不同范式。戴震尝说："有汉儒经学，有宋儒经学，一主于故训，一主于义理。"② 明故训是汉学范式的特点，明义理则是宋学范式的特点。就汉学范式来说，梁启超先生有详论："汉学根本方法，在实事求是、无征不信。其研究范围，以经学为中心，而衍及小学、音韵、史学、天算、水地、典章、制度、金石、校勘、辑逸等等，而引证取材，多极于两汉，故亦有'汉学'之目。"③ 从明故训再到文本考证，正是汉学范式的主要特点。

《四库全书总目》行世之后，偏训诂者被视为"汉学"，偏义理者被视为"宋学"，"汉学""宋学"成为中国古典学的基本范式，不仅影响清中叶以后的汉宋之争、汉宋调和、汉宋兼采等种种学术动向，也影响到民国以来的新汉学、新宋学乃至学界同仁的考证义理方法之争。

2. 作为古典学进路方法的义理学、辞章学、考据学

乾隆以前，学界多泛论学问之途，或涉学派异同，或涉治学领域分野，较少归纳总结传统的治学方法。只有到编纂《四库全书》，"义理""考证"和"辞章"才成为中国古典学的进路方法。

前文已述，戴震在讲汉宋范式时也有对学问之途的新理解。他认为："古今学问之途，其大致有三：或事于理义，或事于制数，或事于文章。……圣人之道，在六经。汉儒得其制数，失其理义；宋儒得其义理，失其制数。"④ 他还说："有义理之学，有文章之学，有考核之学。义理者，文章考核之源也，熟乎义理，而后能考核，能文章。"⑤ 两处合起来看，义理之学主于理义，文章之学主于文章，考核之学主于制数。方法进路不同所得各有偏重，但三种进路方法又相辅相成。稍后，姚鼐、翁方纲等馆臣提到学问之事，使用与戴氏几乎相似的用语。姚氏说："鼐尝论学问之事，有三端焉：曰义理也、考证也、文章也。是三者苟善用之，则皆足以相济；苟不善用之，则或至于相害。"⑥ 这种理解与戴震有异曲同工之妙。翁氏说："有义理之学，有考订之学，有词章之学，三者不可强而兼也，况举业文乎！然果以其人之真切贯彻而出之，则三者一原耳。"⑦ 三途、三端、三学，是当年馆内外的共同话题。应该说，义理、考证和文章三种治学方

---

① （清）永瑢等：《四库全书总目》卷15《经部诗类一》，第119页。
② （清）戴震：《文集》卷11《题惠定宇先生授经图》，载汤志钧等整理《戴震集》上编，第214页。
③ 梁启超：《清代学术概论》，东方出版社1996年版，第5—6页。
④ （清）戴震：《文集》卷9《与方希原书》，载汤志钧等整理《戴震集》上编，第189页。
⑤ （清）段玉裁：《戴东原集序》，载汤志钧等整理《戴震集》附录，第451—452页。
⑥ （清）姚鼐撰，刘季高标校：《惜抱轩诗文集》卷4《述庵文钞序》，上海古籍出版社1992年版，第61页。
⑦ （清）翁方纲：《复初斋文集》卷4《吴怀舟诗文序》，载《续修四库全书》第1455册，第387页。

向，确立了中国古典学的进路方法。

具体到"考证之学"，翁方纲的论述大体代表馆臣修书的考证工夫。他说："盖尝反复推究，上下古今，考订家之所以然，具于此三言矣：曰多阙，曰阙疑，曰慎言。三者备，而考订之道尽于是矣。大抵考订者之用己意，初非好矜己以炫所长也，亦实因乍见某书某处有问可入也。而未暇于此事之旁见于他处者，悉取而详核之，则误者什有几矣。其或又见一处，正与此处足以互按也，喜而并勘之，以为两端之执在是也，而不知前乎我者，某家某文早有说以处之，吾不及知，而遽以吾所见定之，又非漏则略。故观书贵博也。每有积数十年之参互待决者，一旦豁然得之矣，而后此又于某书见有此条，其所见又倍于我者，乃始皇然省也，此皆未多闻之故也。至于不肯阙疑，不甘阙疑，则其弊最大。"① 他详述了考证的基本原则、一般流程和具体做法，具有明确的方法论意识。这种方法论意识，在《四库全书总目》及馆臣其他文字中比比可见。

除此之外，馆臣还提到了"德行""经世之学"等其他学问之途。后来，从"学求有济于天下"之"学"，逐渐生发出"经世之学""经济之学"等新的方法进路。

五 《四库全书总目》成为专治中国古典学的门径

《四库全书总目》问世后，两百多年来的中国学术深受其影响。这种影响不仅仅限于中国古典及其学问的各个具体领域和细节问题，还延展到中国古典学的根本理念和内在逻辑上。比如，由小学、经学、史学、先秦诸子学、文学以及其他专门学问形成古典学的结构层次，由义理学、考证学、文章学、经世学以及其他相关学问形成古典学的领域方向。

当初，四库馆臣建立汉、宋两种范式，强调两种范式各有长短。至嘉道间，却引出了持久的"汉宋之争"。比如，江藩作《国朝汉学师承记》《国朝宋学渊源记》两书，方东树应之而作《汉学商兑》，各立门户，彼此相攻。江藩尝谓："近今汉学昌明，遍于寰宇，有一知半解者，无不痛诋宋学。然本朝为汉学者，始于元和惠氏，红豆山房半农人手书楹帖云：'六经尊服郑，百行法程朱。'不以为非，且以为法，为汉学者背其师承，何哉！"② 江氏强调治汉学者不可法程朱，挑起了门户之争。方东树回应说："顾训诂未明，当求之小学是也。若大义未明，实非小学所能尽。今汉学宗旨，必谓经义不外于小学，第当专治小学，不当空言义理。以此欲蓦过宋儒而蔑之，超接道统，故谓由考核以通乎性与天道，由训诂以接夫唐、虞、周、孔正传。此最异端邪说，然亦最浅陋，

---

① （清）翁方纲：《复初斋文集》卷7《考订论下之二》，载《续修四库全书》第1455册，第311页。
② （清）江藩撰，钟哲整理：《国朝汉学师承记（附国朝经师经义目录 国朝宋学渊源记）》，载《国朝宋学渊源记》卷上，中华书局1998年版，第154页。

又多矛盾也！"① 方氏注意到，"汉学"门户的症结在于小学不能尽义理，但是指其为异端邪说却属激愤之词。道咸以降，曾国藩诸公持平汉宋，将汉学、宋学分解为义理、考据、辞章和经济四种进路方法，汉宋调和、汉宋兼采成为潮流。这些表明，《四库全书总目》倡导的汉宋之学和义理考据辞章之学，早已成为前贤专治古典学的必由之路。

当初，四库馆臣相当重视正经正史为代表的经典要籍，奠定了四部及各门学问的架构体系。晚清以降，中体西用、新旧兼学的风气很盛。光绪元年（1875），身为四川学政的张之洞作《輶轩语》和《书目答问》。他在讲"读书宜有门径"时提倡："今为诸生指一良师。将《四库全书总目提要》读一过，即略知学问门径矣。析而言之，《四库提要》为读群书之门径。"接着，他解释道："大抵初学，须先将经、史、子、集四种分清，何书应入何类，于此了然，则购书、读书皆有头绪。"② 他还特别指出："由小学入经学，其经学可信；由经学入史学，其史学可信；由经学史学入理学者，其理学可信；以经学史学兼词章，其词章有用；以经学史学兼经济者，其经济成就远大。"③ 晚清民国诸儒之读书治学，莫不以《四库全书总目》为门径，以此熟悉四部学问和讲究为学次第。光宣以来学校社会，包括京师大学堂、存古学堂的创设以及国粹派、国故整理的兴起，无不受《四库全书总目》及《书目答问》研治古典学问的影响。这些表明，《四库全书总目》倡导的经史之学和四部学问，已经成为前贤治古典学的必由之路。

大体来说，近现代学者在总结清代学术时，莫不推重四部之学和乾嘉学风。比如，光绪三十一年（1905），国粹派学者邓实先生说："学者穷经必先识字，故有故训之学；识字必先审音，故有音韵之学；今本经文其字体与古本不同，故有校勘之学；校理经文近世字书不足据，则必求之汉以上之文字，故有金石之学；又以诸子之书时足证明经文，于是由经学而兼及诸子学；以经之传授源流详于史，于是由经学而兼及史学；以释经必明古地理，于是由经学而兼及地理学；以历法出于古经，于是由经学而兼及天文学；以古人习经先学书计，于是由经而兼及算学。是故经学者，本朝一代学术之宗主，而训诂、声音、金石、校勘、子、史、地理、天文、算学，皆经学之支流余裔也。"④ 邓氏以经学为古典学之宗主，因穷经而生故训、音韵、校勘、金石之学，因释经而有诸子学、史学、地理学、天文学、算学。这种论述，颇能反映《四库全书总目》倡导的古典学性质宗旨。民国九年（1920），梁启超先生作《清代学术概论》将清代学术与欧洲文

---

① （清）方东树、豫师纂，漆永祥整理：《汉学商兑 汉学商兑赘言》，载《汉学商兑》卷中之下，北京联合出版公司2017年版，第141—142页。
② 苑书义等主编：《张之洞全集》第11册卷272，《輶轩语·语学第二》，河北人民出版社1998年版，第9791页。
③ 范希曾编，瞿凤起校点：《书目答问补正》附录二《国朝著述诸家姓名略》，上海古籍出版社1983年版，第344页。
④ 邓实：《国学今论》，《国粹学报》1905年6月乙巳第5号。

艺复兴类比。他说："清代思潮果何物耶？……以'复古'为其职志者也。其动机及其内容，皆与欧洲之'文艺复兴'绝相类。"① 如果换个角度来说，中国古典学也正是在清代获得了前所未有的成绩。梁氏在《中国近三百年学术史》中又将乾嘉学风与古典学派类比。他说："乾嘉间学者，实自成一种学风，和近世科学的研究法极相近，我们可以给他一个特别名称，叫做'科学的古典学派'。"② 尽管乾嘉学风未必与近世科学极相近，但是比之于古典学派却很有见地。《四库全书》的纂修，颇能反映乾嘉学者之于中国古典学上的自觉；《四库全书总目》的编纂，颇可见乾嘉学者对于中国古典学成立的贡献。

六　结语

中国古典及其学问，从先秦时期萌生，汉唐时期沉淀，宋明时期转型，至清代终成正果。据梁启超先生的意见，清代学术的"复古"是一种"文艺复兴"，到乾嘉时代发展到极盛，而《四库全书》纂修正是这种"文艺复兴"的先导。由这种"文艺复兴"催生出中国古典学的自觉，古典学的整体讨论和分析总结进入新阶段。

首先，《四库全书总目》揭示出中国古典学的性质宗旨，包括古书排序遵循注从经典、类附于本的原则，古书价值遵循考证精核、议论明确的原则，古书选取遵循明体达用、经世致用的原则。其次，《四库全书总目》完善了中国古典学的架构体系，确定经史子集四部的学术架构和经史之学的优先地位，厘清了各部、各类学问之间的关系，划定了一些有争议的学术分野。最后，《四库全书总目》标举出中国古典学中汉学、宋学两种典范形式，明确了中国古典学中义理、考证、文章三种方法进路。清中叶以后，《四库全书总目》成为中国古典学的标准读物，影响至今。不仅如此，《四库全书总目》在近现代学术体制下成为专治中国古典学的门径。

近年国内学界尝试使用"中国古典学"，有助于我们深化对于中国古典传统的认识。个人以为，中国古典学是以古典语文学为基础，传习中国古典籍及其学术文化的一门综合性学问。这门学问，由传统小学进入，以经史之学为根基，以四部各类学问为架构体系，有自己的典范形式和方法进路，指向经典传习和读书明理的目标。就像西方古典学一样，中国古典学应当成为中国现代学术最为基础的学科门类和学术训练。

（原载于《中国四库学》2019 年第 3 辑）

---

① 梁启超：《清代学术概论》，中华书局 2015 年，第 4 页。
② 梁启超：《中国近三百年学术史》，中华书局 2015 年，第 22 页。

从"中国古典学"说起

常 森

一

说起来或许叫人难以接受,当我国学者蜂起而且群情激昂地讨论什么是"中国古典学"时,"古典学"这一范畴大概已经被定义两百年了。客观上说,我们的讨论不能不从这一事实开始。

110年前,英国著名人类学家马雷特编撰出版了《牛津六讲:人类学与古典学》一书。他在前言中指出,"荷马,赫西俄德,希罗多德——把这些归于古典学不会遭到任何质疑";紧接着他基于罗马文化"习得"的特性,解释了将关于罗马的课题(比如巫术、净化等)归于古典学的合理性。德国学者尤里奇·冯·维拉莫威兹-莫仑道夫在《古典学的历史》中指出:"古典学术的本质……可以根据古典学的主旨来定义:从本质上看,从存在的每一个方面看都是希腊-罗马文明的研究。"维拉莫威兹在定义古典学的任务时,说:"该学科的任务就是利用科学的方法来复活那已逝的世界。"正如休·劳埃德-琼斯在回顾古典学的历史时所说的,"希腊艺术和文学的巨大影响甚至最终必定会弥漫在各个大学和它们所提供的教育之中。……最终古典学在中学和大学成为一门独立的学科。到19世纪末期,当英国的各个大学为古典学术设立了学位考试之后,古典学术的地位在课程中的位置凸显了"(《古典学的历史·导言》)。

由此足可见出,在西方,古典学是相当古老而成熟、稳定的学科。这种历史事实造成的一个结果是,要么我们自己重立名目以求安全,要么我们甘冒以下的风险:所有重新定义"古典学"的努力,都可能被斥责为不懂"古典学"的人别有用心地吆喝"古典学"。现在看来,我国学界尚无抛却这一名号、改弦更张的明确有力的动作,笔者还是得冒险谈一谈"古典学",特别是要谈一谈"中国古典学",——我们完全拥有这种言说的权力。

二

我们显然不能将中国古典学等同于所有关于古代中国的研究；具体说来，就是不能将它等同于对中国古代文学或文献或语言的研究，不能将它等同于对中国古代历史或哲学的研究，也不能将它等同于这些学科的机械相加，等等。所有这些简单化的思考和处理都会使中国古典学丧失独立或被给予特别重视的理据。

古典学的成立其实有一个极为重要的考虑，即它的研究对象不仅是古代的，而且是从整个历史来说最具有本源性质和典范意义的。古典学成立而且被世世代代推尊的根本原因，就在于其核心对象具有垂范千古的启发和本源作用。把握了这一基本点，中国古典学的核心对象就十分清楚了，即其要务应该是研究中国先秦两汉时期的典籍、思想学说或文明。吕思勉极深刻冷静地指出："历代学术，纯为我所自创者，实止先秦之学耳。"（《先秦学术概论》）他所谓"先秦之学"主要是指先秦诸子百家之学。罗根泽谈自己作《中国学术思想史》的计划，"拟先将中国学术思想分为四个时期"，其中第一个时期是从上古至东汉之末，他称之为"纯中国学时期"（罗根泽编著《古史辨》第四册自序）。这些判断都十分精确和直截。被后人归到经、史、子、集各部的先秦两汉典籍是我国古代名副其实的"元典"，是我国古代悠久传统的根和魂。后代的典籍固然浩如烟海，可在古代主流传统中，其中绝大多数著作都立足于承袭和弘扬元典的核心思想和价值。中国历史上的主流传统以及反主流传统，前者如儒学，后者如道家、墨家学说等，都是在这一时期产生和定型的，两者均贯穿千百年历史，延续不衰。

从另外一些角度考察，可以得出同样的认知。先秦两汉时期的语言文字具有本源意义，毋庸赘言。至于文学，中国文学最本质的东西，比如言志抒情等，此时已被强有力地奠定了。关于中国文学，我们必须同时强调，先秦两汉典籍垂范后代文学的价值并非仅仅来自《诗》《骚》一类"纯文学"作品，逸出现代人文学视野、通常被归于哲学的诸子或经书，以及通常被归于史学的史传，也都是不可忽视的。

将中国古典学的核心研究对象限定在先秦两汉时期不仅不背离古典学成立的基本意旨，而且契合中国文明发展的实际，具有充足的现实和逻辑依据。

三

其实，就本质而言，中国传统原本就是古典学的传统。

文献记载，在孔子生前大约半个世纪，楚庄王使士亹傅太子箴，士亹向贤大夫申叔时请教教学事宜。申叔时列举了"春秋""世""诗""礼"等教育科目，并阐发了各科的宗旨。申叔时所举殆均为古代篇什之类名，所以不能将相关书籍直接等同于后人熟知的儒家经典。然而这些科目都有周代礼乐文化的鲜明特征，它们即便不能等同于后世的儒典，也必定导夫先路，跟儒典有十分密切的关联。如此以一批典籍为传统价值的本源，基于阐释、发明来授受传播，最终在现实社会各层面上达成它们的规范作用，这从本质上说就是古典学的。

不过，局限于贵族子弟的教育，跟面向社会大众的教育有天壤之别。孔子推动私学成立和发展，才真正具有革命性的意义。他将传统典籍《易》《诗》《书》《礼》《乐》，以及基于鲁国史自作的《春秋》，建构为核心典籍（六者即通常所说的六经，古人亦称之为六艺），奉行"有教无类"（《论语·卫灵公》）之教育宗旨，"自行束脩以上……未尝无诲焉"（《论语·述而》），其"弟子盖三千焉，身通六艺者七十有二人"（《史记·孔子世家》），由此缔造了成为战国显学之一、成为"中国传统文化中一主要骨干"的儒学。孔子建构并确立了儒家核心典籍，在阐释与研究的基础上，通过有组织的活动形式，自觉向广大社会授受传播，在一定范围内真正将经典负载的价值落实到普遍的个人行为、人际关系、社会秩序等方面，久久为功，形成一个有基底、有方向、有发展空间、有生命活力、稳定而且有序的文明。贯穿于孔子教育及其思想学术活动内部、作为儒家立派根基的恰恰是古典学的本质。

儒学和儒家经学是中国古典学的主干，但同样不可忽视的是诸子学说，其成立与发展都具有古典学的特质。吕思勉说，先秦诸子百家之学，乃中国历代学术中"纯为我所自创者"。而依《庄子·杂篇·天下》——"一个时代的学术的结论"（马叙伦《〈庄子·天下篇〉述义》），老子、墨子、庄子、惠子等人的学说无不本源于"古之道术"，简言之即本乎古学。历史上真正称得上是原创、作为中国历代学术之源与根的诸子百家之学，其成立都有古典学的意义。而汉代以下直到今天，人们对先秦诸子各家典籍学说、价值规范的研探与诠释、追随与弘扬，更凸显了古典学的立场和宗旨。

诸如此类显示中国传统具有古典学特质的例子，通敏兼人的读者自可触类旁通。

四

中国古典学建立范式的时期是先秦两汉时期，这些范式并不限于典籍，虽然典籍居于核心位置；这些范式对整个中国古代具有"元典"意义，围绕它们形成的主干传统一直延续到清代，流衍至当今。中国古典学的核心对象，亦即中国古典学赖以成立的根基，无疑就是一系列传统赖以生成的先秦两汉时期的"元典"，但后人对"元典"的整理以及再整理、阐释以及再阐释、研究以及再研究等，也都应该纳入中国古典学的视野，尽管它们说到底是捧月之众星。

对中国古典学来说，做好古籍整理及其文献学研究是前提，可更重要、更高一级的追求，是基于古籍整理及其文献学研究，透彻理解古籍的"实质性内容"，并在此基础上定位"我们同那个（古典）世界的关系"。

古典学元典（典籍）的重要性，不仅在于它们具备一般的文献学价值，而且在于它们承载着无尽的精神财富，包括对社会人生以及天人关系的洞见、哲思和智慧，对情感及精神世界的挖掘与表现，价值关怀与担当，文化、历史认知与经验，对个人外部行为及内部思维、情感的规范和协调，对人际关系与社群秩序的规范和协调，对民族文化身份的塑形和认同，安身立命之道，为文学出言谈之道，等等。

我想，不会有人否认具备读懂古典学元典的能力是从事古典学研究的基础。连古典学元典都读不懂，研究中国古典学是不可想象，也无法达成的。但这仅仅是起点，而非目的地。有鉴于此，西方古典学涵盖哲学、文学、艺术、科技、历史等范域的研究，作为一般模式是不可动摇的，中国古典学也必须如此。只不过无论是中国古典学，还是西方古典学，都必须同时拒斥"让这种独立的东西窒息了整体意识"。相对于传统的文、史、哲等学科，中国古典学的研究方向和方法应该是"全息的"，至少需要在各个层面上实现融通。比如，不能从主观或客观上将诸子哲理层面拱手让给哲学研究者，将诸子言说艺术层面拱手让给文学研究者；不能从主观或客观上将《诗经》经学层面抛给哲学研究者，将其言志抒情层面抛给文学研究者。唯有如此，中国古典学才能跟传统的文学，或者文献学，或者史学，或者哲学等学科，清晰地区隔开来，具备独立的充足理由。

五

正是在古典学意义上，我国新出简帛的价值得到了有力的凸显。《诗论》《五行》等新出秦汉以前的文献（从时间上说，它们大约关联着从孔子到孔门七十子以及子思子的时代），是照亮先秦学术思想史一系列巨大黑洞的光。很多极为重要的学术思想关联和轨迹在失踪千百年后，因它们而重现人间，中国古典学本体及其研究和认知被刷新被改写，令人既惊且喜。中国古典学不得不重新开始，而简帛古书的价值则仍将得到持续不断的发掘。

对中国古典学而言，古书的整理和研究，包括对其文本的校注，是必须迈过的门槛，而对简帛古书的校注尤其如此。要使简帛古书在各领域得到广泛有效的利用，高质量的校注必不可少。所以裘锡圭指出："要进行古典学的重建，必须更快、更好地开展新出文献的整理和研究。……新出文献，有些尚未正式发表，有些还未发表完毕。已经发表的新出文献，有不少还需要重新整理。"（《出土文献与古典学重建》）

毫无疑问，并非有了出土文献，就自然而然可以获得对中国古典学本体和中国学术思想发展的新认知。要达到这一目的，必须进行积极的建构。这意味着既要因应千百年传统知识、想象和思维定式的影响，廓清层累的历史障蔽，又要在简帛古书和传世文献之间实现有效的贯通，其困难可想而知。就是说，研究传世文献不能单单就这些传世文献下工夫，研究新出古书也不能单单就这些新出古书下工夫，对于这两个方面的研究来说，发掘二者间的历史关联都是不可偏离的重要基础。中国古典学必须从这里再出发，中国古典学的重大突破也必将在这里出现。

遗憾的是，学术界对新出简帛古书还弥漫着一股不分青红皂白的怀疑。说简帛古书不存在任何作伪的事实无疑是武断，可大多数简帛古书恐怕是想作伪都做不出来的，——如果把简帛古书等同于在一批古简或几片旧帛上写一些文字，就完全偏离了事实的根本。对于严肃的学者来说，认真研读这些古书是第一位的，如此可以避免这样一种可能，即你还在怀疑或游移，历史却已经被大幅度改写了。

（原载于《中华读书报》2019年10月30日第15版）

借用、借鉴，还是另起炉灶

——关于建立中国古典学的一些思考

廖可斌

一

近年来，国内有一些学者倡议建设"中国古典学"学科，开展相关研究。有人想当然地认为，中国古典学就是研究中国古典。我们一直在研究中国古典，现在又强调弘扬中华优秀传统文化，建设"中国古典学"不是天经地义、理所当然的事情吗？

其实问题没有这么简单。古典学的概念是西方人创立的，我们是从西方借入这一概念的。要构建中国古典学，首先就面临两个无法回避的问题，即我们所要构建的中国古典学，与西方古典学之间，究竟是一种怎样的关系？与中国传统的古代历史文化研究之间，又存在怎样的不同？

西方人之所以创立"古典学"这一概念，与西方文明的发展过程有关。以希腊、罗马文化为主体的西方早期文明，在公元四世纪西罗马帝国灭亡、欧洲进入中世纪后，陷入沉寂。直到十四世纪以后宗教改革和文艺复兴运动兴起，西方才重新挖掘和认识希腊、罗马文化。这一传统发展到十八、十九世纪后，逐渐形成了现代学术意义上的古典学研究。先是以研究希腊、罗马文化为主，后来逐步扩展到对中世纪文化的研究。也就是说，西方古典学的诞生和发展，主要是因为西方文明曾出现断裂而造成的。它也因此具有一系列特点，如特别注重对早期语言、文字的辨识，特别注重对手稿、版本和伪造文献的鉴别，特别注重对早期文献的载体如纸草、铭文、钱币和其他考古材料的考察，特别注意将有限的文字文献与遗存的碑刻、雕塑、建筑等实体文物结合起来考察，等等。在这些研究的基础上，西方古典学对古代希腊、罗马文化和中世纪文化中的历史、思想、制度、技术、艺术和社会生活的各个方面展开全面的研究。

在西方古典学的直接影响下，当西方学术界开始将眼光投向东方时，诞生了东方古典学。最初主要是研究东方古代文化与西方古代文化的关系，然后逐步发展到以研究东方古代文化本身为主，并且逐步演化出亚述学、埃及学、赫梯学、古代希伯来文明、伊朗学和印度学等诸多分支领域。由于这些文化在发展过程中也大多经历了断裂期，甚至已经灭绝，所以东方古典学的研究基本上也是按照西方古典学的模式展开的，如也是从辨识早期的甚至已经失传的语言、文字开始，特别注意将有限的文字文献与遗存的碑刻、雕塑、建筑等实体文物结合起来考察，相应地也特别注重将语言、文学、历史、宗教、艺术、建筑等学科打通研究等。东方古典学的诞生和发展，首先也是因为东方诸多文化曾经经历沉寂甚至灭亡，与近代之间有时间上的断裂；其次是因为东方古代文化对西方世界来说，是一种遥远陌生甚至神秘的文化形态，在空间上有距离。

总之，西方古典学（含东方古典学，下同）的诞生和发展，具有特定的历史背景，是西方文明和部分东方文明特殊发展过程的产物，有其必然性和合理性。因此，西方古典学和东方古典学的存在没有问题，中国学者在中国研究西方古典学和东方古典学，也没有问题。但要构建中国古典学，是否必要？如何构建？就还是一个值得探讨的问题。

二

中国文化有其特殊的发展过程。中国古代文化虽然迭经劫难，但从来没有断绝。中国文化基本上就在华夏大地上繁衍滋长，没有漂离过这片土地。对中国古代文化的传承研究，从夏商周到秦汉，从魏晋到隋唐五代，从宋元到明清以迄近现代，从来没有中断。中国古代文化研究历来也特别注重文字、音韵、训诂，"由声音以通文字，由文字以通义理"；注重目录、版本的研究；注重金石文献；注重从各种角度对经典进行阐释。如果说我们要建立的是像西方古典学那样的中国古典学，理由何在？如果我们所说的中国古典学就是指中国历代对中国古代文化的研究，那么我们有什么必要另立这样一个名目？毫无疑问，如果中国古典学能够成立，它的研究范围、研究方法等，与以往的中国古代文化研究肯定有交叉重叠之处。但它们之间总应该有所不同。如果完全一样，就没有必要提出中国古典学这个概念。

总之，如果不对上述问题做出回答，不对中国古典学与西方古典学、东方古典学、中国古代文化研究的异同以及中国古典学成立的理由、研究范围、基本框架结构和研究方法等做出说明，只是随便利用这个概念，主办有关刊物，召开相关会议，甚至成立相关机构，就显得比较轻率。如果我们所说的中国古典学所讨论的问题，所运用的研究方法，与历来的中国传统文化研究没有任何区别，都可以放进原有的学科体系和研究格局中，那么另立这样一个名目，就没有什么实际意义。

既然关于建立中国古典学的这些前提问题都还没有解决，还存在如此多的疑问，那么中国古典学这个概念何以已经炒得这么热呢？我们不妨来分析一下其中的缘由。

首先，西方古典学的传入，中国的西方古典学、东方古典学研究的兴起，无疑对中国古典学的问世起了催生作用。西方古典学研究历史悠久，是西方学术的重要组成部分。近代以来，中国打开国门，开始关注西方，但基本上持一种实用主义的态度，即急于找到西方文化中可以为中国所借鉴的东西。对西方文化本身的发展源流、结构系统等，并不重视，也来不及了解。中间经历了几十年的封闭和隔绝。二十世纪七八十年代中国开始改革开放，中国再一次打开国门。随着中国的迅速发展和整个世界全球化步伐的加快，中国人对西方世界的认识日益加深。我们越来越清楚地意识到，要真正了解西方文化的来龙去脉和真实性质，绝不能只关注工业革命以后的近现代，而必须了解它的源头，把握它的内在脉络，于是一批有识之士倡议引进西方古典学的研究成果，在中国开展西方古典学的研究。这是学术发展的必然趋势，得到了学术界的一致认同，古典学的概念开始为世人所关注。毫无疑问，西方古典学在中国的传播，是中国古典学诞生的诱因。学术界倡导西方古典学研究的声音，客观上也与呼吁建立中国古典学的声音形成了合力。

其次，部分研究中国古代历史文化的学者，受西方古典学的启发，觉得关于中国上古时期历史文化的研究，与之有相似之处。可以借用西方古典学的概念，并借鉴它的研究方法，建立中国古典学，以进一步推动对中国上古时期历史文化的研究。他们的声音，在呼吁建立中国古典学的声浪中，比较冷静理性，经过了一定的学理思考，是最沉着而清晰的最低音。它的存在，增强了倡导建立中国古典学的合法性。

再次，上个世纪九十年代以来，特别是进入新世纪以来，因为种种原因，国人对中国传统文化的态度发生巨大转变，由激烈批判否定，转为越来越强烈的肯定和赞美。从官方、学界到民间，兴起了所谓传统文化热。大家都意识到，古典是中国古代文化的源头，经典是中国古代文化的主要载体。要继承和弘扬中国古代文化，首先必须重视古典，重视经典，这成为一种共识。时下的氛围是，一讲到中国古代文化经典，人们都肃然起敬；一提到中国古典学，尽管对它的内涵是什么不甚了了，但谁也不能说不重要。这是中国古典学的概念一经提出，便获得各个方面热捧的大背景。

最后，中国特有的学术管理体制，也是中国古典学概念被迅速炒热的重要原因。现在中国的教育和学术管理机构，以及高校，特别是著名高校，主要由理工科出身的人掌握行政管理权力。他们对文科内部的情况不太了解，也不想了解。他们一般是出于比较宏观的考虑，或比较实用的目的，来对有关文科的事情做出判断。在他们心目中，文科就是教马列的，或者是研究甲骨文的。什么西方古典学、东方古典学、中国古典学，它们究竟研究什么，之间有何差别，他们根本不关心。照他们的理解，古典就是古代的经典。在现在这种大环境下，研究中国古代经典很重要，因此建立中国古典学就很有必要。听到有人提出这样的概念，他们觉得比较新鲜，就会产生兴趣。而有些专门从事中国古代历史文化研究的学者和教师，就会抓住这个机会，建议设立相关研究机构，设置相关研究课题，以获得一些学术资源。至于获得资源之后怎么办，有的人是用新获得的资源做自己原来已在做或想做的事情，有的人则根本不做什么，反正若干年后也没有人来追究，过几年又肯定有新的概念冒出来，人们早就忘记有过这么一回事了。

综上所述，目前关于建立中国古典学的众声喧哗，是在多重因素作用下，由多个声部合成的。一时炒得很热并不证明它就是合理的。许多曾经甚嚣尘上的学术概念，转眼间灰飞烟灭，消失得无影无踪，学术史上不乏这样的先例。因此我们不能被学术界的时髦风尚所裹挟，而必须保持冷静理性的态度，仔细辨析。中国的西方古典学和东方古典学研究者，所倡导的古典学指的是西方古典学或东方古典学，与中国古典学不是一回事。据我观察，他们对是否需要建立中国古典学一般不置可否，有些人则持怀疑甚至否定的态度。因此他们对西方古典学的倡导，并不能成为我们建立中国古典学的依据。少数研究中国上古时期历史文化的学者对中国古典学这个概念的理解，也与一般人的理解存在较大分歧。至于学术之外的原因，更不应该成为建立中国古典学的目的。

三

无论如何，提出中国古典学的概念已有时日，简单套用和不置一词似乎都不合适，随意发一些议论也于事无补。对于建立中国古典学究竟是否必要，我们要建立的是怎样的一种中国古典学，我们还有必要认真思考，做出符合学理的阐释。我想，对待中国古典学与西方古典学的关系，在一定程度上也就是如何建立中国古典学，可能有三种策略可供选择：

第一种是直接借用，即利用西方所发明的古典学这个概念，来做自己原来就一直在做的中国历史文化研究的事情，换汤不换药，更准确地说是不换药而换汤。严格来讲，这是不太严肃的做法。但现在西方的东西显得比较时髦，比较受欢迎，沾了洋气的概念比较符合多数人的口味。用了这个概念，就能获取一些资源，产生一些影响，得到一些好处，何乐而不为。因此头脑比较灵活的人觉得不必太顶真计较，主张用这个概念也未尝不可，这种态度也可以理解。按照这种思路，人们一般把所谓中国古典学与现有的中国古代历史文化研究画等号，将中国古典学研究的范围下延至1911年。那么我们将来是否要用中国古典学这个概念，来代替中国古代历史文化研究这个概念？中国古代历史文化研究的概念只表明一个大的学术领域，中国古典学的概念则好像指一门学科，那么建立这样一门几乎无所不包的学科是否合适？有些学者的意见又稍有不同，他们望文生义地把西方古典学所谓的"古典"理解为经典（其实西方古典学的所谓"Classics"只是古代文献的意思），因此认为中国古典学研究的范围不妨下延至 1911 年，但主要应研究其中的经典。至于哪些文本算经典？到什么时候的文本算经典？则又有分歧。有的主张到唐代为止，因为历史学界流行宋代为中国近代之开端的说法。有的则主张凡是中国古代文化的经典，如清代的《红楼梦》等，都可以包括在内。

第二种是另起炉灶，搭建新的中国古典学研究的体系，包括建立这个学科的理由，它的基本概念、研究范围、研究方向、研究方法等。它可以借鉴某些西方古典学、东方古典学的研究思路和研究方法，但必须尊重中国古代历史文化的发展过程和宏大体系本身的特点，必须与西方古典学以及历来的中国传统文化研究有所区别。这是我们现在面临的首要任务，但到目前为止，似乎还未见有获得公认的见解出现。这个任务似乎相当艰巨。是一个可能完成的任务，还是一个不可能完成的任务，还难以预料。

第三种是借鉴，也可以说是有限利用。中国古代文化的发展虽未断绝，但也有不少历史文化的信息被掩埋、被遗忘。比方说，秦朝统一全国后，烧毁古代文献，统一文字，先秦的很多文献和文字就被毁灭，被遗忘了。就整个中华文明的范围而言，除汉文化得到比较好的保护和传承外，其他民族的文化被掩埋和遗忘的情形相对更严重，这些都有待挖掘、抢救。因此，我们可以借鉴西方古典学的研究方法，以对出土文献和文物、稀见早期文献以及少数民族语言、文字、文献、文化的研究为主，旁及相关领域，整合对中国古代文化中被掩埋、被遗忘的部分的研究，建立一门中国古典学。用这个概念可以把上述研究领域统一起来，它既相对宽广，又有比较明确的边界限定。它不等同于而是属于中国古代历史文化研究，是中国古代历史文化研究的一个分支。这是著名古文字与出土文献研究专家裘锡圭先生的意见（见戴燕著《陟彼景山》中的《裘锡圭教授访谈录》）。裘锡圭先生提出的这一建议，既没有套用西方古典学的概念，简单地将之加在中国古代历史文化研究上面，也没有轻易排斥西方古典学这一学术体系。既吸收了西方古典学的基本学理，又考虑到中国古代历史文化发展的实际情况。我认为裘锡圭先生是经过认真思考的，他的这一意见值得重视。

中国古典学还是一个有待论证的概念，需要大家共同参与讨论，畅所欲言。兹不揣浅陋，将自己的一些困惑和感想表达出来，敬希指正。

（原载于杜晓勤主编《中国古典学》第一卷，中华书局 2020 年版）

谈"古典学"

文/Robert L. Chard　　整理/李卿蔚　　审定/刘玉才

我此次所讨论的重点主要集中在中国"古典学"和研究西方古典学的异同方面。中国和西方在古代阶段有很多相同之处，可以互通有无的领域也远比我们现在所探讨的范围要大。中国建立"中国古典学"这一新学科的学术价值将会远远超过现有学科，它可以扩展学术研究的方法和思路，并且促使学者将中国古代文化和遗产方面的研究与当代教育相结合。而中国和西方的"古典学"专业有很多相似之处，其中有很多观点值得互相借鉴。

西方"古典学"作为一门独立学科在很多国家有很悠久的教学历史，广义上基本可以理解为对古希腊、古罗马时期的通识教育。学科强调学习拉丁文和古希腊文，研习文献经典。这是一种很典型的跨学科研究，横跨了哲学、历史学、文学、文献学、艺术、考古等多个领域。而秦汉时期文明在一定程度上很接近古罗马帝国时期，从历代所宗的传世文献中可以看出两个地区的人口规模基本相似，因此这一研究方法可与早期中国的研究互相比较。但与此同时，两种文明在研究方面的差异性也必须计入考量范围，例如古希腊古罗马文明消亡之后，其语言也变为"死语言"。而秦汉文明以来，中国汉语的源流始终延续至今。这种语言文字上的延续在学术领域不可小觑，它也正是我们研究中国上古文明的基础。除此之外，中国典籍中"经"的概念也和西方"Classics"有一定区别。

西方古典学教育地位在如今已经不如往昔，特别是在英语国家。但西方古典学家仍然坚信拉丁文教育对于学习能力和记忆力训练的巨大作用，并且认为借此可以掌握比英文更加复杂高深的语言系统。他们更坚信现代社会很多领域，诸如艺术、文学、历史等很难在不了解拉丁文的前提下做出很好的研究。一方面，中国现在同样面临在当代研习早期文明是否有价值的争议，而西方古典学家在这方面或许可以提供很多有用的见地。另一方面，西方学者大多不了解中国古代文明及其研究思路，而学习另一种重要的古典文明恰恰可以丰富他们的学科知识，也帮助大家更加透彻地了解古代世界的全貌。

此外，有关西方经典历史和古典学的定义也与中国不同。在西方，这一学术领域致力于研究古代世界，特别是古希腊、古罗马时期的全貌。因此这是一门多领域的跨学科研究，涉及哲学、文献学、历史、文学、考古等多方面内容。西方古典学中所指的"Classics"与中国传统文献学中的"经"也不是同一概念，前者指优秀学者所著的顶级文本，后者代表的是规范、权威的文本和文稿。自古希腊时期，古典学者研习希腊语及其文法成为惯例，古罗马时期维吉尔、霍拉斯、奥维德等诗人创造了诸多拉丁文经典。至中世纪时期，异教徒经典与基督教经典一同被纳入教育系统，对后世教育领域影响重大。传统拉丁文至今仍作为教堂所使用的语言在宗教界占据重要位置，并且始终被用作全欧洲地区普遍通行的学术语言。拉丁文由于其语言特点而显得比较艰涩难懂，要求必须遵循严苛的语法，记忆大量词形和动词变位。至意大利文艺复兴时期，古代社会风俗开始得到重塑，"拉丁帝国"的辉煌阶段由此一直持续至十八世纪。

除上述基本定义的区别之外，"儒学"的定义对于西方汉学家而言，始终是一个难以解决的问题。有些学者坚信"儒家"是一种宗教，而有些人则认为它只是一种哲学思想体系。多年以来，西方汉学家一直以 Confucianism 来表示"儒学、儒家"的概念似乎并不贴切，因其本义是指"孔夫子"本人的学说，范围稍窄。新兴的 Ruism 一词则相对更加适合作为整个学科的名称使用，并且也与汉语中的表达更为贴切，只是现阶段该词使用频率仍然有限。有些西方汉学家认为"儒学"应是整个东亚地区传统文明的定义，因为历史上整个区域的文明都是由"儒学"塑造而来的。而对于"儒学"究竟是一个哲学范畴还是宗教范畴的概念，西方学界一直有争议，我本人更倾向于将其归为一种文化。在西方学者探究出儒学在中国文化领域所占据的重要地位之后，大多数人将其理解为一种类似于基督教的宗教。但早在十六世纪至十七世纪，一些早期西方耶稣会学者如利玛窦，希望证明儒学并不是一种宗教。利玛窦认为儒家只是借用一些崇拜、祭祀祖先的仪式，但主体思想与宗教并无关联。至二十世纪，西方汉学家开始将儒学视为一种哲学系统。中国学者对于儒学大致有两种观点，第一种认为其是一种理智的哲学体系，对中华文明具有积极作用。第二种主张儒学是旧社会的源头，它的一切主张皆是错误的，其理论充斥着不平等和压迫。时至当代，另有一类"新儒家"兴起，一批学者坚信儒家文化的思想存在永恒的价值，并试图将其应用到中国社会发展的各个方面。

而对于研究本身，西方学者通常会针对四个不同时期，对儒学进行相关哲学领域研究。其研究时段分别是：早期儒学（前六世纪至前三世纪）、宋代新儒学（十二世纪至十三世纪）、明代王阳明心学（十六世纪）以及清代考据学。从一部分历史学家的角度来看，儒学始终是主流、正统的学术流派，因此他们更看重儒家以外的其他流派的文化和历史。对此我认为，儒学作为正统流派而流传至今正是中华文明区别于世界其他民族的最大特点，是不应该被忽略的。

此外，西方及中国历史上对于"儒学"和"儒"的称谓区别甚大。"Confucianism"是一个外来词，在中文里没有与之相称的概念。现代汉语中用"儒"来指称，古时"儒"主要指研究《诗》《书》《礼》等经籍的学者。但如果查阅晚明时期的文献，会发现"儒"的出现频率并不高，彼时习惯用一系列与"圣贤"相关的词语代指"儒"，例如"圣学""圣人之学""圣贤之学""圣教""圣贤之道"等。西方学界认为，中国研究儒学的学者至今仍可分为两类：一类可从学术研究角度客观进行研究，另一类带有明显的"信徒式"主观情感。孔子本人是一位人文学者，希望建立一种理想化的人类社会秩序，在他的学说和经典中并不强调对于"神"的崇拜。是以孔子对其"门徒"注重知识教育及文化熏陶，而西方宗教倾向于"信仰"本身。此外，儒家的"经"作为文本资料，是其学说的重要组成部分，儒家看重门下学者对于经籍的研读和传授情况。历代经学家的注疏、解经类文献都在尊重原典的基础上解说圣贤思想、传播自身理念，但每个时期的不同经学家都可能对经典有不同见解。《论语》虽为儒家经典的基础，但"三礼"（《周礼》《仪礼》《礼记》）作为礼制所宗的模板，在古时候有更重要的作用。

以日本为例，日本在古时候与中国的交流最为紧密，其受到的儒家影响也最深。孔庙作为一种重要的传播媒介，将儒家文化传播至日本，影响深远。孔庙的起源有二，一是曲阜孔氏后人对其祖先祭祀的庙宇，二是用于古时三礼中的"释奠礼""释菜礼"。而后，孔庙作为儒家文化的一部分传播至日本，影响持续至今。通过这一事例我们不难看出，孔庙虽然只是一种用于祭祀的建筑，但是它背后蕴含了深远的文化意义。这些意义在初始阶段可能难以被其他文化、民族的人理解和认同，但是通过孔庙、祭祀礼器等物质外壳，人们可以慢慢接受这种文化。继而再通过阅读文献、讲授思想等途径传授儒家文化，就有可能获得事半功倍的效果。这种"由外向内"的文化传播方式古已有之，且不仅仅局限于儒家的孔庙，上古、中古时期的陆上丝绸之路和海上丝绸之路，以及明清时期远销各国的瓷器、茶叶等在文化传播上的作用与方式，与之相较，其实有着异曲同工之处。时至今日，这种文化传播方式仍然在发挥着十分重大的作用。由此可知，儒学并不是一种思想系统，而是一种文化。"服饰""庙宇"及各种仪礼所用的"礼器"都可以作为传播媒介帮助不同文化圈的人理解儒家文化的意义。而儒家经典以及传授经典的人，同样也是一种传播媒介。

西方汉学界对于中国古典学专业的研究通常会体现出不同文化背景下，完全不同的思考方式和研究思路。但这些不同角度的观点，有时候恰恰可以为相关领域的研究指明盲区。古典学同样是文化的一个分支,而涉及文化层面的研究大都离不开互相交流和促进。在西方,古典学专业的学科建设、教学研究已经历时数百年,仍然在不断发展和改进。中国研究典籍文献、语言文字的学科历史悠久,且涉及专业众多。如何能将"中国古典学"发展成人文学科中举足轻重的专业,是一个值得长久思考和研究的问题。

(原载于杜晓勤主编《中国古典学》第一卷,中华书局2020年版)

略谈中国古典学

孙玉文

一 我所理解的中国古典学

我所理解的中国古典，指 1912 年清帝退位或 1919 年五四运动以前的中国古代典籍，涵盖经、史、子、集各部分。"古典"一词是多义词，词义有好几种，我取"古代典籍"一义。典籍，泛指古代书籍，既有一直流传下来的，也有历代出土的。商代到西周的出土文献，受表达需要和存储条件影响，内容有限，但它对弥补传世文献的缺陷有不可替代的作用；东周以后的出土文献，对传世文献仍然有若干补充作用。传世文献的研究是研究中国古典的大道。

中国古典的范围和对象是确定的，对它采取有效的科学方法，进行科学研究，就能进入"学"的范畴。中国古典学，是对 1912 年清帝退位或 1919 年五四运动以前中国古代典籍进行研究的一门学问。当今流传"国学"这一术语，我所理解的"国学"，跟这里"中国古典学"内涵和外延一致。我所谓的中国古典学，就是我所理解的国学。

三千多年以来，古人留下的文献，内容之广泛涉及方方面面，不仅仅局限于文学、思想、政治等领域，堪称世界之最。古典文献在历史上曾经发挥重要作用，影响至今。对中国古典跟西方古典的研究应有区隔。各代文献，对前代既有继承，也有发展。我们可以做断代的研究，形成先秦古典学、汉代古典学……清代古典学，等等。先秦古籍是后代的源头，不将先秦古典学研究清楚，两汉以后的古典学研究就会成为无源之水、无本之木，但不能以先秦古典学代替中国古典学。我们尤其要研究中国古代典籍中那些属于经典的内容。古代有些典籍不是经典，但仍不乏真知灼见，也值得重视。

二 古代的经典

各种知识领域都可以有经典。对经典的理解，不能以著作的内容是否科学作为评判标准，对于何为经典，还必须有更概括的理解。

经典是一个客观存在。如何区分经典和非经典，还没有找到一个具有操作性的方案。经典的核心区域是清楚的，"十三经"《老子》《庄子》是大家公认的经典。经典和非经典，在边缘地带颇难划分清楚。

《现代汉语词典》给"经典"一词分了四个义项，头两个，一个是"指传统的具有权威性的著作"，一个是"泛指各宗教宣扬教义的根本性著作"。这样的定义比较概括。"著作"是指用文字形式所表达的意见、知识、思想、感情等的成品，包括单篇文章和装订成册的作品。经典既可以是成本的书，也可以是单篇文章，《庄子》是经典，其中的《逍遥游》《齐物论》《德充符》等篇是经典之经典。

这里的两个义项，第一个直接点出"传统""权威"二词。传统，指文化、道德、思想、制度、风俗、艺术、行为方式等人类创造的世代相传的具有特点的社会因素；权威，指某些著作中，其言论中有令人信服的说服力和使人敬畏的重要内容。可见经典需要由历史和社会来认定，需要由时间，由社会共同体来检验。因此，一部著作能否成为经典，绝不是任何个人能确定的，个人能在推动一部著作成为经典中起到一定作用，但无法决定它是否经典；如何鉴别一部著作是否具有权威性，这也缺乏可操作性的科学手段。所以，经典的认定，碰到边缘性情况，有时会见仁见智。第二个含义，用在宗教领域，其实也要求是传统的。

这里"权威性著作""根本性著作"，涵盖了著作内容本身和社会评价，但仍然很模糊，操作性不强。这就决定了，在边缘地带，人们很难将经典和非经典完全彻底划分清楚。任何经典都有缺陷，因此，个人对一部书是不是经典，看法有时有分歧，但一部著作是不是经典，这取决于社会共识。

中国古代文献，由于历史的删汰，也许确认何者为经典，何者为非经典，会相对容易一些。但将国学限制在儒学范围内，对全面继承我国优秀文化遗产，发展新文化没有好处，必须重视经史子集等各方面的经典。有人认为儒学是中国文化的核心，值得商榷。核心是指事物的主要部分，其他部分都围绕着该事物。儒学文化在两千多年的历史长河中多居首要地位，但中国古代文化远非儒学文化所能囊括。它是否是中国传统文化的主要部分，其他方面的内容是否都围绕着它，这需要严格的科学论证。在一个拥有三千多年古典传统的国度，如何判定某一部分著作的内容是主要部分、中心部分，其他著作的内容是次要部分、周边部分，应该拿出切实可行的明确标准，否则其结论难以令人信服。即使认为儒学是中国古代思想、政治领域的主要部分，也需要严密论证。

古代有不少伪书，伪书并不都是非经典。古人作伪书，原因复杂，只要它属于传统的权威性著作，也可以是经典。这些伪书，经史子集中都有。例如《列子》，现在大家公认是伪书，但它有不少独到见解，无疑是经典。

三　为什么要研究中国古典学

为什么要研究中国古典学，可以从古代文献的文本本身和当今社会的需要两方面来谈。

首先，中国古代典籍文献有相当丰富的知识营养，足资后人汲取。历代典籍汗牛充栋，流传下来的是九牛一毛，但仍洋洋可观。它保留了中华民族祖先三千多年来，面对各种自然和社会环境的挑战所取得的认识成果，记载了不少自然、社会现象，以及人们的改造活动，展现了先民百折不挠的奋斗精神和生活体验，是后人取之不尽、用之不竭的知识宝藏。其中不免有缺陷，甚至有错谬，有与当今现状不合的内容，但它记载着智慧，有着足资后人借鉴、参考的内容，是后人必须批判继承的东西及发展新文化的一个光辉起点。

出色完成中国古典和当代的对接，是后人义不容辞的责任。我们不能采取封堵的办法，将本该为现代文化建设提供养分的活水源头人为截断，在传统与现代之间建立一堵隔离墙。在完全没有古书阅读能力的情况下，肆意贬斥传统，挑起传统与现代之间的矛盾，体现了某些人士缺乏现代科学意识，习惯以情绪代替理性。那样做不但无法达到目的，而且得不偿失，最终受损的是当今的人们、当今的社会。

其次，当今社会需要研究中国古典学。理由之一：中国古典是中华民族共同的精神依归。一个人、一个社会都必须寻求一种精神依归，一种精神寄托，才能使自己变得强大，向更高目标迈进。未来是未知，无法作为依归，祖先传下来的东西无疑会是他们极好的精神依归。

上个世纪有些激进的知识分子对中国古典进行了最为激烈的批判，但无法斩断人们对于中国古典的情怀。其言论过于偏激，引起了不少学人的强烈反弹。上个世纪一段时期内，中华民族的族群分裂可能是中国历史上最为严重的，整个民族在很多方面连基本的共识也无法达成。这种族群分裂的现象，影响深远，有人没有起码的仁义礼智信，缺乏理想和理性，对业已达成的社会共识展开批判，为邪恶摆歪理，为正义唱反调，试图颠覆人们的共识，最大限度打击中国传统文化。这种现象的出现，使少数人在缺乏精神依归的情况下，产生数典忘祖的病态心理，也让我们意识到需要重建社会共识、社会互信。经过几十年积淀，重建国学，建设中国古典学的要求越来越强烈。这种重视本民族古典的情怀，这种文化寻根的强烈愿望，在文化多元化的时代，更容易变得强大。

理由之二：上述的这种情怀，非常有助于形成中华民族的巨大凝聚力。民族的凝聚力是一个民族战胜任何困难，保卫人民正当权益，昂首挺立于世界，发展文化的重要保证。要形成中华民族的凝聚力，需要有能在不同地域、不同时代都能达成共识的东西。

中华传统文化历史悠久，已经扎根于中华大地，易于为众人接受；它的历史穿透力，以及它的空间辐射力，形成了巨大凝聚力。中华传统文化最重要的表现形式是中国的语言和文字，中国的古典，在中国有强大的时空穿透力和民族凝聚力。从这个意义上说，中国古典学的研究意义重大。

近百年来，有人想对中华传统文化进行毁灭性打击。由于他们对中华传统文化缺乏真正的、全面深入的了解，对西方文化盲从；加之中西语言文化的隔阂，他们对西方文化也缺乏真正了解，因此他们的思想是漂浮的。经过多年的拨乱反正，一些幡然醒悟的人士逐步感受到了中国古典文化的凝聚作用，因此中国古典学研究大有用武之地。

理由之三：中国古典是后人创造新文化重要的活水源头。一个民族必须通过自己熟知的东西去认识自然、认识社会，中国的古典是中华民族发展新文化、走向世界的方便法门。古代汉语和现代汉语一脉相承，汉字是我们最大的文化遗产，中国古典绝大多数是借助汉字传承下来的。这是人们熟知的东西。

中国的古典文献凝聚了不同时期、相当多优秀人才的集体智慧，内容博大精深。建设我们的新文化，离不开它。不同时期的中外人士，曾从中汲取营养，尤其是汉字文化圈的一些国家和民族；人文社会科学如此，自然科学同样如此；科学研究如此，文学创作、军事等方面同样如此。这证明，中国古典文献的确有值得人们吸收的内容。西方学者研究西方古典学，主要是通过传扬古典精神救治时弊，跟西方古典文献的内容丰富程度密切相关；中国古典学研究，我们要特别强调中国古典对于创造新文化的重要作用。

我们对中国古典文献成果的吸收还有限。以前人们大多吸收其中讲思想、道德、政治等方面的知识，其他方面重视不够，细致的分析也做得不够。有一些自然科学工作者，他们比其他一些研究人员更多地吸收古书的智慧，取得了举世瞩目的成就。自然科学研究，如果能有更多的人从古书汲取养分，将会大大促进他们的研究。在其他方面，还有很多没有过时的东西，还有相当多的内容值得人们吸收，为创造新文化服务。

不同国家对于中国古典文献成果的吸收程度不一。要创造新文化，中国古典将会源源不断地提供新的研究课题、思路、方法、灵感。由于自身的优势，中国学者应为此做出更多努力。因此，中国古典学的研究大有可为。中国古代文化既有优秀传统，也有劣质糟粕。在新的历史条件下，将优秀传统剔发出来，对劣质糟粕进行批判，对于克服个人局限和时代局限，创造新文化有极重要的意义。

四　应该如何研究中国古典学

这里主要就当今研究过程中容易被忽略的地方，提出一些个人不成熟的意见。大多是老生常谈，但还是值得提出来讨论。

（一）必须具备坚实的古汉语基础。古书的释读是研究中国古典学的基础工作，离开了这项基础工作而建立中国古典学，不可能有稳固的根基。

古汉语和汉字发展到今天，既有古今相承的一面，也有古今不一致的一面。一般人不经过一定的训练，就不可能读懂古书，对古书的释读必然大量失真。因此对古书做正确释读显得尤其重要，字词句应落到实处，要准确把握古人的言外之意，这要求中国古典学的研究者具有扎实的古汉语的基础。历史上，有人就轻视语言文字。戴震曾经在写给段玉裁的信中批评这种恶习："宋儒讥训诂之学，轻语言文字。是欲渡江河而弃舟楫，欲登高而无阶梯也。"值得我们警醒。治中国古典学要有扎实的古汉语基础，这怎么强调也不过分。无论你研究中国古典学的哪一个分支，古汉语的基础必须打牢。

（二）必须打好古文献学的基础。古代文献汗牛充栋，没有版本、目录、校勘、辨伪诸学的帮助，我们就无从知道各种古书讲些什么内容，无从知道资料的真伪、如何找资料、如何利用资料、如何选择可靠的版本，等等。研究中国古典学，就必须打好古文献学的基础。

必须选择可信的版本作研究的依据，尽可能全面占有材料。清王鸣盛《十七史商榷·序》说："好著书不如多读书，欲读书必先精校书。校之未精而遽读，恐读亦多误矣；读之不勤而轻著，恐著且多妄矣。"要做到这一点，就必须打好古文献学的基础。

以上强调：准确释读古书，一是要打好古汉语文字学、音韵学、训诂学的基础，一是要打好版本学、目录学、校勘学、辨伪学，也就是古文献学的基础。其中，文字、音韵、训诂尤其是基础之基础。这是由古书的性质所决定的。书籍由语言文字记录，中国的古书主要由古汉语记录下来，没有古汉语，没有汉字，就不能有中国的古书。一切古书，都以汉语、汉字来记录，文本的分析、比较以文本的释读为基础，版本、目录、校勘、辨伪学的进展，又以古汉语研究为基础。

（三）必须充分重视出土文献，处理好出土文献和传世文献的关系。尽管出土文献的传播广度远远比不上传世文献，但其中也有相当丰富的内容。必须关注、重视出土文献，将传世文献和出土文献有机结合起来，真正解决好求真的问题。

（四）必须分清读进去和读出来的关系。读进去，就是要设身处地，读懂古书的原意；读出来，就是要有破有立。没有真正读进去，没有充分理解古书、古人，就跳跃到评价古书、古人，这在相当多的中国古典学研究中，都不同程度地存在着，因此不少评价、不少断言，都难免有隔。今后中国古典学的研究中，这是必须克服的研究局限。

（五）必须理顺分析和综合、具体考证和理论探讨的关系。离开微观性的基础研究，片面追求综合研究，其结果必然是流于空疏、平庸；片面追求微观的分析研究，不跟综合研究结合，往往只见树木，不见森林。分析和综合研究相结合，这是最佳选择。

（六）必须解决好述和作的关系问题，要重点发掘、利用前人没有发掘出来的问题、没有有效利用的文化成果,服务于当今的新文化建设。

  要想今后从古书中发掘出更多的科学有用的知识,有更多的有述有作的研究,甚至作大于述的研究,就要解放思想,既吸收西方,又不为西方既有的成果和框架所囿;多多利用我们的优势,从古书中寻求突破口。因此,中国古典学研究任重道远。

  (原载于杜晓勤主编《中国古典学》第一卷,中华书局2020年版)

扎实推进"中国古典学"学科建设

徐正英

我对"古典学"原来没什么概念，也没有思考过相关学术问题，但为了参加这次北京大学主办的"第一届古典学国际研讨会"，又"迫于"会议主办者杜晓勤教授"必须发言"的要求，根据会议所列议题，认真思考了一下"中国古典学"的概念问题，草拟成文，以就教方家。

据我这个门外汉所知，"古典学"（英文称 Classical Studies）是研究西方早期文明经典的学问，具体而言，就是对古希腊、古罗马、古希伯来经典的研究，研究这个学问的基础则是西方古典语言——古希腊语、古罗马语、古希伯来语。主要是用语文学（philology）的方法来发现、整理和解读古代文明的经典作品，阐发其微言大义，揭示其文化精髓，厘清其起源和流变，进而最大限度地发掘其蕴含的人类智慧。后来则泛指以同样的学术方法对东西方文明所有重要经典和传统文化的研究。同时，"古典学"又是西方各名牌大学的最古老学科，它的历史可以追溯到西方十四世纪以来的文艺复兴，原本是"人文学"（humanities）的代名词，后逐渐在现代学术建制形成过程中演变成为一个学科。现代意义上的"古典学"诞生于十八世纪中后期的德国，此后，欧美各地高校纷纷设置"古典学"专业，牛津大学、剑桥大学、哈佛大学"古典学系"的本科、硕士、博士三个学历层次都有悠久的历史。可见，"古典学"在西方确实是名副其实的古老学科。时至今日，在西方，"古典学"依然作为一门独立的学科予以保留并受到高度重视，甚至可以作为一流大学的标志，被称为西方名牌大学的王牌学科。

而在我国，"古典学"成为话题和行动是近几年才有的事情，若称其为学科，则是典型的新兴学科。囿于所见所闻，2010 年中国人民大学文学院创办国内首个"古典学本科实验班"，每年从其他专业一二年级本科生中转入 10 余人，2014 年创建"古典学"二级学科硕士点和博士点，设"中国古典学"和"西方古典学"两个研究方向，每年招收硕士生 5—6 人、博士生 1—2 人，因为是二级学科，所以授予的仍是文学学位，没有打破现有学科建制。2016年11月北京大学中文系以古代汉语、古典文献学、古代文学三个二级学科为基础，吸收历史、考古相关资源，搭建了"古典学"学科平台，拟大力发展"中国古典学"学科，今天举办的"第一届古典学国际学术研讨会"就是其具体举措之一。2017年4月中国人民大学在不影响现有建制的前提下，以国学院为依托，整合国学院和文学院的相关资源，挂牌成立了"一体两面"的办学实体"古典学院"，据称是坚持用国学的理念培养传统学术研究新型人才，从学科定位角度出发，希望合力打造"古典学学科"，认为这既是"国学热"的深化，也体现着国学的未来趋势。其实，说白了就是为"国学学科"争取合法地位、登上"户口"。因为2005年中国人民大学领风气之先成立我国首个实体性国学院，但国学的学科定位和学位授予遇到了巨大困难，作为一个独立学科在目前的学术制度中一直得不到承认，国学学位也始终未能进入教育部《学位授予和人才培养学科目录》。其主要原因是它的学科地位如果得到承认就意味着原有文、史、哲三个一级学科被覆盖或者重复设置。因此，用不打破现有学科建制的"古典学"来代替"国学"，更容易取得学科的合法身份。据悉，北京大学、中国人民大学之外近年还有不少高校如复旦大学、武汉大学、南京大学、山东大学、华东师范大学、暨南大学、郑州大学、中南民族大学、上海大学、陕西师范大学、西北大学、西北师范大学等先后成立了以"古典学"命名的研究机构。由此可见，在我国国内，"古典学"虽然近几年才得兴起，但发展势头却很迅猛，颇有兴起即热之势。依我个人理解，我国"古典学"是应时代发展之需而生、应时代发展之需而热，既是社会综合发展的产物，也是中央高度重视传统文化、大力倡导文化自信的时代产物，因为"中国有坚定的道路自信、理论自信、制度自信，其本质是建立在5000多年文明传承基础上的文化自信"。中国人民大学"古典学院"设置的三个系（也称三个专业）为"中国古典学系""欧亚古典学系""西方古典学系"，其中"欧亚古典学系"的设置很明显就是国家"一带一路"倡议影响与学校研究力量实际情况自然契合的产物。"古典学"的骤热既然具备时代的必然性，其学科建设无疑具有重要意义，因此，"中国古典学"作为学科应如何建设，确实是值得深入研究的重要课题。

首先，应该确立"中国古典学"的研究对象。依我的理解，"古典学"是西方的古老学科，新兴的"中国古典学"就应借鉴西方"古典学"的划分标准来划分。既然是"古典学"，就应该像西方"古典学"那样把握两点：一是"古"，二是"典"。具体而言，就是在学好古代汉语的基础上运用该语言工具阐释中国早期经典、探讨中国早期文明智慧。时段划分则当以先秦经典为重点，延至两汉时段，不宜再往下延。若非要往下延，也只能渐延渐淡，极限到宋代。西方现代意义上的"古典学"由古希腊扩充到中世纪，我们亦应有个下限。因为只有处于世界"轴心时代"的先秦经典才是最早且最富于原创性，也才最能集中体现中华民族的早期智慧，如《诗》《书》《礼》《易》《春秋》

《论语》《孟子》《荀子》《老子》《庄子》《墨子》《韩非子》《吕氏春秋》《左传》《国语》《战国策》《楚辞》，以及甲骨文、铜器铭文、先秦简牍之经典文本等，而汉代及以后的经典则多为对先秦经典的阐发或继承发展而非首创。依廖可斌教授的体认，西方人之所以创立"古典学"这一概念及学科，"主要是因为西方文明曾出现断裂而造成的"，具体而言，"以希腊、罗马文化为主体的西方早期文明，在公元四世纪西罗马帝国灭亡、欧洲进入中世纪后，陷入沉寂。直到十四世纪宗教改革和文艺复兴运动兴起后，西方才重新挖掘和认识古希腊、罗马文化。这一传统发展到十八、十九世纪后，逐渐形成了现代学术意义上的古典学研究"。笔者认为，即便比照这一"西方文明断裂"说，将"中国古典学"的重心断限在先秦也是有理由的，因为秦始皇"焚书坑儒"之举就曾使中国文明"断裂"，只是断裂的时间比较短而已，汉代开始实际上是对先秦文化典籍的重塑期。当然，汉代也有自己的新创经典，如《史记》《汉书》《说文解字》及此期的一些诗赋经典，其中《说文解字》又是解读先秦经典，识读金文、甲骨文的必备工具书，所以将两汉时段划归在"古典学"期内也是应该的。

同时，笔者个人以为，"中国古典学"应该与"国学""传统经学""中国古典文献学"之间划分清楚边界，不应该大而化之地混称。所谓"国学"，当指近现代以前的传统学问，具体为古代的文史哲或称经史子集的学问，它与"中国古典学"的区别，一是比"中国古典学"的历史时段跨度长；二是比"中国古典学"包括的研究对象范围广，不论是不是经典，只要是古代的文本，都在国学研究范围之内。所谓"传统经学"，是指人们熟悉的"十三经"等，它与"中国古典学"相比则范围又小了，虽然全部为先秦两汉经典，既符合"古"又符合"典"的标准，但仅仅局限于儒家经典范围，既未包括《老子》《庄子》《墨子》《荀子》《韩非子》《吕氏春秋》《淮南子》等哲学经典，又未包括《国语》《战国策》《史记》《汉书》等史学经典，也未包括《楚辞》、汉赋等文学经典，更未包括郭店简、上博简、清华简、北大简等出土文献中的经典文本，而这些被排除在外的经典文本则都属于"中国古典学"的深度阐释解读研究范围。"中国古典文献学"与"中国古典学"的区分也是清晰的，一是凡是古代典籍都在"文献学"的研究范围内，历史时段长，典籍范围广，文理工农医天文地理典籍无所不包。更值得注意的是两者的任务重点颇不相同，"文献学"的任务在于基础性的整理，目录版本校勘辑佚注释翻译，"古典学"的任务则主要侧重于对经典文本深度阐释基础上的文明智慧发掘。

其次，要明确"中国古典学"的研究方法与视角。"中国古典学"的学科建设，必须解决研究方法与视角的问题。首先，"中国古典学"研究应采用会通的方法。"古典学"命题之所以在国内骤然兴起，其内在原因主要是近代以来受西方影响，将学科越分越细，学科之间壁垒森严，阻碍制约了学术研究和学科发展，也确实不符合中国早期尤其是先秦时期经典文本文、史、哲不分的实际。因此,笔者个人愚见,"古典学"的研究方法就应该是会通性的研究方法。即不再是文学专业的学者专门研究所谓纯文学文本或文本中的文学性(也就是文本的审美研究),历史学专业的学者专门研究经典历史文本中的史料价值和史学意义,哲学专业的学者专门研究哲学文本中的思想价值,当然,也不是在形式上为打破学科壁垒而打破学科壁垒,故意人为地将文、史、哲三个专业合并,将各种性质的文本杂烩在一起研究。"文""史""哲"是现代的学科划分,虽然先秦经典文史哲不分,但是既然有"文""史""哲"三个不同的词存在,哪怕是极相似的三胞胎,本身就说明客观上文本还是有所区分的,大体上总还有叙事的、说理的、抒情的、写景的文本区别。因此,同一个人对同一部经典文本的研究,都应该同时从审美角度、史料角度、思想角度、学术角度等多维度作出综合性研究和价值判断,以这种方式来打破学科壁垒,对经典文本的价值复原才更为科学全面,更为符合文本实际。这样一来,遇到的最大问题首先就是对研究者本身综合素养的要求极大提高,每一位局限于某一学科领域知识储备、知识结构的学者都难以胜任这一研究,必须是先有文史哲兼通的优秀学者,才会有文史哲融会的优秀"中国古典学"研究成果。

"中国古典学"研究,应当采用比较的视角。既然"古典学"之名来自西方,我国先秦经典又与古希腊、古罗马经典产生于同一"轴心时代",分别代表了古代东西方的人类智慧。因此,要阐释探讨中国早期经典,就应该有世界眼光,有比较意识,唯有如此,才能实现传统经典价值发掘的最大化。

再次,"中国古典学"应避免"拼盘"和虚浮之学。笔者以为,"中国古典学"研究应避免以下几种倾向:一是作为学科建设,人才队伍应避免搞"大拼盘",让人一看就知道是临时拼凑在一起的学科。人才队伍的配备要体系化,这一体系化必须服从"古典学"学科整体设计的系统化。研究个体多应该是复合型人才,尤其需要像王国维那样的复合型大师作旗帜。二是应避免虚浮之学。什么学问都应避免虚浮之学,而"古典学"的特殊性更应如此,要牢固树立经典意识,应该把研究建立在对文本深度整理、精准阐释的基础上,作出经得起时间检验的根底之学、经典之学,力戒急功近利之学。这一点是"中国古典学"学科健康发展之"根",尤为重要。三是应避免跟风阐释的实用主义。早期经典蕴含着丰富的民族智慧、积淀着光辉的民族精神和深厚的文化根基,但是,这种智慧、精神和根基是无形的,是在潜移默化中塑造着今人的民族品格,"古典学"研究在于发掘其文化精髓,而并不等于帮助图解不断出现的一个个具体政策和"热词",应尊重经典原意,不应为现实需要而随意曲解经典,这是基本的科学态度。四是应避免"为研究而研究"的"钻牛角尖"趋向。实用主义使经典和学术失去了严肃性,但是避免实用主义并不等于回避"古典学"经典阐释中的社会担当、文化传承和文化建设责任,要在阐释中做"有思想的学问"。关键在于如何把握好"度",唯其如此,"中国古典学"才能发挥更大的价值,"中国古典学"学科才能更好地发展。五是"古典学"学生培养应避免课程开设漫无边际。要搞好"古典学"研究,宽口径培养复合型文史哲通才是必需的。但是,漫无边际地设课,将凡是中外古代的东西都收入"古典学"的"囊中",什么都学个皮毛,什么都深入不下去,可能并不利于"中国古典学"学科的发展。如上倾向,笔者都是有为而发。

(原载于杜晓勤主编《中国古典学》第一卷,中华书局2020年版)

跨学科与跨文化：从海外汉学看国学或中国古典学的意义

孙显斌

国学这一概念的诞生是在中国近现代，传统学术面临现代化冲击时做出的一种反应。由于这个概念比较模糊，也有历史包袱，所以后来不少学者依据西方的古典学传统，称之为中国古典学，实际上也的确有一定的可比性。因为这种冲击反应在西方也同样存在，西方中世纪的博雅教育，或者说经院大学传统到了19世纪也面临学科化的现代化冲击。专业主义是现代化进程中的一种重要思想，对行政治理、教育和学术等社会生活诸领域都施加了深远影响。现代学术的分科，及其建制化、理论化、专业化与精细化，是以"科学革命"开启的科技发展的高歌猛进为榜样的，就像培根说的"知识（科学）就是权力"。

这种学术分科化、专业化、建制化的现代化运动，对传统学术和博雅教育冲击很大，院系逐渐成为大学里的主角，借用庄子的话"道术将为天下裂"，我们今天的"双一流"学科建设背后其实也是这种专科化的思想。以图书馆学为例，美国早期的图书管理员培养都是学徒制，由于图书馆事业的快速发展，这一职业群体逐步壮大并专业化，先是办培训学校，再到大学里建立院系，最终在现代学科体系中占有一席之地。在传统学术现代化的进程中，一些原来从属于人文领域的学科独立出来，依照自然科学的分科建制化，上演了一场轰轰烈烈的社会科学化运动，比如政治学、经济学、法学、管理学、社会学等，人文学科受到进一步挤压。面对这种挑战，美国大学有自己的反思，即坚持博雅教育：专科知识似乎只能让人成为一个专家，而无法保证其成为全面完整的人，缺乏博雅教育，大学里培养的好像都是"单向度的人"了，当然这里仅是一个借用。

博雅教育强调的是完整性，以对抗过度的专业化，这是从博雅教育的角度来看国学或者中国古典学的意义，现在已成为一种共识。但如果我们暂时跳脱本土文化的视角，从异域的角度来看,那么就会发现海外汉学或者中国学,与国学或者中国古典学非常相似。从学术发展上来讲,传统汉学实际上脱始于大航海时代后的东方学,更偏重中国传统的研究,而新兴的中国学则侧重现当代研究,不过这两种取向都保持了整体性,并且不断发展融合形成新的海外中国研究,现已成为区域研究这一学术新领域中的重要分支。一般认为,美国区域研究的兴起是因为冷战的需要,但是不少学者指出区域研究的发展尽管受外界影响巨大,但仍有其内在的理路可循。我们在研究美国汉籍收藏史的时候关注到区域研究的发展历史,很受启发,这些启发正好也适合今天的讨论,以下向大家汇报一下学习心得和体会。

首先就是如何整体性理解和跨学科研究某一地区乃至人类世界的问题。在汉学研究领域,1964年由美国亚洲学会组织的关于社会科学与汉学研究相结合的讨论,史华慈一针见血地指出:"不管受过何种学科方法的训练,如果一个人的文化修养——他的通识教育——越广博深厚,就越能在其所从事的研究领域里发挥出所有的智慧。"他反对学科"拜物教",支持汉学研究的跨学科探讨。[①]

美国区域研究学者桑顿指出实际上早在1920年代初,人们就开始认识到,19世纪对世界刚性的条块化划分,与对社会文化如何运作的理解已经格格不入,学科分化与专业化弱化了其完整性与连贯性。而市场、政治、社会、文化等彼此之间都相互渗透、互动和形塑,无法孤立地进行研究。"多学科透镜"十分必要,没有哪个单一学科能够具备对另一个社会或文化全方面理解的能力。1922年,创立美国社会科学研究理事会的灵魂人物梅里亚姆在申述其创建理念时就指出,这个机构要担当起抗拒"过度的专业化、太过彻底的系科分化、各个学科之间的相互隔绝孤立"的潮流的责任。实际上"跨学科"(interdisciplinary)这个词被认为很可能就是在该学会的会议室里被创造出来的。该学会赞助具有跨学科意义的研究项目,排除学科视野狭隘或者只对单一学科有价值的研究项目;召集各学科学者共同参加的会议和工作小组,从而使"跨学科"作为一种工作伦理和思想方法扎根在美国社会科学当中。跨学科整合的必要性还在于各学科之间存在空隙,用美国区域研究《霍尔报告》的话说就是,"很大程度上自我孤立的社会科学学科"只是"社会知识的垂直支柱",它们之间存在着大量"晦暗不明的地带和彻底无知的峡谷",即学科框架所不能照见和容纳的知识对象和问题。[②] 也正因为如此,2020年8月,交叉学科才成为我国第14个学科门类,与哲学、法学、文学、管理学等并列。

虽然跨学科研究如此重要,但大学内部的权力和资源分配仍然依赖于院系这种分科

---

① 朱政惠编:《美国学者论美国中国学》前言,上海辞书出版社2009年版,第3页。
② 戴维·L. 桑顿:《美国区域研究的起源、性质和挑战》,载《文明研究》(第1辑),浙江大学出版社2014年版,第99、115—117页;刘青:《区域和国际研究:关于历史和"原理"的思考——牛可副教授访谈》,《国际政治研究》2018年第5期;牛可:《"社会科学研究理事会"与美国社会科学史》,《世界知识》2010年第17期。

体制，并且非常保守，学术界某种程度上存在一种"学科危机"。美国区域研究的发展也表明成立院系是比较困难的，而相对灵活的研究中心则发展得比较好，这也给我们发展交叉学科以启示，如果在有些学校无法建立起实体的院系，那么虚体的研究中心也不失为发展国学研究和教学的一种很好的方式。虽然区域研究不寻求替代和瓦解学科，但社会知识不应该完全由学科所垄断和框定，而需要充分承认和扩张区域向度，进而在智识上和组织上对学科向度构成总体补充。令人欣喜的是学科体系与区域研究已经历史性地站在一起，一方面区域研究需要各学科继续提供理论与方法，另一方面各学科也要依靠区域研究不断挑战西方中心化的假设和"美国例外论"。

其次却更为重要的是美国学者对所谓人文社会科学"普世性"或者西方中心论的反思，从而促使地方性知识尤其是人文传统重新回归到社会科学研究的中心位置。桑顿指出美国的社会科学家和人文学者经常宣称从西欧或美国经验中获得的观念、理论、模式和分析方式具有普世性，或者将其强加到世界其他的地方。在许多方面，美国可能是世界上最不寻常和最不具"代表性"的社会之一，研究美国国内类似问题的美国学者常常会将美国看成是一个"自然而然"的社会，会将之理论化、普世化，并自如地运用到其他社会当中，看不出有什么界限，一个经典的、也许最令人震惊的事例或许就是1994年谢普瑟和温加斯特声称的，他们对美国国会的研究为理解比较政治和世界其他地区的政治体系提供了模板，而这种研究忽略了机制形式、规范、价值、历史方面的差异，以及它们本应展现出的相关背景。再比如现代化理论和发展经济学广泛采用的建模与量化技术面临挑战，因为从非西方世界得到的数据不足以应付其定量模型。[①] 牛可指出美国的区域研究积极参与到通识教育和公民教育当中，致力于革除美国文化的"我族中心主义"和西方文明的偏狭性，在学术上培育"文化相对性""跨文化理解"和"世界主义"，并将这些精神质素灌注到文化和公共生活中。[②]

建立于欧美的现代社会科学学科体系在认识论上的实证主义、科学主义和归约论偏向，在意识形态上的西方中心主义执念，在组织制度上的学科界墙和"门户主义"，共同促成一种虚妄的"普世主义"，即美国区域研究的"宪章"《霍尔报告》指出的那种情形——把"西方的"不假思索地当作"世界的"，从而轻贬和排斥对非西方的严肃知识兴趣和努力。而区域研究更注重历史文化的整体性和"情境具体性"，更容易导向历史的和文化的相对主义和多元主义。它偏好和讲究以当地语言和"总体文化知识"达成"实体知识的广博性"，在历史与文化阐释和比较的基础上达成"跨文化理解"。自然，它也更讲究和擅长浸入式的经验观察和实地研究。因而，它对理论化社会科学孜孜以求

---

① 戴维·L. 桑顿：《美国区域研究的起源、性质和挑战》，载《文明研究》（第 1 辑），第 100、116、122 页。
② 刘青：《区域和国际研究：关于历史和"原理"的思考——牛可副教授访谈》，《国际政治研究》2018 年第 5 期。

的那种以自然科学为典范的精确性、确定性和理论严格性经常持怀疑和不以为然的态度，一般秉持"认识论折中主义"，往往不是以理论的构造者和追随者的姿态，而是以理论——尤其是赖特·米尔斯所说的"宏大理论"——的批判者和修正者的面貌出现。可以理解，偏向特殊性认识论立场的历史学、人类学与区域研究之间更容易建立同构和协同的关系，而理论化程度更高的经济学、政治学和社会学与区域研究之间则总是发生隔阂、龃龉和不信任。可以说特殊主义、多元主义是区域研究的认识论和学术文化"秉性"。①

我们必须承认，同为人类社会，一定存在一些"普世性"价值观念或者社会理论，但是不能走到另外的极端，即一切人类社会都是同质的、同一的。"至少一些学者和基金会成员都意识到，大部分美国经济学家和政治学家的那些很大程度上是美国和欧洲中心观的知识和经验未必能够在非西方世界加以充分有效的理解或执行。"② 2020年这次新冠疫情各国采用不同的抗疫方法这一现象，即会启发我们思考，制度或者政策的设计往往依赖于社会固有的文化观念、价值观及生活习惯，而这些都是由当地的历史传统不断形塑的。这就告诉我们社会科学并不完全像传统自然科学那样具有确定的普遍主义（实际上对自然科学的确定性和精确性的理解只是基于简单系统，对复杂系统的认识已经远远超越，不过普遍性的确是自然科学的重要特性），而是超复杂的系统，与自然科学的普遍性知识相对，社会科学的地方性知识非常重要。考古学家张光直就指出我们以为西方文明的发展具有普世性的时候，其实希腊这种极推崇理性的文明和希伯来的一神教在早期人类文明中才是独特的，而像中国这样一个多神教的偏世俗的社会可能是更普遍的。这就启示我们，当今天面对诸多现实社会问题寻求解决之道时，我们必须考虑历史文化传统，也就是说历史的借鉴意义不仅是经验教训，还是我们制定社会政策的重要出发点，并且这一出发点有时候会起到决定作用。我们的民族政策制定现在更多地去关照历史即是出于此意。在美国也是如此，人文传统越来越受到区域研究的重视，如果说"创建时期一度出现强调社会科学对区域研究的主导地位，传统人文学术遭到一定程度的贬抑和排斥，而且有偏重当前和近世的明显倾向，但在战后区域研究的扩充和发展中，先前存在于东方学范畴的语言、文学、古代历史和文明研究等学术要素又被重新有效整合，甚至在一些地区领域重新回归中心地位"③。

与西方汉学从异文化的视角看中国异曲同工，文化自信并不意味着故步自封或者坐

---

① 刘青：《区域和国际研究：关于历史和"原理"的思考——牛可副教授访谈》，《国际政治研究》2018年第5期。
② 戴维·L.桑顿：《美国区域研究的起源、性质和挑战》，载《文明研究》（第1辑），第108页。
③ 刘青：《区域和国际研究：关于历史和"原理"的思考——牛可副教授访谈》，《国际政治研究》2018年第5期。

井观天，我们也需要在全球化视野中重新审视中国。

桑顿称区域研究是"一项强大的社会和智识发明"，著名社会学家沃勒斯坦断言它"作为一种组织知识工作的新制度范畴的创生，可能是1945年以后最重要的学术创新"[①]。比如它深刻地影响了海外汉学的发展，也为我们今天思考国学或者中国古典学提供了有益的参照。

（原载于《国学学刊》2020年第4期）

[①] 刘青：《区域和国际研究：关于历史和"原理"的思考——牛可副教授访谈》，《国际政治研究》2018年第5期。

什么是"国学"的本来面目？
——兼谈宗教研究对理解古代中华文明的重要性

张雪松

本人非常荣幸，能有机会在中国人民大学国学院成立15周年的庆祝活动中，谈谈国学的学科界定问题。

将近三十年前，北京大学季羡林先生提倡打通文史哲，从1994年开始，北京大学创办文史哲实验班，中国人民大学在1995年也创办了文史哲实验班，笔者本科便就读于致力于打通文史哲的实验班之中。但"打通"实则不易，这就好比常听相声的人都知道相声有"说、学、逗、唱"四门功课，这里面的"唱"专指唱太平歌词，而唱京戏、唱大鼓等等，只能是"学"，我想其中一个重要原因是不能抢了其他行业艺人的饭碗吧。法国人类学家布迪诺等人对现代"学科政治"早有精彩论述，在这里实不必"掉书袋"来阐述一番。当然，学科政治也绝非完全没有道理，近现代学术体系的确立和长足发展，很大程度上就依赖于学科的细化和分化，如果"眉毛胡子一把抓"，成为万金油，乃至垃圾桶，是不可能有真正的学术价值的。因此，怎样界定国学，给国学下一个明确的定义，我觉得对于国学的发展是至关重要的。

自亚里士多德以来，西方人非常熟悉的下定义方式是"属"加"种差"；这种定义方式，在中国，至少在古代中国，并非完全没有争议，比如禅宗，认为下一个定义，就把原本活泼泼的"话头"杀死了。中国古人一般不急于对一个概念下定义，先用着，用着用着，就体会出这个概念的意思了。比如阴阳的概念，山南水北，风水地理里用阴阳；中医看病也讲阴阳……慢慢地，人们就明白阴阳是什么意思了。就是说，一上来先别给一个概念下定义，先用着，看在哪些地方用得合适，这个概念的意思就从那些地方显现出来了，这就是"道无常操"的道理。

"国学"这个概念在社会上应用十分广泛，各种古籍类出版社纷纷推出各种类型的"国学丛书""国学基本丛书""国学基本古籍丛刊"；从男到女，从老到少，社会上有着各种各样的国学启蒙课程、培训班、养正班、网课；还有各种各样的被人们称为或自诩为，乃至参加各种竞赛获评为"国学大师""国学达人"……时间一长，我们就会感觉到其中不少内容不是国学，是打着国学招牌的伪国学、假国学。一旦有了这种想法，恭喜您，您已经开始有了什么是真国学的意识了。这就好比印度哲学中的"如性"，在魏晋时期被翻译为"本无"，如性就是"如实在那里"的意思，它在印度思想模式中的潜台词是现实的事物常是以"不如实在那样"地被理解，因而这一概念就有否定的意思：否定不如实在的那一部分。所以"如性"也就是"空性"，空掉不如实在的那一部分，所以中国人把它翻译为"本无"是颇有道理的。[①] 我们要让"国学"如实地在那里，让国学的如实义（本来面目）彰显出来，那么现实中不如实在那里的国学，就可以被空掉、排除掉。因此说，让国学的意义如实地显现出来，有破邪显正的重要作用。

对国学"不如实"的理解，假国学、伪国学就要剔除掉，现实中得到普遍公认的"国学"使用方式就会显现出来。在国学概念使用中体现了"无常操"之"道"的用法，我们对国学的学理界定不宜与之违背，而应与之适应。我们举一个例子，民国时期清华国学院的四大国学导师（王国维、梁启超、陈寅恪、赵元任），都是真正的国学大师，绝非欺世盗名之徒。陈寅恪先生曾在《陈垣元西域人华化考序》中明确说："不敢观三代两汉之书"，虽是谦词，但如果我们把国学仅仅界定为先秦两汉经学，陈寅恪先生的中古研究不算入国学之内，显然是违背社会共识的。

中国人民大学国学院，现今将国学尝试界定为"中国古典学"，我个人认为是一个契理契机的定义，既有学理价值，也适合现实需求。一门独立的学科是否成立，主要应该看是否有独立的研究领域，抑或是否有独立的研究方法。古典学是欧洲自17世纪以来逐渐形成的一门学科，以古代地中海世界，特别是古希腊罗马时期（公元前600年至公元后600年）的古典文明为主要研究对象的学科，要求研究者和学习者掌握古希腊语和拉丁语，以古希腊罗马时期古典文献为主要研究对象，除了从古希腊语和拉丁语文献出发，从语言学、文学、哲学、历史学等角度进行研究，同时兼顾艺术、考古等方面的材料来研究古典文明。

如果参照西方的古典学，中国古典学（国学）就应该是以古典时期的中华文明为研究对象的学科，那么其起止时间又是什么呢？欧洲文艺复兴运动，力图回到古典时期，即返回古希腊罗马时期，故而将距离较近的历史阶段视为黑暗的中世纪。由于蛮族入侵，罗马帝国崩溃，欧洲古代文明产生了断裂；近代文艺复兴、宗教改革，民族语言文字成为民族国家兴起的先导。而中华文明基本保持了自身的连续性，直到清末，中国才有"三千年未有之大变局"，五四新文化运动，白话文兴起才结束中国数千年使用古文

[①] 参见吕澂《中国佛学源流略讲》，中华书局1979年版，第3页。

为书面语言的历史。法语、英语、德语等民族国家语言的兴起，结束了欧洲中世纪拉丁语一统天下的局面，古希腊语、拉丁语才成为古典语言（非日常生活流通的语言）；同样，晚清民国白话文运动，才使得古文（古汉语）退出了日常书写应用的领域，成为"死"的语言文字。中华民族除了古汉语（包括商周甲骨文、金文、战国文字，等等），历史上还有古藏语（敦煌的藏语文献就是用古藏文书写的）、老蒙文、西夏文，乃至梵文、西域中亚等曾在我国古代新疆等地流行过的语言文字，这些为数众多、业已退出我国各民族日常书写流通领域的古典语言文字，留下了大批古典文献，这些古典文献都应该成为中国古典学的主要研究对象，这样的界定同时也便于同现代的民族学等学科划清科学界限。此外，除了古典语言文献，大量的艺术、考古材料，对于古老的中华文明的研究，同样是不可或缺的。因此，近代（晚清民国）之前，我国各民族古典语言撰写的古典文献，以及艺术、考古等材料，是中国古典学（国学）的重要研究资料，国学研究者使用这些资料是为了对古代（古典时期）中华文明进行探讨。

而就研究方法而言，当年傅斯年先生创办"史语所"的经验是值得重视的，我们对待古典文明，既不盲目排斥为"国渣"，也不奉之为"国粹"，而应从事客观的学术研究。因此"疏不破注"，注疏式的所谓传统经学研究方法，是不足取的。傅斯年先生曾经说清代乾嘉考据是科学的，而之前的理学研究是非科学的，因为乾嘉考据是以归纳为主要方法的，而之前的理学是以演绎为主要方法的。这里说的演绎的方法，主要是经学的乃至是神学的方法，即主观的、觉悟的、独断的、理想的；而归纳的方法是实证的、经验的、客观的、怀疑的。[1] 近代支那内学院在探讨应该用何种方法来研究佛学时，欧阳竟无就曾提出"信而后考"的原则，认为佛法于宗教、哲学外"别为一学"，其方法是"以结论后而大加研究",[2] 即认为佛学不同于宗教学、哲学，佛学研究的方法是应该先有结论而后研究。但今日的"国学"，自然不应该再搞师法、家法，以某一位或几位大经师的话为"圣言量"，搞"两个凡是"；而应该以客观研究为其学术取向。

胡适先生曾经开列过《国学入门书单》，除了常见的儒家典籍，也包括《华严经》《法华经》等汉译佛经，甚至还有唐诗、宋词、元曲、明清小说，《桃花扇》《长生殿》，乃至《三国》《水浒》都历历在目，这些都是理解和研究中华古代文明的基本素材，胡适先生的眼界开阔，至今许多对国学持狭隘理解者，仍不能望其项背。

笔者主要从事中国宗教史研究，最后谈谈宗教对于古代文明研究的重要意义。既然，将国学界定为中国古典学，以古典时期的中华文明为主要研究对象，那么宗教就应该成为国学研究中重要的一环。宗教是古代各大文明的核心组成部分，中华文明也概莫

---

[1] 参见傅斯年《清代学问的门径书几种》，载《傅斯年全集》第一卷，湖南教育出版社2003年版，第228—230页。
[2] 欧阳竟无：《与章行严书》，载《欧阳竟无内外学》第2册，上海社会科学院出版社2014年版，第1255页。

能外。由于各种客观条件的限制，我国人文学界在古代文明的研究中，对宗教往往缺乏充分的重视。就西方古典学研究的领域，我国通行教材往往强调的是希腊人崇拜的神是肉体的（人神同形同性），这是以哲学或神学径路研究古希腊文明常见的说法。不过很多欧美的古典学家、历史学家和宗教学家，认为古希腊文明在人神之间建立了一道不可消除的鸿沟，这是古希腊悲剧的宇宙论基础，即古希腊的英雄不论怎样努力，都无法改变自己不能成为神的命运，这也是神谕"认识你自己"最初的含义。但在对这种悲剧性宇宙论的反抗中，人们逐渐建立起人能成神的观念，如民间对酒神的迷狂崇拜；古希腊哲学自恩培多克勒之后，越来越多的古希腊哲学家开始将抛弃肉体专注精神作为成神的方法。古希腊一个个城邦是建立在祭神基础上的，因此古希腊哲学的这些讨论很明显地具有反城邦的色彩，苏格拉底被雅典城邦判处死刑有其深刻的文化象征意义。一些西方汉学家，从文化本质主义的视角出发，认为中国不存在人神之间的鸿沟，是一元论的宇宙观。即西方是二元论的宇宙观，人与自然对立，所以科学发达；而中国的一元论宇宙观，人与自然和谐，以伦理道德为其文明优长，但阻碍了科学发展云云。不过像哈佛大学的普鸣（Michael J. Puett）教授[1]就反对这种对中华古典文明的看法，他认为这是十七世纪以来西方传教士和一些启蒙哲学家对中国的误解。在中国，人能成神（以及其思想基础一元论宇宙论）是战国时期才逐渐兴起的，先秦诸子以来的一些讨论，认为修身可以成神（管子、孟子、庄子、荀子、《吕氏春秋》、《淮南子》，等等，当然他们对成神的方式和成神后的状态理解有着各种差异），这在当时也是反对祭祀占卜等主流宗教实践的，直到秦皇汉武时期才以方术的形式让"成神"的信仰实践达到一个高潮，但在此前并没有人能成神的观念，之后则演变为经典（而非作为祭司、灵媒的帝王）体现了宇宙之道。

至于两汉之际佛教传入中国，道教形成，儒释道"三教"成为中华文明的重要组成部分，宗教研究对于古代中华文明研究的重要性，更是不需多言的。总之，宗教作为古代中华文明的重要组成部分，如果纳入国学的研究视野，会极大地推动既有国学研究的进展。

（原载于《国学学刊》2020年第4期）

---

[1] 参见［美］普鸣《成神：早期中国的宇宙论、祭祀与自我神化》，张常煊、李健芸译，生活·读书·新知三联书店2020年版。

"三代之学"与中国古典学的本体构成和精神接续

傅道彬

引 言

古典学研究越来越引起中国学术界的瞩目。古典学又称古代研究、古典文明研究，古典学的英文一词 classics，来源于拉丁文的 classicus，意谓"高级的""权威的"，有经典和权威之义。作为一门学科，古典学是对古希腊和罗马文明进行综合研究的学问和艺术。德国古典学家尤里奇·冯·维拉莫威兹（Ulrich von Wilamovitz-Moellendorff, 1848—1931）在《古典学的历史》中，对古典学的定义颇具启示意义，他说：

> 从本质上看，从存在的每一个方面看都是希腊-罗马文明的研究。该文明是一个统一体，尽管我们不能确切地描述这种文明的起始与终结；该学科的任务就是利用科学的方法来复活那已逝的世界——把诗人的歌词、哲学家的思想、立法者的观念、庙宇的神圣、信仰者和非信仰者的情感、市场与港口热闹生活、海洋与陆地的面貌以及工作与休闲中的人们注入新的活力……由于我们要努力探询的生活是浑然一体的，所以我们的科学方法也是浑然一体的。把古典学划分为语言学和文学、考古学、古代史、铭文学、钱币学以及稍后出现的纸草学等等各自独立的学科，这只能证明是人类对自身能力局限性的一种折中办法，但无论如何要注意不要让这种独立的东西窒息了整体意识，即使专家也要注意这一点。[①]

从这里我们可以得到这样的认识：

[①] ［德］维拉莫威兹:《古典学的历史》，陈恒译，生活·读书·新知三联书店2008年版，第1—2页。

第一，古典学是以古希腊和古罗马为代表的古典文明为研究对象的。古典文明是一个统一体，既包括古希腊和古罗马之前的原始文明，也包括深受古希腊和古罗马文明影响的整个西方文明和文化，但本体古希腊和古罗马文明的研究，即维拉莫威兹所谓"每一个方面看都是希腊—罗马文明的研究"。

第二，古典学研究运用文学、语言、历史、哲学、政治、文化、地理、考古、考据等的综合方法，而特别重视文献、辑佚、考据、考古等实证手段。古典学萌芽于公元前3世纪亚历山大里亚学派对古文献的整理与校订。这就是维拉莫威兹所说的"利用科学的方法"。该学派成员以缪斯殿堂（Mousaion）附近的图书馆为阵地，长期从事于希腊古典文明的研究。以泽诺多托斯亚（Zenodotus）、阿波罗纽斯（Apollonius Rhodius）、埃拉托色尼（Eratosthenes）、阿里斯托芬（Aristophanes）、卡利马科斯（Callimachus）等人为代表的研究者，分别从《荷马史诗》校订、文字辨别、目录整理等角度重新归纳古希腊早期的文献资料，由此形成了西方古典学重实证、重考据的学术品格。

第三，古典学研究重视历史的还原和生活场景的再现。以考据和实证方式还原历史真实，重返历史现场，对古典时代的社会生活进行全景式记录。维拉莫威兹一方面强调了"复活"；另一方面强调了描述。再现的是诗人、哲学家、立法家的思想和精神，以及庙宇的神圣、信仰者和非信仰者的情感，描述的是"市场与港口热闹生活、海洋与陆地的面貌以及工作与休闲中的人们"，这是一种具体的世俗生活和全景式的社会实录。

第四，古典学的本质是接续古典精神，是一种精神的回归。维拉莫威兹特别强调了"就是利用科学的方法来复活那已逝的世界"，这也是梁启超在《清代学术概论》中提出的"以复古为解放"，以古典精神激活现代人的生命力量，这才是古典学最根本的意义。

西方古典学的理论对我们描述早期中国文化的历史风貌，发掘中国文化的精神蕴含，建立中国古典学的学术体系，也有借鉴意义。

一　三代文明与中国古典学的本体形态和历史线索

关于中国古典学的概念，有四种较为典型的理解方式：

一是以学术论，认为传统的经学和国学即是中国的古典学。二是以方法论，将考据、训诂、辑佚、考古等古典语文学视为古典学。三是以经典论，认为古代六经、诸子等经典著作即为古典学，其中，裘锡圭、刘钊和陈家宁等学者的意见颇具代表意义。

裘锡圭先生在《出土文献与古典学重建》一文中提出的观点："我所理解的'古典学'，系指对于蕴含在中华文明源头的先秦典籍的整理和研究。我们过去虽然没有用'古典学'这个名称，但是实质上，古典学早就存在了。发源于孔子及其弟子的经学，就属于古典学的范畴。"① 刘钊、陈家宁在《论中国古典学的重建》中认为:"虽然中国古典学的名称出现很晚,但实际上这种学问的产生却很早。传统的经学、古史学和先秦诸子学实际上就是中国古典学的前身。它们在历史上是不断演进变化的,正是它们构成了中国学术发展史的主流。"②

四是以文明论,将古典学看作研究汉代以前中国文明的学问。日知先生(林志纯)是最早明确提出中国古典学的理论概念并作出大量实际研究的学者,他对中国古典学的定义更为准确,对古典学历史线索的描写也更为清晰:

> 太史公于《三代世表》,曰"自黄帝讫共和";于《十二诸侯年表》,曰"自共和讫孔子",于《六国表》,于《秦楚之际月表》,则自孔子讫陈涉、项羽、刘邦,盖接入汉帝国,秦是六国之一也。凡此诸阶段,皆属古典时代,共和之前,古典之五帝三代;共和之后,古典之春秋时代,前者属王政时代,后者属霸政时代,亦即公卿执政时代,执政之公卿发展为当权在位之国君,乃至称"王",即战国之形势。然后由战国发展为帝国,汉帝国是矣。六国或战国,为向古帝国之过渡,皆属古典时代。③

日知先生认为,中国的先秦时期是典范的文明时代,他以司马迁《史记》中的《年表》为依据,清晰地描写了古典文明的历史线索:古典之五帝三代—古典之春秋时代—古典之战国时代。日知先生在研究古典文明的过程中,一直有一个理念,即以城邦为核心。秦王朝的建立意味着中央集权的帝国时代的到来,失去了城邦精神,因此也就不在古典文明的范围之内了。

而李学勤先生的看法也颇有代表意义,颇具影响力。他说:"中国古代文明研究,指的是中国文明起源及其早期发展过程的考察,其时代下限可划在秦的统一,甚或汉武帝以前。"④ 李学勤进一步强调这一时期的古代文明不仅在时间上有特殊的意义,在文明形态上和研究方法上也与后来的文明迥然有别:"中国古代文明的起源,以至于夏商周三代这一大段,既不同于史前考古的纯依据考古,又有别于秦汉以下的文献完备,必须同时依靠文献和考古两者的研究,这与世界其他古代文明的情形是一样的。"⑤ 也就是说,以夏商周为主时段的中国古代文明不仅有特殊的时间区段,还有"文献与考古"并

---

① 裘锡圭:《出土文献与古典学重建》,《光明日报》2013年11月14日第11版。
② 刘钊、陈家宁:《论中国古典学的重建》,《厦门大学学报》(哲学社会科学版)2007年第1期。
③ 日知:《中西古典学引论》,东北师范大学出版社1999年版,第558页。
④ 李学勤:《中国古代文明十讲》,复旦大学出版社2003年版,第16页。
⑤ 李学勤:《中国古代文明十讲》,第1—2页。

用的独特研究方法。曹峰先生则认为,古典学有广义、狭义之分:"从广义上讲,我们可以把清代为止的中国古代知识体系和为学方式当作古典学研究的对象,而从狭义上讲,我们常常把最早期的古代文明当作古典学研究的对象。"① 其实所谓广义、狭义之分,也是古典学的本体和衍生之分,以夏商周三代为代表的古典文明是本体的、发源的,而广义的古典文明则是衍生的、发展的。前者属于古典文明,后者属于古典学术,核心则是夏商周三代文明。在对中国古典学的讨论中,我们应该有以下三点清醒认识:

首先,古典学的意义是蕴藏在中国古典文明的深层结构中的。虽然中国古典学的名字是后起的,但是没有命名,却有本质,正如裘锡圭、刘钊等学者指出的,在传统的史学、经学、文学、诸子学等文化现象中,古典学早就存在了。

其次,应该看到,虽然经学、国学等古代学术是古典学的重要内容,但并不是全部,古典学的内涵远远大于经学和国学的范围,甚至可以进一步说古典学这一概念本质上含有对经学、国学的批判和超越的意义。传世经典、出土文献是古典学的重要文献载体,但这种载体依然只是古典学的部分,而不是整体。

最后,古典学研究需要历史、艺术、文学、哲学、地理、天文等知识储备,需要考据、考古、训诂、辑佚等证明方法,但是知识和手段本身并不是学术自身,因此,古典学这一概念,只能相对于整个古典文明和古典精神才有意义。在汉语语境中,以夏商周三代文明为代表的先秦之学才是中国古典学的本体形态。

中国古典学虽然历史悠久,涵盖广泛,但以夏商周三代之学为代表为最高成就。夏商周三代是典范的古典文明形态,三代之学以夏商周三代的历史发生、器物演进、制度变化、经典书写、文化兴盛、哲学突破为研究对象,本质上是中国的古典学。三代文明经历了夏商周三代漫长的时间积累,完成了中国文化的哲学和文学突破,中国文化自此有了稳定的历史河床和历史趋向。近年来大量地下文献的出土为三代之学的研究提供了新的学术支撑,使得三代之学的研究出现新的发展机遇。

三代之学是中国古典文明发展中的辉煌时期,"三代之文""三代之美""三代之盛""三代之德"等语词屡屡出现在古代经典中,虽然包含托古,包含夸饰,但是华夏民族经久不衰的文化记忆,代表着古代思想家政治家的理想追求。夏商周三代文明是一个古老的学术概念,而周代还没结束,也就是说三代文明还在进行中时,已经有人提出了"三代"的理论概念。《国语·周语中》记晋国的随武子聘于周,听到周定王纵论周代宴飨礼节,自己无言以对,回到晋国便"讲聚三代之典礼,于是乎修执秩以为晋法"。随武子从周室归来,受到强烈震动,即以"三代之典礼"为蓝本,制定了晋国的国家礼

---

① 曹峰:《20世纪学科体制全球化背景下的中国古典学——兼论出土文献在古典学复兴中的作用》,《社会科学战线》2013年第8期。

法。韦昭注："三代，夏、商、周也。"①"三代之典礼"即夏商周三代的典礼制度、礼乐文化、学术体系，这也是"三代之学"的原始形态。夏商周虽然有自身的兴亡盛衰，有治世、有乱世，但是三代连称的时候，往往强调的就是它的礼乐之盛、文明之盛。孔子对三代文明是高度欣赏的，他不仅提出理想的国家应该是"行夏之时，乘殷之辂，服周之冕"，以三代文明为中心，构建理想社会的文化体系，而且对三代时的人伦道德也称誉有加。《论语·卫灵公》说，"斯民也，三代之所以直道而行也"，何晏《论语集解》引马融曰："三代，夏、商、周，用民如此，无所阿私，所以云直道而行也。"春秋以来三代一词流传更为广泛，而在流传的过程中不断融入文化与思想的意味，成为政治昌明和文化兴盛的代名词。例如：

> 三代之令王皆数百年保天之禄，夫岂无辟王？赖前哲以免也。（《左传·成公八年》）
>
> 孔子曰："大道之行也，与三代之英，丘未之逮也，而有志焉。"（《礼记·礼运》）
>
> 孔子遂言曰："昔三代明王之政，必敬其妻子也。"（《礼记·哀公问》）
>
> 子夏曰："三王之德，参于天地，敢问：何如斯可谓参于天地矣？"孔子曰："奉三无私以劳天下。"（《礼记·孔子闲居》）
>
> 夏曰校，殷曰序，周曰庠，学则三代共之，皆所以明人伦也。（《孟子·滕文公上》）

三代文明虽然不能概括整个古典文明，它从原始文明发展演化而来，有漫长的历史过程，但是古典文明时代是具有典型意义、最具代表性的时代。三代文明寄托着孔子的政治和文化理想，《史记·孔子世家》谓：

> 孔子之时，周室衰微而礼乐废，《诗》《书》缺。追迹三代之礼，序《书传》，上纪唐虞之际，下至秦缪，编次其事。曰："夏礼吾能言之，杞不足征也。殷礼吾能言之，宋不足征也。足，则吾能征之矣。"观殷夏所损益，曰："后虽百世可知也，以一文一质。周监二代，郁郁乎文哉，吾从周。"故《书传》《礼记》自孔氏。

面对宗周衰微、礼乐废弛的政治局面，孔子力图以三代文明作为蓝本构建理想社会模式，"追迹三代之礼"，就是要重建三代文明，恢复夏商周三代的礼乐之盛。孔子言

---

① 《国语》，上海古籍出版社1978年版，第66页。

"夏礼",言"殷礼",言"周礼",还是把三代礼乐文明看成是一个连续的不割裂的整体,而根本目的还是强调文明之间的相互继承,以建立强大的周代礼乐文明体系,从这个意义上说,孔子是三代之学的开创者,是古典文明的倡导者。

《三代世表》是《史记·年表》中的是第一篇,虽然《三代世表》中有五帝的内容,但是相当简略①,最清晰最完整的还是三代。在历史叙事上,司马迁也将三代作为历史年代叙事的基点,足见其意义重大。应该指出的是,无论是《左传》《国语》《礼记》,还是孔子、孟子、司马迁,他们的三代的起止年限都止于西周,司马迁《三代世表》止于共和,即公元前841年的厉王奔彘、周邦无君、周公召公"二相行政"的时期。经史学家们的三代概念是不包括以春秋战国为中心的东周时代的,因为他们是站在经学的立场上,对东周以来的政治、文化的态度是批判的否定的。而从古典学的立场上看,一方面,因为春秋战国还属于历史上的东周时期,是周文化的延续;另一方面,春秋战国正处于历史的"轴心时代",是中国古典文明发生质变的时期,三代文明正是在这一时期实现了历史跨越,达到了发展的最高阶段,因此以夏商周文明为代表的古典时代,无论如何是不能缺少春秋战国这一关键历史时期的。据此,中国古典学的本体构成和历史发展脉络如下图所示:

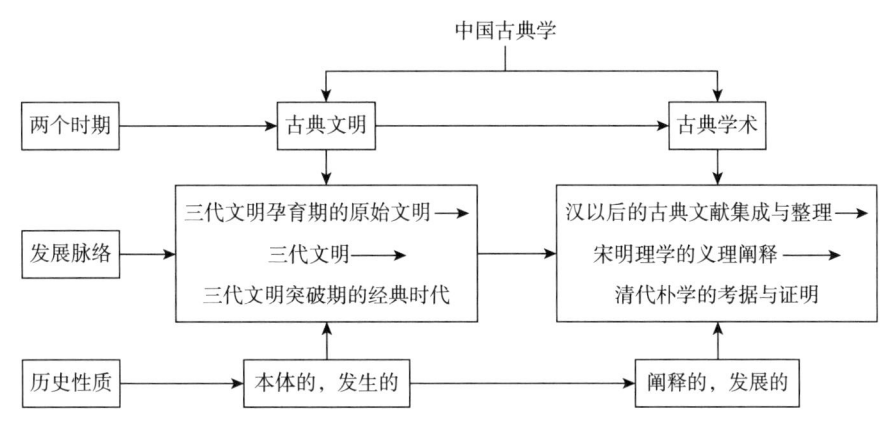

```
                           中国古典学
                     ┌─────────┴─────────┐
                     ↓                   ↓
  ┌──────┐      ┌────────┐          ┌────────┐
  │两个时期│ ───→ │ 古典文明│ ────────→│ 古典学术│
  └──────┘      └────────┘          └────────┘
                     ↓                   ↓
  ┌──────┐    ┌──────────────────┐  ┌──────────────────────┐
  │      │    │三代文明孕育期的原始文明│→ │汉以后的古典文献集成与整理│→
  │发展脉络│──→│    三代文明         │  │  宋明理学的义理阐释      │→
  │      │    │三代文明突破期的经典时代│  │  清代朴学的考据与证明    │
  └──────┘    └──────────────────┘  └──────────────────────┘
                     ↑                   ↑
  ┌──────┐      ┌──────────┐       ┌──────────┐
  │历史性质│ ───→│本体的,发生的│──────→│阐释的,发展的│
  └──────┘      └──────────┘       └──────────┘
```

从整体上说中国古典学划分为两个时期,即古典文明与古典学术。从历史性质上说,古典文明是本体是发源,是经典创立的时期;而古典学术则是派生是发展,是经典阐释的时期。中国古典学的历史脉络可以这样描述:古典文明时期包括整个先秦时期,以三代文明为中心,在公元前800年至公元前200年的"轴心时代"达到高潮;古典学术时期是以整理和解释古典文明时期的经典文献为重点的,而划分为两汉古典文献的整理集成、宋明理学的义理阐释和清代朴学的考据与证明三个重要阶段。

---

① 张守节《史记正义》谓:"五帝久古,传记少见。夏殷以来,乃有《尚书》略有年月,比于五帝事之易明,故举三代为首表。表者,明也。"

二 城邦、礼乐、器物：三代文明的生长空间、历史土壤和证明形式

城邑、文字、建筑是文明的基本要素。李学勤先生说："近些年国内论著常加征引的考古学'文明'要素，即（1）有5000人以上的城市，（2）有文字，（3）有大型的礼仪型建筑。"① 从文明三个核心要素的思路出发，可以将城邦、器物、礼乐作为中国古典文明的基本构成，以城邦对应5000人以上的城市；以器物对应文字，因为文字总是刻写在器物上的，例如甲骨、青铜、简帛，而器物涵盖的内容比起文字更广泛，更具文明的代表性；以礼乐对应礼仪型建筑，礼仪型建筑是礼乐文化的组成部分，礼仪型建筑是适应礼乐文化的需要而产生的。城邦社会、礼乐文明和器物艺术不仅在中国古典学中占有重要地位，还是中国古典学区别于西方古典学的主要标志。

1. 城邑文明与中国古典文明的生长空间

城邑既是古典文明生长的摇篮，也是古典文明活动的舞台。城邑的成熟在人类文明史上具有革命性的意义。英国史学家柴尔德（Prof. V. G. Childe）在《远古文化史》一书中指出，史前时代有两次重要的革命：一次是新石器时代的工具革命，一次是城市革命。正是有了这样的革命，人类的文明才得以延续和发扬。② 城邑在中国古典文明的历史发展中具有里程碑意义。张光直先生在《中国青铜时代》一书中指出："在人类社会史的研究上，城市的初现是当做一项重要的里程碑来看待的。"③ 中国城邑文明的历史大致经历了城邑的初现—城邑的国家形态—城邑的国家联盟形态—诸侯城邦形态—城邑的帝国形态等几个历史阶段。

城邦社会为三代文明提供了充分发展的生长空间。城邑是古典文明最适宜的土壤，正是因为城邦社会的政治空间，古代文明在夏商周时期有了生长的充分条件。夏代城邑缺少明确的考古证明，但可以肯定的是，在这一时期中国已经进入城邑建设的繁盛时期。而殷商已经有了成熟的青铜文明、甲骨文字等城邦社会的标志性成果，因此侯外庐、林志纯、贝塚茂树等学者特别强调殷商时代是"城市国家"。"周监于二代，郁郁乎文哉，吾从周"（《论语·八佾》），有周一代既是古典文明高度发展的时期，也是城邑文明、城邦社会发展最为充分、最为典型的时期。

封建制度本质上是一种城邦封建，是封邦建国。"封"是确立统治区域，是封土；

---

① 李学勤：《中国古代文明十讲》，第27页。
② 详见［英］柴尔德《远古文化史》第五章"新石器时代的革命"、第七章"城市革命"，周进楷译，周谷城校订，中华书局1958年版。
③ 张光直：《中国青铜时代》，生活·读书·新知三联书店1999年版，第28页。

而"建"是营筑统治的城邑。《周礼》每篇开头都以"惟王建国,辨方正位,体国经野,设官分职,以为民极"开头,"体国经野"即把城市与乡村区别开来,即强调国野之分。封建一方面划分城乡,突出了"国"对"野"的统治地位;另一方面,封建是一种世袭封建,确立了宗族与家族对封土世世代代的统治权力,解决了生产资料的所属问题。马克思在《资本论》中说,在东方亚细亚的国家里,"国家"是一个抽象的概念,而对于具体的人来说,只能是生产资料的占有者,而不是所有者。占有而不是所有,决定人们对生产资料的处置是短期行为,而封建制度是世代所有,从而解决了生产资料的主人问题,不是短期占有,而是长期所有。这使得封建领主有了极大的政治和经济野心,调动了他们创造财富、开疆拓土的贪欲和积极性,封建城邦文明得以迅速扩展开来,社会的经济财富得以迅速积累。

国野之分不仅划分了城乡,还划分了阶级。居住在城邦里的人是"国人""君子",而居住在乡野的人则是"野人""小人","君子"一词的含义最早是阶级的,而渐渐演化成文化的、道德的和人格的。亚里斯多德说:"城邦出于自然的演化,而人类自然是趋向于城邦生活的动物(人类在本性上,也正是一个政治动物)。凡人由于本性或由于偶然而不归属于任何城邦的,他如果不是一个鄙夫,那就是一位超人。"[①] 沿着亚里斯多德的思路说下去,在中国古典城邦里如果有一个人不属于城邦,便是野人,便是小人,而城邦是属于君子的。

城邦社会推进了知识的进步和传播。亚里斯多德在《政治学》中特别强调对城邦公民进行古典共和主义的教育,知识训练是成为城邦公民的前提。中国古典城邦与古希腊城邦一样十分重视对城邦贵族特别是青年贵族的知识和道德教育,形成了以"六艺"为核心的知识体系。《周礼·保氏》载:"保氏掌谏王恶,而养国子以道。乃教之六艺:一曰五礼,二曰六乐,三曰五射,四曰五驭,五曰六书,六曰九数。"按照郑玄的解释,这是一个严格规范而知识完备的教育体系,五礼包括吉、凶、宾、军、嘉;六乐包括《云门》《大咸》《大韶》《大夏》《大濩》《大武》;五射包括白矢、参连、剡注、襄尺、井仪;五驭包括鸣和鸾、逐水曲、过君表、舞交衢、逐禽左;六书包括象形、会意、转注、指事、假借、形声;九数包括方田、粟米、差分、少广、商功、均输、方程、赢不足、旁要。六艺的知识体系中包括礼仪、音乐、历史、射击、驾驭、文字、数学等广泛的知识,有些知识我们已经不甚了解,足见三代知识水平已经达到相当高的程度。所谓礼乐射御书数,还只是"小艺","大艺"则是指《诗》《书》《礼》《乐》《易》《春秋》的经典教育,如果说"小艺"侧重的是实践技能培养的话,而"大艺"则指向人

---

① [古希腊]亚里斯多德:《政治学》,吴寿彭译,商务印书馆1965年版,第4页。

的精神陶冶和心灵滋养，是转移人心的教育。① 经典是周代贵族的主要知识构成，是士大夫必备的精神修养，引证经典显示当时人的知识修养与风雅精神。

2. 礼乐文化与中国古典文明的历史土壤

礼乐是贯穿于三代文明的一条主线，这条主线在三代文明的发展中，或明或暗，却连绵不绝，不断演进，最终形成了一整套宗教仪式、政治制度、日常规范、行为准则、精神修养等完备的社会体系，成为三代文明的生长土壤和典型的代表形式。孔子十分重视夏商周三代之间礼乐文明的相互联系和充分吸纳：

> 子曰："殷因于夏礼，所损益可知也；周因于殷礼，所损益可知也。其或继周者，虽百世可知也。"（《论语·为政》）
>
> 子曰："夏礼吾能言之，杞不足征也；殷礼吾能言之，宋不足征也。文献不足故也，足则吾能征之矣。"（《论语·八佾》）
>
> 子曰："行夏之时，乘殷之辂，服周之冕，乐则《韶》舞。放郑声，远佞人。郑声淫，佞人殆。"（《论语·卫灵公》）

夏商周三代之间虽然政治上朝代更替，此消彼长，但礼乐文明的传统却一脉相传，三代之间政治上波谲云诡、起伏跌宕，而文化上却一直保持了稳定性、延续性、继承性，夏礼、殷礼、周礼礼乐相承，共同构成了古典文明的主体结构。

礼乐文化决定了夏商周三代的基本政治结构。夏商周三代的政治架构是以宗族血缘关系为基础的，血缘关系的远近决定政治关系的远近。《尚书·禹贡》中的"五百里甸服""五百里侯服""五百里绥服""五百里要服""五百里荒服"的地理划分，看似是一个地理区域的划分，而实际上是以血缘关系远近来确定的。按照《史记·夏本纪》记载"禹为姒姓，其后分封"，仅姒姓被分封的就有十二姓之多。商代有着发达的宗族体系，而以商王族最有代表性。殷墟卜辞对商代宗族情况多有记载，有族、王族、子族、多子族、某族、三族、五族等名称。而西周宗族更是形成了一个网状的庞大而复杂的社会结构，以姬姓为中心组成严密的社会系统。《左传·桓公二年》描述了这个社会结构："天子建国，诸侯立家，卿置侧室，大夫有贰宗，士有隶子弟，庶人、工、商各有分亲，皆有等衰。是以民服事其上，而下无觊觎。"礼制确保了整个社会各司其职，秩序井然。这个结构系统里有两点值得特别注意，即一是宗族分封，二是嫡长子君主继承，这些礼制成为整个社会安定和谐的政治基础。

---

① "小艺""大艺"说见《大戴礼记·保傅》："古者八岁而就外舍，学小艺焉，履小节焉；束发而就大学，学大艺焉，履大节焉。"

礼乐文化决定了夏商周三代的基本文化形态。"文化"一词出自《周易·贲·象》"观乎天文，以察时变；观乎人文，以化成天下"，人文之化，乃为文化。文化的过程也是礼化的过程，即将礼乐文明的外在形态，转化为整个社会成员的内在行为和精神。而在三代思想观念里特别强调诗礼一致，在《礼记·孔子闲居》中，孔子提出过所谓"志之所至，诗亦至焉。诗之所至，礼亦至焉。礼之所至，乐亦至焉。乐之所至，哀亦至焉"的"五至"理论，孔子将志、诗、礼、乐、哀看成是一个彼此联系相互沟通的逻辑体系，礼的文化形态充满诗乐的艺术精神。古典时代的文化经典就是适应礼乐文化的需要而产生的，《诗经》的整理编辑、《尚书》的文献集成、《周易》的哲学阐释、《春秋》的历史记录等都有强烈的礼乐教化目的。

礼乐文化决定了夏商周三代的基本人格规范。礼乐文化的政治结构与文化形态最终是要通过人来实现的，因此礼乐文化的终极目的还是指向人的精神世界，塑造人的精神品格。《尚书·舜典》就提出了"慎徽五典，五典克从"的思想，孔安国注所谓"五典"，即"父义、母慈、兄友、弟恭、子孝"的基本人伦关系，在此基础上以孔子为代表的春秋思想家进一步提出了"君君、臣臣、父父、子子"的主张，增加了"君君"，从而完整地建构了政治与伦理一体的人伦思想体系。尽管五典的人伦思想在现实生活中，时常被打破、被僭越，但它却是整个社会稳定的基本原则。《礼记·礼器》云："经礼三百，曲礼三千。"曲，为细行之礼。在人格建设方面，礼乐文化并不仅仅提出宏观的理论原则，更注重具体的行为规范，而这些细行之礼从世俗和日常生活方面，对贵族子弟的言行提出了细化与雅化的要求，举手投足间都符合礼义的规范。比起祭祀、婚姻、官职、乡饮、乡射等重大的群体的礼节，曲礼则更细化、更生活化。

3. 器物艺术与中国古典文明的证明形式

文明既是精神的，也是物质的，精神总是凭借物质的基础而生长而表现，器物既具有实用的功能，也是一种文化呈现，还是礼乐制度的体现，蕴藏着丰富的文化内容。上古时代的石器、玉器、陶器、甲骨文字、青铜铭文等器物上表现出广泛而深刻的思想意味和艺术精神，因此古典学研究不能忽视器物形式与内容的研究。古典学区别于一般性哲学、历史、文学等研究的特点，就是它更重视考古手段，更注重以器物分析来证明古典文明的历史意味和艺术精神。

现代考古学和器物发掘是中国古典学的学术依据。1921年，瑞典人安特生对中国仰韶文化遗址的发掘，标志着中国考古学的建立，现代考古学意义上的中国器物研究也肇始于此。1999年，苏秉琦的《中国文明起源新探》出版。苏秉琦提出了著名的"满天星斗""三阶段""三部曲"之说。苏秉琦认为，中原文化不是中华文化形成的唯一源头，在漫长的历史时间和广大的地域空间范围内，中国分布着属性不同的六大区域文化。苏秉琦通过对古代考古挖掘的器物和遗址的总结，认为中国文化的形成方式可以视为不同文化裂变、撞击、融合三种形式,而不同的文化类型可以分为原生型、次生型、续生型。苏秉琦的学说,打破了中国传统的考古学、史学和文明研究中的"中原文化"一元论,而代之以"区域文化"的综合研究。其学说虽然是就考古学整体而言,但它为器物艺术的研究指明了一个更大的方向,拓宽了一个更大的视野。

甲骨与青铜是中国古典学最具代表意义的器物形式。文字是文明的三大要素之一,甲骨学的研究是与古典时代的文字研究联系在一起的。而彻底说来,甲骨文并不仅仅属于文字学,甲骨书写是一种文化书写,反映着这一时期的祭祀、宗教、制度、历史、艺术、文学等综合的思想观念,显现的是整个殷商人的全面的精神世界。

青铜器的出现在古典文明史上是具有里程碑意义的,所谓"青铜时代"构成了古典文明的重要阶段。张光直先生将中国的青铜时代定义在"公元前2000年到公元前500年这段时期"[1],这既是中国古典文明的发生期,也是兴盛期。青铜时代既标志着科学技术水平已经达到一个相当高的历史水平,也标志着文学、艺术、美学等也已经进入一个新的历史阶段,灿烂的青铜文化是灿烂的古典文明的代表形式。"国之大事,在祀与戎。"(《左传·成公十三年》)中国青铜器有容器、炊器、食器等多种形式,而最重要的是兵器与礼器。张光直先生说,"青铜硬度大,是可以制作生产工具的,但是,在中国它却用来制作政治的工具,用以祭祀和打仗",青铜本来是可以制作农耕之类的生产工具的,但在中国古代却主要用于战争和礼典,之所以如此,张光直认为是由于"中国古代的青铜器等于中国古代政治权力的工具"[2],青铜成为国家权力的象征,因此传承权力也就是传承钟鼎等象征权力的青铜礼器。《墨子·耕柱》记载:

> 九鼎既成,迁于三国。夏后氏失之,殷人受之;殷人失之,周人受之。

有学者指出中国文明最主要的特点是整体性连续性,三代青铜钟鼎相传,就是古典文明连续性的证明。"夏、商、周王朝的君王如此看重青铜器的政治含义,其他各级贵族也纷纷效仿,因而青铜器在很大程度上又成为区分各级贵族的一种重要标志物"[3],青铜器的大小、陈列的多寡,不仅出于生活的需要,而且是身份的象征,这样普通的器物便具有了礼器的意义。

值得指出的是,礼器不仅是具有政治权力的工具,还具有艺术和审美的意义。青铜重鼎在追求稳定的政治意义的同时,也体现了造型艺术上雅正庄谨的审美追求。青铜乐器悠扬神圣的乐音,也给人以气势磅礴的艺术美感。商周青铜的纹饰十分丰富,饕餮纹、

---

[1] 张光直:《中国青铜时代》,第2页。
[2] 张光直:《中国青铜时代》,第476页。
[3] 韩巍编著:《黄土与青铜》,北京大学出版社2009年版,第39页。

云雷纹、夔纹、鸟纹、蝉纹等,多姿多彩,寓意深刻,体现出形式多样的审美风格。

在三代器物研究上,李泽厚《美的历程》运用克莱夫·贝尔"艺术是'有意味的形式'"的理论,分析三代陶器、玉器、青铜器的纹饰之美,引起了学术界的广泛注意,为古典文明的艺术研究提供了理论支持。"有意味的形式"是英国美学家克莱夫·贝尔(Clive Bell)的著名观点。从贝尔的理论出发,李泽厚认为原始艺术中的几何纹饰看似纯形式的东西,其实里面包含丰富的历史意味。早期陶器上的鱼纹、鸟纹、蛙纹等表面上看来是纯粹的形式,其实这是历史意味长期积淀的结果。李泽厚将考古器物与美学的历史阐释完美地熔于一炉,向人们展示了"美学考古"的精神魅力。

三 经典时代与早期中国文学书写的特殊意义

西方古典学的研究是从《荷马史诗》开始的,最早起源于公元前3世纪亚历山大里亚学派对以《荷马史诗》为主的古文献的整理与校订。西方古典学研究正是从这里起步,从这个意义上说,古典学起源于萌芽于希腊的古典诗学和文学。

近代古典学建立于14—16世纪的西方文艺复兴时期,其核心是从文学和修辞学的角度切入。洛伦佐·瓦拉(Lorenzo Valla,1407—1457)作为拉丁古典学的创始人,其代表作《拉丁文是优雅语言》(*Elegantiae Linguae Latinae*)试图在文体、修辞等方面恢复古罗马拉丁文的纯正、典雅、流畅等特征,以此纠改中世纪拉丁文的颓废与没落。[①] 这在一定程度上否定了经院派对于中世纪拉丁文及圣经教义的专断解释,从而提升了古典修辞在现实生活中的应用,并为随后的欧洲思想解放潮流奠定了基础。

现代古典学诞生于18世纪的德国,重返古希腊精神源头,重新阐释古希腊文学经典是现代古典学的主要方向。现代古典学学科创始人弗雷德里希·奥古斯特·沃尔夫(Friedrich August Wolf)的著作《荷马导论》(*Prolegomena ad Homerum*,1795)在梳理荷马本人的文学形象和史诗内容的基础上,分析了《奥德赛》《伊利亚特》等史诗的文本思想,以此发掘包括《荷马史诗》在内的古希腊文学的人文精神。而另一位德国古典学家、考古学家奥特弗里德·缪勒(Otfried Müller,1797—1840)的《希腊起源和城市史》(*Geschichte hellenischer Stamme und Stadte*,1820、1824)、《考古艺术手册》(*Handbuch der Archaeologie der Kunst*,1830)、《古希腊文学史》(*History of the Literature of Ancient Greece*,1840)等作品,都侧重古希腊文学艺术的研究,还原古希腊、古罗马文学文本内容和文学精神。

文学研究始终主导着西方古典学的前进方向。荷马、希腊、雅典、罗马、亚里斯多

---

① A. Moss, *Renaissance Truth and the Latin Language Turn*, Oxford University Press, 2003, pp. 36-37.

德、诗学一直是古典学研究的中心语词。20世纪后半叶的古典学坚持以古希腊和古罗马文学阐释为基础，以此追溯西方古希腊时期的人文精神和文艺复兴的时代思想，从而弥补第二次世界大战给欧洲带来的巨大创伤。近几十年，古典文明接受史研究（classical reception studies）逐渐成为西方学术界在古典学领域的热点，尽管学术研究的手段和方法有了新的变化，但是古典学以文学为本的基本特点却始终没有改变，多学科的介入并没有改变文学为主的方向。查尔斯·马丁代尔（Charles Martindale）1993年出版的《拯救文本：拉丁诗歌与接受史研究的诠释》是近年古典学研究的代表性著作之一，作者强调了古典文明研究的方法论变革，但其研究方向仍然是以文学文本的阐释和接受为基础的。

在中国古典学建立过程中，文学关注和文学研究仍然是最敏感、成果最为丰富的领域。王国维、梁启超、鲁迅、郭沫若、闻一多、陈寅恪、钱锺书等都曾以理论的敏感和学术的实践，推进了中国古典学的发展，但他们核心的领域仍然是文学。因此，现代中国古典学的研究也应该坚持文学本位的立场，对早期中国文学的历史格局和书写方式进行全面描述和研究。

1. 早期中国文学的恢宏开篇

中国文学有着气象恢宏的历史开篇。早期中国文学充满了自然而浪漫、绚丽而庄严的青春般的艺术风范，其所达到的思想与艺术高度不是简单的发源草创，而是奠基与繁荣，是质变的突破与跨越。

神话代表着人类的想象力和诗性思维。在中国古典神话中的女娲补天、夸父逐日、精卫填海以及盘古开天等故事下面，潜藏着早期人类对世界神秘性的思考，旺盛的想象力反映着原始人类征服自然的理想和高昂的生命精神。在早期文学中，巫术也是艺术，祭坛也是诗坛，宗教活动也是文学活动。夏人之夏，篆书作𩰬，是富有艺术气息的翩翩起舞之象。甲骨卜辞中许多祭祀仪式、祈祷仪式等都是具有宗教意义的艺术活动。甲骨文中有"奏舞"的记载，于省吾先生说，"卜辞'奏'字，多用为乐舞之义"[①]，"奏"是一种且歌且舞的巫术仪式，而其中蕴含浓厚的艺术意味。问日、问雨、问梦、问年景等卜筮仪式中往往伴随着诗乐舞一体的艺术活动。

礼乐歌诗是周代文学的代表样式。歌诗而不是诗歌，诗歌往往是即兴的、个人的，而歌诗则是集体的、宏大的，是一种出于宫廷的典乐制度。"典乐"一词在《尚书·尧典》中就已经出现，典乐是一种复杂而盛大的艺术礼典。《礼记·郊特牲》记："殷人尚声，臭味未成，涤荡其声。乐三阕，然后出迎牲。声音之号，所以诏告于天地之间也。"按照《礼记》的叙述，殷人祭天，崇尚音乐，以乐歌的形式述说对上苍的祈祷感恩之情，激昂的乐歌回荡在天地之间。

---

① 于省吾：《甲骨文字诂林》，中华书局1996年版，第478页。

周人完成了对乐歌的体系化建设，将乐歌与礼仪结合起来，形成了礼乐一体、诗乐相成的礼乐文化体系。围绕礼乐歌诗，周代宫廷建立了一系列严格而完备的礼乐制度体系。周代歌诗制度从上古的"典乐"制度而来，在此基础上建构了一套集典礼文本、官制乐器、典礼仪式、艺术理论等于一体的一套完备的礼乐文化体系。《周礼·春官》谓大司乐："掌成均之法，以治建国之学政，而合国之子弟焉。""均""韵"相通，所谓"成均之法"，即是"成韵之法"，即职掌整个乐礼制度和音乐教育。汉代蔡邕所撰《独断·宗庙所歌诗之别名》中论述《周颂》三十一篇"皆天子礼乐也"。

礼乐歌诗气势宏伟、气象博大，即兴的朴素的原始歌诗因为有了强大西周王朝的政治支撑而成为代表周代艺术的典型形式，但也应该意识到正因为歌诗的本质是一种宫廷艺术，其艺术风格、审美形态、结构样式都带有宫廷政治和礼乐文化的特色。

2. 早期中国文学的历史演进

以先秦文学为代表的早期中国文学不仅自成风格，也有自身独特的发生、发展、繁荣、总结的演变规律。一般的断代文学发展常常表现出发生、发展、繁荣和衰落的特征，而先秦文学却是在繁荣中进入总结期，是在经典文化、诸子文学与楚辞屈赋等文学形式充分发展的高潮中结束的。就其历史演进而言，有以下三点特别值得注意：

一是从英雄向君子的形象转变。早期历史的书写通常是宏大叙事，历史的书写者往往以一种俯瞰苍生的姿态出现，对历史作出英雄式的全知全能的判断和预言，其描写的笔法也是史诗式的庄重与神圣。亚里斯多德在《诗学》中说："史诗（epos, epē, epopoiia）是一种古老的诗歌形式，其产生年代早于一般的或现存的希腊抒情诗和悲剧。希腊史诗的前身可能是某种以描述神和英雄们的活动和业绩为主的原始的叙事诗。"[①] 英雄叙事是史诗的思想和艺术土壤，英雄人物是史诗描写歌咏的主要对象，英雄成为以史诗为代表的早期文学叙事的主角。英雄史诗深刻影响中国早期的经典书写，《尚书》《诗经》等经典文献记载了许多在华夏民族发展史上影响深远的英雄人物。英雄史诗所表现的英雄人物常常具有"天命神授"的神性、传奇的生活经历、非凡的历史贡献、某种悲剧式的生命结局。《尚书》也记载和描写了以尧舜为代表的早期英雄的群像，他们是人类的先知先觉者，集人类的真善美于一身，具有半人半神的品格。

二是从旧体文言向新体文言的语言转变。三代的文学历史产生了从笔语到口语，从旧体文言到新体文言的语言革命。商周通行的是一种凝重庄谨的旧体文言，而春秋时代完成了先秦时期旧体文言到新体文言的历史转变。与商周以来的古体文言相比，春秋时期的"新文言"呈现出表现方法自由灵活、修辞手段广泛应用、语言鲜活生动、形式多变、骈散结合、语助词普遍使用等特征。新体文言的成熟使得中国文学的发展有了新的

---

① ［古希腊］亚里斯多德：《诗学》，陈中梅译，商务印书馆1996年版，第246页。

格局与气象：各种文体逐渐完备，文学创作出现繁荣局面，"建言修辞"成为时代风尚，独立的文人阶层趋向形成，文学理论表现出体系性成熟。春秋时代的"文言"变革与文学繁荣标志着这一时期的中国文学已经进入全面成熟和自觉的历史时期，古人的思想不仅表现在他们说了什么，而且表现在他们做了什么以及如何做。因此，思想考察应该从语言的物质载体和物质表现入手。《尚书》体的古体文言语言简奥朴素，不尚修饰，修辞方法的运用相对简单，句式古拙，较少变化，罕用"之乎者也"之类的语助词。比起商周以来的古体文言，春秋时期的"新文言"呈现出的显著特征是：表现方法自由灵活，风格华美；善于修饰，修辞手段广泛应用；语言鲜活生动、典雅蕴藉；语句形式多变，骈散结合、语助词普遍使用等。

三是由"书写"到"文本"的形式转变。书写是一个具有整体性的理念，包括从主体产生创作意图，直至形成文本并持续演变的全过程及其所有结果，文本是书写的一种结果。从文本上来看，则经历了以王官之学为指导的六经文本，到以诸子之学为内核的诸子文本的转变。无论是从语言，还是从文本的书写方式上来看，早期文学都经历了巨大的变化。而通过对出土文献与传世文献的对读，我们可以从写本的具体形态、内容的流传与变异、版本考察等方面，梳理这一变化的具体细节。

经典是一个过程，经典的形成本身也是一个文献不断整理、选择、写定的过程。远古的历史文献是经典的原初形态，经典是对文献的总结整理和思想升华。轴心时代以前的历史属于文化的前经典时代，前经典时代为经典时代的成熟做了资料和思想的准备。这一过程总体上表现为从底层向宫廷集中，从纷纭累积向集约精粹发展。

《周易》形成的过程最有典型意义。《汉书·艺文志》在论述《周易》的产生过程时说："人更三世，世历三古。"即以汉代为坐标，经历上古、中古、近古时代，而以伏羲氏的八卦、周文王的六十四卦，最后到孔子的《易传》为标志。从伏羲到孔子不仅历时久远，还是历史从野蛮到文明的过程。从远古到近古，原初《周易》是卜筮的、宗教的，而到孔子为《易传》，则将《周易》从卜筮带入了哲学的领域，实现了从神学到哲学的思想跨越。

3. 经典时代与文学书写的历史突破

中国古典文明总体上呈现出连续性、整体性的特点，但中国古典时代不是平铺直叙的，而是波澜壮阔的，是有历史高峰和历史突破的。轴心时代既是古典文明的历史突破期，也是文学出现革命意义变化的历史突破期。

轴心时代这一概念是德国哲学家雅斯贝尔斯在《历史的起源与目标》一书中提出的，而轴心时代又以经典的出现为重要标志，因此轴心时代又称为经典时代。中国的"轴心时代"是以"六经"的完成为标志的。"六经"之名，始见《庄子》，《庄子·天运》谓："丘治《诗》《书》《礼》《乐》《易》《春秋》六经，自以为久矣。"这是传世文献中第一次提出"六经"的概念，但是《诗》《书》《礼》《乐》《易》《春秋》"六经"的产生却是在"前经典时代"两千多年间的文化土壤上生长孕育而成的，大约在公元前 6 世纪至前 2 世纪逐渐完成。《论语》《墨子》《老子》《孟子》《庄子》《荀子》《韩非子》等诸子著作也在这一时期成书，从而支撑起中国古典文化的骨架。这也意味着中国的经典时代包括两方面内容：一是在春秋末期相继完成的六经；二是在战国时代完成的诸子著作。六经与诸子时代的哲学经典不仅完成了中国古典文化的哲学突破，还实现了文学突破。

经典带给中国学术以深刻的影响。孔子、墨子、子思、孟子、庄子、荀子、韩非子等思想家都征引《诗》《书》等文化经典，"六经"既是哲学家的思想武库，也是文学家的艺术引领者。"六经"的诗性品格既决定了诸子哲学的诗化倾向，也决定了整个古典哲学的艺术品格。孔子重视诗乐教育，强调"不学《诗》，无以言"（《论语·季氏》）；他对《雅》《颂》做了文献整理，"吾自卫返鲁，然后乐正，《雅》《颂》各得其所"（《论语·子罕》）；他赞同向往"暮春者，春服既成。冠者五六人，童子六七人，浴乎沂，风乎舞雩，咏而归"（《论语·先进》）的诗化人生境界。子思、孟子、荀子等儒家代表人物，步其踵武，不断强化儒家思想的诗学精神。

而道家哲学则在逻辑与秩序的反叛中，建立起一种自然畅达、不事雕琢的哲学品格。老庄哲学表面看是反美的、反艺术的，却又是极美的、极艺术的。徐复观先生在《中国艺术精神》一书中说："老庄思想当下所成就的人生，实际上是艺术的人生；而中国的纯艺术精神，实际上系由此一思想系统中导出。"在徐复观看来，道是彻头彻尾的艺术精神，既表现为人格的，也表现为哲学本体的。老庄哲学在反艺术中建立了新的艺术审美原则，在反诗中建构起新的人生诗性的哲学体系。

四 "以复古为解放"：中国古典学的学术变革与精神接续

中西古典学的相遇是 20 世纪初的事情，在此之前中西古典学是在各自独立的空间里生长的，中西古典学的历史相逢，对中国现代学术品格的建立产生了重要影响。而随着出土文献的大量涌现，使得古典学在 21 世纪的当下有了新的发展机遇，中国古典学有了新的气象。

1. 中国古典学的独立生长

中国古典学独立成长的特点是没有古典学的名称，却有古典学的事实，正如裘锡圭先生所云："我们过去虽然没有用'古典学'这个名称，但是实质上，古典学早就存在了。发源于孔子及其弟子的经学，就属于古典学的范畴。"① 中国古典学是在本民族的文化土壤上独立生长起来的。古典学术经历了三个重要的代表时期：

第一，汉代以来的文献搜集与注疏。秦火之后，古典时代终结，对于汉代学术而言，首先面对的就是文献的重新搜集与整理，以丰富的文献作为古典学术的根基。汉惠帝四年解除"挟书律"，"汉兴，改秦之败，大收篇籍，广开献书之路"（《汉书·艺文志》）。汉代的经典文献的来源既有民间文献的广为收集，也有宫廷文献的系统性发掘整理，而不同的文献来源、书写形式，却带来了不同的学术风格和学术流派，今古文之争由此产生。汉代学术以经典的注疏见长，以郑玄为代表的经学家实事求是，遍注群经，为中国古典学术建立规范，将古典学术推向新的境界。至有唐一代，孔颖达作《五经正义》，博综古今，集其大成，充分体现了唐人在文化上也具有总揽全局、登高望远的气象。

第二，宋明以来的义理阐发与升华。宋明理学代表着古典学术的一种转向，即从立足经典的客观的文本训诂，转向从经典生发开来的主观的思想引申。

两汉以来的经典注疏核心在于用各种手段证明经典的本体本义是什么，而宋明以来的理学、心学则强调人们能从经典中认识什么、说明什么、生发什么。周敦颐、张载、二程等或将气，或将理，看成是世界的本原和基础，从而为宋代理学思想奠定基础。朱熹的理学思想体系又有更深刻的古代经典背景，正是在对《四书》《五经》系统阐释的基础上，朱熹全面构建了包含本体论、社会观、自然观、人性论的思想体系。明代王阳明曾笃信朱熹的"格物致知"的理论阐释，但在实践中他背离了"格物致知"的思想，而转向心学。认为"格物"不是外在的探索，而是内在的醒悟，"格物者，格其心之物也，格其意之物也，格其知之物也"（王阳明《传习录·答罗整庵少宰书之三》）。王阳明的心学虽然陷入了主观唯心主义的范式，颠倒了世界发生的顺序，但在哲学上高扬了人的主体精神，将人的心灵从种种外在束缚中解放出来。

宋代以后求新求变、惑经疑古的思想开始在学术界流行，对《尚书》《周易》《诗经》《春秋》《周礼》等传统经典，他们公开质疑，对汉唐的经典注疏，他们更敢于提出不同见解，辩驳问难，不遗余力，显示出宋学越来越鲜明的批判风格。欧阳修、司马光、王安石、苏轼、苏辙、李觏、晁说之等都是庆历以后不惮疑古、转变学风的中坚人物。而宋人的学术视野也渐渐从纸质的经典文献离开，转向金石、器物等更广泛的学术领域。刘敞的《先秦古器图碑》、欧阳修的《集古录》、吕大临的《考古图》、王黼的《宣和博古录》、赵明诚的《金石录》、薛尚功的《历代钟鼎彝器款识法帖》等，已经将古典学术带入一个新的领域。

第三，清代朴学的经典考据与证明。朴学是相对于宋学、理学这一概念提出的，面

---

① 裘锡圭：《出土文献与古典学重建》，《光明日报》2013年11月14日第11版。

对宋明理学、心学以来的抛弃经典而空谈心性，清代朴学在批判的基础上，提出了回归三代元典，回归汉学精神，回归素朴的学术追求，提倡对历史资料"有证据的探讨"，从而从根本上动摇了宋明理学的学术基础。有学者批评清代考据学是哲学贫困基础上的畸形学术繁荣，本质上缺少哲学精神；其实，哲学既是对世界的终极思考，也是对现实世界的具体关怀；哲学既是宏大的理论阐述，也是具体问题的科学证明。从这个意义上说，清代朴学回归历史源头的精神指向和实事求是的科学证明，本质上也是一种哲学精神的体现，而就古典学的历史而言，清代朴学是具有历史转折意义的。

清代朴学的精神指向是回到经典，回到经典产生的历史源头。清代学术的代表人物顾炎武、戴震、阮元、王引之、崔述等，都强调"圣人之道，在六经而已矣"①，只有剥去蒙蔽在经典上的层层积尘，才能回到六经，才能回到源头体验圣人之道。清代朴学家们不仅提出了重返经典的思想理念，还指出了"由小学以通经明道"的具体学术路径。戴震终身坚守从小学、制度、名物入手，探求六经之道的学术理念，取得了许多垂范后世的成果，产生了广泛影响。有清一代的学术从理念到实践，都对后世产生了积极影响，这也为20世纪西学东来、中西古典学的相逢准备了充足的条件。

2. 20世纪中西古典学的历史相逢

中西古典学相遇在20世纪东西文明的交流里，相逢在西学东渐的过程中。19世纪末已经开始有西方文学作品的翻译，19世纪西方传教士对于古希腊、古罗马的古典学知识的引入和推广，构成了近代中国古典学的最初发展因素。尽管近代传教士对于西方古典学作品的译介和传播带有文化殖民的目的，但这些作品无论是从翻译的内容，还是编排的体例，都在一定程度上让处于封闭状态的中国人了解到西方古代文明的辉煌，并为中国未来的古典学建设提供了条件，做了准备。

中西古典学真正学术意义上的相逢源于20世纪初。这一时期的梁启超不遗余力地介绍希腊文明，他在办《新民丛报》时写了很多关于古希腊的文章，他在1923年时所提到的"古典考释学"的概念也是受到西方古典学中文献学和语言考释方法的影响，中西古典学由此有了学术意义上的交流，中国学术界也开始用古典学的目光审视经典，审视中国文化的发源。此外，周作人、罗念生、陈康等人翻译了大量古希腊文献，也对西方古典学的传播作出重大贡献。

中西古典学的相逢引起了中国现代学术界巨大的心理震动，整理国故既是这种相逢带来的学术反应，也是中国古典学兴起的萌芽。所谓的"国故"是指中国传统的文化与学术，这点和古典学所强调的"古代经典文献与知识"具有相同的指归。"整理国故"潮流的出现，在很大程度上是应对清末时期西方学术和知识体系对于中国传统文化的冲

---

① 崔述：《考信录提要·释例》卷上，载《崔东壁遗书》，上海古籍出版社1983年版，第2页。

击，并从中国本土的学术立场维护、整理、发展自己的传统文献典籍。章太炎在其专著《国故论衡》一书中，从文学、语言学、音韵学、文字学等角度，对先秦古籍的文字作出了细致的考证与辨伪。

如果说章太炎等人对于古代典籍的发掘和研究是基于中国自身的传统治学之精神，那么以五四新文化为代表的一些学人则试图以西方的学术体系和学科方法，研究中国的传世经典。傅斯年认为："研究国故必须用科学的主义和方法，决不是'抱残守缺'的人所能办到的。"[1] 新文化运动的另一位健将胡适则更加推动这种"西化"的治学策略。1919年胡适发表《新思潮的意义》一文，将"整理国故"看作新文化运动不可分割的部分，并一再强调用科学方法来整理国故。[2] 在胡适看来，所谓的"国故"等同于"国学"，即赞成用西方的学术体系和方法对中国的古代典籍进行新的整理和探究，系统归纳中国的传统而杂乱无章的文献资料。就实际而言，是西方古典学在中国的本土化移植，更进一步讲，是中国古典学在面对西学来袭之时，于近代所开展的一系列的早期实践活动与方法探索。尽管中西古典学的历史相遇，是在激荡的历史风云中进行的，交流中的矛盾心理和精神震荡是强烈的，但从学术意义上，其进步意义还是明显的，这里特别应该强调两点：

第一，古典学与中国现代学术的理论视野。清代朴学以重考据、重证明而见长，这对于纠正宋明以来只讲心性的学风是具有重要意义的，但其流弊则是细琐破碎，缺少整体性，多有现象的描述，少有透彻的分析。古典学以理论的整体性、方法的多样性给中国古典学术研究带来了新的视角，给人以耳目一新的感觉。特别是马克思主义理论指导下的古典学术思想的影响，大大促进了古典文明和古代社会的研究。1929年出版的郭沫若的《中国古代社会研究》，就是在恩格斯《家庭、私有制和国家的起源》的影响下，研究中国古代社会问题的著作。侯外庐1946年完成的《中国古代社会史论》运用马克思亚细亚生产方式的理论，研究中国古代社会的文明起源，分析了中国古代"城市国家"的构成形态，是古典学研究的代表性著作。1989年日知先生的《古代城邦史研究》，系统地运用古典学理论分析中国古代城邦社会的特点，显示了中国古典学理论的成熟。

第二，古典学与中国现代学术的方法突破。古典学立足于多学科的求证方式，带给中国现代学术方法论革命性的变化。王国维对于西方学问与中国的传统治学有着较为清晰的认识。他十分重视出土文献和考古成果，提出了"二重证据法"的学术方法，取得了学术方法的历史突破。所谓"二重证据"即"于纸上之材料外，更得地下之新材料"，他把求证的视野从单纯的纸上文献带入丰富的考古世界，实现了地上与地下的融合，这

---

[1] 傅斯年：《国故和科学的精神》附识，《新潮》1919年第1期。
[2] 曾平：《"整理国故"与"再造文明"的不同路径——从民国时期"整理国故"运动考察当时学界的不同文化理念及其冲突》，《中华文化论坛》2007年第3期。

是古典学研究领域的扩展，也极大地推动了中国古典学研究水平的提高。陈寅恪在《王静安先生遗书序》中将王国维的"二重证据"，进一步扩展为"三重证明"，即"一曰取地下之实物与纸上之遗文互相释证""二曰取异族之故书与吾国之旧籍互相补正""三曰取外来之观念与故有之材料互相参正"，这是陈寅恪对王国维学术方法的拓展，也是陈寅恪自己的学术追求。钱锺书先生强调"打通"，即中外之间打通、古今之间打通、学科之间打通，无论是"二重证据"，还是"三重证明"，本质上都是打通，这正是古典学方法论的根本特征。

3. 出土文献与中国古典学发展的历史机遇

陈寅恪在《陈垣敦煌劫余录序》中说："一代之学术，必有新材料与新问题。取用此新材料，以研求问题，则为此时代学术之新潮流。治学之士，得预此潮流者，谓之预流。"从这个意义上说，20世纪初以来大量地下文献的出现是"新材料"，而以出土文献的"新材料"来审视中国古典文明和中国历史的发源，便是"新问题"，由此形成了中国现代学术的"新潮流"，也是中国古典学术的"预流"。

20世纪初殷墟甲骨文献的发现，对中国古典文明研究具有特殊意义。安阳一带所谓医用的"龙骨"，被王懿荣、刘鹗、孙诒让、罗振玉等学者发现并收藏，开启了甲骨文研究的历史。其中，王国维的研究成就最为突出，1917年王国维发表《殷卜辞所见先公先王考》和《殷卜辞所见先公先王续考》两篇文章，以"新材料"的释读证实了《史记·殷本纪》所载有商一代先公先王世系的可靠性，为中国古典学术研究开辟了新的道路。而大量青铜铭文的出现，也与甲骨文的出土相呼应，共同构成了中国古典学的"新问题"——金文甲骨学。金文甲骨的出现，极大丰富了传统文字学的研究资料，促成了20世纪古典文字学研究的繁荣。许多学者用此新材料研究中国古典文明问题，也使中国古典文明的研究达到了一个新的境界。

20世纪出土文献被学者称为"大发现时代"（李学勤《中国古代文明研究》），而20世纪70年代以来又被称为出土文献的井喷时代。尤其是70年代以来，陆续发现了大量汉代和战国时代所抄写的古书，如阜阳双古堆、临沂银雀山、定县八角廊等汉墓出土的竹书，长沙马王堆汉墓出土的帛书，慈利石板坡、荆门郭店等战国楚墓出土的竹书等，为古典学提供了一大批极为宝贵的新资料。王国维的"二重证据法"，就是建立在对出土文献的大量考察之上的。

20世纪以来学术界流行的疑古思潮怀疑历史、怀疑传说，特别是对先秦经典的怀疑，使得传统经典的地位不断动摇，一度造成了上古时代文献的贫乏。而不断出土的甲骨、铭文、木牍、绢帛、竹书等文献，不断为许多先秦两汉文化经典的存在提供科学依据，早期文学的研究视野也因此而拓宽。70年代马王堆汉墓帛书和阜阳汉简的出土促进了《周易》《诗经》等经典的研究，而90年代出土的郭店楚简则大大提升了诸子学的研究水平。2000年11月，上海古籍出版社出版了《上海博物馆藏战国楚竹书》（一），其中的《孔子诗论》引发学术界异常热烈的反响，围绕着文字释读、竹简编联以及孔子的诗学思想等问题，进行了广泛而有深度的探讨，迅速形成了以诗学研究为中心而跨越多种学科的"显学"。2008年，清华大学图书馆收藏的战国简（简称"清华简"），不仅对解读《周易》《尚书》《诗经》《左传》等经典文献意义重大，对理解中国诗歌、小说、散文的起源与原初形态也有文学史的补正意义。而随着近期出土的安徽大学、北京大学、海昏侯汉墓等竹简的整理出版，必将对《诗经》《论语》以及秦汉制度等领域的研究产生深远的影响。

20世纪以来，我国现代考古学的建立不仅带来了文献的支撑，对我们重新思考古典文明也大有裨益。时至今日，一批批重要的文物随着考古研究相继问世，中国迎来了一个考古大发现的时代。李济的"考古重建"、郭沫若的"古代研究"均为"走出疑古"起到了重要的作用，促使我们再度重新思考早期文明的历史状态。

依赖于出土文献和考古成果的有力支撑，中国学术界终于发出了"走出疑古时代""重建中国古典学"的有力声音。李学勤先生在20世纪80年代就认为："考古学新取得的一系列成果，已经提出很多有深远意义的课题，这必将对人们关于古代的认识产生根本性的影响。重新估价中国古代文明的时机，现在业已成熟了。"[1] 裘锡圭先生在此基础上进一步认为，应该用"古典学"这个词来统摄"蕴含着中华文明源头的先秦典籍的整理和研究"[2]。出土文献的发掘不仅有利于追溯中国古代文明早期的文字形态与社会风貌，还有助于勘校传世文献的不足与残缺，弥补相关史料的空白。

20世纪70年代以后大量出土文献的发掘，为中国古典学的发展提供了有力的材料支持。20世纪80年代初，日知先生就主张以古典学的目光研究中国古典文明和城邦社会，并出版了《古代城邦史研究》《中西古典学引论》等著作。冯友兰曾将古典学术研究概括为"信古—疑古—释古"的"三个阶段"，李学勤先生后来强烈呼吁"走出疑古时代"，以为"在现在条件下，我看走出'疑古'的时代，不但是必要的，而且也是可能的了"[3]。如响斯应，裘锡圭先生则明确提出了"重建古典学"的主张，强调"发展古典学已经成为时代的要求。我们不能照搬在很多方面都早已过时的传统古典学，也不能接受那种疑古过了头的古典学，必须进行古典学的重建。出土文献对古典学的发展有举足轻重的作用"[4]。随着出土文献研究的深入，重建古典学的呼吁得到了越来越多学者的响应，以古典学命名的学术机构纷纷建立。

---

[1] 《李学勤集》，黑龙江教育出版社1989年版，第15页。
[2] 裘锡圭：《出土文献与古典学重建》，《光明日报》2013年11月14日第11版。
[3] 李学勤：《走出疑古时代》，辽宁大学出版社1997年版，第19页。
[4] 裘锡圭：《出土文献与古典学重建》，《光明日报》2013年11月14日第11版。

4. 古典学研究的本质是一种精神接续

古典学的本质并不是简单的学术求证和方法训练,而是指向遥远的古典时代,指向伟大的古典精神。维拉莫威兹在《古典学的历史》中这样描述古典学的目标:"该学科的任务就是利用科学的方法来复活那已逝的世界——把诗人的歌词、哲学家的思想、立法者的观念、庙宇的神圣、信仰者和非信仰者的情感、市场与港口热闹生活、海洋与陆地的面貌,以及工作与休闲中的人们注入新的活力",也就是说古典学中"科学的方法"的目的是"复活那已逝的世界",而那个已逝的世界是由"诗人的歌词、哲学家的思想、立法者的观念、庙宇的神圣、信仰者和非信仰者的情感"等文化现象构成的宏大精神体系,终极则是面对人,是对那些"工作与休闲的人们",以古典精神给现代生活注入"新的活力"。

梁启超提出的"以复古为解放"的思想,应该说是对古典学"复活那已逝的世界""注入新的活力"的中国注解。1920年春天,梁启超游欧归来,在《清代学术概论》的写作中,他明确提出了"以复古为解放"的写作纲领,其谓:

> 综观二百余年之学史,其影响及于全思想界者,一言蔽之,曰"以复古为解放"。第一步,复宋之古,对于王学而得解放。第二步,复汉唐之古,对于程朱而得解放。第三步,复西汉之古,对于许郑而得解放。第四步,复先秦之古,对于一切传注而得解放。夫既已复先秦之古,则非至对于孔孟而得解放焉不止矣。①

在梁启超笔下,从清初顾炎武对王学的反动到康有为颠覆一切经典,清代学者们以考据为手段节节复古,最终收获到的是思想的层层解放。从复古的立场出发,实现精神解放的目的,复古是手段,解放才是本质。这个解放的过程是渐进的,有层次的,由清而复宋之古,由宋而复汉唐之古,由汉唐而复先秦之古,先秦之古是三代,这正到达了古典文明的本体。而一路走来是不断挣脱束缚、卸去盔甲的过程,直至最后连孔孟也摆脱,回到历史的起点,生机盎然,天机一片。

古典学发展的历史也确实走过了"以复古为解放"的过程。近代古典学建立于14—16世纪的西方文艺复兴时期,其本质就是以追溯古希腊和古罗马时代的古典文明为目标,力图打破中世纪的思想黑暗和文化钳制。古典学家通过对文献科学详细的整理,对典雅、流畅的修辞学表达的推崇,也是对抗经院派僵化蛮横的治学方式,反映着一种人文主义的精神追求,为后来欧洲的思想解放运动廓清道路。

从18世纪开始的现代古典学,开始就以发掘包括《荷马史诗》在内的古希腊文学的人文精神为目的。19—20世纪的西方古典学研究侧重于传统方法的应用,其具体表现

---

① 梁启超:《清代学术概论》,上海世纪出版集团、上海古籍出版社2005年版,第6页。

在对古希腊、古罗马传世经典的语言考察与文本解读,以此还原古典文明的内在价值与思想。20世纪后半叶的古典学无不专注于传统思路的扩展,并希望以此追溯西方古希腊时期的人文精神和文艺复兴时期的时代思想,从而弥补第二次世界大战给欧洲带来的巨大创伤。也就是说,古典学的本质一直是实现对古典文明的精神接续,古典学术本身也一直是充满怀疑和批评精神的,而怀疑、批判是新的思想和学术生长的前提。

中国古典学在建立过程中也一直注意精神的发掘。鲁迅对于中国古典学的研究最早始于中西比较的范畴。他以"自树"署名撰写的《斯巴达之魂》一文,主要以叙述《希腊波斯战争史》的内容为脉络。此外,鲁迅在1908年8月的《河南》杂志上发表的《文化偏至论》一文中,以尼采的个人哲学为理论依托,从"掊物质而张灵明,任个人而排众数"等角度,分析了中国近代落后的原因,进而与古希腊古罗马文明相比较,主张学习"尊个性而张精神""首在立人"等西方古典学的人文精神。

古典精神本质上是一种人的精神。人的精神和价值的发现是一个漫长而苦难的过程,经历了从蒙昧、野蛮到达文明的转变,是一个从黑暗到光明的历史,是从殷墟殉葬坑的累累白骨到轴心时代人的生命被尊重、人的精神被高扬的历史。

马克思对古典时代的探讨集中于人的精神探讨,既指出古代人的自由意识受到时代因素的桎梏,也讴歌古代文明中积极的人性之光:"希腊人将永远是我们的老师,因为这种素朴性把每一事物可以说是毫无掩饰地、在其本性的净光中亮出来——尽管这光还是晦暗的。"①

轴心时代是古典时代的辉煌时期,这一时期人性的光芒照亮了人类的精神世界,这种人性深深嵌入人类的精神深处,成为历久弥新的文化记忆。每次回忆人之本质被发现、人之价值被肯定的历史,都有一种亲临往古踏上漫漫长路的亲切感神圣感。重温历史,回到古典时代,正如瑞士心理学家C. G. 荣格(Carl Gustav Jung,1875—1961)所描绘的"找到了原始意象、找到了心理原型":"当原型的情境发生之时,我们会突然体验到一种异常的释放感也就不足为奇了,就像被一种不可抗拒的强力所操纵。这时我们已不再是个人,而是全体,整个人类的声音在我们心中回响。"② 那种"原始情境"就是维拉莫威兹所说的"复活那已逝的世界"的"复活",而那种"异常的释放感",就是梁启超所说的"以复古为解放"的"解放"。到达古代世界,重温往古文明,我们获得的不是个人的,而是一个集体的、一个民族的整体释放。

(原载于《北方论丛》2021年第1期)

---

① 《马克思恩格斯全集》第40卷,人民出版社1982年版,第148页。
② [瑞士]荣格:《论分析心理学与诗的关系》,载叶舒宪选编《神话——原型批评》(增订版),陕西师范大学出版社2011年版,第96页。

提一个口号：复兴古典学！

鲁国尧

七十年来，汉语史的研究，无论词汇、语法、语音等分支学科，都取得了令人欢欣鼓舞的成就。在词汇史方面，二十世纪五十年代，张相先生《诗词曲语辞汇释》、蒋礼鸿先生《敦煌变文字义通释》的出版揭开了汉语词汇史研究的新的一页，中古、近代词汇的研究得到前所未有的重视、迅猛发展，至今已出版几百本专著、上万篇论文，有上百位硕导博导、庞大的硕士博士队伍。汉语中古、近代语法史的研究也取得了骄人的成就。在音韵史方面，研究自唐至民国的数以百计的韵书、韵图，也出版、发表了大量的专著、专论。总之，成就是辉煌的，贡献是巨大的，可歌可颂。

但是也应该看到，当今中国语言学存在的问题或隐患，就是古典学不受重视。作为中国语言学人，我们所讲的"古典学"，就是中国先秦两汉，特别是先秦这一时段的语言之学。

滔滔江河水有源，巍巍巨木树有根，先秦学术，无论在语言学、哲学、历史学、文学、社会学等方面都是中华文化的基石，此后迄今的学术多导源于此而发展、发扬。

可是时至今日，精通先秦典籍的诸老凋零殆尽，当今大多数语言学者尤其是年轻的学人，许多应该读的典籍没有读过，或者只读了点选篇，这是很令人忧虑的。至于从事先秦哲学、史学、文学等研究的专门家对先秦典籍的误读误释误解，就更非罕见。先秦典籍的词语、语法一直为后世的文言所继承、化用，由于古典学的式微，两汉魏晋南北朝隋唐宋元明清民国的海量文献的点校、注释、翻译都出现不少谬误。

古典学处于落寞的境地，也使得当今的汉语词汇史、语法史、语音史的研究显得畸轻畸重，尾大不掉。

为了继承光大中华民族优秀的古代文化，为了子孙后代，古典学遭受冷遇的状况不能再继续下去，亟须改变。

提一个口号："复兴古典学！"

建议当今研究中古、近代语言的学者，一部分人移师上古，带头转型。古典学也是一座金山银山，应该说，更是金山银山，因为较之中古、近代，其研究对象在中国历史上具有崇高的地位，乃民族之魂。虽然清代、民国的一些大家于传世文献开掘不少，但是这是一个幅员广阔、土地富饶的王国，需要更多的勇士去垦殖。

一分耕耘，一分收获；八分耕耘，八分收获。超越前辈，是英雄；超越大学者，是大英雄！更何况近几十年大量涌现的甲金文献、简帛文书，需要精通古典语言的学者投身其中，起引领作用。语言学是领先学科，只有通语言文字然后方能通义理之学，这是至理铁律。

建议重视培养古典学的博士生，他们将是中国语言史研究转型的主力，希望在他们身上。

建议各个大学的文学院、文史学院开设先秦古典学专书的研读课。不能老是讲通论，不能再像此前那样蜻蜓点水式地选几篇易懂的文本充数。

先秦典籍距今过远，难懂之处甚多，因此学习古典学、研究古典学，需要迎难而上，"少年心事当拏云"，方显出英雄本色。

我们相信，经过十年廿年或更多些时间，古典学的研究会硕果累累，誉满学坛。

我们相信，二十一世纪，中华大地会再次涌现章太炎、王国维式的大学者。

中华民族伟大复兴需要古典学，古典学必能为中华民族伟大复兴作出重大的贡献。

复兴古典学！

古典学复兴！

（原载于华学诚主编《文献语言学》第 12 辑，中华书局 2021 年版）

古典教育与中华文脉

李四龙

从 2010 年起,我在北大主持"古典语文学"项目,简称"古典班"。该项目的定位是培养北大人文基础学科的本科拔尖人才,希望在本科阶段强化对古代经典和古典语言的学习。2009 年教育部启动拔尖人才培养计划时还不包括文科,只有理工科的基础学科参与。但北大想在人文学科做些突破,学校经过反复酝酿决定设立这个跨学科项目。因此,我所主持的这个本科教育项目一直备受关注。

人文学科的研究必须从经典文献和语言文字入手,思想的创新需要新材料、新方法和新问题。"古典语文学"项目从本科阶段综合、系统地为北大人文院系学生提供这些方面的扎实训练。我在给这个项目确立培养目标时写了这么一段话:"旨在为北大与国家造就一批既能精通东西方经典与古典语言,又能有时代意识与创新精神的学术栋梁。这些学生要自觉地以建设未来的中国文化为使命,熟悉并掌握东西方文明的古代语言与经典,能在目前北大的通识教育基础上接受系统的专业训练。我们期待学生在此期间,既要有'工夫之养成',能有扎实的语言功底和古典阅读能力,又要有'思想之锤炼',能有必要的哲学素养与思想创新能力。"

在我的心目里,古典教育在当代中国的内涵和意义,并不局限在知识层面上的传承与研究,而是反思和接续绵延五千年的中华文脉,与世界文明体系形成有机的整体。这在一定程度上可以给"人类命运共同体"提供学理支撑。

一 什么是"古典语文学"?

按照通行的说法,古典语文学是古典学的组成部分。德国人沃尔夫(F. A. Wolf)在 1795 年发表《荷马绪论》(*Prolegomena ad Homerum*),被认为是"古典语文学"(studiosus philologiae 或 classical philology）在现代学术体系里的诞生。① 在现代大学里研究古代经典，其出发点并不像在古代社会是为了给这些经典培养传承者和实践者，而是试图以实证的方式还原或再现古代文明，无论是精神世界或社会生活。

古典语文学奠基于对古典语言文字的识别和解释，它和考古学、古代史共同构成西方古典学的三大分支。克拉夫特对这三个分支的说明，在西方学界颇有代表性：

> 古代史——研究希腊、罗马的政治、经济和社会史，也包括古典时期其他大多无文字记录的民族历史（高卢人、伊比利亚人、努弥底亚人、达喀尔人、色雷斯人、伊利里亚人、迦太基人等）；古代考古学——研究希腊、罗马的造型艺术；古典语文学——阐释保存下来的希腊语和拉丁语文学。②

不过，古典语文学的研究领域决不局限于古代文学。他接着说：

> 古典语文学的兴趣不局限于"美"文学，也包括希腊人和罗马人的专业文献（哲学的、专门科学的、纪事学的），这类书籍习惯用优美的文学体裁编写。大量的希腊语和拉丁语碑文被归入古代史学科，碑铭学专业也隶属这一学科，因为碑铭几乎仅为非文学的文本（文献、法律文本、官方公告等诸如此类）。③

这位作者把古典语文学的研究范围似乎过多地倾向于文学，但其对史料学与语文学的区分，在我看来很有见地。他说："对碑文的分析利用，主要是古代史、宗教学、语言史的任务，而不是古典语文学的目标。"但这也有例外，譬如，碑文可以补充古典作家的传记，很多碑文引用了文学作品里的诗文，这些引文可以让我们推断这些作品的传播以及当时的教育水准。④ 事实上，历史文献和文学作品并不总是泾渭分明的。古典语文学的研究对象，总是指向某种文本，并且隐含了一系列独特的研究方法。

我们今天在看到古代文本时，其实早已得益于历代古文字学家和古文献学家的工作，他们对这些文本做了辛苦的考订筛选。文本的识读和考订，是古典语文学最枯燥、最基础的工作。在各种材质的碎片里拼接出成段的文字，这已经是很幸运的美事。如何获得这些历史碎片，对训练有素的专家来说，也是很偶然的机遇。而对学生来说，认识古文字、学习古代语言（词义、语法、修辞等）、了解古代的文本形态，是进入古典语

---

① 刘小枫：《古典学的何种"传统"》，载《古典学与古今之争》（增订本），华夏出版社2017年版，第4—5页。
② ［德］克拉夫特：《古典语文学常谈》，丰卫平译，华夏出版社2012年版，第7页。
③ ［德］克拉夫特：《古典语文学常谈》，第7页。
④ ［德］克拉夫特：《古典语文学常谈》，第110页。

文学的基本功。近现代语文学比较重视文学作品的欣赏、研究和写作，平常的教学内容里并没有太多的古典作品，要讲也只是普及性质的简单介绍。在我所从事的佛教研究里，西方学术界所说的"佛教文献学"（Buddhist Philology，或译"佛教语文学"），即以西方古典语文学的方法运用于古代东方佛典研究。面对在东方收集的梵语、巴利语、汉语和藏语佛典，西方学者对那些古代佛典写本进行多语种的对照校勘，把梵巴语文本转写成拉丁字母，配以对文本的导读、重要词汇的索引，最后出版所谓的"精审本"（critical edition）。

在文本的考订过程中，相关的思想和历史内容也很重要，从而确定文本的真实性。有些文本的署名可能是历史上的讹误，但也可能是某个时代的刻意伪托。这在出版"精审本"时必须给出明确的结论，哪怕有可能犯新的错误。为了分析这些文本的真实性，对每位古典作家的词汇、语法、修辞、韵律或用典等做出专门的统计，经常是古典语文学研究的重要手段。[①] 一旦从中发现独特的表达方式或某个反复出现的母题，以及各种主题之间的关系结构，就会被认为是一项重要的研究成果。而比这种研究更激动人心的工作，是在历史的蛛丝马迹里发现文本的生成过程。很多人把这种层累地生成的古代文本作为伪书伪史的铁证，我个人认为这在方法论上是站不住脚的。层累地生成，有时候更能反映历史的展开过程，就好比《坛经》从敦煌本到宗宝本的演变，就是一部浓缩的禅宗史。推翻历史的定论，常会引起学界的关注。证伪和质疑，是很多文献学者的首选。不过，利用出土文献证实传世文献的历史记载，丰富相关的细节，对文明史的研究意义更大。苏美尔泥板文字、古埃及莎草纸文稿、中国简帛写本、印度梵文贝叶经等，幸存下来的古本并不多，以古典语文学的方法处理这些古代残篇，常有一些穿越时空的惊人发现。

其实，文字的释义、文本的考订，远在18世纪沃尔夫之前，西方就已有专业的语文学家。在西方的希腊化时期，约公元前3世纪早期，托勒密一世（一说是二世）在亚历山大城建立了一座皇家研究院，称为"缪斯圣殿"（Mouseion），附设皇家图书馆，延揽了一批当时著名的学者、诗人和科学家。当时的学者已经发现希腊语古写本有很多讹误，作了一些修改，譬如对《荷马史诗》进行最早的整理和校勘。这是西方最古老的一批语文学家，在尽量挖掘作者的原意。这门拉丁语称为 classicus 的学问，最早专门用来研究古希腊罗马文明，意思是指"属于第一等级"的学问。古希腊语 Philologia，到英文里写成 philology，原意为"爱言"，引申为"热爱语言及其所表达的思想"。[②] 西方进入

---

① ［德］克拉夫特：《古典语文学常谈》，第15页。
② 黄洋：《西方古典学和我们》，载北大古典语文学项目组编《北大古典学》第1辑，2016年，第32页。在他看来，西方古典学是专门研究古希腊罗马文明的一门学问，包括其语言、文学、历史、哲学、艺术、法律等，研究对象的时间跨度从公元前3000年爱琴海早期青铜文明直至公元7世纪为止。

中世纪以后，主要兴趣是学习拉丁语文献。他们对希腊语和古希腊文学的热情，要到文艺复兴后才再度兴起，从 14 世纪的意大利开始，陆续波及西欧各国。他们收集古希腊罗马的手稿，以"人文主义"的理想取代纯粹的语文学家，"与古代的相遇不仅仅是为着学术研究，而是通过汲取古代作家们优美典雅的文风，通过研究古代的哲学和伦理学而从僵死的教条中解放出来，从而促进人的教养"①。这是一种怀揣古典主义教养理想的古典语文学，但在随后的发展中，学术化倾向日益加强，文本及其真伪考据成为学界主流，文本研究完全成为历史实证主义的附庸，基本割裂了与审美体验、现实生活的关联。作为现代大学学科体系里的古典语文学，确实并不以古典主义的人文教养为目的，但这并不是古典语文学的错误。古典学作为领域更宽广的学科，必须承担古典语文学在学术以外的使命。

西方人把古希腊罗马文明看成是现代西方文明的根源，譬如歌德声称自己是"用心灵寻找希腊人的土地"②，直到今天开奥运会，要从希腊取火种，在开幕式上象征性地说希腊语，这就使古典学在西方的教育体制里具有重要的地位。从学科建设的角度来说，1809 年语言学家出身的洪堡被任命为普鲁士教育部长，建立了以古典教育为核心的课程体系，使希腊语和拉丁语成为当时中学人文教育的核心内容。他在 1810 年创办柏林大学，古典学成为重要科目。③

几乎与此同步兴盛的东方学，大量借鉴古典学的研究方法。两者的结合，最终构建了我们现在习以为常的世界文明史，西方社会几乎成了文明的典范。

二　北大的国学和古典学

在 2010 年启动"古典语文学"项目以前，在北大的校园文化和学科体系里并不流行"古典学"一词。现在，这已经是北大高频出现的词汇。

在当初论证要设"古典语文学"项目时，我们强调了北大在这方面的学术积累，无"古典学"之名但有"古典学"之实，特别是我们在中国传统文化研究上的学术传统，能给古典学提供有力的支撑。在 2009 年 12 月召开的北大教学工作会上，我介绍了"古典语文学"项目的筹备情况，转达文史哲三系和外语学院相关教师商议的结论。我首先讲述这些院系在古典学领域的学术积累，"文史哲三系、外语学院、考古文博学院拟议联合开展'古典语文学'拔尖学生培养项目。哲学系重在研究古希腊、古罗马经典及其

---

① ［德］克拉夫特：《古典语文学常谈》，第 158—159 页。
② 该句出自 1786 年歌德发表的《伊菲革涅亚在陶里斯》。转引自黄洋《古典希腊理想化：作为一种文化现象的 Hellenism》，《中国社会科学》2009 年第 2 期。
③ 黄洋：《古典希腊理想化：作为一种文化现象的 Hellenism》，《中国社会科学》2009 年第 2 期。

古典语言，以及中国儒家经典、先秦典籍与佛道原典；中文系重在研究中国古文字学、古典文献学、古典文学；历史系、考古文博学院重在研究中国古代历史，特别是上古史和中古史，以及世界古代史等；外语学院重在研究东西方古代经典与语言，如古希腊语、梵语、巴利语、吐火罗语、中古波斯语、阿卡德语、古希伯来语、腓尼基语、阿拉米亚语、赫梯语等"。根据北大的学科布局，我们从一开始就有从中国古代经典、西方古典学做起，然后逐步扩大的发展规划。2018年，我们组织了历史系、外国语学院和艺术学院的教师，设立"亚非古典学"方向。

尽管最初有老师反对使用"中国古典学"这个概念，但都同意在中国古代经典研究领域要以"非常规"手段培养学术接班人。能不能成为学术大师，取决于很多因素，但文史哲三系至少要有好的接班人。时任哲学系主任的赵敦华在2009年6月30日《光明日报》上发表《从古典学到解释学的西学传统的启示》，认为现代解释学是对以古典学为基础的西学传统做出哲学解释。改革开放以后，中国哲学史的研究，以汤一介先生为代表，始终有建立"中国解释学"的学术努力。北大哲学系的两位著名系友，甘阳、刘小枫在这方面一直努力耕耘，译介了大批相关的学术论著。

中国哲学与古典学之间的关联，或者说，哲学之于古典学的关键作用，在最近十多年各高校的古典学研究里表现明显。2009年秋，中国人民大学文学院古典文明研究中心、中山大学古典学研究中心、北京大学跨文化研究中心、陕西师范大学古希腊罗马宗教研究所、四川大学古希腊哲学与宗教研究所、西南政法大学古典学研究中心等全国六所高校的研究机构联合倡议成立"中国比较古典学学会"。这意味着中国大学研究古典学渐成风气，而其内在的理路侧重于富有哲学色彩的中西经典比较与解释。以刘小枫主编的《古典学研究》第1辑（华东师范大学出版社2018年版）为例，是以"古典哲学与礼法"为主题。不过，国内自称研究中国古典学的学者，大多是有文献学研究的学术背景。譬如，我的好朋友、英年早逝的石立善教授在日本京都大学接受一流的文献学训练，归国后领军主编《古典学集刊》，2015年创刊号出版后被认为是中国古典学领域第一本专业学术刊物。他所说的"古典学"，特指关于中国的经典与注释的学问，研究对象与内容以古代儒家经典为主，佛教、道教与诸子百家等经典为辅。其他以发表出土文献研究论文为主的刊物，更是直接表现了古典学与中国古文献学的密切关系。

在裘锡圭先生看来，"古典学"在中国虽是新词，但古已有之。他说：

> 我们使用"古典学"这个名称，是晚近的事，但是从实质上看，古典学在我国早就存在了。发源于孔子及其弟子的经学，就属于古典学的范畴。对于先秦诸子和屈原、宋玉等人的《楚辞》等先秦著作的整理和研究，自汉代以来也不断有学者在进行。西汉晚期成帝、哀帝两朝，命刘向、刘歆父子等人全面整理先秦以来典籍。

他们所做的，大部分是古典学的工作。①

北大古典语文学项目的出现，与中国高校的古典学风气同步。2010年6月，该项目在一年级新生中举行招生面试，并在当年9月公布古典班首个教学计划，即2010年版教学计划。作为本科生培养方案，古典语文学项目是为他们将来的古典学研究打基础，重点是古典语言和古代经典的学习，我对古典班学生提出了两点要求：工夫之养成，思想之锤炼。站在学生培养的角度，我最关心的是有没有足够的课程。我和学校最初都认为，中国古代经典方向比较好办，西方古典学在北大纯属草创，课程资源积累不多，可能比较难办。但在第一届21位学生招收以后，14位选中国古代经典方向，7位选西方古典学方向，我很快发现西方古典学容易办，中国古代经典方向难办。在北大，完整的学科体系使我们很容易组织到足够的课程资源，只是专业程度的高低，但要让老师们在学科上达成共识，非常困难。2011年西方古典学研究中心成立以后，古希腊语、拉丁语的教学越来越正规，专门配备的师资陆续入职到岗。中间虽有黄洋老师从北大回复旦的变化，但整个师资队伍越来越强，彭小瑜、吴天岳、高峰枫、李隆国、刘淳等锲而不舍，外国学者先有穆启乐（Fritz-Heiner Mutschler），后来有范韦里克，更重要的是张新刚（后来转入山东大学）、程炜、林丽娟、陈莹雪等新老师的入职。2018年才设立的亚非古典学，能动用的师资非常有限，全北大仅拱玉书、李政、颜海英、贾妍、陈飞、梅华龙等数位老师，但这个学科和西方古典学一样，在国外都有现成的课程体系可以借鉴，毕业生也能迅速对应海外名校的相关专业。西方古典学在中国的学科布局，是从世界古代史开始。1984年，东北师范大学的林志纯先生联合学界朋友向教育部提交"关于加强世界古典文明史研究的意见和建议"，后来得以成立"东北师范大学世界文明史研究所"，从各高校选拔了一些学生，开办"世界古典文明史试办班"。这些学生现在是我国世界古代史各领域的领军人物。他们当年的学习都从语言开始，研究古希腊罗马则学希腊语、拉丁语，研究古埃及则学象形文字，研究古代西亚则学楔形文字。② 这次尝试，可以说是西方古典学在中国最早有体系的学科建设。

在项目运作之初，我们连"中国古典学"这个名称都不敢用。直到今天"中国古典学"是什么？到底是新建还是重建，似乎还有争论。在与国际学术界深度交流越来越频繁时，我们的人文学科似乎都在重新寻找自我认同。在本科生培养方面，争论最多的是中国古典学的对应时段，我主张的下限是到两汉。但争论的结果，是延伸到清末。宋代

---

① 裘锡圭：《出土文献与古典学重建》，载李学勤主编《出土文献》第4辑，中西书局2013年版，第3页。
② 于颖：《古典学的是是非非》，《文汇报》2015年2月6日第22版。林志纯先生的学术成果，可以参见他的《中西古典学引论》（署名"日知"），天津教育出版社2006年版。

对经典的解释、清代对经典的考据，都可以说是中国历史上的古典学。① 其实，就本科生培养而言，这场关于对应时段的争论并不太重要。因为我们要做的是古典语文学，是为高阶的古典学做准备。2010 年我接受了其他老师的建议，中国古典学方向接受本科生的学业兴趣范围，从上古一直到清代。直到 2021 年，北大文史哲三系全部进入了教育部拔尖人才计划，古典语文学项目才把中国古典学方向凝练为两个研究班，"先秦两汉经典传习班"和"敦煌与中外文明研究班"，实际上是把中国古典研究的对应时段压缩到先秦两汉，而把此后对先秦两汉经典的研究纳入"解释学"范畴。在本科培养阶段，划定古典学研究对象的时段，比给古典研究进行学术史分期更重要。

说到中国古典学的研究对象，自然就会联想起"国学"。2010 年 10 月 18 日《光明日报》发表长篇访谈稿《国学=中国古典学》，希望能以"中国古典学"为"国学"申请一级学科正名，甚至建议把"国学"理解成"中国古典学"的简称。该文提到一种观点，若以"中国古典学"定义原来的国学，能更好地概括中国特有的具有典范意义的文明体系，使之成为一门从学术范式到知识构架、学理依据均不同于现有的文学、历史、哲学学科的独立学科。这或许是把国学和古典学联系得最紧密的一篇文章。

站在今天古典学的视角，一百多年来北大学科设置的沿革可以有新的理解空间。一百年前，北大一方面是反传统文化的急先锋，发起新文化运动，另一方面倡导国学，乃至于北大至今还被认为是世界上中国传统文化或国学研究最主要的重镇。这两股思潮相反相成，北大百余年的国学传统隐含了古典学的学术理念，即对中华文明核心思想或根本精神的提炼和阐释。古典学在最近二十年的持续升温，相映成趣的是，当年被灰溜溜赶出北大的"经学"现在堂而皇之地成为显学，从校园一路红到社会。在裘先生看来，"从 20 年代到 30 年代，疑古逐渐成为古典学界的主流思潮，传统的古典学在很多方面受到清算。经书的神圣外衣完全被剥除"②。1992 年李学勤在北大一次座谈会上提出"走出疑古时代"，③ 给先秦的古史古书赋予一种真实性。就是这样一种基于考古的古典

---

① 这一思路可以参看裘锡圭《出土文献与古典学重建》（载李学勤主编《出土文献》第 4 辑），刘钊、陈家宁《论中国古典学的重建》[《厦门大学学报》（哲学社会科学版）2007 年第 1 期]，甘阳、吴飞《"古典与文明"丛书总序》（载普鸣《成神：早期中国的宇宙论、祭祀与自我神化》，生活·读书·新知三联书店 2020 年版）。如上述《总序》认为，"汉代对古代典籍的挖掘与整理，对古代文字与制度的考证和辨识，为新兴的政治社会制度灌注了古典的文明精神"，是中国古典学的奠基时代。从晚唐到两宋，开启了新一轮古典学重建，是中国的第二次古典学时代。清代则是第三次古典学时代，并认为当前是重建古典学的第四个时期。参见该《总序》第 4—6 页。

② 裘锡圭：《中国古典学重建中应该注意的问题》，载《中国出土古文献十讲》，复旦大学出版社 2004 年版，第 2—3 页。该文曾是 2000 年 3 月 25 日在东京召开的"文明与古典"公开研讨会上发言的底稿。

③ 李学勤的这个座谈后经李零、魏赤整理，以《走出"疑古时代"》为题刊于《中国文化》1992 年第 7 期。后来收入论文集《走出疑古时代》，辽宁大学出版社 1994 年版。该书在 20 世纪 90 年代中期学术界颇有影响，笔者和两位北大同学康大鹏、顾永新曾去采访李学勤先生，写成采访稿《重估中华古文明 揭示历史真面目——访李学勤先生》，《北京大学学报》（哲学社会科学版）1997 年第 1 期。

学工作，给随之而来的儒家经学复兴和"国学热"提供了史料上的合法性。总体而言，"经学"的信古色彩浓一些，"国学"则在信古和疑古之间，是现代学术的产物。

什么是"国学"？自从1902年梁启超先生筹划《国学报》，"国学"一词的界定向来充满争议。就内容而言，"国学"既可以包括文字、音韵、训诂、版本、目录和校勘学等传统学术，也可以包括针对中国社会、历史、文化和思想的现代学术研究。这与民国时期北京大学国学门关系密切。在北京大学的学科史上，民国元年（1912），京师大学堂所设的"经学科"和"文学科"被合为一科，最初提议改名"国学科"，后来定名"文科"，下设哲学、文学和史学三门。在鼎新革故的历史关头，"国学"既代表中华民族的传统学问，又试图避免分科过细所带来的弊病。1922年1月，北京大学研究所国学门正式成立，内设"三室五会"："三室"指登录室、研究室和编辑室，"五会"即歌谣研究会、明清史料整理会、考古学会、风俗调查会和方言研究会。当时的"国学门"，既有专门学术机构的研究功能，也有文科高等学术人才的培养任务，同时还有专业学会的联络功能。晚清的老北大，在大学堂（本科学院）之上设"大学院"或"通儒院"，"主研究，不主讲授"。在此基础上，蔡元培校长仿效西方大学的研究所制度，设立研究所国学门，重点是在"广筹经费，多延同志，来此共同研究"，"以科学方法整理国故"。老北大的"国学门"，非常重视考古、方言以及歌谣研究。胡适1923年1月在《国学季刊》发刊词里，把"国学"说成是"国故学"的简称。他说：

> "国学"在我们的心眼里，只是"国故学"的缩写。中国的一切过去的文化历史，都是我们的"国故"；研究这一切过去的历史文化的学问，就是"国故学"，省称为"国学"。"国故"这个名词，最为妥当；因为他是一个中立的名词，不含褒贬的意义。"国故"包含"国粹"；但他又包含"国渣"。我们若不了解"国渣"，如何懂得"国粹"？所以我们现在要扩充国学的领域，包括上下三四千年的过去文化，打破一切的门户成见：拿历史的眼光来整统一切，认清了"国故学"的使命是整理中国一切文化历史，便可以把一切狭隘的门户之见都扫空了。例如治经，郑玄、王肃在历史上固然占一个位置，王弼、何晏也占一个位置，王安石、朱熹也占一个位置，戴震、惠栋也占一个位置，刘逢禄、康有为也占一个位置。

胡适在这篇发刊词里提出了"整理国故"或"国学研究"的三条原则：第一，用历史的眼光来扩大国学研究的范围；第二，用系统的整理来部署国学研究的数据；第三，用比较的研究来帮助国学材料的整理与解释。"历史的眼光""系统的整理""比较的研究"，是胡适参考欧美日学术界研究方法的结果，有别于在他之前三百年的清代"古学史"。改革开放以后，北大恢复中国传统文化研究，在很大程度上是在接续上述三条原则。国学研究并不仅仅关注古代中国的历史、语言、文献和思想,还应特别注重新史料的挖掘和整理,要以现代的学术眼光和问题意识研究传统文化,这个领域的学者要有一种主动的担当,要有一种建设未来中国文化的使命感,而不是一头扎在故纸堆里。

在这方面的例子,是 1992 年 1 月创立"北京大学中国传统文化研究中心",并在翌年创办《国学研究》;研究中心后在 2000 年改名"国学研究院"。这家虚体科研机构,依托北大文史哲、考古等领域的学术力量,以"龙虫并雕"为宗旨,一方面做高深的学术研究,另一方面做普及工作。在编辑《国学研究》之余,还出版四卷本《中华文明史》。北大国学研究院自 2002 年起还招收博士生,重视跨学科的交叉综合,提供有利于跨学科研究的课程安排、学习形式及论文指导方式。这些博士生的学籍隶属中文、历史、哲学和考古文博学院,分别由所属院系授予学位。但以每周五的两门课程"中国传统文化研讨"与"专书选读"为纽带,形成了一个跨院系、多年级的特殊班级。国学研究院是北大国学传统的一个缩影,这个传统的主体是在文史哲和考古等院系。其研究的范围,远比以先秦两汉典籍为核心的中国古典学要宽泛。而其研究的方法,则已兼顾了中国传统学术和西方古典学新方法。特别是经历了抗战时期西南联大和 1952 年院系调整,北大的国学传统变得特别深厚,乃至现在很多人一想起北大就想起中国传统文化或国学。1994 年北大文史哲三系创办"文科试验班"时,社会上直接把这个试验班理解成"国学班",认为北大想要培养"国学大师"。其实,那个试验班与国学没有多少关系。

国学的研究对象几乎涉及中国传统文化研究的方方面面,在很多时候被理解成类似国外的"汉学"。古典学的基本内涵是研究经典,特别依赖古典语言或古文字学。这与国学有明显的不同。不过,中国人的国学研究和古典学研究一样,特别重视"文明"的价值,积极探寻中华文明的根本精神。在北大国学研究院,过道尽头挂着一幅大字:"国魂"。这是北大之所以重视国学的重要原因。

三 "中国古典学"的边界

对本科生来说,古典语文学项目只是他们接受古典教育的启蒙阶段,熟悉古典、掌握古代语言文字是他们的首要任务。但对"古典学"这个学科来说,随着我们这个跨学科项目逐渐推向博士生培养阶段,"中国古典学"的含义及其所要对应的时段仍然需要明确。

"古典"在中国古籍里,既可以专指上古的典籍,也可以泛指古代文献,同时还可以指古代的典章制度。也就是说,"古典"一方面指古代的典籍,另一方面也指这些典籍所记载的典章制度。① 典，既可指典册或典籍，也可指典例。所以，中国古典学的研究对象，应以古代经典为中心，但也可以扩展到广义的古代文明。裘锡圭先生在谈"中国古典学重建"时提到"古书重建"和"古史重建"，后者显然已经超越了经典研究的意义。2000年3月25日在东京召开的"文明与古典"公开研讨会上，裘先生发表《中国古典学重建中应该注意的问题》，提出了"中国古典学重建"的问题。他认为，近代以来中国古典学的第一次重建始于20世纪一二十年代。胡适在1919年出版的《中国哲学史大纲》上卷里，把《易经》只看作一部卜筮之书，并对东周以前的中国古史持存疑的态度。这种反传统的思想倾向，直接影响了他的学生顾颉刚。1923年顾颉刚在《努力周报》上发表《与钱玄同先生论古史书》，提出了中国古史"层累地造成"说，1926年出版自己编的《古史辨》第一册。从此，中国学术界"疑古"成风。与此同时，王国维则以殷墟甲骨卜辞和敦煌汉简等新出土材料，1925年在清华大学"古史新证"课上，针对疑古派提出了"二重证据法"，认为可以"地下之新材料""补正纸上之材料"。譬如他根据甲骨卜辞中所见殷王世系，指出《史记·殷本纪》所记殷王世系大致不误。裘先生认为，从20世纪70年代开始到现在，依据这一时期出土的大量古文字材料，尤其是多数属于西汉早期和战国时代的出土文献，如临沂银雀山、阜阳双古堆、定县八角廊等汉墓出土的竹书，长沙马王堆汉墓出土的帛书，慈利石板坡、荆门郭店等战国楚墓出土的竹书等，帮助我们"走出疑古时代"。他在这篇发言里特意谈了两个问题：以简帛古书与传世古书相对照的问题，古书真伪的问题。

十多年后，裘先生发表《出土文献与古典学重建》，对当时已经被议论纷纷的"中国古典学"给出比较清晰的研究范围。他认为，"中国古典学"应该指对于作为中华文明源头的先秦典籍的整理和研究，甚至可以把"古典学"的"古典"理解为"上古的典籍"。此外，与先秦典籍关系特别密切的一些汉代书，如《史记》先秦部分、《淮南子》《说苑》《新序》《黄帝内经》《九章算术》等，亦可列入中国古典学的整理和研究范围。他还对整理和研究这些典籍的工作范围做出了明确的说明：

> 对先秦典籍的整理、研究应该包含以下内容：搜集、复原（对在流传过程中有残缺的或本身已经亡佚、只在其他古书中有引文的书以及新发现的散乱的书尽量加以复原）、著录、校勘、注释解读以及对古书的真伪、年代、作者、编者、产生地域、资料的来源和价值、体例和源流（包括单篇的流传、演变，成部的书的形成过

---

① 譬如，《史记·五帝本纪》司马贞《索隐》说"言古典残缺有年载"，此处的"古典"是指《尚书》；《后汉书》说，"至孝明皇帝……垂情古典，游意经艺"，此处的"古典"泛指古书；《后汉书》说，"数上书顺帝，陈宜依古典，考功黜陟，征集名儒，大定其制"，此处的"古典"，相对于"新典"，意指既定的典章制度。此处举例，参见刘钊、陈家宁《论中国古典学的重建》一文。

程和流传、演变等情况）的研究。①

裘先生倡导"中国古典学重建"，其重心似在古书重建和古史重建。而在想把"中国古典学"和"国学"等同起来的专家看来，中国古典学的领域决不能局限于此。现在，把中国古典学下限推到清代的意见占据学术界主流。②2017—2019年北大人文学部连续三年主办"古典学国际研讨会"，分别由北大中文系、历史系和哲学系承办。2017年11月北大首届中国古典学国际会议聚焦"什么是中国古典学"，大多数代表主张把下限延到清末，不要局限在秦汉时期。③

在北大的教学体系里，古典学、国学，都还只是作为拔尖学生的跨学科平台，并没有在文史哲之外另设专业。在本科生层次上，为了方便打基础，我们把中国古典学的研究对象压缩在先秦两汉。在学科建设上，中国古典学的研究范围一直延伸到清代。这样的两种对应方式，前者重视中华文明的根源性经典，后者重视中华文明的经典谱系，蕴含了中国历史上自己的经典解释学。这个解释学传统不仅推崇新的经典，譬如《孟子》的重要性在唐宋之际受到高度重视，《大学》《中庸》从《礼记》里单列出来，同时还有新的解释。以郑玄为代表的汉代解经，侧重字义训诂，而以朱熹为代表的宋代解经，侧重章句的理论新义。前者的政治寓意更着眼于帝王的社会秩序，诠释儒学作为国家意识形态的权威地位；后者似乎更关心儒学在日常生活里的伦理秩序，排斥佛教、道教在民间社会的广泛影响。

今天的中华文明遭遇新的历史情境，即全球化共生格局取代了此前的儒家天下观。北大古典语文学项目有"中国古典学""西方古典学"和"亚非古典学"三个方向，甚至还有"东方古典学"方向的设想，其宗旨是想构建中国版的世界文明体系。厘清中国古典学的内涵和建设目标非常重要，我们今天对待古代中国的历史文化，不再拘泥于"信古"和"疑古"的逻辑循环，而把更多的精力放在"释古"。④

我个人相信，重构中华文明的经典谱系，是建设未来中国文化的必由之路。

四　东方学与世界文明体系

讨论古典学的学者，大多提到古希腊文化在欧洲历史上的中断。古典学的工作使他

---

① 裘锡圭：《出土文献与古典学重建》，载李学勤主编《出土文献》第4辑，第1—2页。
② 孙玉文：《"中国古典学"之我见》，《江苏师范大学学报》（哲学社会科学版）2018年第5期。
③ 参见《古典学是什么？第一届中国古典学国际会议在北大召开》，澎湃新闻，2017年11月23日。
④ 冯友兰：《中国近年研究史之新趋势》，《世界日报》1935年5月14日；李学勤：《谈"信古、疑古、释古"》，载《原道》第1辑，中国社会科学出版社1994年版。

们的文化能与古希腊罗马的经典思想直接相连,把后者作为现代西方文明的根源,而其18世纪以来的古典学,还给同时兴盛起来的"东方学"提供研究和学术基础。这样做的结果,古典学帮助欧洲社会走出中世纪,在基督教的世界里释放人文主义和理性主义的光芒。另一方面,借助于东方学的构建,古典学使古希腊罗马文化获得了接近于人类文明制高点的话语权,乃至于世界上好多地方出现了"言必称希腊"的现象。也就是说,欧洲东方学的兴盛,得益于欧洲社会普遍重视的古典教育。

在欧洲中世纪,古希腊罗马的著作常被视为异教作品,流传不多,即使流通也被限制在很小的范围内。14、15世纪,欧洲进入文艺复兴时期。意大利人大规模收集、翻译古希腊罗马著作,古希腊作品被翻译成拉丁文,亚里士多德、西塞罗、圣奥古斯丁等人的著作被校勘出版,当时的欧洲人由此进入古希腊罗马的思想世界。古希腊语、拉丁语教育开始在欧洲得到重视。到18世纪中叶,德国再度掀起学习古希腊文化的热潮,歌德、莱辛等都醉心于古希腊文化。按照黄洋的解释,德国的古典学,朝着三个方向分化发展:一是严格按照 philology 的学科边界,系统校勘整理古希腊罗马传世文献。二是利用 philology 的研究成果,借助于逐渐发展起来的考古学,开始系统研究古典文明,类似我们平常所说的"古代史"。[①] 今天,西方学术界谈起古典学,主要还是和古代史连在一起,即 classics & ancient history。在现代大学的学科体系里,古典学还分化出相对独立的考古学和艺术史。这两个分支学科,随着研究领域的扩大和研究方法的丰富,早已取得完全独立的学科地位,其影响力已远超古典学。不过,没有古典教育的考古学和艺术史,很难会有真正的学术突破。三是对古典作品的解释,这是西方古典学的重大转折,甚至可以说是蜕变而成一个新的学科领域,即"解释学"。这可以尼采为代表。年仅24岁的尼采在巴塞尔大学获聘古典学教授,三年后出版《悲剧的诞生》。该书随后遭到当时还没有教职的维拉莫威兹的尖锐批评,尼采因此失去了教职,离开了古典学界。幸运的是,有古典学训练的尼采,最终成为伟大的哲学家,《悲剧的诞生》成为哲学经典。孰是孰非,这是西方古典学的公案。笔者在北大给学生讲古典语文学用途时,常以此为例,伟大的哲学家要有古典学背景,至少要有被古典学家狠批的实力。现在中国经常讲到的古典学,如甘阳、刘小枫介绍的古典学,大多属于这一系列,注重经典与解释。

在19世纪的欧洲大学,古典教育风光无限。上述古典语文学、古代史的研究方法和教育理念,与这一时期全面繁荣的"东方学"交相辉映。在古典学方法延伸到东方学的过程中,世界文明体系的图景在西方社会逐渐清晰,并伴随着西方殖民主义体系影响"世界史"的建构。

---

① 黄洋:《西方古典学和我们》,载北大古典语文学项目组编《北大古典学》第1辑,第38—39页。

在欧洲人的世界里,很早就有一个"东方"的想象。希罗多德(Herodotus)和亚历山大(Alexander),一个是历史学家,一个是世界的征服者,都曾到过东方。东方世界进一步又被分为他们(主要是基督徒)熟悉的东方,以及他们并不熟悉的东方,也就是现在大家所说的"近东"和"远东"。1312 年,维也纳基督教公会(Church Council of Vienne)决定在巴黎、牛津、波洛尼亚(Bologna)、阿维农(Avignon)和萨拉曼卡(Salamanca)等大学设立阿拉伯语、希腊语、希伯来语和古叙利亚语的教席。这被西方学者视为"东方学"的诞生。[①] 显然,这个时期的东方学研究他们所熟悉的东方,一个与欧洲既对立又互补的近东。文艺复兴时期的东方学家,主要研究《圣经》所描述的地方的语言。随着航海时代的到来,16 世纪中后期,耶稣会士进入中国传教,到 17 世纪初,英国、荷兰建立东印度公司。传教的热情以及对财富的贪婪,可能也有对新知识的好奇,欧洲人源源不断地抵达他们此前非常陌生的东方。东方学家不再只是《圣经》学者、闪语研究者和伊斯兰专家,还有汉学家、印度学家,他们带来了一个全新的世界,东亚和南亚,有些浪漫也有些怪异。雨果在 1829 年说:"在路易十四时代,人人都是希腊学家,而现在,人人都是东方学家。"[②] 随之而来的是,他们对东方语言的学习、东方经典的整理,以及对东方社会的考察与研究,东方学成为一个无所不包的学术领域。萨义德说:"这是文艺复兴盛期欧洲对古代希腊和拉丁所爆发的同一种热情向东方的转移。"[③] 19 世纪出现了一批研究东方学的学术机构,如法国亚洲学会、英国皇家亚洲学会、德国东方学会、美国东方学会等,兴致勃勃地研究浪漫的东方,同时还有一大批欧洲的传教士从遥远的东方发回各种各样的信息。

大约是在 1870 年,西方国家开始对东方进行大规模的殖民扩张,直到第二次世界大战结束。主要在这一时期,东方在西方社会被"妖魔化",表现出落后、愚昧和贫穷的景象。东方学让西方人对东方社会了如指掌,而亚洲人对西方社会并没有太多的认识。丰富的东方知识,成功地建构了西方对东方的话语权。萨义德说:"一个复杂的东方被呈现出来:它在学院中被研究,在博物馆中供展览,被殖民当局重建,在有关人类和宇宙的人类学、生物学、语言学、种族、历史的论题中得到理论表述,被用作与发展、进化、文化个性、民族或宗教特征等有关的经济、社会理论的例证。"[④]

在此之后,世界逐渐形成了以欧洲为中心的圈层结构。第二次世界大战之后,国际政治的中心从欧洲转移到美国,但这并没有改变以欧洲文化为中心的世界文明体

---

① [美] 萨义德:《东方学》,王宇根译,生活·读书·新知三联书店 1999 年版,第 61—62 页。
② [美] 萨义德:《东方学》,第 64 页。
③ [美] 萨义德:《东方学》,第 64 页。
④ [美] 萨义德:《东方学》,第 10 页。

系。比较重大的改变是美国大学看重"区域研究"（area studies），而不是古典学。直到今天，我们仍在不断引用西方学者对中国古代文化或东方社会的解释，却很少能对西方社会、西方思想做出学理上的批评或重构。在这样的语境下，古典学对中国的大学教育特别重要。我们需要一批熟知西方历史、思想和社会的专家，更要一批真正能给中华文明赋予一种世界意义的专家学者，能在世界文明体系里找准中华文明的位置。

中华文明确实不同于西方，支撑中华文明的力量，不仅有世代流传的经典系统，还有蕴含在这些经典里的核心价值观，用于塑造中国社会的基本结构。中国古典学的使命，因此并不完全是学术的，同时也是实践的体系，与传世的价值系统有直接的关联。语文学、解释学和世界史，是中国古典学最重要的学术工具。北大的古典语文学项目，在其设计之初，就不是为了在中国重建西方古典学，而是基于世界文明体系的平等与交流，培育建设未来中国文化的使命感。

譬如，在设计"亚非古典学"这个方向时，就没有采用西方学术界常用的"近东文明研究"，而是客观地说明"研究古代西亚北非文明"，简称"亚非古典学"。这是我们的中国视角。

五　中华文明经典系统的重构

中华文明的古典时代，是从传说中的三皇五帝到春秋战国结束，最主要是指夏商周三代。这一段古史很复杂，有的人很相信古史，有的则完全否定。中国古典学的重任之一，如裘先生所言，是这段古史的重建。而对历史专业以外的学者来说，古书的重建可能更为重要。新中国成立以来的出土文献，有很多出自战国和西汉初的古墓。可以说，现在是两千年来古书重建的最好时期。

裘先生提出"古典学的重建"，有一个重要的出发点，即要依靠出土文献走出疑古时代。他也不是主张"信古"。在古书的真伪、年代问题上，一方面要纠正疑古过头的倾向，另一方面要注意防止信古过头的倾向。近年来，在学术界"走出疑古"的气氛中，信古过头的倾向已明显抬头。现在最需要对先秦两汉文献进行系统的梳理。他的《出土文献与古典学重建》，列举了重要的新出土文献。出土文献现已成为中国学术界最大的热点之一，清华、北大等高校都有一批出土竹简，时不时有新的重要成果问世。简帛是继甲骨文之后对中国古典学影响最大的新资料，现在应有意识地汇总简帛研究的新成果。但是，这个汇总工作，肯定不是简单的史料堆积，而是意味着一次精神的蜕变，内蕴文明观念的重大突破。这就不是"重建"，而是"新建"。

在中国历史上，我们的经典系统发生过两次大的调整，也就是《汉书·艺文志》

《隋书·经籍志》所记载的分类系统。前者把汉代保存的典籍分为"六略",即六艺略、诸子略、诗赋略、兵书略、数术略、方技略;后者把隋代保存的典籍分为"四部",即经部、史部、子部、集部,后附道经、佛经。技术性的书籍在四部分类法里被边缘化了,道经和佛经得到了重视。不过,两种分类法都把儒家典籍放在最重要的位置。从汉代开始,儒家的经典谱系发生了多次变化,在历史上有"五经""七经""九经",乃至广为流传的"十三经","四书五经"则又成为儒家核心经典最通行的说法。中国古典学确实应该把儒家经典放在最重要的位置,但毕竟不再是独尊儒术的时代了,老庄等诸子百家,《史记》《汉书》《资治通鉴》等史部经典,楚辞、汉赋、唐诗等历代文学经典,乃至道经、佛经,亦可视为支撑中华文明的基本经典。哪些典籍可被列入中华文明经典?这需要长时段的理论解释。经典结构的调整与知识分类体系的重大转变直接相关,但哪些典籍能被称为经典,既要有卓越的理论阐释或艺术表现,也取决于社会的实际需要。因此,这里涉及复杂的解释学工作,很多时候是在"重读"古典,每一次深刻的重读,往往表现了一种新的学科视野,甚至诞生了一门新的学科。以往我们从事古典文献研究,基本上被称为"文史"工作。但如果想要重建中华文明经典谱系,研究方法上则要兼容人文学科和社会科学,以政治学、经济学、法学、社会学等现代学科的视角,则可发现新的经典组合。不仅如此,我们还可以重新理解以前被普遍忽视的自然科学类古籍。从清末到民国元年(1912),中国人的知识体系再一次进行重大调整,从"四部"转变为现代西方学术意义上的"七科",即文科、政法、医科、格致、农科、工科、商科,逐渐发展出今天的学科体系。我们的教育体制也发生了重大转变,从传统的书院转变为新式的学堂,逐渐建立从小学到大学、研究生院的现代教育体制,也就意味着优秀人才的选拔机制和评价机制发生了翻天覆地的变化。在这样的转变中,以往支撑书院的经学,失去了社会组织的依托而趋于黯淡,而以真理或客观自居的哲学占据新式教育的中心位置。经历了这么多的重大变化,支撑中华文明的经典是什么?学术界并没有想清楚,中国社会也没有取得完全的共识。

所以,我们今天对中华文明经典既要有学术意义上的"重建",还要有思想意义上的"重读"。北大国学研究院推出"新编新注十三经",突破了传统的儒家经典范围,把《周易》《尚书》《诗经》《礼记》《左传》《论语》《孟子》《荀子》《老子》《庄子》《韩非子》《墨子》《孙子兵法》列为中华原典。社会上还有"佛教十三经""中医十三经"等不同的典籍汇编,也是一种经典的重构。国家图书馆召集一批著名学者,选编"中华传统文化百部经典",从2017年起陆续出版,涉及各个学科门类,体现了我们这个时代对中华文明经典的再认识。

中华文明经典系统能对中华文脉有所表现,但还不全面。中华文脉代表中华文明的传承,代表中华民族的核心价值观,这要由一代又一代中华儿女身体力行。在全球化和高科技的时代，重建或新建中华文明的任务非常艰巨，必须放在世界文明体系的大框架里。唯其如此，才能真正实现中华民族伟大复兴。

我们已经回不到古典时代，却要在经典里找到未来的理念。这是旧邦新命。

（原载于《中国文化研究》2022年夏之卷）

古典学：中国古典学术的绍续与发展

钱志熙

一 古典、古典学、古典学平台

古典是中国旧有概念，历代都有应用。其意义有多种，一指古代的、有来历的典章制度，如《汉书》卷九十九《王莽传》：

> 汉氏诸侯或称王，至于四夷亦如之，违于古典，缪于一统。

这里主要是指古代典章制度，如《周官书》之类。又如《晋书》卷四十八阎缵奏章：

> 臣案古典，太子居以士礼，与国人齿，以此明先王欲令知先贱然后乃贵。

但古代的典章制度多载于经史，并且其制度的背后，包含着一种思想的原则。所以"古典"实亦具"经典"之义，如《后汉书》卷三十二：

> 至孝明皇帝，兼天地之姿，用日月之明，庶政万机，无不简心，而垂情古典，游意经艺，每飨射礼毕，正坐自讲，诸儒并听，四方欣欣。

这里以"垂情古典"与"游意经艺"相对，两者是相函括的，这个古典就是经典的意思。又如《陈书》卷三十三：

> 宜其弘振礼乐，建立庠序，式稽古典，纡迹儒官。

这里所说的稽式古典，即同时包含着儒家的典章制度与经典的多层含义。

古典不仅指古代的典章制度与经典，也指一种有来历、有渊源的、含规范的学术，如《文镜秘府论·天卷·四声论》：

> 魏定州刺史甄思伯，一代伟人，以为沈氏《四声谱》不依古典，妄自穿凿，乃取沈君少时文咏犯声处以诘难之。①

这里甄思伯认为沈约《四声谱》不依古典，就是认为沈约等人的四声八病之说是一种新说，认为其在此前的诗歌创作及声韵理论中寻找不到依据。

像上述这样使用"古典"的原义，在中国古代是历代相传的用法，直至近代。如廖平《群经大义序》："古典制度，一经不能全备，故汉师以设明堂，建辟雍，彼此相难。"② 近现代以来，随着西方的文化与学术的引进，以及新文化与新文学的产生，"古典"一词获得了一种与现代对应的历史性，其例比比皆是。不仅如此，迄今为止，日常语言中也常常使用"古典"一词，如民间即有"先朝古典"之说，其义指古事、古书、古人等多种意思。总之，古典是古今汉语中使用得相当频繁的一个词。从学术思想来说，重视古典是中国古代文化、文学和学术的基本理念。在文学方面形成影响巨大的复古派，就是这一理念的基本体现。一方面文学是向前发展的，另一方面学习、甚至回归古典的文学思想，在整个文学史的发展中都存在着。这就是理论家视为文学发展基本规律的通变之说。③ 只有到 20 世纪的文学史，才出现古典文学严重断裂的情况。文学是这样，其他的文化与学术也不同程度地存在这种情况。也正因如此，20 世纪以来，"古典"一词获得与现代及西方等文化思想艺术相对的含义。

作为学术领域或学科领域的名义，"古典"一词广泛地使用于 20 世纪的学术话语中，如"古典文学""古典文献"等等。这些词，虽未能一一详考其最初使用历史，但流行于现当代的学术话语中，是学者们熟知的事实。"古典"与"古代"是有所不同的，"古代"是一个纯粹的历史概念，"古典"则始终带有一种经典的含义。我曾经写过一篇小文章，讲述古典文学与古代文学这两个概念的不同。"古典文学"一词具有古代的经典文学的意思，而古代文学只是一个时间上的概念。④

但是，近年来流行的"古典学"一词，包括在中国古典学术领域上谈"古典学"，

---

① ［日］弘法大师原撰，王利器校注：《文镜秘府论校注》，中国社会科学出版社 1983 年版，第 97 页。
② 廖平：《群经大义》，载舒大纲、杨世文主编《廖平全集》第 2 册，上海古籍出版社 2015 年版，第 642 页。
③ 参见刘勰《文心雕龙·通变》。
④ 钱志熙：《关于古典文学研究与文学史研究的一点想法》，载张翼星主编《育才之路新足迹——北京大学首届文科综合试验班》，北京广播学院出版社 1999 年版，第 42—46 页。

却有一种西方学术的新背景。或者说近年中国古典学术领域中一些学者提出"古典学"问题,最先是受到西方古典学的启发。这对于熟稔"古典""古典研究"之义的中国学术界来说,反而成了一种新义。西方古典学的理念,据我浅见,主要是指对西方早期(古希腊、罗马时期)的经典文本存在形态、演变过程及其学术本身的研究,尤其是对《圣经》的文献及文本的研究。我们不妨引证北大中文系首届古典学大会上牛津大学圣安学院罗伯特教授的《谈"古典学"》一文中的相关叙述:

> 西方"古典学"作为一门独立学科在很多国家有很悠久的教学历史,广义上基本可以理解为对古希腊、古罗马时期的通识教育。学科强调学习拉丁文和古希腊文,研习文献经典。这是一种很典型的跨学科研究,横跨了哲学、历史学、文学、文献学、艺术、考古等多个领域。[①]

罗伯特教授也比较了相对于西方古典学的中国古典学的范围与对象的问题,认为"秦汉时期文明在一定程度上很接近古罗马帝国时期,从历代所宗的传世文献中可以看出两个地区的人口规模基本相似,因此这一研究方法可与早期中国的研究互相比较"。但是他也指出古希腊、古罗马的文明后来消亡,尤其是其语言变为"死语言","而秦汉文明以来,中国汉语的源流始终延续至今"[②]。这种语言文字上的延续至今,也指出了中国典籍中的"经"与西方的经典内涵不同。古典学也是西方一些大学的课程设计,20世纪末,在讨论北大文科实验班时,赵敦华著文,提到牛津大学"古典学"课程:"Classics 即古典学。这是古代哲学、古典语言、古代历代的文史哲综合学科。这一课程班是关于西方古代文化与文史哲综合班。有意思的是,西方人在设计文史哲综合课程时,也是在古代文化的范围内综合的,这与我们关于中国文化综合课程的设想是一致的。"[③] 这或许是后来北大文史哲三系设立的"古典学"培养项目的依据。

西方的古典学,自有其研究的范围与对象,尽管在不同的学者那里,可能也存在着不同的理解。中国当然也有一些西方古典学研究者。如近些年刘小枫组织编译一些古典学方面的丛书。中国传统的文史哲领域提古典学,当然也受到中国学者移译或研究西方古典学的影响。但在"古典学"一词引进中国传统的学术领域时,如何确定其范围或方法,却引起不同的看法。其中的一种看法,认为在确立中国古典学的范围与方法时,应

---

① [英] Robert L. Chard 著,李卿蔚整理,刘玉才审定:《谈"古典学"》,载北京大学中文系编《中国古典学》(第一卷),中华书局 2020 年版,第 1 页。
② [英] Robert L. Chard 著,李卿蔚整理,刘玉才审定:《谈"古典学"》,载北京大学中文系编《中国古典学》(第一卷),第 2、3 等页。
③ 赵敦华:《由文史哲实验班走向多样化的综合课程班》,载张翼星主编《育才之路新足迹——北京大学首届文科综合试验班》,第 23 页。

该强调借鉴西方古典学的原有内涵。上述罗伯特教授讨论到西方古典学及与中国相应的范畴，强调了"秦汉文明""经""儒学"等内容，就比较典型地属于这种理解。其实，"经""儒学"与"秦汉文明"三者之间，就有很大的不同。那么，古典学是不是就相近于清代学者们所说的"汉学"呢？一些同仁也认为相对西方古典学，中国古典学就是先秦两汉学术，或以经典为主。其中的一种，即结合传世文献与出土文献，重建我国早期经典的文献与文本形态。当然也包括结合出土文献与传世文献，重新研究早期的学术思想与早期典籍文本形态。比如不少学者根据上博藏楚简《孔子诗论》来研究早期的《诗经》学。这些可以说是特定范围内的一种古典学，或者说目前出于秦汉文献研究中的狭义的古典学。上述这些对于"中国古典学"的定义，作为一些专门的学问领域，当然很值得重视。但是是否即以此来定义"中国古典学"的全部内涵？是不是我们今天讲中国古典学，就是一定要局限于秦汉、经学、出土文献与经典文本等概念重建这个范畴呢？

除上述之外，关于这一"古典（学）新义"，学界同仁还有其他的一些阐释，其间不无异同之见，基本可分坚守西方古典学的原义，以及参照西方古典学之义来规划、定义中国古典学之一种，以及重在中国的传统学术来阐释古典学之一种，其间也时有广狭，如认为"国学""传统文化"即中国古典学，或以"经学"来对应古典学。这些阐释，各有立场，也包含着各自的方法与学术经验，有助于问题的讨论。

近年来，北京大学酝酿将古典学作为一个重要学科概念引入同仁的研究思路中，从最先的教学方面的古典班，到中文系召开国际性的古典学大会，出版《中国古典学》集刊，再到北京大学中文系建立"古典学平台"，其与语言专业的"语言与人类复杂系统研究平台"、现代相关专业的"现代思想与文学研究平台"一起，共称中文系三大平台。从组织的形式来看，北大中文系的古典学平台主要包括现有的古典文献、古代汉语和古代文学三个专业。

在这样的背景下，"中国古典学"就成了一个绕不开的话题，也引发了本人对于"中国古典学"的思考，在参考同仁们相关观点的基础上，我个人的看法，认为"中国古典学"应该是一个需要论证重建、重构的学术概念。我们所说的"古典学"，不应该完全照搬西方古典学的内涵，而应该在中国古代的"古典"和现代以来流行的各种古典性质的学科、学术的基础上来思考、定义"中国古典学"。

二 关于中国古典学对象的问题

关于何为中国古典学的对象，我首先得承认，上述复杂的背景，给我们讨论"中国古典学"的范围与方法造成一种困惑。中国原有古今流行的"古典"一词，人文学者尤其是以传统的文、史、哲为研究对象的学科与学者们，一直熟稔其研究对象的古典性质，并在日常的学术活动中习惯运用"古典文学""古典文献"等术语，现在仅添一"学"字，让其作为一种"古典学"，作为一种学科、学术对象乃至学术方法"闪亮"登场，这不免让中国研究古代的学术，尤其是像古典文学、古代汉语、古典文献的学者感到尴尬，甚至是困惑。甚至可以说，试图将"古典学"一词作为一种新的学术范畴推入中国古代文史哲各学科，尤其是一再强调必须遵循西方古典学来定义中国古典学，而罔顾我们熟习的"中国古典"的各种事实与名义，不无侵突之气，有时让人感到某种"霸气"的味道。尤其是在长期研究中国各古典学术及文学艺术的学科的学者，当被倡言古典学的先进们告知"此古典学另有其义，非汝所习知者也"这样意思的时候，惊愕与佩服之余，不禁又会生出这样的疑问，那我原来所研究的，难道不能叫古典学吗？这种感觉，让我想起苏轼那一句"九重新扫旧巢痕"[①]的诗，当然事情与苏轼所说性质完全是不同的。因此，在最初的时候，我自己对于运用古典学一义于诸如古典文献、古代汉语、古典文学这样的学科，而又想要笼括所有这些学科时，在意识里是有些抵触的。但是随着古典班这样的教学体制的尝试，到作为中文系三大平台之一的"古典学平台"的建立，以及《中国古典学》刊物的创立，我觉得简单的抵触是无济于事的。在这样的情况下，个人陷入了较长时间的思考之后，决定仍然想使用"古典学"这一新旧杂陈的概念，来董理中国古典学的内容及方法。

　　古典学这一概念之所以值得使用并可以重新阐释其内涵、确立其对象并探讨其方法，是因为此概念有丰厚的中国固有"古典"一词的名实做支撑，如果脱离这一名实而侈谈其余各种或中或西的古典学新义，都未免有脱空、胶着之嫌。我所说的中国古典学，一言以蔽之，即相对于现代学术的中国古典学术。这种古典学术，在近现代引进西方学术及近现代的本土新的学术语境中，以中国古典文学、中国古代哲学、中国古代史学、古代汉语、古典文献等学科分野的性质，得以部分地阐述与绍续，但此前原有古典学术的整体却是沈沦或者说被相当程度地掩盖住了。今天重提古典学的要义，就是立足于中国古典学术的立场，探讨清楚其内容与方法，并将此内容作为古典学研究的基本内容，而将其方法作为古典学的必要方法来运用。当然，其并不排斥后来新出的理论与方法，包括西方各种新旧的学术观念与方法。但前提是在把握住古典学基本内容与方法后，对此后的种种理论与方法进行检验，评判其使用于中国古典研究领域的是非利钝，由此融接古今，建立立足于中国古典学固有内容与方法之上的一种合理的、新的理论与方法。本文标题所称"古典学：中国古典学术的绍续与发展"，就是指这样一种学术的理念与追求的方向。

---

① 苏轼：《六年正月二十日复出东门仍用前韵》，载王文诰辑注《苏轼诗集》，中华书局1982年版，第1154页。

在此，首先要指出的是，所谓中国古典学术，是一个历史的概念，它在时间上指中国古代的所有的学术形态，如先秦道术、汉学、魏晋玄学、宋明理学、心学、乾嘉学术等，它本身就有一个发展的过程。又如古典诗学、辞赋学、词学、曲学、小说学、骈文学、古文学，也是古典学的一部分。再如各个时期、各种形态的中国古代史书编撰与史学论著，即相对现代史学而言的旧史学，其体系在《史通》《文史通义》等著作中有所阐述。在近百年的学术研究中，上述古典学的各种分野，大体在时间与对象上都被纵横地编织过，也可以说，已经形成了一个中国古典学的各种学术系谱。但问题是，一是没有被回归到一个整体之中，二是在各门学科的阐述过程中，方法愈出愈新，远离古典学术原义。如理学中古人经常用"讲学"一词，乃是据经典而得义理，由义理而至实行，与今人所说的"讲学""研究"意义上有很大的不同。又如古典意义上的文学，如古人的诗、词、歌、赋四种学问，或称诗古文辞之学，都是实践与理论批评相融合，既知又能，即以其理论与方法来说，与今天研究古代文学之方法也很不一样。又如"文学"一词，虽在中国古代有多种含义，但相当于今天的"文学"范畴的概念，在古代是存在的。它既包括文学创作，也包括批评与理论等种种内容。今人在对"文学理论"进行定义时，也有将其定义为"文学学"的。事实上，立足于中国古代学术语境，"文学"二字已足，添一"学"字，完全是多余的。当然，古代时期的文学研究的文本构成形式与我们今天也不一样，系统的论著如《文心雕龙》《诗品》《南词叙录》《原诗》等与我们今天的学术文本形式相对接近之外，更多诗话、词话、序跋、评点等，与我们今天所使用的研究文本有很大的不同。史学、哲学两个学科也是一样，"灯录"一类的著作，与今天所写的"禅宗史"也不一样。《宋元学案》这样的思想史著作，与我们所写的哲学史也很不一样。我们观察这种现象，能发现古今学术的不同，能观察到存在一种古典的学术体系，或者说古典学术的固有形态。

当然，当我们提"中国古典学"这样一个概念，甚至用"中国古典学术"来概括古代的学术，仍然是一个古代未有的新的学术概念。其基本的语境即前述近现代较大程度脱离古典学而发展的传统文史哲学术。有了各种西方与现代的学术，才有中国古典学这个概念的提出的必要性与合理性。这也如唐宋人以延续汉魏晋宋五言诗为古体，是因为有讲究声律的近体（当时亦称今体）的存在，但"古体诗"这样的概念甚至绍续魏晋宋五言诗这样的意识，自然是唐宋诗学的新内容。现在提出"中国古典学"，其性质也与之类似。故今天的古典学，虽言立足古典学术立场，探讨其固有方法并恢复之，但此学的实际结果，却并非中国古典学术的简单复古，而是研究古典学术的成果以发展今后的中国古典学各领域的学术。纵使在倾向上不讳复古，此复古亦是现代学术者所采取的方法而已，就如唐代诗人倡言复汉魏之古，其诗歌深受益于汉魏诗体，但其造就却是唐一代之诗。由此而言，中国古典学，仍是现代学术谱系中的一种，仍是今人之学。其目标是在重新估价中国古代各时期、各形态的古典学术的同时，充分继承其传统，发展出中国体系的新学术。在此基础上，与各种东西方学术对话、融接。

三　中国古典学术的主体与对象

中国古典学术体系是否完整存在？其历史形态又是怎样的呢？这恐怕要从古人所说的"学"及与学术相关的概念入手。我们亟须深入研究包括"学"在内的古典学术的各种表述形态。但这是一个大的课题，本文无暇也不能解决其全部，只简单谈一些印象。对"学"之义，我们不妨从苏轼的一番话入手。苏轼《书吴道子画后》：

> 君子之于学，百工之于技，自三代历汉至唐而备矣。故诗至于杜子美，文至于韩退之，书至于颜鲁公，画至于吴道子，而古今之变，天下之能事毕矣。①

根据苏轼的区分，中国古代的"能事"，大抵可分为"学"与"技"两大类。学即学问，技即技艺。从"君子之于学，百工之于技"这句话里，我们发现中国古代区别何者为"学"、何者为"技"的一个重要的依据。学与技的最大差别，在苏轼看来，在于主体的不同。中国古代所称的"学"，是以士君子为创造的主体的一种学问。士君子不仅是学的承载者，更重要的还是"道"的承载者。这是中国古代"学"的本义，它总是与道联系在一起的。而以"百工"为创造主体的"技"，则是与"道"不相关的。虽然《庄子》里面的一种思想，认为技之极致，也是道的一种体现，如《养生主篇》中解牛的庖丁自认为"臣之好者，道也，进乎技矣"②；又如《达生篇》中孔子看到承蜩的痀偻者时问"子巧乎，有道邪"时得到的回答："我有道也。"③ 但那是庄子对"道"的一种新的阐释，指技术主体与技艺的高度冥合而达到的一种境界，它虽然也体现了一种事物规律的意义，但与儒家所理解的具有自觉伦理价值的道，属于两种。《庄子》强调技术高超者掌握的不仅是"技"，也能臻乎"道"，这种看法也说明在通常的观念里，技术是与道不相关的。所以，在中国古代，学与技是分为两流的。我们所说的中国古典学术，即指前一种，它是以士君子为主体的。可见，现在有些人将一种具体的工艺乃至烹饪之类的传统的内容都称为"国学"，是不符合"国学"二字的原义的。在最先的使用中，如中国武术称"国术"、中国绘画称"国画"，甚至中医称"国医"，只是学术才称"国学"。在这个意义上，"中国古典学术"这个概念与"国学"大体相近。苏轼时代，

---

① 《苏东坡全集·前集》卷二三《书吴道子画后》，中国书店1986年版，第306页。
② 郭庆藩辑：《庄子集释》，载《诸子集成》第3册，上海书店1986年版，第56页。
③ 郭庆藩辑：《庄子集释》，第281页。

当然没有我们今天使用的"国学"这个范畴，但苏轼所说的"君子之于学"，正与国学内涵相近。从苏轼的叙述中，我们知道，它既非一种具体的学问，也不是某一个时期之学问，而是"自三代历汉至唐"的"君子之学"。这与我们所说的中国古典学术的整体正好叠合。苏轼是宋代人，只说到唐代为止，当然包括了宋代。我们现在接着苏轼的话来说，即是"君子之于学"，自三代历汉至唐宋元明清可谓悠久而详备矣。这就是我所说的"中国古典学术"的内涵。苏轼这里只说"文学"和艺术方面的事，没有提及诸如"经学""史学""子学"等大类。这是由于其论述对象的关系，后面诸种当然也是包括在他所说的"君子之学"里面的，而且至少其中经学，地位更高于文学。汉代经学，虽然客体化的倾向严重，学术与实践脱节，但是基本的精神，仍然是通经致用。此后魏晋玄学、宋明理学，都在很大程度上回归主体。即使是学术的客体化表现更加突出的乾嘉学派的经学，也仍然遵守通经致用这一基本原则，没有完全取消主体性。

至于"文学"一词，我们今天会将其简单地定位为一种艺术创作的门类。但在古代，文学从来都是与士君子的主体人格，即与道结合在一起的。即所谓"文以载道""文以明道"。而单纯地沦于艺术形式的追求的文学之所以不断地受到批评与纠正，也正是因为其沦于技，而不能体现道。苏轼所说的诗至杜子美、文至韩退之，正是文学中的两种。前面已述，中国古代的"文学"，是一个圆成自足的学术范畴，涵括了作与述之种种内涵，属于"君子之于学"的一种，在大类上与经学、史学、子学相对。在内部又可分为诗学、赋学、词学、曲学等种种门类。这些门类，也都是实践与理论批评即"能"与"知"相融合的。20世纪的古代文学研究，将上述苏轼所说的诗、文及赋、词、曲等，都简单地视为一艺术的形态即研究的对象。无形之中，不仅诸如"诗学""词学""赋学"等分门类的学问旧义失落，方法改变，即传统的"文学"一词的大端也被移位、错解了。以至出现上述所说的必须构造出"文学学"这样的概念，才能表述文学理论一门的内容。这其实是中国古典文学概念失落的一个典型例子。而我们研究古典文学，是否把握住了这种古典学术形态的"文学"了呢？我们的答案是明确的，我们最多只是部分地把握住了这个古典的"文学"，而在大端上是失去了。我们今天在中国古代文学研究的领域提倡古典学的方法，就是回归到这个古典文学的原位上来，先研究清楚这个中国古代的"'文学'史"。

文学之外的其他中国古典学术门类，属于哲学与史学两个范畴内的各种学术，也无不具备学与作、知与能融然一体的状态。如儒家经典称"六艺"，称为"艺"。"艺"即士君子之"艺"，是指主体所具备的一种知与能，强调其对人生的植立根本的意义及对社会的教化功用。这是孔门学术的基本精神。又如诸子之学，讲究"道术"，即"道"与"术"，道即根本的价值观，"术"即其运用。"道术"二字，实可用作先秦时期学术的总名。《庄子·天下篇》有"古之所谓道术者"，可见"道术"是一个很古老的概念。

《天下篇》对"古之道术"有一个系统的阐述：

> 天下之治方术者多矣，皆以其有为不可加矣！古之所谓道术者，果恶乎在？曰："无乎不在！"曰："神何由降，明何由出？""圣有所生，王有所成，皆原于一。"不离于宗，谓之天人；不离于精，谓之神人；不离于真，谓之至人。以天为宗，以德为本，以道为门，兆于变化，谓之圣人。以仁为恩，以义为理，以礼为行，以乐为和，薰然慈仁，谓之君子。以法为分，以名为表，以参为验，以稽为决，其数一、二、三、四是也。百官以此相齿，以事为常，以衣食为主，蕃息畜藏，老弱孤寡为意，皆有以养，民之理也。古之人其备乎！配神明，醇天地，育万物，和天下，泽及百姓，明于本数，系于末度，六通四辟，小大精粗，其运无乎不在，其明而在数度者，旧法世传之史，尚多有之。其在于《诗》《书》《礼》《乐》者，邹鲁之士，搢绅先生，多能明之。《诗》以道志，《书》以道事，《礼》以道行，《乐》以道和，《易》以道阴阳，《春秋》以道名分。其数散于天下，而设于中国者，百家之学，时或称而道之。①

这就是《天下篇》所描述的古之道术，当然也是中国古典学术的最早的形态。《庄子》是倡言复古的著作，所以强调古代道术的纯全。并且认为《诗》《书》《礼》《乐》诸经典，仍是古道术之传。有些学者认为《庄子》外道而内儒，正是从这些地方着眼的。春秋的诸子百家，当然是这种古道术的继承者，但"世之学者，不幸不见天地之纯，古人之大体，道术将为天下裂"②。事实上，春秋战国时期，是中国古典学术的巨大发展的时期，各家各派对道的把握不同，而演绎其道的方式也不同。这就是我们后来说的"百家争鸣"，其共同的表现，则是都将其道术落实在具体的人生境界与行为方式上。后来司马谈论阴阳、儒、墨、名法、道德六家要指③，班固《艺文志·诸子略》则将儒、道、阴阳、法、名、墨、纵横、杂诸家溯源于古代的官守，即认为渊源于"王官之学"，都是继庄子之后，对春秋战国诸子学术的一种梳理。

子学之盛，虽然是在春秋战国，但中国古代创作子书的著作形式，历汉魏六朝迄宋元明清，一直未断。汉魏子书之多，自不待言。唐宋元明清，子书虽衰而仍存。更重要的是，子书的创作基本原则，即"立说"，在文史各领域有很大的发展。而子部之末"小说家"所衍生的整个中国古代的笔记、小说传统，更可称蔚为大国。之所以将"小说"归入子书一部，其根本仍在明道，所以中国古代的小说，尽管思想有纯杂，艺术有

---

① 郭庆藩辑：《庄子集释》，第461—462页。
② 郭庆藩辑：《庄子集释》，第463页。
③ 《史记·太史公自序》。

高低，但始终没有完全脱离伦理性的立场。这些都是中国古典学术的性质所决定的。我们现在主要以西方引入的艺术观念来理解、评价中国古代的小说，而忽略其原本子家立言、寓教于乐的本质，自然没法对中国古代的小说、戏曲的价值做出准确的评价。

史学在现代学术的转化，与文学其实很类似。史学最早的理论著作为刘知幾的《史通》，虽为论史之作，但讲的却是作史之事。其《六家》《二体》，是讨论史学的不同体裁。《本纪》《世家》《列传》《表历》《书志》乃至《序赞》《序例》，则是讨论正史的结构的各部分。《采撰》《撰文》《补注》《因习》诸篇则是讲史料学的问题。《言语》《浮词》等篇则讲史书的语言问题，① 这部分也被后来文学理论史列为重要的研究对象。由此可见，传统史学的主体，实为著史，史学理论即著史的理论，犹如文学理论是关于文学创作的理论。在史学一门，古代的作与论，也是融然一体的。上述古典史学的存在形态及其方法，在 20 世纪也已发生很大的变化。所以，在史学领域，也存在着一个如何绍续古典学术形态之史学的问题。

以上仅举苏轼所谓的"君子之于学"、《庄子》所说的"古之所谓道术者"为标目，粗略地论述中国古典学的主体与对象，已可证明中国古典学术体系存在的事实，以及其被 20 世纪的学术所大量遗落的状况。帮助重新正视"中国古典学术"，正是我们建立"中国古典学"的要义。

四　古典学术具有固有的体系

在阐述中国古典学术这样一个概念后，我们的态度与方法，是尊重这个古典学术传统，理清这个古典的学术在各个时期、各个领域存在的真相。尽量恢复其原貌，而不是用层出不穷的各种新的理论与方法去简单地阐述它们。即使使用新的理论与方法，也首先要认识其固有体系与内容。

在这种情况下，我觉得一个重要的工作，就是站在古典学的立场，对古代学术的范畴进行重新界定，不仅重新进行界定，更重要的是论述、认识清楚其实践上的指向，并且部分地恢复其活力。如经学、玄学、理学、心学，虽都指向一种哲学，却是现代的"哲学"一词所不能完全概括与包含的。早期创撰中国哲学史的学者，尝试用中国古代的形上之学来阐释哲学之义，如陈黻宸《中国哲学史》称哲学为形上之学，并尝试用中国固有范畴来阐释新出"哲学"及"哲学史"这样的概念：

> 瀛海中通，欧学东渐，物质文明，让彼先觉。形上之学，宁惟我后，数典或

---

① 刘知幾著，黄寿成校点：《史通》，辽宁教育出版社 1997 年版。

忘，自叛厥祖。辗转相附，窃彼美名，谓爱谓智，乃以哲称。按《尔雅》云："哲，智也。"扬子云《方言》亦曰："哲，智也。"我安知古中国神圣相传之学，果能以智之一义尽之欤？虽然，智者，人之所以为知也。人之有知，自生以来非一日矣！其所为学者，我无以名之，强而名之哲学。然则中国哲学史之作，或亦好学深思者之所乐于从事者欤！①

陈氏也对当时流行的运用西方哲学来研治中国哲学史的利弊作出过分析：

> 今夫骛末而略于本者，浅人之识也；慕远而忽于近者，通人之蔽也。白哲名流，较然于身心名物之学，内外该具，亦非不探大造之菁华，发人灵之觉解，所谓极深研几，无微渺之不达矣。然而东西异境，此心此理，闻名故创，按实则同。今诸夏方术日盛，不耻相师，方谓灌输自彼，俯首西来，靡然居弟子之席，获益亦复不浅。然其精诣所至，往往得一家独私之秘，校术则彼此不能相通，原理则后先不无异说，固亦利用之津梁，要非博通之盛轨也。②

作者尝试从《周易》"形而上者谓之道，形而下者谓之器"，以及《庄子·天下篇》的"道术"之说，来梳理中国哲学史，既不完全放弃引入西方哲学之津梁，同时又试图探索中国古代形上之学、道器两分之学的盛轨。早期也有学者尝试用"理学"等固有之词来代替自西方翻译来的"哲学"一词。③ 其实，宋元明清时代，还盛行"义理之学""圣学"等词，其意义也是哲学一词所不能完全概括的。④ 其不同不仅在内容上，同时也在方法上。经学是以解释的方式来展开的，玄学、理学则主要是以儒道两家固有的范畴为对象的，是引进本体观念与主体意识的一种阐释。心学则是这种主体意识的进一步突出，对于佛学各派的思想方法，尤其是禅宗的方法有很多的吸收。比之中国古代文学及史学研究的领域，中国哲学史研究领域与中国古代哲学本身在文本形式上的差异更加突出。古代哲学的文本，存在于经典、子书、佛教经论、语录乃至诗古文辞等多种的文本形式之中，而且与文学有不可分割的关系。文以载道，如果将这里的"文"理解为文本形式及风格等形式的话，我们不得不承认，20世纪对中国哲学的阐述，只是注意到抽象的"道"，而对于这个"文以载道"的文辞、文本与文体，则是差不多完全忽略了的。

中国古代文学的研究领域，原则上说，是重视文辞、文本、文体的。因为这些本来

---

① 陈德溥编：《陈黻宸集》，中华书局1995年版，第414页。
② 陈德溥编：《陈黻宸集》，第419页。
③ 香港大学中文学院温肃的《哲学讲义》，即有此论。
④ 参看钱志熙《黄庭坚哲学思想体系述论》，《文学遗产》2017年第4期。

就是文学研究的基本对象。但是也存在着一个如何在中国固有的文体学与辞章学的意义上,把握上述对象的问题。中国古代存在着"诗词歌赋"、"诗古文辞"、小说、戏曲等众多的文体概念,也难以将其完全纳入西方引进的诗歌、散文、小说、戏曲四大类之中。这个问题,近来古代文学研究者已经有所关注,有不少学者在做恢复古典文体学的工作。但是,古代文学领域同样存在着忽略文体与文本的倾向,尤其是像辞章艺术这样的重要学术范畴,其实是支撑着中国古代文人文学的整体,但在古代文学领域长期忽略辞章这样的范畴。最早林传甲的《中国文学史》,曾经相当重视"辞章"这个范畴。只有恢复了文体之学与辞章之学,中国古典文学的研究才能找到主体。

在重建中国古典学的基本理念上,我们有必要重提中国古典学术有其固有体系。这些固有体系,存在于多个层次上,也可从多种角度去把握。

首先,从文献构成即传统所说目录学的角度来看。中国古代的图书分类,应该追溯到最早儒家的"六艺",即《易》《诗》《书》《礼》《乐》《春秋》。到了汉代部类图书、品录朝章国典,正式成为一门学术,开启了中国古代目录学。在古代的图书分类里,存在七部与四部两类。七部始于刘向、刘歆的《七略》《辑略》《六艺略》《诸子略》《诗赋略》《兵书略》《术数略》《方技略》。班固《汉书·艺文志》依之。其后阮孝绪《七录》、王俭《七志》等,皆是依据刘向《七略》,凡史家部类文献,皆是按照《七略》而加以改善。王俭《七志》为《经典志》《诸子志》《文翰志》《军书志》《阴阳志》《术艺志》《图谱志》。阮孝绪《七录》:《经典录》《记传录》《子兵录》《文集录》《技术录》《佛录》《道录》。

四部分类是在七部的基础上改进的。魏秘书郎制《中经》,晋荀勖《中经簿》在《七略》的基础上,进一步合并为甲、乙、丙、丁四部。[①] 甲部:六艺与小学;乙部:古诸子家、近世子家兵书兵家、术数;丙部:史记、旧事、皇览簿、杂事;丁部:诗赋、图赞、汲冢书。刘宋元嘉八年,谢灵运造《四部目录》[②],《隋书·经籍志》以四部著录,分六艺、诸子、史、集四大部,佛道经典另列。其后四部分类成为主流,并且不断地明确、完善,而以清乾隆间所编的《四库全书》为集大成。无论是七部,还是四部,都不仅是图书的分类,同时也是中国古典学术的分野。在我们重构中国古典学术体系时,完全可以依据七部或四部来进行建构。四部与七部虽各有优长,其不同也反映中国从汉到南北朝中国古典学术乃至文化的演变。但毕竟四部晚出,并且它在文献上,可以容纳中国所有古代文献,所以经、史、子、集四部之学的恢复,是恢复中国古典学术的有效的径路。四部与现代学科也大略可以容纳,如中国古代哲学史、经济史、思想史等

---

① 《隋书》卷三十二《经籍志》,中华书局1973年版,第906页。
② 《隋书》卷三十二《经籍志》,第906页。

学科，以经部之学、子部之学为主，这些学科的学者，皆须首先研习经、子之学。而历史学科与史部之学，语言文学学科与集部之学，也都是能相融接的。凡研究中国文学者，当然必须先研习中国古代的集部之学。但我们不能将七部和四部与现在流行的学科领域简单地对应。如集部虽以辞章艺术为主体，但是实是众学之渊薮。所以，研究中国古代文史哲各科的学者，恐怕都要先从四部之学入手，由四部而上溯七部、六艺诸种中国古代时期的学术分野，才能融会贯通，对自己的研究对象有全面的把握。这种情况，也正是前引陈黻宸所说的引进西学之路径，"固亦利用之津梁，要非博通之盛轨也"。"博通之盛轨"仍当求之于七部、四部之学。

中国古代学术，除了经史子集之外，还有一组重要的概念，即大家熟知的儒释道三家，也是中国古典学术的核心性范畴，是我们规范中国古典学的重要借鉴。

三家的源流及相互关系，是一个大问题，汪洋万汇。如果仅从文献角度来讲，我们大体上可以把三教的文献分清楚。班固《汉书·艺文志》诸子中已分"儒家""道家"两家。东汉佛教传入中国，最先附于方术之流，到东晋南北朝，佛、道两教明确分流，儒家与之抗衡，所谓儒释道三家分流的规模遂告形成。在图书分类的体系中，四部的分类，当然是依儒家为基本立场，也笼括了所有世俗的学问。《隋书·经籍志》中佛教与道教之典籍，各称"道经""佛经"，列在四部之外，附于《经籍志》之末。《四库全书》则将道教、佛教重新归入诸子，则可以说寻班固《汉书·艺文志》的旧义。《四库全书总目》卷一四五"子部·释家类"简述了历代目录著录释家著作的方式，及《四库全书》收载释书的范围：

> 梁阮孝绪作《七录》，以二氏之文别录于末。（笔者按：梁代佛教极盛，道家与道教也很流行，几夺儒家之席，但阮氏仍列道释于末，可见中国的传统，毕竟是以儒家为主，哪怕在其最衰落的时期）《隋书》遵用其例，亦附于志末，有部数、卷数而无书名。《旧唐书》以古无释家，遂并佛书于道家，颇乖名实。然唯录诸家之书为二氏作者，而不录二氏之经典，则其义可从。今录二氏于子部末，用阮孝绪例。不录经典，用刘昫例也。诸志皆道先于释，然《魏书》已称《释老志》。《七录》旧目载于释道宣《广弘明集》者，亦以释先于道，故今叙录，以释家居前焉。①

《四库全书》子部《道家类》收道家与道教两类，则包括了经典。其实佛道两家都有自己的立场。佛教自称其经典为内典，其他的文献为外典。佛教自身的文献建设，尤

---

① 永瑢等撰：《四库全书总目》，中华书局1965年版，第1236页。

其是源流久远。其目录之学，也自成体系。东晋释道安已订"经录"①，梁代僧祐撰《出三藏记集》，更是一规模完整的佛教目录学著作，对从汉至梁的佛教经典传译有系统的介绍。其后唐释智昇有《开元释教录》，以大小乘分类，各著经、律、论三藏，又分般若、宝积、大集、涅槃、华严五大部，奠定了后来《大藏经》的基础。后来还有《贞元录》《祥符录》《天圣录》等，可见佛家一直十分重视本门的文献整理。明代有《大藏经》汇刻，一直到当代，形成各种大藏经的版本。明代智旭的《阅藏知津》，是一部了解佛经经律论的重要的书籍。完整的目录整理，可以参看吕澂《新编汉文大藏经目录》②。

  道教著作，除了整体目录如《汉书·艺文志》《隋书·经籍志》的著录外，道教自身也有独立的著录纂集的体制。从葛洪《抱朴子·内篇》、陶弘景编撰《真诰》等书开始，对道经、仙籍就已有所叙理，后有三洞四辅之目。近人陈国符著《道藏源流考》，考叙道经三洞四辅之源流演变及历代道书目及道藏纂修的情况，甚为详备。罗常培作《道藏源流考序》，结合历代整体的书目及道教自身的书，将道经纂集分为三期。其大略云：第一期，自《汉书·艺文志》至东晋南朝葛洪、陆修静、孟法师、陶弘景、阮孝绪诸家，递有增订，著其卷帙；然目录虽备，而丛藏未成。第二期，自唐开元中《三洞琼纲》至宋真宗时《大宋天宫宝藏》及其精要本张君房《云笈七签》。第三期，自宋徽宗时所刊《政和万寿道藏》至金、元前后承续编的《玄都宝藏》，至明代正德、万历年间编成的《道藏》。③ 从上面的叙述可知，佛藏与道藏的编纂，在很大的程度上，是为了在整体的四部之外的载录与纂集中突出其宗教文献的独立地位。

  儒释道各自的学术源流及其相互关系的问题，当然不是仅从目录学就能说得清的。它是一个思想史与文化史的问题。比如说，中国古典文学，当然是以儒家为基本的内涵的，但文人思想及作品中融入释、道，也是一个显著的现象。而中国哲学的整体，虽可分为三家来分别叙述，但也没法割开。比如理学、心学与佛禅之学关系的事实，虽然世之论者皆知，但是究竟是怎样的影响，具体的内容与方法是怎样的，多属语焉不详的状态。这当然是今天研究哲学史者所要做的基本的工作。所以我们梳理中国古典学固有体系，在上述诸范畴之外，也还要加入儒、释、道这一组范畴。

  上述这种立足目录学的分类，我们不妨视之为古典学术的横向分类。此外，中国古代学术还有一种纵向的分类，即依据学术的内容，尤其依据专家之学的性质来分类。其中构成几个组合，第一，文字、音韵、训诂。这是针对中国古代整个古典的语言文学而

---

① 见僧祐《出三藏记集》。
② 载《吕澂佛学论著选集》第三册，齐鲁书社1991年版。
③ 陈国符：《道藏源流考》，中华书局1963年版，第1—2页。

设立的。第二，版本、目录、校勘，这是以重构和重现中国古代文献与文本为研究对象的，其中又有着各自的规律。第三，义理、辞章、考据，这是针对中国古典的内容而立的三门学问。

上述中国古典学术的纵横两种分类，都体现了中国古典学术分而能合的特点。从横向来说，四部之学虽然各有专擅，但治学者于四部，却是要博而能专。以中国古典学术来讲，经部是根本，史部是也是必要的学问，所以无论研治何种学问，都要具备经史的基础。集部其实是经、史、子三部的衍生，也是它的集成。章学诚《文史通义·诗教上》论"文集"云："子史衰而文集之体盛；著作衰而辞章之学盛。文集者，辞章不专家，而萃聚文墨，以为龙蛇之菹也。（原注：详见《文集》篇）后贤承而不废者，江河导而其势不容复遏也。经学不专家，而文集有经义；史学不专家，而文集有传记；立言不专家（原注：即诸子书也），而文集有论辨。后世之文集，舍经义与传记、论辨之三体，其余莫非辞章之属也。"① 可见文集非仅辞章一门而已。后人治经史子三部者，也不能不治集部。但是相兼相通，而又各有专擅。出发与基础虽然是共同的，但进入学术的创造境界时，又是有明显的分工的。事实上，中国古代学术，原有充分的专家与专门的意识，最显见的就是正史中分别设文苑与儒林两传，已可见经学、儒学与文学的分流。清人袁枚《答友人某论文书》针对友人来信中所说的"诗不如文，文不如著书，人必兼数者而后传"的观点，认为"人必有所不能也，而后有所能"，认为学术与文章，"专则精，精则传；兼则不精，不精则不传"。因此要有抉择，"要知为诗人，为文人，谈何容易？入文苑，入儒林，足下亦宜早自择，宁从一而深造，毋泛涉而两失"②。这就是我们今人所说的专业、专门甚至专题、专长的意识。但这主要是指最后造就而言的，非就基础而言。就基础而言，古人是强调兼通的。清人虽自诩专治诗歌如袁枚本人者，也能谈经学；专事考据如钱大昕、孙星衍者，也擅长诗文。只是最终能造就至可传世之境者，必须有抉精，戒忌博涉而不能专精，泛滥而无归。至于文史哲三个专业，前辈学者多强调"文史哲不分家"。不分家也是就学科关系与学人的基础而言，并非指专门造就。当然，在今天的学术中，情况已发生很大的变化。它的趋势是分家的事实越来越突出。虽然这里有学术发展的必然规律的作用，但从中国古典学术的固有形态的把握来说，不能说是有所不利的。

再就纵向而言，文字、音韵、训诂；目录、版本、校勘；义理、辞章、考据，这几组学问之间，也都是互为工具，也互为目的。就治学的基础与方法来说，任何一个从事中国古典学术研究的学者，都应该掌握上述三组九门的基本学术能力，所以，很难说哪

---

① 章学诚著，叶瑛注：《文史通义校注》，中华书局1985年版，第61页。
② 袁枚著，周本淳标校：《小仓山房诗文集》，上海古籍出版社1988年版，第1546—1546页。

一门是工具,哪一门是目的。但就学术的造诣来讲,三组九门之间,又是有明显分工的,各有专家。如我们所说的文字学家、音韵学家、训诂学家就是兼治而分工,目录学家、版本学家之间也是兼治而分工。而义理、辞章、考据,即可视为各门学问都不可少的基本方法,无论研究何种学问,都有义理、辞章、考据三方面的内容。但同时义理之学,又是专门之学,与我们今天所说的哲学最接近;辞章之学,当然也有专门之家,辞章家即文学家;而考据之学,充其全部内涵,实为史学的基本方法,但又有专长于考据之道者,可称考据家。然而考据家如不通晓义理、辞章,则其造就也属有限。

五　古典学也是对 20 世纪古典研究的继续

我们今天提出立足于绍续与发展中国古典学术的立场上的中国古典学概念,是具有丰厚的学术传统的。第一个传统就是中国古典学术本身。这一个层面的问题,我们在上面已经做过阐述。第二个传统,当然是现当代以来研究中国古代学术的成就。我们认为现当代有关中国古代文、史、哲等学科的研究,在一定程度上中断了中国古典学术的传统,但这只是相对的说法。事实上,就在大量引进西方的学术理念与方法,在适应现代的教育与科研体制的情况下,这百余年的中国文、史、哲学科,仍然在相当大程度上为传承并发展中国古典学术做出了巨大的贡献。就以 20 世纪初期而言,一是文、史、哲等科的划分尚不像今天这样壁垒森严。尤其是第一、二代学者的基本知识结构与能力,都是文、史、哲贯通的。虽然因为学校教育及研究机构的专业分工,各有自己的学科,但他们作为一个古典学术的共同体群体特点还是很明显的。不仅文科之间是这样,甚至文、理学者之间,也有这种情况。如著名的植物家胡先骕、数学家苏步青,都是诗词艺术造诣深厚、可称诗词家的学者。与之相近,还有一些精通中国古典学术的理工科学者。前述撰写《道教源流考》的陈国符,原本就是化学家。他们的存在,可以证明第一、二代学者,无论是人文科学、社会科学领域,还是自然科学领域,他们都曾在一个共同的古典学术的传统中生长。

从成果的内容来说,虽然近百年来几代学者,都采取西方学术的理念与方法,但其中有相当一部分成果,以及一些重要的学术观点,都是继承古典学术的一些观念。就中国古代文学领域来讲,古代的诗文评,不仅仅是一种客观的研究对象,同时其基本的范畴、观点、方法,也都在中国古代文学研究领域运用。比如像"诗言志""诗缘情""比兴""风骨""境界"等范畴及与之相联系的理论,在我们研究古代诗歌史中一直在使用,甚至也在五四以后的新文学中继续发生影响。有些传统的概念,在融会新知之后重新运用,转化为现代文学批评的话语。近年来学人们讨论的古代文论的现代转化,就是要向这个方向努力。其实,古代文论转化,20 世纪以来已经有不少例子,影响最大的如王国维的"境界"说。他在传统诗学的语境中，融入了西方的美学思想。或者说，他是在西方美学思想的影响下，重新阐释"境界"这个传统的范畴，使之成为20世纪最具活力的美学范畴之一。他的这种工作，即是现代语境中的古典学的研究方法。

在文学史研究方面，我们的不少基本范畴甚至基本观点，承自古代不为鲜少，像建安风骨，汉魏体，齐梁体，初、盛、中、晚唐文学，北宋词，南宋词这样的基本的概念，也都是来自古代。甚至如在现代诗史发展观中文人诗出于民间歌谣这样的可以与西方诗史观对接的学术观点，论者也是从中国古代诗学中找到丰富的、类似的观点的。如《诗经》学中朱熹等人诗出于里巷歌谣的观点，就是与现代的诗歌发展史能够完全融接的。又如出于五四新文学阵营的古代诗歌史的研究者，如胡适、鲁迅、郑振铎、冯沅君、林庚、胡云翼等人对盛唐诗、北宋词的推崇，其实都与传统的观点呼应。

由此看来，我们今天提出绍续与发展中国古典学术为内容与方法的中国古典学，不是新辟炉灶，而是一种"旧学商量加邃密，新知培养转深沉"（朱熹诗句）的工夫。也正是在这样的一种立场上，提出中国古典学这样的学术概念才是有意义的。

从学科的建构来说，中国古典学这个概念，是一个大学科的概念，并不是要取代前此的诸如中国历史、中国哲学史、古典文学、古代汉语、古典文献等学科概念。不同的学术领域的存在，即在中国古代也是分明的，如中国古代长于辞章的文学家，长于史籍撰作的史家，长于经典阐释的经学家，长于讲学的理学家等。我们今天认定为文学家、史家、经学家、理学家，在大部分的时候，都是指他们完成的成果而言。实际上从知识与能力来讲，并未有严格的区分。比如大多的中国古代文学研究者，在其相应的时期，都精通诸如经学、玄学、理学、心学等学术，也就是大多数中国古代文学家，都同时具有我们今天所说的哲学家的修养，甚至有独特造诣。而史与文之不能分，更是中国古代史学的基本特点，也可以是中国古代文学的一种特点。进入了现代学科发展时期的中国古典学，与传统的最大差别不是学科体系的改变，而是中国古典学术共同体的失去，由以通人为基础的专家之学，转为从一开始就有明确的专业分工。从专家到专业，这一点，我们前面已经分析过。

以上大概是我对中国古典学的理解，谈不上说是新的建构。核心观点是认为存在中国古典学术（相对西方与现代），我们要对其本体进行研究，让其呈现出来，绍续并加以发展。我们不是复古的立场，也不是纯粹强调客观化研究的释古的立场，而是认为中国古典学术自有其重要的价值，其本体与方法，都应该作为今天发展现代学术的一个重要资源。这是我的基本的思想，还很不成熟，需要不断地完善。

（原载于杜晓勤主编《中国古典学》第二卷，中华书局2022年版）

构建以国学为基础的中国古典学

沈卫荣

多年前，中国人民大学国学院增添了一块新牌子——"古典学学院"。这注定是一个要在中国古典学术史和世界古典学学术史上留下重彩的标志性事件。在现有国学研究的基础之上，构建中国古典学研究学科，能够更深入地推动国学研究的学术化进程，大幅度提升中国古典研究的学术性和学术质量。而且，一个具有明显中国传统学术特色的中国古典学学科的建立，势将改变以"西方古典学"为主导的世界古典学的面貌，从此不仅中国古代文明的古典学学术研究将成为世界古典学的一个重要组成部分，而且中国的古典学学术传统也将因此而更好地与世界古典学学术传统交流、交融，激励出新的学术活力和光芒。从国学到中国古典学的演变，无疑将是中国现代人文学术的一大进步。

中国的国学研究已有百余年的历程，虽然曾经取得过辉煌的成果，但也充满了问题和争议，其前景并不乐观。国学一时的兴起常常得力于来自学术之外的社会、文化和思想潮流的激荡和推进，并不是一种理性的人文学术发展和进步的自然结果，故很难保持良性和持续的发展和繁盛。人们至今说不清何谓国学，不明白国学到底是怎样的一门学问。虽然当下国学已在许多高等教育机构内被人为地、硬性地安置了一个相当显要的学术家园，但是，作为一个学科，国学缺乏明确的、专属于它的学术对象、理论和方法，它在分工细致、明确的现代人文学术体系和高等教育体制内依旧无家可归，不得不依附或者从属于文、史、哲等主流人文学科而得以幸存。

多年前，李零教授曾公开批评国学是"国将不国之学"，说它"是一门土洋并举、中西合璧带有过渡性质的学问"[1]。因为"国学虽刻意区别于西学，但暗地里却处处与西学争胜，做的都是些不中不西、不新不旧之学"[2]。近代中国学术史上曾出现过两次声势

---

[1] 李零：《同一个中国，不同的梦想——我对法国汉学、美国中国学和所谓国学的点滴印象》，《十月》2015年第3期。
[2] 2007年4月18日李零先生在中国人民大学清史研究所的演讲，刊于《香港传真》2007年第50期，后收录于李零随笔集《放虎归山》（增订版）（山西人民出版社2008年版，第219—238页），题为《传统为什么这样红——二十年目睹之怪现状》。

浩大的"国学"高潮，第一次是在一百余年前五四新文化运动时期，是胡适（1891—1962）、王国维（1877—1927）、陈寅恪（1890—1969）等先生们那个时代的国学，而第二次便是新世纪以来今日中国还在流行中的"国学热"。显然，这两次"国学热"都是十分激进的反传统运动的产物，它们都是对民族文化传统长期遭受蔑视和破坏，以及对西方思想和文化过分推崇的一种激烈的反动。所以，振兴国学本身并不是一种自然的学术诉求，而更是一种民族的、社会的和文化的运动，是国人希望能够通过国学找回自己失落已久的文化自信和民族自尊，是要通过对中国传统文化和学术的复兴，来重建中华民族文化精神和中华民族之魂。显然，这种崇高的理想和目标，远远超出了学术和学术研究应该承担的使命和责任。是故，这种肩负了全社会之重托的国学注定不可能是很学术的，可它又必须以学术的形式进行，并期待通过学术将其深化和推广，形成一种体制化的学术和教学机制，否则，国学就只能是一种外在的、浮泛的表面热度，难以得到持续和深入的良性发展。近代中国之国学研究的历史充分显示：处于社会潮流和现代学术之间的国学，始终没有能够走出必须兼顾社会期待和学术原则这种两难的境地，无法顺利完成学科的建构，并获得充分的学术自由。当然，必须强调指出的是，于中国高校中开展的国学学术实践曾为中国现代人文学术的进步做出了巨大的贡献。

众所周知，清华大学国学院是清华大学百余年历史中不可逾越和复制的辉煌，梁启超（1873—1929）、王国维（1877—1927）、陈寅恪（1890—1969）和赵元任（1892—1982）四大导师，被尊视为中国文化的"一代托命之人"。其实，清华国学院名不副实，四大导师做的都是"不中不西、不古不今"的学问，嘴上说的是国学，手头做的却是新学、西学，他们引进西方现代人文学术方法，从事对中国传统文化的研究，是中国人文新学的开创者。20世纪20年代是中国现代人文科学学术的形成时期。以清华国学院四大导师为代表的一代中国人文学者，都致力于以西方人文学术的理念、方法和建制为榜样，对围绕经、史、子、集而开展的中国传统人文学术进行彻底的改造，使其走上理性、科学的现代人文学术道路。所以，当时高校建构中的"国学"教学和研究机构，既无法与重建"中国民族之魂"的社会诉求同步，又不得不革故鼎新，努力以现代西方人文学术的方法来研究中国传统文化，故与传统"国学"背道而驰。陈寅恪先生所总结和推崇的王国维先生的学术品质——"独立之精神、自由之思想"，正是西方现代人文学术的基本原则，与中国传统的"国学"理念无关。

比清华大学国学院更能代表中华民国人文学术之形成和成就的是傅斯年（1896—1950）先生创立的中央研究院历史语言研究所（简称史语所），从某种意义上说，史语所曾是当时中国最好的国学研究院。傅斯年提出"我们要科学的东方学之正统在中国"①的口号，即是要以西方的语文学（Philology）来改造中国传统的经学、小学，是要吸收和采纳西方"汉学"和"虏学"研究的方法和成就，来改造和建立中国人自己的"国学"研究，以将汉学研究的中心从巴黎移回中国。傅斯年对中国之"国学"（汉学+虏学）的设计，本质上是一整套"民族语文学"（National Philology）的学术工程，仿照的是德国古典学（Altertum Swissens Chaft）研究的学术设计，其基本方针就是要用西方之汉学和虏学的语文学方法来改造中国以经学为主体的人文学术传统，实现中国人文学术的现代化。尽管傅斯年先生的"民族语文学"计划，其出发点和动机都是为了拯救和重建"国学"，但它的实际效果则无异于是对传统"国学"的一场革命。傅斯年对治"不中不西、不古不今之学"的陈寅恪先生推崇备至，却对民国时代最有人望的"国学大师"章太炎先生的学问不屑一顾，这形象地反映出"民族语文学"和传统"国学"于民国时代所经历的两种完全不同的命运。而也正是"民族语文学"对传统"国学"的改造，现代中国快速地实现了传统人文学术的现代化过程，其辉煌的学术成就至今令人仰慕。②

2005年10月，中国人民大学国学院正式成立。它与清华国学院一样，在中国高等教育史和国学发展史上具有里程碑的意义。至今人大国学院始终坚持在社会的、传统的国学和学术的、当代的国学之间达成一种平衡，并为国学在当下人文学术体系中立足做出了极大的努力。人大国学院的一个最大的特色和创新就是不再将"国学"的范畴局限于以儒家为主体的汉族传统文化，不把经史子集或者四书五经当作国学的主体和精华。这种传统的、狭隘的国学认知不但与今日中国作为一个多民族和多元文化一体的国家定位完全不相符合，对它的鼓吹和推动势将助长汉族中心主义思想的泛滥，而把同样历史悠久、丰富灿烂的民族文化排除在国学和中国传统文化之外，这与当下中国社会所积极倡导的铸牢中华民族共同体意识的理念背道而驰，亦极大地削弱了汉族传统文化和古典文明的包容性和丰富性，降低了国学的价值和魅力。

所以，自建立之日起，人大国学院就积极倡导由其创院院长冯其庸先生（1924—2017）率先提出的"大国学"理念，旗帜鲜明地把新时代的"国学"范畴扩大到了汉族传统文化以外的中国各少数民族的语言、文献、历史、宗教和传统文化，实现了新时代的国学认同与中国国家认同的完美结合。遵循这种"大国学"的学术理念，人大国学院开天下风气之先，下设"西域历史语言研究所"，在全世界范围内先后招聘了专门从事梵文、古藏文、吐火罗文、粟特文、回鹘文、西夏文、察哈台文、蒙古文和满文等语

---

① 中央研究院历史语言研究所筹备处：《历史语言研究所工作之旨趣》，《国立中央研究院历史语言研究所集刊》1928年第1本第1分。
② 沈卫荣：《陈寅恪与语文学》，《北京大学学报》（哲学社会科学版）2020年第4期；沈卫荣：《陈寅恪与佛教和西域语文学研究》，《清华大学学报》（哲学社会科学版）2021年第1期。

文研究的、具有深厚国际学术背景的语文学家和历史学家们加盟，重建和推进上述这些今天多半被认为是"冷门绝学"的学科的教学和研究工作，形成了一个专门研究中国边疆民族，特别是中国西北少数民族之语言、历史和文化的前沿学术机构。① "西域历史语言研究所"的实践和成功，极大地推动和丰富了冯先生率先提出的"大国学"理念，雄辩地证明只有"大国学"才是新时代之国学教学和研究的光明大道。

人大国学院的国学研究无疑是当下中国国学研究之成功的典范，它们倡导以历史的、语文学的方法研究中国古代各民族传统文化，走的无疑是现代人文学术的正道。然而，作为整体的国学的生存和发展，于今日中国之前景依然不容乐观。如前所述，国学不能仅仅停留在社会表层对它的热衷和倡导，而必须借助和依赖作为高等教育和学术研究之主体和核心的大学对它的吸纳和融入。中国高等院校的教育和科研学术体制早已经确立了固定的建构和规范，学科的分类也早已经得到了明确的界定。一门新的学科要想在高等院校内生存和发展，就必须在高校学术体制内获得适合生存的土壤，找到其恰当的学术位置，并得到制度化的学术认可。令人遗憾的是，于高校中如雨后春笋般出现的国学院，貌似繁荣昌盛，却并不能在当今的高等教育体制中自然地落地生根。"国学"无法作为一门独立于文学、历史和哲学等学科之外的新学科得到现有高等教学体制的制度化的认可，于中国高等教学体制的学科分类中并没有"国学"这一学科。若要保证国学健康和长远的发展，我们必须使国学成为一门有可靠的学理依据的独立的学科，使它能在现代大学学术体制内拥有一席之地；可是，能够在大学内立足的每一门学科，都必须拥有自己独有的学术研究主题、独有的学术研究理论和学术研究方法，以及一个独有的学术家园。② 国学虽然十分高调和成功地进入了中国众多的高等院校，但其独立的学科性质却始终未能得到制度性的认可，它未能在大学学术体制内完成严格的学科设计和建设，进而将自己从文、史、哲等传统人文学科的体制划分中独立出来。

总体而言，今天的国学依然游离于中国高等教学学术体制之外，我们对国学作为一门独立的人文学科的学科性质依然还没有做出统一和能被广泛接受的界定，大学内的国学从业者依然还会受到社会对国学之热望和期待的影响和干扰，虽然他们对如何做好国学的教学和研究工作已经做出了很多艰苦而有成绩的尝试，但目前还在继续不断地探索和实践，任重而道远。对于国学学科的内涵，中国大学内的大部分国学院依然坚持以传统汉学的教学和研究为核心，或者只取其中的一项，或文学，或历史，或哲学，或者以经史子集为核心，择取其中之一项为其重点。中国人民大学国学院下设五个教研室，分

---

① 中国人民大学国学院西域历史语言研究所、沈卫荣主编：《〈西域历史语言研究集刊〉编辑缘起》，载《西域历史语言研究集刊》第一辑，科学出版社2007年版，第i—ii页。
② 关于一个学科建立的必要条件，参见 John Comaroff, "The End of Anthropology, Again: On the Future of an In/discipline", *American Anthropologist*, 112 (4), November 2010, p. 527。

别是：经学与子学教研室、国文教研室、国史教研室、国学基础教研室和西域历史语言研究所，凸显其对国学概念与众不同的理解。经学与子学教研室主要从事中国哲学和思想史的教学和研究，从学科上说隶属于哲学范畴；国文教研室则从事古代汉语文学研究，隶属于汉语言文学专业中的古代文学研究范畴；国史教研室则从事中国古代历史的教学和研究，学科专业上隶属于历史学范畴；国学基础教研室则从事汉语语言、音韵、训诂等传统上属于"小学"类的教学和研究，在现今人文学术体制内隶属于汉语言文学学科中的语言学学科。而西域历史语言研究所则给学生们提供中国西域古代语言、文献和历史研究的语文学训练，于世界人文学术体系中或当分属于印度学、藏学、突厥学（回鹘研究）、吐火罗学、粟特学、西夏学、蒙古学、满学等属于传统东方学之分支学科的研究。

中国人民大学国学院设计和推行的上述这一整套国学教学和研究方案，匠心独运，十分令人钦佩。它不但把西域诸民族语文、历史的研究整合进了国学研究，具体体现和实践了"大国学"的学术理念，而且在学术方法上融合了以经史子集或者经学、小学来划分的中国古代传统学术，以及以语文学、历史学为基本方法的现代汉学和对中国传统文化的现代人文学术研究，可以说是一套值得推广的新时代"中国研究"（China Studies）的学术范式。它以中国古代文明为研究对象，但并不是对中国作更加重视社会科学方法的"区域研究"，而是回归到传统汉学研究的语文学的和历史学的方法。遗憾的是，在中国现行高等教学学术体制下，这样卓有成效的国学教学和科研体制，却依然无法得到学术体制的充分认可，不管是"中国研究"，还是"汉学"和"语文学"，它们都不再是属于学术体制内的专门学科，这无疑是限制国学进一步建设和发展的重大障碍。

或正是为了摆脱现行学术体制的束缚，消除人们对国学研究之非学术性的疑虑，中国人民大学国学院多年前加上了"古典学学院"的新名称，一个学院两块牌子，即希望能在学术体制层面上最终解除限制国学院进一步发展的瓶颈机制。从前述人大国学院的学术建构和设置来看，它们本来都属于传统汉学和对中国古代其他民族之语言和文化（文学、文献）的语文学研究范畴，所以，加上"古典学学院"的牌子，显然能更好地显现出其学术和学科性质，并使其以"古典学"的名目顺利进入现行人文学术体制之中，这无疑是一项很具建设性意义的创举。需要进一步说明的是，于现行世界人文学术体制中，人们早已习惯于将"古典学"狭义地定义为对西方古典文明的研究，特别是对以希腊文、拉丁文文献为主的欧洲古典文明的研究。这样的西方"古典学"明确地将对西方以外的古典文明的研究排斥在外，凸显出其西方中心主义，或者欧洲中心主义的学术本质。与这种古典学对应而兴起的西方的"东方学"研究，其研究对象——东方文明，不但没有被视为是与西方文明具有同等意义和价值的古典文化，反而常常被用来充当西方文明之对照和投射，凸显出其东方主义和帝国主义的学术本质。

晚近，美国大学众多古典学家联合发起了一场颇具影响力的所谓"后古典主义"（Postclassicism）的学术运动，他们主张要扬弃"古典学"这样笼统的说法，要让西方的古典学回归到"古希腊研究"或者"古罗马研究"，譬如加州大学伯克利校区的古典学系将更名为"希腊罗马学系"。① 甚至有崇尚政治正确的美国人文学者提出了要在大学中废除"古典学"学科教学这样极端激进的主张。当然，他们要将"古典学"更具体地定义为"古希腊研究"或者"古罗马研究"，并不是要将作为现代人文学术之源头活水的"古典学"，或者说是对西方古典文明的历史学的和语文学的研究，转变为现代西方综合人文和社会科学学术研究的"区域研究"（Area Studies），而是更强调古典学的语文学内核，即以解读语言、文献为基础的历史文化研究。尽管"后古典主义"认为古典学所依止的培养方式是一套"德国故事"，其现代属性仍带有深层的正统/异端的权力或种族主义逻辑。②

近年来，中国多所重点高校都在积极培育和发展"古典学"的教学和研究，但是，其中大多数还是在努力引进西方人正在设法要扬弃的传统西方"古典学"学术，培养能从事古希腊、罗马语文和文明研究的新一代古典学学者，走的显然还是一条纯粹西学的老路。至今还很少有人能够清楚地认识到作为对中国古代文明的历史学和语文学研究的"国学"，其实也是一种古典学的研究，它理应成为世界古典学研究的一个不可或缺的重要组成部分，甚至可以发展成为世界古典学研究的一个学术典范。事实上，随着西方古典学、东方学之欧洲中心主义、帝国主义和东方主义学术本质的被揭露和批判，随着"区域研究"的蓬勃兴起，和它对传统古典文明研究学科的取代和冲击，西方，特别是北美大学中的"古典研究"，早已被边缘化为对一些古典语文和文化的语文学研究。除了古希腊、罗马语文和文明以外，它们常常也包括对古代埃及文明和梵语语文、古汉语语文等非西方文明的研究。眼下西方古典学的被政治化和边缘化，正是我们努力将古典学世界化、国际化的一个极为难得的机会。我们正好可以借此机会，将对中国古代文明的"国学"研究在学术上和学科性质上与世界古典学整合，在充分理解和吸收西方古典学之方法和成就的基础上，添加进中国传统古典学术的丰富内容和优良品质，在我们所从事的国学研究的基础上，建构我们中国人自己的古典学学科。

最后，有必要强调的是，西方古典学，亦称"古典语文学"，它是一种最典型的语文学研究，在学术方法上，它与人大国学院积极倡导和实践的国学研究完全一致，所以，在国学的基础之上建设中国古典学学科是一种人文学术的整合和进步。西方古典学

---

① 访谈：詹姆斯·波尔特，《后古典主义与古典学在中国》，澎湃新闻，2020年10月19日，https://www.thepaper.cn/newsDetail_forward_9518599［2022-5-16］。
② 方凯成评《后古典主义》，《正统与异端：中西之间的古典学建制》，澎湃新闻，2021年1月4日，https://www.thepaper.cn/newsDetail_forward_10594995［2022-5-16］。

是对西方文明的语文学研究，而中国古典学则是对中华文明的语文学研究。我们所倡导的"中国古典学"或者"中国古典研究"，并不是要将西方现代"区域研究"的学术方法应用于对中国古代文明的研究之中，而是依然要坚持用西方古典学、东方学，或者说是传统汉学、藏学、蒙古学等学科所采用的语文学方法，来研究中国各民族的语言、历史和文化，它既是传统的，又是现代的、学术的。总而言之，中国的国学本来就应该是中国古典学，将"国学"研究转变为"中国古典学"研究，应当是中国高等院校内国学研究机构的一个有良好前景的发展方向。而人大国学院兼容西方古典学、中国古典学和欧亚古典学的实践，以对世界不同文明的语文学研究为主体，消融作为现代人文学科的西方古典学中自身带有的排斥古代东方文明的种族主义和帝国主义色彩，势将使中国古典学在世界人文学术中焕发出新的生机和力量。

（原载于《国学学刊》2022年第2期）

中华文明转型创新与中国古典学重建

江林昌

在中华文明五千多年发展史上,有两次深刻的大变革。第一次是春秋战国时代,第二次是新时代。春秋战国时代的大变革,造就了中国文化第一次大高峰,并有了中国古典学的大繁荣。新时代的大变革,则迎来了中华民族伟大复兴,进入了中国古典学重建的黄金时代。

中华文明的第一次转化创新与中国古典学的形成

中国古典学借鉴了西方古典学的概念。由于中国古代文明的连续性特点,中国古典学有狭义与广义之分,还有许多自身的内涵特点。有关这方面的情况需要作具体论证。

中国古代自五帝时代开始了"文明起源",夏商西周进入了"早期文明"发展阶段。至春秋战国时代,由于铁器出现、牛耕使用,生产力大大提高。因此,引起了经济形态、城乡关系、社会结构等全方位、多层面的大变革,整体上表现为以血缘管理为主转化为以地缘管理为主的"文明大转型"。秦汉以后,进入了"成熟文明"的发展阶段。

春秋战国时代的文明大转型,成就了中国古典学的大繁荣。之前的文明起源与早期文明虽然也有过多次变革,但始终没有突破血缘管理范围,所以只能是中国古典学的酝酿期;之后的成熟文明虽然也有过多次变革,但始终没有突破地缘管理的框架,所以只能是中国古典学的影响期。根据这一具体情况,我们可以对中国古典学做出如下大致分期:五帝时代的文明起源阶段为"古典学源头期";春秋战国以前的夏商西周早期文明发展阶段为"古典学前期";春秋战国为"古典学鼎盛期";春秋战国之后的秦、西汉、东汉为"古典学后期";魏晋以后为"古典学影响期"。

在中国古典学的影响期内,随着社会的发展曾出现了多次古典学的重建工作。其中,影响较大的有如下几次。

第一，魏晋南北朝时期。有先秦经典的集注，如杜预的《春秋左氏经传集解》，郭象的《庄子注》，郭璞的《山海经注》等。有关于整个古典时期文献经典的选编、汇编，如萧统的《文选》，徐陵的《玉台新咏》。有关于整个古典学的理论总结，如刘勰的《文心雕龙》，钟嵘的《诗品》等。

第二，隋唐时期。随着古典学内容的丰富与重点的调整，而有了魏徵等人"辨章学术，考镜源流"的《隋书·经籍志》；有韩愈、柳宗元所倡导的重返古典学的"古文运动"；有先秦古典经典整理的权威审定工作，如《经典释文》《五经正义》《开成石经》等；有古典史学理论的全面建构，如刘知幾的《史通》，杜佑的《通典》等。

第三，宋元明清时期。不但出现了在佛教背景下重新会通先秦儒学道学的禅宗与理学，更有以重建先秦古典学为目标的在文字、音韵、训诂等方面做全面研究整理的乾嘉考据学等。

总之，中国古典学的重建工作，往往随着时代的发展、思想的变化、方法的更新，更重要的是随着新资料的出现，而不断创新发展。每次重建工作都使古典学在原有的基础上更丰富、更深刻、更全面。

中华文明的第二次转化创新与中国古典学重建的黄金时代

历史学上，将1840年鸦片战争之后划归为近代史。1860年以后的洋务运动、戊戌变法等开启了中国现代化进程。因此，中国传统的古典学重建也随之转入了现代的古典学重建阶段。王国维以二重证据法为特征的"古史新证"、李济以现代考古资料为手段的"古史重建"、李学勤和裘锡圭的出土文献与学术史研究、饶宗颐的"新经学"构想，都属于中国现代的古典学重建工作。所有传统的古典学重建与现代的古典学重建，都在不同历史阶段推动了中国古典学的发展。但是，从总体上来看，这些重建工作都属于学术史上的积累阶段。

中国古典学的长期积累，最终遇见了改革开放以来尤其是党的十八大以来中华文明史上的第二次大变革。这必将推动第二次中国文化的大繁荣、中国哲学的大突破、中国思想的新高峰，从而昂首步入中国古典学重建的黄金时代。中国古典学重建的黄金时代的到来，已经具备了如下三个条件。第一，中国古典学重建黄金时代到来的社会条件：社会形态的大变革与社会经济的大繁荣；第二，中国古典学重建黄金时代到来的学科依据：各学科的发展成熟与各学科之间的融合创新；第三，中国古典学重建黄金时代到来的理论指导：马克思主义唯物史观与"两个结合""三大体系建设"。

中华文明大变革的内在规律与中国古典学的民族特征

有关中国古典学繁荣与中国古典学重建的讨论，必须在深刻认识中华文明独特的起源路径、发展规律的基础上深入展开。

中华文明五千多年的绵延发展，使得春秋战国时期与新时代这两次重大的变革，始终表现为继承传统基础上的时代变革。这是创造性转化与创新性发展之间的辩证统一。因此中国古典学也始终保持着在继承民族核心传统文化的同时，随时代的发展而创新丰富。

春秋战国时期第一次古典学产生的时候，中华文明的五帝时代起源与夏商西周早期文明的发展，已经经历了两千五百多年的以农耕文明与血缘管理为内涵特征的深厚积累。这就深刻影响了中国古典学的民族内涵，具体表现为"天人合一"的宇宙观、"家国一体"的政治观、"集体主义"的社会观、"勤俭奋发"的人生观等鲜明的民族特色。这与古希腊古罗马古典学建立在商贸文明与地缘管理基础上的"天人分离"宇宙观、"家国有别"政治观、"个人主义"社会观等相当不同。

也正是因为有了以上两方面的中西异同，因此需要我们对中西古典学作出具体分析。对中国古典学民族内涵特色的把握，可以帮助我们更好地理解中国特色社会主义现代化，深刻认识中国道路。全面总结中国古典学的形成与中国古典学的重建，不仅有利于新时代全面实现中华民族的伟大复兴，也有利于推动世界文化的繁荣发展。

（原载于《中国社会科学报》2022年8月29日第6版）

知识视域下的中国古典学

张齐明

关于中国古典学的学理讨论及学科建设的探索均已取得了相当充分的进展，但在一些具体问题上仍需要进一步凝聚共识，以期进一步推进中国古典学学科建设工作。[①] 在中国古典学的学理讨论和学科建设中一直面临着一个无法回避的问题，那就是究竟应该如何理解"古典"，或者说应该如何界定中国古典学的研究对象及其时间坐标。对此问题，许多学者提出了不同主张。裘锡圭主张中国古典学"就是研究作为我们文明源头的那些上古典籍"，他同时也认为："主要是先秦的，但也不能讲得那么死，秦汉时候有一些书跟先秦的关系非常密切。"[②] 孙玉文同样主张中国古典学的研究对象是中国古代典籍，但其时间坐标则要向后大大延伸，他认为："中国古典学，就是对 1912 年清帝退位或 1919 年'五四'运动以前的中国古代典籍进行研究的一门学问。"[③] 而刘钊、陈家宁虽然在时间坐标上与裘锡圭接近，但在研究对象上则又宽泛了许多，认为中国古典学是研究"先秦秦汉时期中国古代文明的学问"[④]。上引诸家之说，可谓各有理据，但同时也表明在这一关涉中国古典学学科建设的根本问题上仍有讨论的必要与空间。笔者不揣浅陋，想从知识史的角度谈谈个人关于这一问题的理解，不妥之处，尚祈方家指正。

---

① 相关讨论可参见裘锡圭《中国古典学重建中应该注意的问题》，载《北京大学中国古文献研究中心集刊》，北京燕山出版社 2001 年版；裘锡圭、戴燕《古典学的重建》，《书城》2015 年第 9 期；刘钊、陈家宁《论中国古典学的重建》，《厦门大学学报》（哲学社会科学版）2007 年第 1 期；朱汉民等《国学＝中国古典学》，《光明日报》2010 年 10 月 18 日第 12 版；朱汉民《古典学知识与民族精神的双重建构——当代中国国学学科建设的思考》，《中山大学学报》（社会科学版）2017 年第 5 期；杨天奇《超越"经学""国学"的"古典学"新境》，《海南大学学报》（人文社会科学版）2017 年第 2 期；孙玉文《"中国古典学"之我见》，《江苏师范大学学报》（哲学社会科学版）2018 年第 5 期；沈卫荣《构建以国学为基础的中国古典学》，《国学学刊》2022 年第 2 期。
② 裘锡圭、戴燕：《古典学的重建》，《书城》2015 年第 9 期。
③ 孙玉文：《"中国古典学"之我见》，《江苏师范大学学报》（哲学社会科学版）2018 年第 5 期。
④ 刘钊、陈家宁：《论中国古典学的重建》，《厦门大学学报》（哲学社会科学版）2007 年第 1 期。

一

古代中国的研究者大多存在一个基本的共识：华夏文明是唯一未曾中断的古代文明。这种文明的独特性，大而言之是指整个华夏文明，小而言之则语言、文字、典籍、信仰、社会生活无一不包。而作为文明或文化最为本质规定的知识，无疑是华夏文明持续演进的主要因素。众所周知，文明的分野，实质上是一种知识的分野。因此，华夏文明独特性的深层考察，离不开对其典型性知识形态的揭示。[1] 循此而言，当我们在界定中国古典学研究对象的时间坐标时，是否同样可以从知识的典型性角度出发呢？因为不论我们如何界定中国古典学的具体研究对象，均无法否认中国古典学必然要致力于揭示或阐释华夏文明的本质特征。因此，如果我们揭示了华夏文明典型性知识形态及其延续的历史时期，也就可以据此界定中国古典学研究对象的时间坐标，这是本文思考的基本出发点之一。

福柯曾以"知识型"强调西方（欧洲）文化、知识断层或断裂的一面。当我们以所谓的"典型性知识"考察华夏文明时，不难发现，与福柯关于西方文化的判断相反，我们却拥有一个长期且高度稳定的知识体系。我们强调知识体系的长期稳定，并不是否认历史上曾经存在的知识变迁与发展，而是指构成知识体系的深层结构部分长期保持稳定，人们感知、看待和认识世界的基本方式并没有太多的变化。完全可以说，自先秦至近代，华夏文明持久延续，正是建立在知识深层结构长期且稳定的基础之上的。那么，这种长期且稳定的知识结构到底是什么呢？许多研究者从不同侧面探讨了华夏文明的独特表征，并指出文明独特性背后的宇宙观（时空知识体系）因素。[2] 关于中国古代知识体系，研究者多关注到了"阴阳五行说"，如齐思和就曾指出："吾国学术思想，受五行说之支配最深，大而政治、宗教、天文、舆地，细而堪舆、占卜，以至医药、战阵，莫不以五行说为之骨干。士大夫之所思维，常人之所信仰，莫能出乎五行说范围之外。"[3]

---

[1] 这里所谓的"典型性知识形态"并不是指社会生活中的各种具体的知识，而是指决定这些具体知识形态的深层知识结构，是一定文明形态下人们感受、看待及认知世界的基本方式。毋庸讳言，"典型性知识形态"是借用或者说受到了福柯有关"知识型"理论的启发，具体可参见［法］米歇尔·福柯《知识考古学》，谢强、马月译，生活·读书·新知三联书店 2003 年版；［法］米歇尔·福柯《词与物》，莫伟民译，上海三联书店 2001 年版。

[2] 相关研究甚多，恕不一一列举。此处我们仅仅从民间信仰、社会生活角度简单枚举，如杨庆堃关于中国宗教、李亦园人类学视角下的中国传统宇宙观及其民间信仰的研究及弗里德曼关于中国宗族的研究。参见杨庆堃《中国社会中的宗教：宗教的现代社会功能与其历史因素之研究》，范丽珠译，上海人民出版社 2007 年版；李亦园《从民间文化看文化中国》，《台大考古人类学刊》1993 年第 49 期；李亦园《李亦园自选集》，上海教育出版社 2002 年版；李亦园《人类的视野》，上海文艺出版社 1996 年版；Maurice Freedman, *Chinese Lineage and Society: Fukienand Kwangtung*, London: The Athlone Press, 1966。

[3] 齐思和：《五行说之起源》，载《中国史探研》，河北教育出版社 2003 年版，第 366 页。

应该说，"阴阳五行说"确是中国古代知识体系中最为重要的概念之一，它既为精英思想家提供了一套解释宇宙和社会的基本概念，同时也是民间小传统的理论基石。① 阴阳、五行作为中国古代知识体系中最为重要的概念之一，具有一定的典型性知识特征，但它们仍然不构成中国古代知识体系的深层结构。中国古代知识体系的深层结构是指其时空观念及其表述系统，即"时空同构"。② 所谓"时空同构"，是对中国古代知识深层结构的一种尝试性提炼与表述，旨在揭示中国古代时空观念及其表述系统的特殊性。众所周知，时间与空间观念是人类文明的重要基点，构成了人类知识体系的基础性要素。华夏文明在其漫长的演进中，形成了较为独特的时空知识体系。这一知识体系强调世界万物的时空属性及其之间的相互关系，并由此衍生出一系列可以相互转化或互表的符号系统。

简而言之，中国古代很早就形成了一套符号系统：天干、地支。作为符号系统的天干、地支，既可以表示时间，也可以表述空间。如天干"甲"，作为十天干之首，当然可以纪时，同时，它也表示方位中的"东方"，地支"子"，作为十二地支之首，通常用来纪月，"子月"一般指农历十一月，即冬至所在之月，其对应的方位为北方。天干、地支用以纪时，至少可以追溯到殷商时期。而其与古代天文知识相结合，用以表述空间方位，大致也可以追溯到殷商时期。所谓"时空同构"，就是指其符号系统既可以表述时间也可以表述空间，并由此衍生其时空之间的相互关系。基于"时空同构"而形成的知识深层结构，大致在春秋、战国时期发展出了较为系统的"五行说"。而五行又与干支、方位相配合，同时又有其"生克"规律，这就形成了系统的时空五行属性及其推衍方法，这构成了华夏文明中最为典型的知识形态。"时空同构"知识系统形成的标志，就是《吕氏春秋》。在这一知识结构下，天、地、人均被赋予了时空属性，并以五行阐释其相互关系，从而形成了完整的中国古代知识体系。为了便于理解，我们仅举其"孟春之月"为例：

> 一曰：孟春之月，日在营室，昏参中，旦尾中。其日甲乙，其帝太皞，其神句芒，其虫鳞，其音角，律中太蔟，其数八，其味酸，其臭膻，其祀户，祭先脾。东风解冻，蛰虫始振，鱼上冰，獭祭鱼，候雁北。天子居青阳左个，乘鸾辂，驾苍龙，载青旗，衣青衣，服青玉，食麦与羊，其器疏以达。是月也，以立春……命相

---

① ［美］本杰明·史华兹：《古代中国的思想世界》，程钢译，刘东校，江苏人民出版社2004年版。
② 已有学者关注到了中国古代时空知识体系，并揭示其在中国古代知识体系中的基石作用。如，［英］李约瑟：《中国科学技术史》第二卷《科学思想史》，何兆武等译，科学出版社、上海古籍出版社1991年版；葛兆光：《中国思想史》第一卷《导论》，复旦大学出版社1998年版；李零：《绝地天通——研究中国早期宗教的三个视角》，载《中国方术续考》，中华书局2006年版；冯时：《中国古代的天文与人文》，中国社会科学出版社2009年版；刘文英：《中国古代的时空观念》，南开大学出版社2000年版。

布德和令，行庆施惠，下及兆民……乃择元辰，天子亲载耒耜，措之参于保介之御间，率三公、九卿、诸侯、大夫，躬耕帝籍田……王布农事，命田舍东郊，皆修封疆，审端径术。善相丘陵阪险原隰，土地所宜，五谷所殖，以教道民，以躬亲之……乃修祭典，命祀山林川泽，牺牲无用牝，禁止伐木……是月也，不可以称兵，称兵必有天殃。兵戎不起，不可以从我始。无变天之道，无绝地之理，无乱人之纪。①

我们略作分析就不难看出，作为纪时的孟春之月，上应二十八宿及所谓的东方"句芒"之神，下合干支甲乙，又合十二律之太簇，又配以五行之数"八"，对应五行中的"木"。上述诸要素在时空体系中相互应合，由此确立自然（动、植物）及人类社会的祭祀、布政、农业、军事及社会生活的应然秩序。这一知识体系，正是基于"时空同构"而展开的，且渗透到政治、文化与社会生活诸方面，是古代社会秩序确立的知识基础。这种特殊的知识结构，决定和影响了中国古代政治、文化、信仰及社会生活的基本走向。

上述知识结构，在汉代得到了继续完善和发展：在政治领域衍生出了基于天人感应与"五德终始说"的皇权政治模式；在学术与思想领域衍生出了具有神秘主义倾向的谶纬经学；在天文历法领域衍生出了律历同构的中国古代历法体系；在术数领域衍生出了一系列基于时空五行关系的占筮、风水、命理之术；在医学、建筑及社会生活领域衍生出了基于阴阳五行的古代技术体系。概而言之，源于先秦时期的"时空同构"知识结构，决定和影响了天文、历法、术数、医学等具体知识形态，基本上确立了我们文明的基本走向，经典的创制与诠释，政治、制度及社会生活的展开，无不有赖于这一知识结构的支撑。上述知识结构，在先秦之后的历史发展中不仅没有淡出，而且日益严谨，并在两汉经学、魏晋玄学、隋唐佛学及宋明理学，乃至清代的学术中继续发挥着支配性作用。

以上，我们简单梳理了中国古代知识体系的发展过程，并揭示其深层结构对华夏文明的决定性影响。在某种程度上，我们可以说中国古代知识深层结构的持久稳定是华夏文明未曾中断且延续至今的重要原因之一。当然，这种深层知识结构的稳定性，并不意味着具体知识的固化，在华夏文明的不同阶段，知识仍然在持续的演进与变迁中，只不过其深层结构保持了相对稳定而已。这种知识深层结构的稳定性体现在诸多方面，李零曾以"新'瓶'老'酒'"为喻，说明所谓"实用书籍"（实质上是一种知识系统）

---

① 许维遹撰，梁运华整理：《吕氏春秋集释》，中华书局2009年版，第5—11页。

传承中的稳定性。① 关于中国古代知识体系的长期且稳定的特征，在术数知识体系中表现得更为直观。如果我们对风水术中宅法体系稍作考察，就会发现一个非常有趣的现象：那就是《日书》中有关住宅禁忌，在《黄帝宅经》和宋代官修的《地理新书》中，甚至在明清时期的风水典籍中仍然存在且大致相同，历经两千多年而没有太大的变化。②

综上而言，在近代学科成立之前，中国古代学术、思想及社会生活均受到所谓"时空同构"这一深层知识结构的影响，或者同属于一个"典型性知识体系"。这种长期存在且稳定的知识结构，为我们开展中国古典学研究提供了自然而又合理的时间坐标。换句话说，中国古典学的研究对象的时间坐标若以知识体系加以界定，则其历史时期相当清晰明了，那就是凡受到上述"典型性知识体系"所支配者，均可视为中国古典学的研究对象。必须指出的是，我们从知识史角度梳理中国古典学的研究对象和历史时期，并不是试图将中国古典学研究领域界定为古代知识，而只提供了一种界定中国"古典"时期及其时间坐标的可能性。

二

中国古典知识体系，历经汉魏南北朝佛教东传及明清之际西学东渐的冲击，仍保持了相对稳定。③ 尽管明清之际传入的西学，并未从根本上改变固有知识体系，但一些西方"新知识"，自十七世纪起就逐渐渗透到旧有知识体系中，特别是在天文与历法领域形成了相当冲击，初步动摇了中国古典知识体系中的宇宙论及其时空观念。④ 十九世纪下半叶，伴随着西学的系统进入，中国古典知识体系也开始逐步瓦解，作为知识深层结构的"时空同构"观念，更是受到了近代科学的严重冲击。人们认识、感知世界的方式发生了深刻变化，传统知识体系中的阴阳、五行解释能力大为削弱，并在主流文化中逐

---

① 李零：《中国方术考》，东方出版社2001年版，第29—30页。
② 相关内容可参见睡虎地秦墓竹简整理小组《睡虎地秦墓竹简》，文物出版社1990年版；《黄帝宅经》，从书集成初编，中华书局1991年版；《法国国家图书馆藏敦煌西域文献》，上海古籍出版社1994—2005年版；北京大学图书馆藏金刻本《重校正地理新书》，载《续修四库全书》子部·术数类第1054册，上海古籍出版社2002年版；刘永明主编《增补四库未收术数类古籍大全之堪舆集成》，江苏广陵古籍刻印社1991年版。
③ 中国古典知识体系在近代西方科学进入之前曾经面临两次较大冲击，一次是所谓的佛教东来，一次是明清之际的西学东传。关于这两次冲击，相关研究较多，恕不一一列举。相关研究可参见汤用彤《汉魏两晋南北朝佛教史》，中华书局1983年版；[荷兰]许理和《佛教征服中国》，李四龙译，江苏人民出版社2003年版；[法]安田朴、谢和耐《明清间入华耶稣会士与中西文化交流》，耿昇译，巴蜀书社1993年版；张荫麟《明清之际西学输入中国考略》，《清华学报》1924年第一卷第一期。
④ 明末至清康熙时期的历法之争就是具有重要象征和代表意义的事件，事实上动摇了传统的天文历法知识体系。相关研究可参见聂仲迁《清初东西历法之争》，暨南大学出版社2021年版；黄一农《从汤若望所编民历试析清初中欧文化的冲突与妥协》，《清华学报》1996年第2期；李亮《明清之际中西历法异同的争论》，《自然辩证法研究》2020年第9期。

渐淡出。① 日本学者渡边欣雄在回顾风水术时曾指出："在这一百到二百年之间，亚洲学者们摒弃了自己的传统知识而去吸收欧洲的知识，并把它作为'知识的正当性'依据。和欧洲一样，在亚洲至高无上的知识也在'科学'的名义下形成体系，变成了受限定的知识。所以，当亚洲人想亲自回顾'风水知识'时，就理所当然地把它作为低等知识而视同宗教；或者是从所谓'科学'的立场而把它视为'迷信'。"② 毋庸讳言，渡边欣雄自有其文化立场，其关于风水知识的评述也未必恰允，但他所揭示出的传统知识在近代的命运令人深思，又何尝不是中国古典知识体系近代命运的一种整体写照？

进而言之，传统知识体系在近代的瓦解，并不仅仅来自科学的冲击与洗礼，更为重要的是制度性因素——现代学科体系的建立及教育制度的变革。自十九世纪四五十年代至二十世纪初，以西方为蓝本的现代学科体系及教育制度基本确立，这是华夏文明三千年未有之变局。传统知识体系在这一巨大变革中，因无法融入新的学科体系而裂解，部分知识以"嫁接"的方式进入新的学科体系中，而更多的知识体系特别是其深层结构部分则被排除在现代学科体系之外。与此同时，我们也看到知识的巨大历史惯性，在社会生活及人们的精神层面，传统知识体系似乎从未远离，建立在传统知识结构上的道德、伦理、大小传统，在经历了近代科学与文化洗礼之后，仍具有强大的"号召力"，传统知识体系仍在深刻影响和左右着人们的思想观念、思维模式及社会生活。或许正是基于这一社会现实，人们也一直在努力寻求学科制度上的安排，以期将传统知识体系纳入现代学科体系之中。没有人会否定开展传统知识体系研究之必要，争论之焦点在于现有学科体系中是否已经涵盖了传统知识体系，是否还需要另辟新径，设立全新的学科。如果从知识史视角而言，华夏文明确有其独特的"典型性知识形态"，而源于西方的学科体系并不能完整、"本土化"地呈现其真实面貌，因此，在现有学科体系之外另辟"学科"很有必要，也完全可行，毕竟其研究对象和方法均具有一定的独特性。

几乎在近代学科体系建立的同时，许多学者已经开始鼓吹开展"国故"研究之必要，更进而以"国学"名之。"国学"概念提出较早，但其定义与理解却相当驳杂，其作为学科术语或存在一定的困难，于是，学界转而提出"古典学"这一术语。因此，就学理层面而言，不宜放大或凸显"国学""古典学"之差异，古典学的提出是要"在现有国学研究的基础之上，构建中国古典学研究学科"③。诚如有学者所指出的"当今流传'国学'这一术语，'国学'的概念自从上个世纪初提出以来，已经成为一种既成事实，

---

① 可参见郭廷以《近代中国的变局》，台北：联经出版事业公司1987年版；葛兆光《中国思想史》（第二卷）第三编第五节"西洋知识的进入：十九世纪下半叶中国知识世界的变迁"，复旦大学出版社2001年版。
② ［日］渡边欣雄：《汉族的风水知识与居住空间》，转引自高友谦《理气风水》，团结出版社2010年版，第6页。
③ 沈卫荣：《构建以国学为基础的中国古典学》，《国学学刊》2022年第2期。

无论是你喜欢还是不喜欢，它都是一种社会约定了……我所谓的中国古典学，就是我所理解的国学"[1]。"名不正，则言不顺。"其实，"古典"这一术语与"国学"相同，均具有其历史渊源，同时又在近代被赋予了新的学术意义。"古典"一词出现很早，至少在汉代人们就开始使用这一术语，其语义有二：一是指古代的典章制度；一是指古代典籍。[2] 在近代，人们借用了"古典"这一术语来对应西方以古希腊、古罗马语言、典籍、历史与文化为研究对象的"古典学"。因此，那种以为"中国古典学"是借用西方"古典学"概念的说法是不恰当的。当然，我们今天使用"古典"这一术语，既是对其知识属性的界定，同时也暗含了价值判断。如果说近代西方学科体系为自己的传统留下了一个学术研究与发展的空间——"古典学"，那么，当我们选取"古典"来对应西方这一学科概念时，是否也同样表明，我们也应该为自己的古典研究预留一定学术空间呢？因此，中国古典学既彰显了自我知识的主体性，同时又能与现代性特别是现代知识体系有效链接，是中国文化融入现代文明，并彰显文明独特性的一种话语选择。

（原载于《国学学刊》2022 年第 3 期）

---

[1] 孙玉文：《"中国古典学"之我见》，《江苏师范大学学报》（哲学社会科学版）2018 年第 5 期。
[2] 刘钊、陈家宁：《论中国古典学的重建》，《厦门大学学报》（哲学社会科学版）2007 年第 1 期。

《穆天子传》与汉武故事

——兼论古史材料审查与中国古典学重建问题

周书灿

  杨宪益先生是驰名中外的翻译家、外国文学研究专家、文化史学者和诗人。自1983年以后,杨氏《译余偶拾》一书陆续由国内多家出版社出版。该书收录了20世纪40年代杨氏所写的一系列文史考证文章,特别是中西交通史方面的文章和笔记。《译余偶拾》生活·读书·新知三联书店1983年版、山东书画出版社2006年版两种版本均收录有杨氏《〈穆天子传〉的作成时代及其作者》一文。在该文中,杨氏对《穆天子传》成书年代及其作者提出了近乎独一无二的一家之论,长期以来,杨氏的以上说法并未引起学术界的关注和重视。如有的学者一方面断言,杨氏提出的五点证据"都不能成立",[①]却同时又实事求是地指出:"今日信从此说者虽然已甚寡,但由于他们提出的一些疑问始终没有得到妥善的解答,其影响也就远非人数所限。"[②]显然,对杨氏的以上观点简单地予以彻底的否定,似乎不仅未能很好地将《穆天子传》的成书年代与相关争讼未止的繁难问题彻底解决,反而会继续给当代学术界增加诸多难以破解的新的疑问。

一 《穆天子传》成书于西汉说及主要证据

  杨氏一文开篇即断言:"《穆天子传》不会是秦汉以前的作品"[③],判定《穆天子传》成书于"汉武帝时到西汉末年之间"[④],并推测《穆天子传》"是虞初的作品"[⑤]。为支持

[①] (晋)郭璞注,王贻梁、陈建敏校释:《〈穆天子传〉汇校集释》,中华书局2019年版,"整理前言"第5页。
[②] (晋)郭璞注,王贻梁、陈建敏校释:《〈穆天子传〉汇校集释》,"整理前言"第2页。
[③] 杨宪益:《〈穆天子传〉的作成时代及其作者》,载《译余偶拾》,山东书画出版社2006年版,第85页。
[④] 杨宪益:《〈穆天子传〉的作成时代及其作者》,载《译余偶拾》,第92页。
[⑤] 杨宪益:《〈穆天子传〉的作成时代及其作者》,载《译余偶拾》,第92页。

以上论点，杨氏旁征博引，列举了大量重要的证据材料。兹略作分类归纳，述之如下。

（一）《穆天子传》里关于西域的知识，不是秦汉以前的人所能有的

杨氏将《穆天子传》的内容与学术界通常所认为的先秦时期的文献记载进行比较，以证《穆天子传》"晚出"：1.《国语》里只有"穆王将伐犬戎"几句，与《穆天子传》里夸大的记载不同。2.《左传》里只有"穆王欲肆其心，周行天下，将皆有车辙马迹焉"几句，况《左传》本身是否完全是汉代以前的作品，尚有问题。3. 今本《竹书纪年》里的记载大致与《穆天子传》相符，然而今本《竹书纪年》的不可靠，是人所共知的事实，也许这些都是后来根据《穆天子传》加进去的，况且《竹书纪年》是在晋代与《穆天子传》同时代被发现的，根本不能作为考据《穆天子传》时代的证据。4. 与《穆天子传》同时被发现的《逸周书》里所纪大夏、莎车、匈奴、楼烦、月氏、东胡等地名，更反而足以证明晋代发现的这一些古书，都不是汉代以前的作品。5.《山海经》中说，西王母是一种怪物，到了《穆天子传》里，西王母就人格化了。①

（二）一般人所认为《穆天子传》是战国时书，存在许多问题

杨氏并不否认晋代汲冢书被发现的事实，认为相当可靠，但提出了以下几点疑问：1.《晋书·武帝纪》和荀勖《穆天子传序》所记汲冢盗掘年月不符，可以看出关于发掘的情形，当时业已不甚清楚。2. 荀勖以汲冢为魏襄王坟，并没有证据，《西京杂记》里说过魏襄王冢在汉代已被广川王去疾发掘过，其中并没有大量竹简。3. 竹简上所书字是小篆，而小篆是秦李斯等在消灭六国后所创造的。4. 荀勖说竹简用素丝编，可见简上丝还未朽，丝麻等物在地下是不能保留五百多年的，至少素丝的颜色也应该变得不容易辨认了。5. 汉武帝时始有长二尺四分的官书，就简长来看，《穆天子传》应该是汉武帝以后的官书。②

（三）汉武帝见西王母的故事起源于武帝时期，迄西汉末成为一种普遍的民间信仰

杨氏指出，汉武帝见西王母的故事，见于《洞冥记》《拾遗记》《汉武帝内传》《汉武故事》《海内十洲记》等著述。1. 从这些故事的内容看，显然是因了武帝通西域，民间闻见远方异物，附会而成。神话里的西王母相当于历史上的大宛，《神异经》所谓"东王公"，大概指的就是汉武帝。2. 汉武帝时人确信西面有西王母国，希腊在东方的名称 Yunani、Yavana 译为西王母，汉武帝寻求西王母国，也就是寻求西方的希腊。3. 汉武帝封禅前后的事与《穆天子传》的记载比较一致。汉武帝见西王母的故事是由泰山封禅等事实演化出来的。③

---

① 杨宪益：《〈穆天子传〉的作成时代及其作者》，载《译余偶拾》，第85—86页。
② 杨宪益：《〈穆天子传〉的作成时代及其作者》，载《译余偶拾》，第86—87页。
③ 杨宪益：《〈穆天子传〉的作成时代及其作者》，载《译余偶拾》，第87—92页。

（四）《穆天子传》是根据一部分周代史书材料写成的作品，近于小说家言，《汉书·艺文志》载有《虞初周说》九百四十三篇，《史记》言虞初曾以方祠诅匈奴大宛，汲郡所发现的这一批书，很可能就是虞初的《周说》

和以往学术界绝大多数学者以《穆天子传》为战国时期作品的见解不同，杨氏关于《穆天子传》作成时代及作者的看法，颇为独到。① 值得注意的是，在材料并不具备、信息并不完整、证据并不充分的背景下，出土《竹书纪年》《穆天子传》的汲冢几乎被学者异口同声地"公认"为战国时期魏墓，《穆天子传》成书于西汉说也因而基本上长期不被学术界所认可。笔者并无丝毫为杨氏观点翻案的动机，而仅仅期望在对汲冢、汲冢书及一系列相关问题的复杂性申论的基础上，对古史材料审查与中国古典学重建问题略陈管见。

二 西汉说"证据"与观点的分析与思考

随着先秦史研究的不断深入，杨氏"西汉说"的以上证据中存在的若干问题，则越来越清晰可见。

诸如第一点，"《穆天子传》里关于西域的知识，不是秦汉以前的人所能有的"论断，未免过于绝对和武断。杨氏以《国语》《左传》中只有有关周穆王史迹的若干简略记载，以证《穆天子传》"晚出"，显然疑问很多。先秦时期大量历史传说的流传，除了有诸如《左传》《国语》等传世文献的简略记载外，还有大量珍贵的文献，通过瞽、矇口耳相传，以口头文献的方式保存流传下来。《国语·周语上》记载："故天子听政，使公卿至于列士献诗，瞽献曲，史献书，师箴，瞍赋，矇诵，百工谏，庶人传语，近臣尽规，亲戚补察，瞽、史教诲，耆、艾修之，而后王斟酌焉，是以行事而不悖。"② 从以上记载可知，在信息不畅、文献缺乏的先秦时期，瞽、矇、耆、艾对古史传说的传诵整理，发挥着不可低估的作用。不考虑文献流传过程中，由于种种原因大量典籍散佚失传，以及古代文献流传过程中通过瞽、矇口耳相传保存下来大量有价值的口头文献等情形，仅仅以《左传》《国语》所记周穆王史迹简略，就断定《穆天子传》"晚出"，显然很难完全令人信服。此外，随着刘歆伪造《左传》说的大体终结，杨氏关于"《左传》本身是否完全是汉代以前的作品，尚有问题"的担心和顾虑，今日也完全可以打消。至于《逸周书》《山海经》的著述时代，目前仍处于争讼中，以《逸周书》所纪族名、地名及《山海经》中西王母形象，与《穆天子传》中相关地名和西王母人格化演变，不加

---

① 杨宪益：《〈穆天子传〉的作成时代及其作者》，载《译余偶拾》，第92页。
② 上海师范大学古籍整理研究所点校：《国语》，上海古籍出版社1998年版，第9—10页。

分析地相互进行比较，所作出的结论就必然难以百分百牢靠。

又如第二点，笔者并不赞同前举部分学者断言，杨氏提出的五点证据"都不能成立"。迄今为止，出土《穆天子传》《竹书纪年》的汲冢的年代、汲冢墓主及位置等若干关键性问题，仍存在着诸多无法破解的谜团。尽管学术界对相关问题作过长期探讨，然由于随着时间流逝，信息日渐模糊纷乱，诸多关键性问题，或将成为永久之谜。① 然在今天看来，上举杨氏所列"一般人所认为《穆天子传》是战国时书，存在许多问题"的五条证据，存在的疑问还是颇多的。如《西京杂记》中的确有与传统记载不同的广川王盗发魏襄王冢的记载，但《西京杂记》相传为汉人所作的笔记小说，迄今作者尚无定论，有的学者称其"是一部充满神秘和疑点而又极具诱惑力的古代著作"②，"一直处于学者的讽诵借鉴和抨击蔑视的矛盾旋流中"③。有学者即曾指出："《汉书》载其掘墓出尸，但不载发古冢之事。"④ 因此，以充满着种种疑点的《西京杂记》的记载，否定有关汲冢的传统说法，证据同样未必可靠。又如，竹简上所书字是小篆，只是多种文献记载中的一种说法。除小篆外，汲冢竹书的字体，还另有科斗文⑤、古文⑥两种说法。既然如此，从汲冢竹书文字书体，以证《穆天子传》为战国时书，存在很多问题，显得证据乏力。杨氏怀疑丝麻等物在地下不可能保留五百年，似也大可不必。如河南三门峡虢国墓地 M2009 虢仲墓即出土过一套比较完整的麻布服饰，是保存较好为数不多的西周时期纺织品。⑦ 又如 1957 年湖南省博物馆在长沙左家塘发掘的一座战国中期楚墓中出土的一叠丝织物，重新进行了清理，发现了一批质地保存较好，颜色仍鲜艳的丝织物。⑧ 还有，湖北江陵马山砖厂一号墓出土的战国丝织品，数量和种类比较多，保存得比较好。⑨ 杨氏怀疑汉武帝时始有长二尺四分的官书，就简长来看，《穆天子传》应该是汉武帝以后的官书。荀勖所定晋代律尺，1 尺合 23.10 厘米⑩，有的学者则根据文献记载和考古发掘资料厘定两晋一尺之长为 24.2 厘米⑪。据此推算，荀勖《穆天子传序》所言汲冢所出竹

---

① 周书灿：《汲冢争讼与流失简真伪之辨》，《浙江社会科学》2021 年第 7 期。
② 周天游校注：《西京杂记》，三秦出版社 2006 年版，"前言"第 1 页。
③ 周天游校注：《西京杂记》，"前言"第 1 页。
④ 向新阳、刘克任校注：《西京杂记校注》，上海古籍出版社 1991 年版，第 257 页。
⑤ （晋）杜预注，（唐）孔颖达疏：《春秋左传正义后序》，载（清）阮元校刻《十三经注疏》下册，中华书局 1980 年版，第 2187 页。
⑥ （晋）荀勖：《穆天子传序》，载（晋）郭璞注《穆天子传》，上海古籍出版社 1990 年版，第 2 页。
⑦ 李清丽、刘剑、贾丽玲、周旸：《河南三门峡虢国墓地 M2009 出土麻织品检测分析》，《中原文物》2018 年第 4 期。
⑧ 熊传新：《长沙新发现的战国丝织物》，《文物》1975 年第 2 期。
⑨ 荆州地区博物馆：《湖北江陵马山砖厂一号墓出土大批战国时期丝织品》，《文物》1982 年第 10 期；陈跃钧、张绪球：《江陵马砖一号墓出土的战国丝织品》，《文物》1982 年第 10 期。
⑩ 金其鑫：《中国古代建筑尺寸设计研究——论〈周易〉蓍尺制度》，安徽科学技术出版社 1992 年版，第 30 页。
⑪ 丘光明：《中国古代计量史》，张延明译，安徽科学技术出版社 2012 年版，第 96 页。

简"长二尺四分",则大体相当于今天 55.44—58.08 厘米。然而今天可以确知的,曾侯乙墓共出土竹简计二百多枚,整简长度多为 72—75 厘米,宽 1 厘米左右。① 包山楚墓所出部分遣策,一般在 72.3—72.6 厘米。卜筮祭祷记录简的长度大致有三种:一种长度在 69.1—69.5 厘米,一种长度在 68.1—68.5 厘米,一种长度在 67.1—67.8 厘米。大部分文书简的长度没有超出 62—69.5 厘米的范围。② 以上考古资料则为杨氏的推论提供了有力的反证。

再如第三点,杨氏在材料使用、论证方法等方面同样存在不少问题。诸如,杨氏所举记录汉武帝见西王母故事的《洞冥记》《拾遗记》《汉武帝内传》《汉武故事》《海内十洲记》等著作,和《西京杂记》性质类似,分别为时代和作者并不完全明确的志人小说或地理博物类志怪小说,史料价值值得怀疑。以上文献所记经过后人改编过的汉武帝见西王母故事,和今本《穆天子传》所记周穆王至西王母之邦的传说,或各有各的源头、素地和发生、流传背景,不加分析,牵强附会,未免给人以先入为主、削足适履之感。同样,将汉武帝封禅前后史事与《穆天子传》记载强为比附,将历史事实与各类移花接木后编排拼凑的故事混为一谈,则只能治丝益棼。乾嘉学派以来,中国学术界普遍赞同的是,语言学材料只能作为历史研究的辅助材料来使用。杨氏却以突厥语乃至西语中的语言学材料,作为立论的重要乃至唯一证据,以证神话里的西王母相当于历史上的大宛,《神异经》所谓"东王公",大概指的就是汉武帝,希腊在东方的名称 Yunani、Yavana 译为西王母。又如杨氏引用日本学者小川琢治八骏的名称都源于突厥语的观点,推测"穆王八骏的故事更显然与汉武帝的天马有关"③,推论多于考证,证据单薄无力。

综上可知,既然杨氏《穆天子传》成书于"汉武帝时到西汉末年之间"说,在材料审查与运用及证据的可靠性、方法的健全性等方面均存在一系列突出的问题,其所作《穆天子传》"是虞初的作品"之大胆推测,自然就没有进一步讨论之必要了。

三 "西汉说"无法得到确认,又无法被彻底否定

综前所论,由于杨氏"西汉说"据以立论的诸条证据明显存在着一系列问题与疑点,因而《穆天子传》成书于西汉说,就无法得到确认。然而"西汉说"无法得到确认是一回事,该说是否存在可能性,则显然又是一回事。其中,杨氏据以立论的以下几点论述,颇值得进一步进行深入的思考。

---

① 随县擂鼓墩一号墓考古发掘队:《湖北随县曾侯乙墓发掘简报》,《文物》1979 年第 7 期。
② 湖北省荆沙铁路考古队:《包山楚墓》(上),文物出版社 1991 年版,第 266—267 页。
③ 杨宪益:《〈穆天子传〉的作成时代及其作者》,载《译余偶拾》,第 89 页。

杨氏说："古代关于穆天子西征的记载很少。"① 迄今为止，笔者以为，杨氏这一说法是没有任何问题的。事实上，今天确知的先秦文献中，不仅"关于穆天子西征的记载很少"，即使有关《穆天子传》中两个最重要的主人公——穆天子，特别是西王母的史事和传说的记载，也少得极其可怜。

周穆王的史迹，于较为确信的先秦文献中，只有《国语·周语上》祭公谏穆王征犬戎②，及《左传》昭公四年"穆有涂山之会"③，《左传》昭公十二年"穆王欲肆其心，周行天下，将皆必有车辙马迹焉"④ 等寥寥数条记载。至于《山海经·大荒北经》注、《文选·江赋》注等引《竹书纪年》所记"穆王北征，行流沙千里，积羽行千里"；《艺文类聚》卷九一鸟部、《太平御览》卷九二七羽族部引《纪年》所记，穆王十三年，西征，"至于青鸟之所憩"，或"至于青鸟之所解"；《艺文类聚》卷七山部、《太平御览》卷三八地部等引《纪年》所记"周穆王十七年，西征，至昆仑丘，见西王母"；《北堂书钞》卷一一四武功部等引《纪年》所记"周穆王伐大越，起九师，东至九江"；唐写本《修文殿御览》残卷引《纪年》所记"穆王南征，君子为鹤，小人为飞鸮"；《开元占经》卷四引《纪年》说"穆王东征天下二亿二千五百里，西征亿有九万里，南征亿有七百三里，北征二亿七里"⑤ 等各种真伪难辨的记载，则正如前举杨宪益所言："《竹书纪年》是在晋代与《穆天子传》同时代被发现的，根本不能作为考据《穆天子传》时代的证据。"⑥

《国语·周语上》仅仅提到周穆王拒绝祭公谋父的劝阻，征伐犬戎，获四白狼、四白鹿以归，导致荒服不至，至于周穆王"周行天下"，《左传》并未说得更清楚。即使到了西汉时期，司马迁在《史记·周本纪》中关于周穆王史事，除了照录《国语·周语上》祭公谏穆王征犬戎的记载外，只是增加了"诸侯有不睦者，甫侯言于王，作修刑辟"⑦ 的内容。《史记·秦本纪》始有"徐偃王作乱，造父为缪王御，长驱归周，一日千里以救乱"⑧ 的简略记载。再往后，范晔在《后汉书·东夷列传》中进一步丰富了周穆王伐徐传说的若干细节。⑨

《左传》昭公四年所记周穆王涂山之会的传说，出自椒举对楚子所讲的一段话，除

---

① 杨宪益：《〈穆天子传〉的作成时代及其作者》，载《译余偶拾》，第85页。
② 上海师范大学古籍整理研究所点校：《国语》，第1—7页。
③ （晋）杜预注，（唐）孔颖达疏：《春秋左传正义后序》，载（清）阮元校刻《十三经注疏》下册，第2035页。
④ （晋）杜预注，（唐）孔颖达疏：《春秋左传正义后序》，载（清）阮元校刻《十三经注疏》下册，第2064页。
⑤ 方诗铭、王修龄：《古本竹书纪年辑证》（修订本），上海古籍出版社2005年版，第48—55页。
⑥ 杨宪益：《〈穆天子传〉的作成时代及其作者》，载《译余偶拾》，第86页。
⑦ （汉）司马迁撰：《史记》卷四《周本纪》，中华书局1959年版，第138页。
⑧ （汉）司马迁撰：《史记》卷五《秦本纪》，第175页。
⑨ （南朝）范晔撰：《后汉书》卷八十五《东夷列传》，中华书局1965年版，第2080页。

了"穆有涂山之会",椒举还提到"夏启有钧台之享,商汤有景亳之命,周武有孟津之誓,成有岐阳之蒐,康有酆宫之朝"① 以及"齐桓有召陵之师,晋文有践土之盟"② 等一系列历史事件。以上诸多重大历史事件,均信而有征,凿凿可信。然"穆有涂山之会"的记载,则似乎在古代文献记载中,独此一见。王玉哲曾推测,周穆王涂山之会"似乎是破徐以后,威服东南夷的盟会"③。笔者则以为,《左传》哀公七年景伯提到"禹合诸侯于涂山"④ 和《左传》昭公四年椒举所言"穆有涂山之会",两次会盟均在同一地点举行,"是历史的真实记载,还是后人'识记'的错位,值得很好研究"⑤。由于材料的极度匮乏,显然该传说目前只能处于既无法得到确认也无法被轻易否定的两难状态。

周穆王伐徐的传说,见于记载较晚且部分文字带有浓厚的神话色彩,充满着诸多难以破解的谜团。其中最容易发现的,即《史记·秦本纪》《后汉书·东夷列传》所记周穆王伐徐故事中,人物年代错乱。尤其如《后汉书·东夷列传》,将周穆王、徐偃王、楚文王不同时代的人物,编排在同一则故事中,只要是稍有点历史知识的人,一眼就能看出其中的破绽。早在唐代,张守节在为《史记》作《正义》时,即曾引谯周《古史考》云:"徐偃王与楚文王同时,去周穆王远矣。且王者行有周卫,岂得救乱而独长驱日行千里乎?"张氏由此判定:"此事非实",并作按语:"《年表》穆王元年去楚文王元年三百一十八年矣。"⑥ 清代学者崔述亦曾指出:"且楚文王立于周庄王之八年,上距共和之初已一百五十余年,自穆王至是不下三百年,而安能与之共伐徐乎!"⑦ 梁玉绳在《正义》基础上进一步论及:"此事详载《后汉书·东夷传》,真伪莫考,诚如谯周所疑。而以为徐偃与楚文同时,则仍《韩子》之误也。三百十八年之数亦未确,厉王已上,《年表》无年,不识守节从何案谳。据《世表》,穆王时之楚子是熊胜。"⑧ 无独有偶,沈钦韩也发现以上记载的破绽,并辨之曰:"偃王既当穆王时,不得以武王熊通之子文王连文也,传记之谬,洪兴祖《楚词补注》亦言之。"⑨ 此后,王先谦则曰:"《竹书纪年》云,穆王十三年冬十月,造父御王入于宗周,十四年,王帅楚子伐徐戎,克之。《竹书》出皇甫谧伪撰,不足据信。穆王克徐、楚文灭徐,盖是二事合之,遂不可

---

① (晋)杜预注,(唐)孔颖达疏:《春秋左传正义后序》,载(清)阮元校刻《十三经注疏》下册,第2035页。
② (晋)杜预注,(唐)孔颖达疏:《春秋左传正义后序》,载(清)阮元校刻《十三经注疏》下册,第2035页。
③ 王玉哲:《中国上古史纲》,上海人民出版社1959年版,第153页。
④ (晋)杜预注,(唐)孔颖达疏:《春秋左传正义后序》,载(清)阮元校刻《十三经注疏》下册,第2163页。
⑤ 周书灿:《大禹传说的流变与整合》,《文史》2011年第1辑。
⑥ (汉)司马迁撰:《史记》卷五《秦本纪》,第177页。
⑦ (清)崔述撰,顾颉刚编订:《崔东壁遗书》(上),上海古籍出版社2013年版,第232页。
⑧ (清)梁玉绳:《史记志疑》卷四《周本纪》,中华书局1981年版,第121页。
⑨ (清)沈钦韩:《后汉书疏证》卷十一《东夷传》,上海古籍出版社2006年版,第200页。

通。"① 王氏评论谯周之"献疑，固当，然尚以灭徐混而为一，终莫能明也"②。

综合以上材料可知，虽然诸家对《后汉书·东夷列传》穆王伐徐故事中人物年代解释，各有偏差，王先谦所言"《竹书》出皇甫谧伪撰"，并无什么可靠的证据，但诸家都认识到，《史记·秦本纪》《后汉书·东夷列传》所记周穆王伐徐故事中，人物年代错乱，则可谓异口同声，不期而同。这一点，显然也是完全符合历史实际的。迄今为止，极少数学者认为，周穆王伐徐这个故事，"不像无中生有，纵然其中夹杂了不少矛盾和错误，但其大枝大节必有史实存在"③。但总的来看，周穆王伐徐的故事，则大体上和前举周穆王涂山之会的传说的性质类似，信者信之，疑者疑之。以上两则有关周穆王传说的复杂性，有力地印证了王国维"传说与史实混而不分，史实之中固不免有所缘饰，与传说无异；而传说之中亦往往有史实为之素地，二者不易区别"④论断的科学性。

和周穆王的史事与传说相比较，中国早期文献对西王母的传说的记载，则更为罕见。除去和周穆王史事与传说连在一起，不能作为《穆天子传》时代证据的《竹书纪年》外，唯见于时代尚不明确，至今仍争讼很大的《山海经》和《列子》两书。

西王母于《山海经》中凡三见。《山海经·西山经》云："又西三百五十里，曰玉山，是西王母所居也。西王母其状如人，豹尾虎齿而善啸，蓬发戴胜，是司天之厉及五残。"⑤《山海经·海内北经》说："西王母梯几而戴胜杖，其南有三青鸟，为西王母取食。在昆仑虚北。"⑥《山海经·大荒西经》："西海之南，流沙之滨，赤水之后，黑水之前，有大山，名曰昆仑之丘。……其下有弱水之渊环之，其外有炎火之山，投物辄然。有人，戴胜，虎齿，有豹尾，穴处，名曰西王母。"⑦ 在《山海经》不同篇章，西王母的形象，颇有差异。袁珂先生说，《大荒西经》中的西王母"为穴居蛮人酋长之状"⑧，《西次三经》中的西王母"乃益增其狞猛之气，升天而为神矣"⑨，《海内北经》中的西王母"实又俨然具有王者之风，可以与《穆天子传》所写相通矣"⑩。既然如此，杨宪益以"到了《穆天子传》里，西王母就人格化了"作为"《穆天子传》晚出的证据"，⑪显然是有一定的道理的。

---

① （清）王先谦：《后汉书集解》卷八十五《东夷列传》，中华书局1984年版，第982页。
② （清）王先谦：《后汉书集解》卷八十五《东夷列传》，第982页。
③ 王玉哲：《中华远古史》，上海人民出版社2000年版，第721页。
④ 王国维：《古史新证——王国维最后的讲义》，清华大学出版社1994年版，第1页。
⑤ 袁珂校注：《山海经校注》，巴蜀书社1993年版，第59页。
⑥ 袁珂校注：《山海经校注》，第358页。
⑦ 袁珂校注：《山海经校注》，第466页。
⑧ 袁珂校注：《山海经校注》，第358页。
⑨ 袁珂校注：《山海经校注》，第358页。
⑩ 袁珂校注：《山海经校注》，第358页。
⑪ 杨宪益：《〈穆天子传〉的作成时代及其作者》，载《译余偶拾》，第86页。

《列子》卷三《周穆王》提到周穆王"不恤国事，不乐臣妾，肆意远游"的传说，其中，周穆王"遂宾于西王母，觞于瑶池之上。西王母为之谣，王和之，其辞哀焉"等文字，和《穆天子传》的故事颇相关联。此外，《列子》卷五《汤问》还提到"周穆王北游"及"周穆王西巡狩，越昆仑"等传说。《列子》八篇的真伪，是学术史上极其复杂，迄今仍争讼未止的繁难问题。① 季羡林先生曾将《列子·汤问》"周穆王西巡狩，越昆仑"的故事和西晋竺法护译的《生经》卷三《佛说国王五人经第二十四》里的一个故事，相互比较后发现，"这两个故事，内容几乎完全相同。甚至在极细微的地方都可以看出两者间密切的关系"②，并断言"《列子》这部书是彻头彻尾一部伪书"③。既然如此，杨宪益所作"《列子》里的周穆王一段显然以《穆天子传》为蓝本"④ 之推论，自然也就无法轻易否定。

　　综上可知，《穆天子传》的基本素材，应分别采自不同时期的不同文献。如《穆天子传》卷一"天子北征于犬戎"下，郭璞注曰："《国语》曰：'穆王将征犬戎，公谋父谏，不从，遂征之，得四白狼、四白鹿以归。自是荒服不至。'"⑤ 在郭璞看来，《穆天子传》卷一"天子北征于犬戎"，指的就是《国语·周语上》所说周穆王拒绝祭公谋父的劝阻，征伐犬戎，获四白狼、四白鹿以归，导致荒服不至之事。《国语·周语上》所记穆王伐犬戎之事，或即《穆天子传》创作中的最基本素材。然《穆天子传》前四卷所记周穆王驾八骏西巡天下，行程三万五千里，会见西王母之事，和《国语·周语上》所记周穆王拒绝祭公谋父的劝阻，征伐犬戎，获四白狼、四白鹿以归，导致荒服不至之事，则又似毫不相干。显然，《穆天子传》是在《国语·周语上》周穆王征犬戎和《左传》昭公十二年周穆王"周行天下"的历史和传说的基础上加以综合并进行大胆地发挥想象创作出来的。仅仅从《穆天子传》前四卷所记周穆王西行详细行程及会见西王母的传说可以断言，《穆天子传》的写定年代一定在《左传》《国语》成书之后，且西王母的传说已经在民间逐步广泛流传。然根据前面分析可知，除了写定时代并不明确，甚至真伪难辨，充满着重大争议的《山海经》和《列子》中方有与《穆天子传》相关且素材各不相同的西王母传说，则完全可以肯定地说，战国时期，西王母的传说或已发生，但尚未流行，更未定型。杨宪益所作"西王母的传说似乎始于汉武帝"⑥ 之观点，虽非学术界的最后定论，但的确有一定的合理性，当为颇为值得重视的具有一定科学性的大

---

① 周书灿：《再论中国古典学重建问题——以列子时代考订与〈列子〉八篇真伪之辨为例》，《浙江社会科学》2017年第8期。
② 季羡林：《〈列子〉与佛典——对于〈列子〉成书时代和著者的一个推测》，载汤一介编著《季羡林佛教论集》，山西教育出版社2010年版，第23页。
③ 季羡林：《〈列子〉与佛典——对于〈列子〉成书时代和著者的一个推测》，载汤一介编著《季羡林佛教论集》，第26页。
④ 杨宪益：《〈穆天子传〉的作成时代及其作者》，载《译余偶拾》，第87页。
⑤ （晋）郭璞注，王贻梁、陈建敏校释：《〈穆天子传〉汇校集释》，第21页。
⑥ 杨宪益：《〈穆天子传〉的作成时代及其作者》，载《译余偶拾》，第87页。

胆推测。同时，迄今为止，无论文献记载，还是考古资料，都无法为出土《穆天子传》《竹书纪年》等文献的汲冢的位置、墓主等提供准确可靠的信息。按照最严格的逻辑推理，《春秋经传集解后序》和《史记·魏世家》索隐分别说，《纪年》"下至魏哀王二十年"①，"终于哀王二十年"②，也只能证明《竹书纪年》写定和出土《穆天子传》《竹书纪年》等文献的汲冢的年代上限，绝不可能早于魏哀王③二十年④，而其年代下限，迄今为止，谁也说不清楚。既然如此，《穆天子传》成书于西汉说，目前很显然仍处于无法得到确认且也无法被彻底否定的两难状态。

四　古史材料审查与中国古典学重建问题

早在20世纪20年代，梁启超曾论及："许多好古深思之士，往往为伪书所误，研究的基础先不稳固，往后的推论、结论更不用说了。即如研究历史，当然凭藉事实，考求它的原因、结果。假使根本没有这回事实，考求的工夫岂非枉用！或者事实是有的，而真相则不然，考求的工夫亦属枉用。几千年来，许多学问都在模糊影响之中，不能得到忠实的科学根据，固然旁的另有关系，而为伪书所误，实为最大原因。"⑤

梁氏把"许多学问都在模糊影响之中，不能得到忠实的科学根据"的最大原因归咎于"为伪书所误"。随着现代学术的发展，学术史上曾经普遍使用的"伪书"一词，曾经有过一些概念上的争议。如李学勤曾将新发现的简帛古书与现存古书进行对比，举证古书产生和流传过程中佚失无存，名亡实存，后人增广、修改、重编、合编，篇章单行，异本并存，改换文字等情况后认为："大多数我国古代典籍是很难用'真'、'伪'二字来判断的。"⑥早在20世纪20年代，梁氏即曾把伪书区分为全部伪、一部伪、本无其书而伪、曾有其书因佚而伪、内容不尽伪而书名伪、内容不尽伪而书名人名皆伪、内

---

① （晋）杜预注，（唐）孔颖达疏：《春秋左传正义后序》，载（清）阮元校刻《十三经注疏》下册，第2187页。
② （汉）司马迁撰：《史记》卷四十四《魏世家》，第1852页。
③ 《史记·魏世家》《竹书纪年》"哀王"均为"襄王"之误，学者已辨之甚明。吴师道《校正鲍注〈战国策〉》指出："'襄'之为'哀'，直以字近而讹耳。"（元）吴师道：《战国策校注》卷七，惜阴轩本，第11页。崔述亦指出："杜氏以《史记》襄王之年为惠王后元之年，是已；至谓《竹书》之'今王'为哀王而无襄王，则非也。《孟子》书称'见梁惠王'，孟子门人记此书者皆当时目观之人，不容误哀为襄，则是梁固有襄王也。《世本》称'惠王生襄王，襄王生昭王'，则是梁有襄王，无哀王也。襄、哀二字，其形相似，盖有误书襄王为哀王者，《史记》因疑梁有襄、哀两王；又不知惠王之改元，故误以惠王后元十六年为襄王之年，以襄王之二十三年为哀王之年耳。然则《纪年》之所谓今王即《孟子》所记之襄王，不得以为哀王也"。（清）崔述撰，顾颉刚编订：《崔东壁遗书》（上），第413—414页。此后，朱希祖指出，"吴、崔之说是也"，并作继续论证。朱希祖：《汲冢书考》，中华书局1960年版，第5—6页。
④ 杨宽先生推定魏襄王二十年即公元前299年。杨宽：《战国史料编年辑证》，上海人民出版社2001年版，第665页。
⑤ 梁启超演讲，周传儒、姚名达、吴其昌笔记：《古书真伪及其年代》，中华书局1955年版，第2页。
⑥ 李学勤：《对古书的反思》，载复旦大学历史系编《中国传统文化的再估计——首届国际中国文化学术研讨会（1986）文集》，上海人民出版社1987年版，第553页。

容及书名皆不伪而人名伪、盗袭割裂旧书而伪、伪后出伪、伪中益伪十种类型。① 显然，古书产生和流传过程中呈现出的复杂性特点，梁氏亦早已注意到。梁氏主张对于真赝错出的史料，进行"严格之抉择"②，"甄别适当"③，"先辨伪书，次辨伪事"④。李学勤则在新的学术背景下，积极主张"由个别古书真伪的重新考订，逐渐走向对辨伪方法本身的再认识"⑤ 的所谓"对古书的新的、第二次的反思"⑥。在今天看来，无论是梁氏所说对古书的"甄别"，还是李氏所说的对古书的"反思"，似乎都具有对古书进行严格的审查，为中国古典学建立合格的史料学基础的共同旨趣。

应该认识到，梁氏对古书的"甄别"并非怀疑一切，相反其在论及伪书的鉴别方法时，则强调说："无极强之反证足以判定某书为伪者，吾侪只得暂认为真。"⑦ 同样，李氏对古书的"反思"也并非对传统疑古辨伪的全盘否定，其明确地表示："用新的眼光重新审查古籍，会使我们对古代学术史研究的凭借更为丰富和广泛。……'重写学术史'不是要把过去认为是假的都变成真的，也绝对不会后退到'信古'的阶段上去。"⑧ 显然，梁、李二氏在如何看待古书的文献和史料价值问题上，大体上可以认为是并行不悖的。梁氏以《山海经》《穆天子传》两书为例论及："其书虽诡异，不宜武断以吐弃之，或反为极可宝贵之史料亦未可知也。"⑨ 李氏则从另一个角度举证说："东晋时开始出现的伪古文《尚书》，经过宋、明、清几朝学者的考证，证明它是一部伪书。可是一直到近些年，仍有人在为其翻案。现在的清华简中出现了真正的古文《尚书》，进一步证明伪古文《尚书》是伪书。"⑩ 显而易见，梁、李二氏对古书的"甄别"与"反思"，暗含了对复杂的古史材料当信则信、当疑则疑的共同倾向。

20世纪20年代以后，轰轰烈烈的古史辨运动曾经对中国古典学路向产生过极其深刻的影响。与此同时，自古史辨兴起直至今日，伴随着中国古典学的前进和发展，中外学术界对古史辨质疑和批判浪潮，风起云涌。从徐旭生对极端疑古不良学术倾向的纠偏，"为中国的古史传说时代的研究，创立了一个新体系"⑪，到李学勤"走出疑古

---

① 梁启超演讲，周传儒、姚名达、吴其昌笔记：《古书真伪及其年代》，第15—17页。
② 梁启超撰，汤志钧导读：《中国历史研究法》，上海古籍出版社1998年版，第69页。
③ 梁启超撰，汤志钧导读：《中国历史研究法》，第69页。
④ 梁启超撰，汤志钧导读：《中国历史研究法》，第89页。
⑤ 李学勤：《论新出简帛与学术研究》，《传统文化与现代化》1993年第1期。
⑥ 李学勤：《对古书的反思》，载复旦大学历史系编《中国传统文化的再估计——首届国际中国文化学术研讨会（1986）文集》，第549页。
⑦ 梁启超撰，汤志钧导读：《中国历史研究法》，第97—98页。
⑧ 李学勤：《简帛佚籍的发现与重写中国古代学术史》，《河北学刊》2013年第1期。
⑨ 梁启超撰，汤志钧导读：《中国历史研究法》，第98页。
⑩ 李学勤：《简帛佚籍的发现与重写中国古代学术史》，《河北学刊》2013年第1期。
⑪ 黄石林：《徐旭生先生传略》，载《晋阳学刊》编辑部编《中国现代社会科学家传略》第三辑，山西人民出版社1983年版，第379页。

时代"① 论点体系的形成，中国古典学的路向一度被学者称为"去向堪忧"②。2017 年 8 月，笔者曾以列子时代考订和《列子》八篇真伪之辨为例，再度论及中国古典学的重建问题。笔者的基本观点可以简单概括为，从中国学术史上有关列子时代考订和《列子》八篇的真伪之辨，可以清晰地看出，除了明清民国时期存在极端疑古的不良倾向外，总体而论，从信中有疑到考而后疑与考而后信两种倾向并存，"信"与"疑"始终没有呈现出绝对的分离状态。简单地将"信"和"疑"对立起来，注定很难准确揭示出纷繁复杂的古史、古书的历史实际，自然也很难谈到在真实可信的史料基础上进行古典学重建问题。③ 前不久，笔者又专门就汲冢争讼与流失简真伪之辨问题，继续论及。迄今为止，汲冢书出土的年代、汲冢墓主及位置等若干关键性问题，仍存在着诸多无法破解的谜团。在材料并不具备、信息并不完整、证据并不充分的情况下，总体上先入为主地判定汲冢为战国晚期墓葬，并在此基础上讨论包括《穆天子传》《竹书纪年》在内的汲冢书的写定年代，则未免显得过于绝对和武断。20 世纪 90 年代以来，大量来历不明，出土背景不清的各种流失简陆续整理出版。各种流失简的整理出版为中国古典学研究提供了丰富的新材料，同时引发了关于上博简、浙大简、清华简、北大简等流失简真伪的质疑、辨伪及若干答辩和反击。从学术史视角观察，以上论辩基本上是在学术层面展开的，但论辩的性质却颇为复杂。④ 新时期学术界关于上博简、浙大简、清华简、北大简等流失简真伪的激烈论辩，为新时期中国古典学的重建问题提出一极有价值的启示：对古史古书的审查，是重建古典学的基础，不对新旧史料进行科学的"澄滤"，曲解与割裂信古、疑古、释古之间的关系，必会将中国古典学重建引向新的误区。总之，无论是"走出疑古"，抑或是"终结疑古"，⑤ 都无法构成一个合格的学术命题。

（原载于《贵州社会科学》2022 年第 10 期）

---

① 20 世纪 90 年代初，李学勤先生针对疑古思潮提出了"走出疑古时代"的观点。1992 年李先生在一次学术座谈会上作了题为《走出疑古时代》的发言，后发表在《中国文化》第 7 期。1995 年，李先生《走出疑古时代》的论文集更由辽宁大学出版社出版。1997 年论文集出版修订版，增加了《谈"信古、疑古、释古"》和《对〈走出疑古时代〉的几个说明》两文。十多年来，"走出疑古时代"已经成为一种思潮，对学术界和整个社会产生了广泛而深刻的影响。
② 杨春梅：《去向堪忧的中国古典学——"走出疑古时代"述评》，《文史哲》2006 年第 2 期。
③ 周书灿：《再论中国古典学重建问题——以列子时代考订与〈列子〉八篇真伪之辨为例》，《浙江社会科学》2017 年第 8 期。
④ 周书灿：《汲冢争讼与流失简真伪之辨》，《浙江社会科学》2021 年第 7 期。
⑤ 张国安：《终结"疑古"》，人民出版社 2017 年版。

建设中国古典学的一些设想

乌云毕力格　吴　洋

2022年4月25日，习近平总书记在中国人民大学考察时指出，加快构建中国特色哲学社会科学，归根结底是建构中国自主的知识体系。要以中国为观照、以时代为观照，立足中国实际，解决中国问题，不断推动中华优秀传统文化创造性转化、创新性发展，不断推进知识创新、理论创新、方法创新，使中国特色哲学社会科学真正屹立于世界学术之林。

中华民族伟大复兴，不能缺少中国特色哲学社会科学学科体系的构建。在这样的背景下，中国人民大学国学院提出建设中国古典学学科和学术研究体系的设想。当然，"中国古典学"这一概念并非中国人民大学国学院首创，之前裘锡圭、刘钊、林沄、曹峰、朱汉民、孙玉文、傅道彬、鲁国尧等学者都曾对"中国古典学"的概念、范畴以及研究方法等问题进行深入讨论。2010年，《光明日报·国学版》刊登了文章《国学＝中国古典学》，在朱汉民的主持下，林庆彰、姜广辉、李清良、吴仰湘、邓洪波等学者提出以"中国古典学"定义原来的"国学"，以推进"国学"作为一门学科的学科建设。他们认为，"国学"可以用"中国古典学"这样一个学理性更为清晰并且能在中外学术交流中通用的概念来重新界定。我们知道，北京大学也早已着手进行"古典学"教育，中国古典学是其中的一个重要组成部分。近年来，中国人民大学国学院在其主办的刊物《国学学刊》上，陆续刊载了孙显斌、沈卫荣、张齐明等学者讨论中国古典学的文章。

作为"国学"教育的实践者和"国学"学科建设、学术研究体系的探索者，中国人民大学国学院时刻关注学界动态，积极吸收学界的意见，虚心向学界请教，在结合自身实践经验和学术理念的基础上，提出了建设中国古典学的设想。

第一，从名称上来说，我们认为"古典"一词并非源自西方，而是我国固有的概念。《尚书》是我国最古老的经典之一，其第一篇为《尧典》，第一句话为"曰若稽古帝尧"，《说文解字》云"典，五帝之书也"，"稽古"则是"考古"之义，显然这已经具有"古代经典"的含义了。而"古典"作为一个词，大约出现于两汉时期，主要有两种含义：一指古代典章制度，如荀悦《汉纪·孝元皇帝纪下》中云"孝文皇帝克己复礼，躬行玄默，遂致升平，而刑罚几措，时称古典"；二指古代典籍，如《后汉书·樊准传》中云"垂情古典，游意经艺"。对于古代典籍和制度的研究其实是中国古代学术研究的主流，我们认为这也是"国学"研究的主流。"中国古典学"的概念其实并不是必须比照西方"古典"的含义才能成立。中国古典学就是研究中国古代典籍以及典籍中所记录的内容、内容所反映的社会、社会所代表的文明的学问。当然，我们现在的研究材料已经不限于古代典籍，举凡考古发掘的器物、遗址以及图像等都携带着古代文明的信息，同样可以成为我们研究的对象。但不管怎样，对传世经典进行跨学科的考证和阐释，仍将是中国古典学研究的基本工作。

第二，从时段上来说，我们认为"古典"是随着时代的发展而发展的。在《尚书》纂辑的时代，"五帝之书"为"古典"；到孔子的时代，周代的礼乐文明以及文献成为"古典"；到两汉时期，春秋战国的诸子百家也成为"古典"。以此类推，历史在不断前进，而"古典"的内容也在不断扩充。中华文明源远流长，古代典籍以及对古代典籍的研究一直保留延续至今。因此，我们认为中国古典学研究的时限无须比照西方古典学将自身限定于古希腊和罗马时期的做法，而是应该根据我们自己的历史将时限一直延伸下去。至于研究的下限应该定在哪里，我们认为可以参考黄永年对古籍的界定方法。黄永年在《古籍整理概论》中提出，社会性质的变化并不意味着学术文化也随之立即产生变化。因此，他将古籍的下限断到清朝末年。同时，他还认为辛亥革命以后的著作如果在内容和形式上依然沿袭"古籍"模式，则也应该算作"古籍"。我们认同他的观点，并进一步认为，中国直到新文化运动之后才实现了语体革命，因此凡是用文言文，也即所谓"古典语言"写作的书籍应该都可以纳入中国古典学的研究范畴。中国一直以来都是一个多民族国家，各民族的文明共同铸造了中华民族的灿烂历史。因此，我们认为除了汉语典籍之外，所有历史上在中国境内的非汉语文献同样应该纳入中国古典学的研究范畴，而这一部分内容在时段上同样要求我们将中国古典学的研究时限向后延伸。

第三，从研究领域上来看，传统的中国古典学问研究方法，即经史研究传统在清代已经发生转变，从传统史学中衍生出对上古史和边疆史地的研究，从传统金石学中衍生出对民族语言文字以及考古学的研究，而传统小学滋养了中国语言文学的研究。这些都表明，传统的中国古典学问研究在其自然的发展脉络中，会根据历史的需要进行自我革新。时至今日，中国学人的学术视野更为开阔，除了传统经史子集的研究之外，对于边疆史地、民族语言文字、宗教人类学、考古文物乃至其他国家古代文明的研究，都应该成为中国古典学的研究领域。这也是中国人民大学国学院自建院以来一直秉承的"大国学"理念。也就是说，我们既要关注汉语古典，也要关注用民族语言文字记录的古典；

既要研究中原文明，也要研究边疆地区的文明与历史；不仅研究中国的古典，也要研究中国文明与世界文明的交流和对话。所以，"中国古典学"这一概念应该包括两层含义：一是"对于中国古典"的学术研究，这直接延续了"大国学"的理念；二是"中国的古典学研究"，这有利于学科建设和融贯中外文明。

第四，从方法论上来看，我们一直提倡"文字—文本—文献—文化—文明"的研究思路。因此，中国古典学的研究方法毋庸置疑是上承乾嘉考据学以来中国学者所树立的研究方法。乾嘉考据学是中国古代学术发展脉络自然演进的结果，同时其理念与方法也与西方古典学的研究方法异曲同工。这说明，在人文学术研究领域，中外的方法是可以相通的。在当代，一方面，我们要继承乾嘉考据学方法，并在中国固有学术发展脉络中加以推进和创新；另一方面，我们也应积极吸收国内外相关学科的研究方法，特别是语言学、语文学、考古学、人类学等学科的方法，在此基础上创建并发展出中国古典学的方法论。

第五，从学科建设的角度来看，我们希望能够在"交叉学科"门类下申请"中国古典学"一级学科。尽管对于人文学界之外的学者来说，"国学"研究或者文史哲的贯通研究并不属于典型的学科交叉研究，但不少人文学者都能感受到原有学科壁垒对于人文研究所造成的阻碍与桎梏。呼唤打破学科壁垒，贯通文史哲，开展学科交叉研究，越来越成为人文学界的共识。因此，向人文学界之外的学者做出说明、争取理解，也是亟待开展的工作。另外，时至当下，新技术越来越深地介入学术研究中。数字人文和人工智能研究已经成为世界性的话题，而它们都不能缺少人文学科与其他学科的交叉融合。在数字时代的新文科建设中，中国古典学学科建设必须充分重视与新技术的结合。所以，我们认为，将"中国古典学"作为一级学科，纳入"交叉学科"门类之下，是一个最佳选择。

综上所述，我们认为中国古典学的概念、范畴和方法不仅继承了中国传统学术的丰厚遗产，也符合中国自身的人文学术发展脉络。更重要的是，中国古典学以中国古代典籍与文明为研究对象和关注中心，可以融会旧有学科之长，消弭围绕"国学"所产生的种种争议，使关于古代中国的研究超越学术分科的界限，达到圆融无碍的境界。我们相信，中国古典学学科和学术研究体系凭借"文字—文本—文献—文化—文明"这一贯通而又综合的研究思路，将成为一种新的人文研究范式，也可更新人文学科人才培养方式，促进对中华文明的深入研究和创新性阐发。

一百年前，北京大学成立研究所国学门，当时的中国学人除了"整理国故"的责任之外，更希冀中国学术能够振拔于世界学术之林。时至今日，我国学术发展日新月异，如何在新的环境下开拓出更加广阔的天地，是每一位学人应该思考的问题。当下，中国各高校的国学院和相关研究单位早已走出"整理国故"的老路，踏上"再造文明"的新途。这一文明绝不是另起炉灶，割裂中国古代文化传统，而应该是对中华优秀传统文化的创造性转化和创新性发展。如今，我们提出建设中国古典学的理念和设想，希望借此接续中国绵长悠久的学术传统，并在此基础上将一切优秀文化成果融会贯通，开拓出新的进路，让中国的人文学术研究能够引领世界学术潮流。中国古典学，不仅仅是"国学"，也是国际性的学问；不仅仅是"古学"，也是面向未来的学问。因此，中国古典学的学科建设，具有重要的学术价值和文化意义。

（原载于《中国社会科学报》2022年11月7日第4版）

中国古典学的破圈与跨界

李春林

中国人民大学国学院在已有实践探索的基础上，举办"中国古典学问题与方法"学术研讨会，解行并举，事理融通，具有重要而深远的意义。这种意义，我们可以从2022年教育界的几个相关标志性事项中进行探究。

第一个标志性事项。2022年2月，中国人民大学交叉科学研究院正式挂牌，开始培养交叉型博士研究生。据报道，人大是国内最早开展跨学科人才培养的高校之一，至今已有5个双学士项目，18个荣誉辅修项目，10个文理交叉型博士生项目。人大深入推进学科交叉融合，有一整套周密的设计，其核心是在学校层面打造"双一流"跨学科重大创新规划平台体系，以大平台、大团队、大交叉、大协作、大项目、大成果为建设思路。作为我国人文社科领域的旗帜，人大通过深入推进学科交叉融合，努力在新文科建设中做出示范性贡献。

第二个标志性事项。2022年9月1日，香港科技大学（广州）在粤港澳大湾区正式开学。这所新大学打破传统高校的院系之分，首设"枢纽"和"学域"学术架构，为世界高等教育改革探路。学校设立"功能枢纽""信息枢纽""系统枢纽""社会枢纽"四大"枢纽"，统领涵盖15个"学域"。比如"功能枢纽"之下的学域有：先进材料、地球与海洋大气科学、微电子、可持续能源与环境；"社会枢纽"之下的学域有：金融科技、创新创业与公共政策、城市治理与设计。港科大（广州）校长表示，用"枢纽"和"学域"取代传统的"学院"和"学系"学术架构，可推动学科交叉融合，促进新兴学科和前沿学科发展。

第三个标志性事项。2022年4月，教育部印发《义务教育课程方案和课程标准（2022版）》，有人统计，"跨学科"成为新课程、新课标中的高频词汇，共出现近400次，语文、数学、历史、化学等各门学科均对跨学科教学提出了详细要求。跨学科成为新课程、新课标最鲜明的特点。

第四个标志性事项。2022 年的高考，带给大家的震撼是很大的，这种震撼就是考试内容的交叉和融合，语文之中有政治，政治之中有历史，地理之中有经济，数学之中有人文。有人说，今年的高考，反常规，反套路，导向很明确，就是提倡深度学习。什么是深度学习？深度学习就是交叉融合的学习。学科之间壁垒森严、画地为牢、井水不犯河水、老死不相往来，这样的教学已经不适应新高考，已经不符合时代潮流。

如果要说 2022 年教育界第五个标志性事项的话，那应该是人大国学院举办"中国古典学问题与方法"学术研讨会，探索在交叉融合中创建中国古典学一级学科。中国古典学，就是人文科学的"大枢纽"，统领涵盖多个学域，最终实现"大平台、大团队、大交叉、大协作、大项目、大成果"的大目标。

上面所说的几个教育界的标志性事项，其核心要义都是交叉融合。交叉融合的大趋势，使得两个词语在这几年颇为流行。这两个词语，一个是破圈，一个是跨界。

破圈，本是针对演艺界明星的，后来意义逐渐扩大。现在讲的破圈，特指一种新连接、新格局。于外，破圈是与更多主客体发生连接，并产生新的关系，从而丰富价值网络；于内，破圈是改变内容生产、表现方式，重构价值结构。跨界，是从某一属性的事物，进入另一属性的运作。主体不变，而归类变。跨界的本质，是通过自身资源的某一特性与其他表面上不相干的资源进行随机的搭配应用，放大相互资源的价值，甚至融合出一个新的完整的独立个体。破圈和跨界，离不开交叉和融合。只有交叉和融合，才能破圈和跨界。

当今世界，人类社会遇到的许多问题与挑战，不是单一学科所能解决的，学科交叉融合不仅极其重要，而且十分紧迫。万物相通共享的互联网时代，为破圈和跨界提供了巨大的空间和无限的可能。当今社会，最受欢迎的人才是复合型人才，最有前途的学科是交叉学科。破圈和跨界已成为各领域、各行业显山露水和创新发展的重要途径。

以上所说的人大和港科大（广州）的创举，新课标和新高考的探路，都是在交叉和融合中，寻求破圈和跨界。从这些创举和探路中，我们能大约看出未来学校、未来学科、未来学术、未来学者的模样。以上所述，都是为了烘托和凸显人大国学院举办"中国古典学问题与方法"学术研讨会，创办中国古典学一级学科的远见卓识。国学的教学与研究也罢，传统文化的教学与研究也罢，应该在中国古典学的大枢纽上交叉融合，破圈跨界，从而打出新天地，进入新境界。

中国人民大学创办国内高校第一所国学院，是领风气之先；人大国学院秉持"大国学"理念，也是领风气之先；人大国学院探路"中国古典学"学科建设，还是领风气之先。鲁迅先生对大学的期望是"常为新"。人大国学院在不到二十年的时间内便有三次领先，在"常为新"方面着实了不起。这里，我们要向人大国学院致敬。

说到"中国古典学"，我们自然会联想到大学现有的古典文献专业。在各高校创办国学院之前，说到传统文化研究，人们常常提起北大中文系古典文献专业，此专业是北大中文系好几个专业中公认整体水平最高的。为什么古典文献专业出人才？我想有这么几个原因：一是在古典文献专业，文史哲是打通的。二是古典文献专业的同学会用工具书。三是学古典文献专业的同学坐得住冷板凳，耐得住寂寞。古典文献专业有这么多优势，但核心优势是文史哲打通。文史哲打通，可以看作交叉融合、破圈跨界的第一步。

与"古典文献"相比，"中国古典学"在交叉融合、破圈跨界上的步子更大。从人大国学院这几年的教学研究看，中国古典学不仅包括传统的文史哲，而且涉及科技、医药、艺术等各方面；不仅包括汉民族的古典文献，还涉及少数民族的古典文献；不仅包括地上的各类文献，还涉及地下的考古发现；不仅包括留在中国的古典文献，还涉及散落海外的中国古典文献；不仅关注国内中国古典学的研究进展，而且关注世界范围内的中国古典学研究进展；不仅研究物质的固化的文化遗产，而且研究非物质的活态的文化遗产；不仅承续传统的治学路径，还注重基于互联网的各种新技术、新手段。

顾炎武说，著书譬犹铸币，宜开采山铜，不宜充铸旧钱。中国古典学不仅是开采铜矿，铸造铜钱，而且是开各种矿；不仅铸造铜币，而且铸造银币、金币以及各种合金币。中国古典学的学科交叉，已经不只是小交叉，而是上升为大交叉了；不只是平面交叉，而是上升到立体交叉了。从文史哲分科到设立古典文献专业，从创办国学院到建设中国古典学学科，这是传统文化教学研究的系列路标。系列路标的指向非常明确，那就是交叉融合、破圈跨界。在交叉融合、破圈跨界的时代背景下，尽快构建中国古典学学科，理有固然，势所必至。人大国学院在这方面堪称先人一步、高人一等，在构建中国古典学学科上，当仁不让、舍我其谁。

关于中国古典学的问题与方法，结合人大国学院的实践经验，笔者认为还是要坚持三个并重。一是坚持尊德性和道问学并重。我们既要在学问的层面上研究古典，更要从古典中提炼中华民族的人文品性和民族精神，从而为增强中华民族的文化自信和历史自信，为改善和提升世道人心夯基赋能。我们搞中国古典学研究，培养中国古典学人才，既要继承中国文化的学统，做中国文化的载体，更要继承中国文化的道统，做中国文化的形象大使，言有本，行有方，道德文章美，学问工夫深，修己安人，德才兼备。

二是坚持致广大和尽精微并重。明代大儒杨慎说得好："多闻则守之以约，多见则守之以卓。寡闻则无约也，寡见则无卓也"，佛经有言："有慧无多闻，是不知实相，譬如大暗中，有目无所见；多闻无智慧，亦不知实相，譬如大明中，有灯而无目"，多闻而守约，多见而智慧，应该成中国古典学的旨趣和法门。我们搞中国古典学研究，培养中国古典学人才，就是要在用宏取精、博洽赅通中大成其学、大成其智、大成其才。

三是坚持继往圣和开来学并重。孔夫子有一句名言："告诸往而知来者。"中国古典学的教学研究，不仅应该谙习国故，还应该了解现实、面向未来；不仅应该有旧方法，而且应该有新技术；不仅应该是全方位的，而且应该是全时态的，追求竖穷三际，横遍十方。我们搞中国古典学研究，培养中国古典学人才，只有通古知今，守正创新，才能真正为马克思主义基本原理与中华优秀传统文化相结合做出大贡献，真正为中华优秀传统文化的创造性转化和创新性发展做出大贡献。

旧学商量加邃密，新知涵养转深沉。创建中国古典学学科，是繁荣发展我国人文科学的一件大事，前路浩荡，未来可期。人大国学院在这方面觉悟早、起点高、进步快，成绩来之不易，经验弥足珍贵。衷心期待人大国学院传先圣之心印，为后世之典型，以大视野、大情怀、大手笔，把中国古典学这篇大文章写好写出彩，现在做中国古典学学科建设的试验田，将来做中国古典学学科建设的示范田。

（原载于《国学学刊》2022 年第 4 期）

回归与创新：关于中国古典学学科建设的几点思考

肖永明

中国古典学是近些年来越来越受学术界和教育界关注的一个话题，很多先生对其都有很深入的探讨和研究。2010年林庆彰先生和岳麓书院几位学者的讨论，本人在场，我认为那次讨论的重点是以中国古典学来界定国学，虽然当时讨论的是国学学科的设置问题，但是一些看法对中国古典学学科的建设具有一定的参考价值。今天，建立中国古典学学科的呼声越来越高，也引起了越来越多人的思考和共鸣。

第一个问题是中国古典学学科建设的问题意识与学科建设的目标。当今世界充满不确定性，从国际事务到日常生活，从个体内心的修炼到人际关系的处理，再到公共领域的治理以及人和自然的相处等，都有很多亟待解决的问题。这需要当代学人进行思考，作出回答，为世界的未来、人类文明的发展提供方向和愿景，为社会秩序的重建提供解决方案，为规则的确定提供思想资源。这是时代的课题，也是当代学人的使命。但是当代学者能否很好地去承担这一课题，并完成这一使命？我们的时代在发出钱学森之问，呼唤杰出的人才成群结队地脱颖而出，承担起历史的使命。

但实际上，虽然几十年来在人文社会科学领域涌现出一大批著名的专家学者，但大师、杰出人才仍然非常稀少，其原因很可能要到教育体制中去寻找。人文社会学科的大师，正如有些学者指出的，一方面要应对现实中人类文明面临的诸多挑战，另一方面要从历史当中去广泛地吸取、整合各种思想资源，在百年甚至千年的大尺度上来思考文明的出路。但是很多年来，高校人文学科对传统的知识系统是偏向于割裂的，而不是综合的，在人才培养过程当中很少考虑知识的整全性。近代以来，在西方知识分类影响及所确定的学科框架之下，整全性的中国古典文明被切割成哲学、历史、文学这些学科，学者的视野受到限制，知识缺乏融通，这种培养方式可以产生某一领域的专家，但是难以出现具有深厚文化底蕴，能够超越学科分裂的人才。

要改变这种状况，需要从学科的设置入手去改善教育体制，在国家的学科体系当中设立中国古典学学科就是一个非常好的切入点。这和中国古典学术的特色和优势有关。中国古典学的特点在于视野的整全性，对知识的整全性理解，对问题的整全性把握，为思考当今时代社会所面临的种种复杂多样的问题赋予新的视角，提供新的启发，提供整体性的解决思路和方案。古典学的优势在于思维不受学科分类的限制，能够进行超越学科的综合研究，在知识的互联互通、互补互济、互动互促的过程当中，对一些重大的根本性问题进行深入的思考，提供原创性的思想。

建设中国古典学学科意义非常重大，中国古典学学科的目标在于回归古典并创新，也就是返本和开新。古典学的回归是在回头反顾古典知识的过程当中，厘清中华文明发展的固有脉络，体会中华文明的基本观念和核心价值，把握中华文明的根本与灵魂，从中获得回应现实问题的知识资源，启迪灵感，获得精神的动力。历代诸多学者、思想家也往往是通过对传统的创造性诠释，提出了具有原创性的新思想、新观点，实现中华文明的自我更新和发展。

设立中国古典学学科体系，进行系统的古典学术的训练，可培养一批具备牢固扎实的古典学问的古典学学科人才、师资，在思考当代中国和世界的各种问题，探索未来的道路，进行思考的时候，有基础、有根本，更全面、更综合，避免原有学科分类框架下进行人才培养的局限。

第二个方面是中国古典学学科建设当中的几个基本问题，包括知识的基础问题、知识构架的合理性问题、学科的研究方法问题以及具体的操作问题。

从学科的知识基础看，中华文明有着悠久而未曾中断的历史，形成了独特的精神传统和知识体系，为历代中国人提供了精神家园、思想滋养和知识的哺育，支撑着中华民族生生不息地发展。作为中华文明的重要体现者，中华民族精神的主要承载者，中国古典的知识体系是独特且非常完备的，留下的历史文化典籍浩如烟海、非常丰富。这一知识体系汇聚了中华民族几千年来的智慧，塑造了中华民族的精神传统，构成了中华民族独特的形态，也是中华民族面对现实问题思考应用之道，提出解决方案、探索未来发展方向的智慧源泉和思想基础。

中国古典学学科以中国古代的历史文献为基础，从整体上研究中华文明，梳理中华文明的发展脉络，探究中华民族繁衍生息的精神特质和发展壮大的文化基因。学科知识基础非常深厚，发展前景非常广阔，有助于中华文明的传承创新，有助于中华民族为人类的发展进步贡献中国智慧和力量。

从知识构架上看，中国传统知识体系有其内在的逻辑和脉络。这种知识体系的分类，从周代的六艺到秦汉时期《七略》的图书分类，再到唐代出现、明清时期成熟并完善的经史子集四部分类，这种知识的分类和近代以来主要以西方知识分类为基本构架的七科的分类方法有明显的差异。

将中国古典学作为学科建设，是对近代以来七科分类知识构架中，以文史哲学科来切割中国古典学术这种缺陷的反思，契合了中国传统的知识体系的内在逻辑和固有脉络。这是以问题和需求为导向的，顺应、弘扬中华优秀传统文化，保持中华文化的主体性，完善中国特色哲学社会科学的知识体系分类框架的非常重要的举措，对于促进中国自主知识体系的建设有很重要的意义。

从学科方法的角度看，中国古代的学术传统一方面是对文献的研究、校勘、训诂、注疏，留下了无数的著述，这是学术方法意义上的汉学；另一方面就是强调义理的阐发，并且据此来回应现实的关切，进行理论的创发，这是学术方法意义上的宋学。汉学、宋学互有长短，因此历史上很多学者集其长、去其短，兼采汉宋，取得了很大的成就。中国古典学学科的建立在学科方法上无疑需要继承传统，重视对古典文献的整理、研究、校勘、注释，重视对古代文化的诠释和义理阐发。

对于当今社会科学的理论和方法，特别是西方社会科学，我们需要去吸纳，作为他山之石，实现理论更新的提升，建立一种融合人文传统与社会科学、具备现代视野的古典学。同时，和当代的自然科学、先进技术的交叉融合也非常重要，可以给学科插上当代技术的翅膀。

从操作层面看，中国古典学学科的建立过程中还有诸多问题需要统一认识，提出切实可行的解决方案。前些年我们在讨论国学学科设置时，关于国学学科的归属问题存在较大的分歧：是将其单独设为一个门类，或者放到历史、文学、哲学门类之下，作为类似于历史文献学、古典文献学一样的二级学科。对此学者们有很多不同的看法。2021年新的学科分类增加第十四个交叉学科，为解决这一问题提供了非常好的契机。我认为把中国古典学学科放到交叉学科门类下面作为一个一级学科，是一种可行性、操作性很强的选择。

如果我们确定了这个定位，接下来还要进一步思考一些问题。从外部来说，中国古典学和目前的学科框架里面的文学、哲学和历史门类中的中国历史、中国哲学、中国文学这些一级学科或二级学科之间的关系究竟如何？从内部来说，作为交叉学科门类的一级学科，它的内部框架又如何确定？也就是说中国古典学一级学科之下的二级学科，按照什么样的逻辑来设置，具体名称又如何确定，这是一个很关键的问题。

中国人民大学的"大国学"理念以及长期的探索和实践，给中国古典学学科的设立提供了非常好的体制和示范，积累了宝贵的经验。同时也可以借鉴西方古典学学科的发展经验，如现在一些西方的著名大学有古典学系，应有很多值得参考之处。此外我们还可以在中西文化比较与融通的视野中进一步阐述中国古典学学科的意义与价值。

总体来说，中国古典学学科的建立是很多人文学者盼望已久的事情。中国古典学年会至今年已是第九届，几乎每一届年会都涉及中国古典学学科的话题。在社会层面上对建立中国古典学学科的认同度也在不断提高。我相信中国古典学学科的设立适逢其时，也希望能够为这一目标的实现贡献绵薄之力。

（原载于《国学学刊》2023 年第 1 期）

略论构建中国古典学科的可行性

刘玉才

中国古典学继国学、儒学等学术术语之后，成为学界近来颇为热衷的讨论话题，相关的学术会议、学术刊物、学术机构纷纷对此进行讨论。但是围绕如何界定中国古典学，以及西方古典学是否具有借鉴意义，可谓众说纷纭，难得一辞。因此，在讨论中国古典学的建构之前，实在有必要对于何谓古典、古典与经典的关系、西方古典学的知识体系及其借鉴意义等问题进行基本梳理，然后再讨论其建构可行性。

"古典"一词是由"古""典"二字组成的熟语。许慎《说文解字》："古，故也。从十口。识前言者也。"[1] 即以十、口会意，经十人之口相传，记住前人的言语。"典，五帝之书也。从册在几上，尊阁之也。庄都说，典，大册也。"[2] 意谓古帝王之书册，需要敬而尊之。由其权威性，则引申出典范的意义，故《说文解字系传》云："典言常道也，言百世常行之道也。"[3] 因此，古典一词的语源，包括口传的记忆与先王的典册，虽然在形式上最后都是以典籍记录呈现，但是其内容具有典范性、规范性的意义。早期的古典语例，偏重于古代典章法式，如《汉书·王莽传》："汉氏诸侯或称王，至于四夷亦如之，违于古典，缪于一统。"[4]《后汉书·儒林传序》："乃修起太学，稽式古典。"[5] 但亦不乏作为古代典籍的用例，如《后汉书·樊准传》："（孝明皇帝）庶政万机，无不简心，而垂情古典，游意经艺。"[6] 在现代汉语中，此两义项仍然最为基本。

"经典"一词取义同于"典"。刘熙《释名》云："经，径也，典，常也。言如径路无所不通，可常用也。"[7] 刘勰《文心雕龙·宗经》亦云："三极彝训，其书曰经。经也

---

[1] （东汉）许慎：《说文解字》，浙江古籍出版社2016年版，第67页。
[2] （东汉）许慎：《说文解字》，第147页。
[3] （南唐）徐锴撰：《说文解字系传》卷九，四部丛刊景述古堂景宋钞本。
[4] （东汉）班固：《汉书》卷九十八，清乾隆武英殿刻本。
[5] （南朝宋）范晔：《后汉书》卷七十九，百衲本景宋绍熙刻本。
[6] （南朝宋）范晔：《后汉书》卷三十二，百衲本景宋绍熙刻本。
[7] （汉）刘熙撰：《释名》卷六，四部丛刊景明翻宋书棚本。

者，恒久之至道，不刊之鸿教也。"① 经以恒常之义与文献之典结为一体，汉人归功先圣所作。《汉书·孙宝传》："周公上圣，召公大贤。尚犹有不相说，著于经典，两不相损。"②《春秋穀梁传注疏》："仲尼所修谓之经。经者，常也。圣人大典，可常遵用，故谓之经。"③ 因此，经典之内涵，当在汉代经由官学尊崇、官修目录标榜，方得正式确立。经典与古典词义相较，更倾向于典籍，通常专指儒经，有六艺、五经、九经、十三经、四书等概括。经学即基于经典而生发，孜孜于文本同异、文字训诂、义理阐释和典章名物考据，可谓中国传统学术的核心，但其旨归不离政治，故难脱官学面貌。

近代以降，西学东渐，拉丁语 classicus 派生的英语 classics、法语 Classique、德语 klassisch 词汇，需要对应进行汉译，因明治维新而得风气之先的日本辞书编纂者，尝试以经典、古典、第一等记者以及典故、典章、经文等词汇予以翻译，最后"古典"成为比较通行的译法，并为中国译者所接受。相应地又衍生出古典主义、古典文学、古典音乐、古典建筑等词汇。现在惯用的 classics 实际包含有最优秀的典范与古希腊罗马文化两层含义，而主要是指高雅的文学作品，以及源于古希腊罗马时代的、被用于学院教育的标准文本。因此，西方古典学（Classical Studies）广义上可以理解为有关古希腊罗马时期的通识教育，治学强调学习古希腊文和拉丁文，研读经典文本，而其学术范围则兼及哲学、历史学、文学、文献学、艺术史、建筑考古等诸多领域，以今日话语形容，属于典型的跨学科研究。

古典学是西方国家颇具历史的独立学科，但是在西学东渐的大潮之下，并未移植到中国、日本等东方国家。日本较早使用古典的现代词义，东京大学于明治二十五年（1892）开设古典讲习科，但还是针对日本以及中国的古典文献，且有意与西化的思潮相对立。直至20世纪90年代，方有日本学者尝试用西方古典学的理论方法阐释日本与中国的传统经典，直至以他者的视角，提出模糊的中国古典学的概念。中国方面，在世界文明史领域内的古希腊罗马研究早有开展，所以近年兴起的西方古典学研究热可谓顺理成章。但是中国古典学的提出，则有附会西方古典学之嫌，似乎不太名正言顺，迄今未见有关研究对象、内容、方法、旨趣的深入讨论。裘锡圭先生 2000 年在日本中国学会年会上发表《中国古典学重建中应该注意的问题》，最早提出中国古典学的名称及其重建问题，但是将其研究对象限于作为中国文明源头的早期典籍，充分利用出土文献资料，探究早期典籍的来源、成书、体例、年代、作者、流传和文本校勘、释读问题，以求在宋人疑经、"古史辨"派辨伪之后，重建早期典籍的客观历史面貌。裘先生此后反

---

① （南朝梁）刘勰：《文心雕龙》卷一，四部丛刊景明嘉靖刊本。
② （东汉）班固：《汉书》卷七十七，清乾隆武英殿刻本。
③ （晋）范宁注，（唐）杨士勋疏：《春秋穀梁传注疏》卷一，清嘉庆二十年南昌府学重刊宋本十三经注疏本。

复表示，他提出的中国古典学，在强调古汉字、古汉语基础方面，与西方古典学要求学习拉丁文、古希腊文相一致，但是研究范围则不宜效法西方古典学，囊括先秦思想文化、社会历史研究。[①]

既然是借鉴西方古典学的概念，首先应该考虑其研究框架、研究方法对于中国古典研究的适用性问题，并比较二者之异同。西方古典学主要研究古希腊罗马时代的文学作品以及思想、历史、建筑、艺术等项内容，而研究方法强调从古典语文切入，并以文本校勘为核心（故古典学亦作 Classical Philology）。古希腊罗马时代约略与中国春秋战国秦汉时代相当，而春秋战国时期，政治下移，思想解放，产生了中华文明的元典和思想巨匠，是世界文明轴心时代的重要组成部分，作为研究对象亦可与古希腊罗马时代并观。西方古典学聚焦古希腊罗马时代典雅的文学作品，而中国古典研究的核心是春秋战国时代产生的六艺经典，但是 Classicus 指称优秀作家所著的顶级文本，六艺经典则是代表规范、权威的文本。古希腊罗马文明因异族入侵而沦灭，西方古典学是在文明断裂的背景下，基于断简残篇和文物遗存，对古典时代展开的复原与想象，因此古希腊罗马时代被作为独立的客体而得以整体性的研究。中国文明没有中断，典章文献绵延不绝，并不存在独立的古典时代，所以古典的内涵势必无法等同于西方的理解。

在研究方法层面，西方古典学以学习古希腊文、拉丁文为入门之阶，进而深入文本探查校勘，并致力于考古遗物的复原工作。古典学植根于中世纪僧侣抄录的大量古典文本，中世纪僧侣的内容选择和抄写实践深刻地影响了古典学的体验。中国古典研究以文字、音韵、训诂组成的传统小学为根基，在文本校勘整理方面实践丰富，此与西方古典学异曲同工。只是古希腊文、拉丁文是"死文字"，古典学者需面对文本的鸿沟，而古汉字、古汉语绵延不绝，文本传承有序。当然，西方古典学对于古典语文、古典文本倾注的心力，积累了丰富的理论与研究方法，可以为中国古典学建构提供可借鉴的方法论。

文本研究只是西方古典学的过程，其研究目的不仅是发现或者揭示古代世界，还要界定其文化史地位以及与今日世界的关系。因此，西方古典学作为精英阶层公民教育的核心，还负有凝聚历史认知，加强社会、公民、政治意识和审美观培养的使命。文艺复兴和启蒙时期的古学研究即具有通过复兴古典宣传自由、民主社会意识的政治目的。在此方面，中国古典与之有相通之处。传统经典源于贵族教育读本，为士人阶层立身之基，传达以儒家为主的社会政治理想与伦理道德观念，只是更加侧重家国天下的集体意识。

[①] 裘锡圭：《中国古典学重建中应该注意的问题》，载《中国出土古文献十讲》，复旦大学出版社 2004 年版，第 1—16 页。

无可否认，传统的西方古典学认同古希腊罗马文化是人类成就的巅峰，是通向更高的存在与理解境界的阶梯，具有宣扬文化优越性的倾向，甚至被作为意识形态的力量。但是现代西方古典学者，更加注重对于古典的多向度解读，力求还原古典时代场景，目标是建设一门开放的学科，成为不同视角的交汇点。我们认为，无论是因应西方传统古典学的意识形态属性，还是现代古典学的多元视角取向，作为承载丰厚文明积淀和历史实践的中国古典，完全可以建构独立自主的学术体系，破除欧洲文明中心论的误区，以体现人类文明多元互鉴的世界格局。

综合以上梳理分析，我们认为，"古典"二字的取义可以涵盖文本与典范两重寓意，较之经典的权威、规范文本意义更具学术包容性，与 Classicus 最为契合。作为学科意义而言，中国传统的经学虽然以文本考据和义理阐释为学术手段，但流于封闭性循环解释，有失历史客观性；儒学聚焦于经典传承和学理阐发，但具有浓厚的意识形态属性；国学则具有民族主义色彩，而且泛滥无所归。因此，基于中国学术文史不分的传统，借鉴西方古典学成熟的学科建构，中国古典学完全可以作为中国古典研究的旗号。

建构中国古典学知识体系，实际已具备较好的学科基础。在中国语言文学体系之内，现有的汉语史、古典文献学、古代文学学科，可以共同组成中国古典学的核心。所涉内容涵盖中国传统的文字、音韵、训诂之学，目录、版本、校勘之学，以及古典学术史、古典文学艺术，既强调传统小学基础，又突出文本研究特色，而且兼顾义理、考据、辞章的传统学术理念，与中国古典研究的核心内容具有高度的契合性。中国古典学虽然借用西方古典学的称谓，但是既非新瓶装旧酒，亦非重起炉灶，而是要参考西方古典学的理论方法与中国古典研究的实践，兼顾传统学术理念与现代学科分工，并加以设计。我们认为，中国古典学可以包括基于传统小学的汉语史、古典文献学、古典学术史、古典文学艺术诸方面，但其内容不是现有专业领域的简单归并，而是贯彻以传统小学为路径，以文本研究为方法，致力揭示古典之学的思想核心及其在文学、艺术层面的呈现。因此，早期元典为研究重心，但不能排除历代阐释衍生作品研究；儒道思想是古典之魂，但不应放弃历代的演变与呈现研究。

总之，中国古典学作为中国传统人文学科研究融合与创新的平台，应以铸牢中华文化共同体意识为学术研究旨归，承亡继绝，中体西鉴，守正创新，致力于古典生成、古典训释、古典内化、古典外化、古典活化的探索研究，创建植根中华文化土壤、书写中国学术叙事、阐发中国古典灵魂的中国古典学派。

（原载于《国学学刊》2023 年第 1 期）

中国古典学与敦煌学

郑炳林

古典学是一门西方的学科，通过语言学去揭示一种文明世界的生活情境。中国没有古典学，却有古典学术研究体系，即从中国语言文学下属的古典文献学方法论角度出发进行学术研究，在研究方法上和西方的古典学相似。中国古典学是借助西方的学科理论构建的一门新兴学科，具有中国学科特色，对敦煌学的研究更有借鉴意义。关于敦煌学与中国古典学之关联的思考如下：

敦煌学是一门以地域命名、以文献学为基础的学科。敦煌学概念在提出伊始就遭到学术界的质疑，因为其完全超出我们传统学科划分的范畴，尽管敦煌学被归并为历史学学科下的三级学科，但实际上它很难被归类为任何一个学科。敦煌学的研究对象是敦煌石窟出土的敦煌文献和石窟艺术，在文献研究方面它与中国古典文献学和历史文献学没有根本的区别，研究方法基本一致，都以敦煌文献和图像为研究对象进行诠释，因此敦煌学分为狭义的敦煌学和广义的敦煌学。狭义的敦煌学以敦煌石窟出土文献和石窟艺术为对象，对这些文献进行文献学的研究并利用这些文献进行历史文化的探讨，力图揭示古代敦煌以及相邻地区文明的发展状况和水平；广义的敦煌学则以敦煌文献和敦煌石窟艺术为中心，将相邻学科和文献资料纳入广义敦煌学系统中进行研究。纵观而言就是将敦煌出土简牍以及隋唐之后出土的文献研究也纳入敦煌学的研究中，横观则是将敦煌相邻地区与敦煌历史文化有关联的研究纳入敦煌学的研究范畴，在文献研究方面包含吐鲁番文献、西域其他地区出土文献以及中原地区出土文献的研究。除了研究方法之外，相邻学科的研究成果也可以引用到敦煌学的研究中。

第一，在敦煌佛教艺术研究方面，敦煌莫高窟佛教艺术融汇东西方的艺术精华。佛教进入中国后，经历了漫长的中国化过程，在此期间经与中国传统文化融合，佛教开始包含儒家文化内容，并在经典和戒律上都发生很大的变化，变成更加适应中国情况的中国佛教。佛教的中国化主要表现为通过大量疑伪经形式将中国以忠孝为核心的传统文化，融入佛教内容中；同样佛教艺术也经过敦煌留下印记并东传到中原，经过与传统文化的融合，形成带有中国传统文化内涵的艺术特色，并回传到敦煌。如此一来，敦煌在佛教艺术特色上形成中国佛教艺术，这在敦煌石窟中有所体现。敦煌石窟佛教美术则成为敦煌文化符号，同文献一样具有不可估量的价值。因此敦煌佛教美术和敦煌佛教文献均为研究敦煌佛教的重要材料，也是恢复汉唐中国原始面貌的重要资料。敦煌学研究离不开汉唐中原文化的研究，更离不开对敦煌相邻地区文献资料的研究。

第二，敦煌学是一门以敦煌文献和石窟艺术为基础的综合性学科。古典学将文史哲等学科纳入研究视域，不同于一般学科自上而下建立学科体系，古典学是自下而上构建自己的学科。敦煌学源自敦煌出土文献和石窟保存的佛教艺术，这些资料并没有为其划定学科属性，因此学术界很多专家纷纷对这些文献进行研究，并建立各自学科的研究方法，最后在各个学科融合的基础上，探寻借助敦煌文献进行研究的方法和解决问题的路径，这就是敦煌学。自敦煌文献被发现以来，首先进入敦煌文献领域的是文献研究的专家，他们有时很难将自己归属于哪个学科领域，这些专家基本上兼通文史哲，研究领域涵盖文史哲各个学科的诸多方面，从而创立了一种独立的研究方法，即以文献为研究对象的学术研究。王国维、罗振玉、蒋伯斧、曹元忠等都属于这一类型，这与中国学术界最初学科之间的界限划分并不是很清楚有关。随着学科发展，学科划分越来越细，特别是改革开放之后中国掀起新一轮的敦煌学研究热潮，敦煌学研究人为地被划分为很多学科领域，也被冠上很多限定词，如敦煌历史、敦煌文学、敦煌写本学、敦煌哲学、敦煌艺术、敦煌考古、敦煌体育等，敦煌学被割裂成很多碎片和领域。然而三十年来随着研究的深入，我们越来越需要学科之间的交叉融合，因为一个问题单靠某一个学科没有办法得以解决，所以就需要复合型的研究人才。

通过对从事敦煌学研究的群体进行分析得知从上个世纪八十年代到现在，从事敦煌学研究的主要有来自以下学科和学科门类的学者：第一类是从事历史研究的专家，无论是中古中国历史研究专家，还是研究历史文献的专家，都是敦煌学界中人数最多的群体，他们以敦煌文献和历史地理为研究对象展开研究，力图使用敦煌文献解读中古敦煌历史和魏晋南北朝隋唐历史，将敦煌文献看作研究的第一手档案资料。第二类是从事中国语言文学研究的专家，有研究文学特别是俗文学的专家，也有从事语言文字研究的专家，从而分离出"敦煌文学研究"这个相对独立的群体。第三类是石窟考古和佛教美术专家，实际上石窟考古已经是一个单独的研究领域，是敦煌学研究的重要内容，敦煌石窟考古离不开敦煌文献，实际上文献的研究是石窟考古的基础，没有文献的支撑，敦煌石窟造像和壁画内容的研究几乎无法进行，文献的记载是图像释读和定名的重要依据。敦煌石窟断代的依据主要有三个方面：一是敦煌石窟题记，包含供养人题记、壁画榜题和修功德记等，这些石窟题记资料是判定石窟年代的主要根据；二是敦煌文献中有关石窟营建的资料，主要有修功德记、榜题和佛教文献等，对石窟营建年代和图像定名至关重要；三是佛教典籍，佛经是研究图像的主要资料，要研究石窟艺术必须充分掌握和熟悉佛经，才能取得实质性的突破。除了以上研究群体之外，从事佛教研究的专家也致力于敦煌文献的研究中，但人数不多，因为佛教文献研究专家的研究任务重点不在敦煌学界，因此敦煌学界的佛教专家相对较少，除了部分顶尖专家之外，基本上没有形成规模。但是在敦煌佛教及利用敦煌佛教文献方面，仍有研究空间，似乎此领域的研究人力匮乏。

胡语文献的研究是纯粹的语言学研究，但有别于传统意义上的中国历史语言研究，他是以西域历史语言文献为对象的研究，应当是敦煌学研究中最有前途的部分，如果说敦煌学的研究有大的进展和突破，预测很可能会在胡语文献即西域历史语言的研究上，因为汉语文献的研究已经很深入，要想有大的突破非常难，因此在历史问题的研究进展上，可寄希望于胡语文献的释读，这些文献记载或可为敦煌学研究带来巨大进展。随着敦煌学研究的深入，其内部的划分不断细化和分裂，不断产生新的学科增长点。这些新的增长点很可能是敦煌学研究创新突破的地方。因此在敦煌学研究过程中很难将敦煌文献和敦煌石窟内容用现代科学的定义割裂开来，我们的研究最终会返璞归真，最终回归到敦煌学的起步：学科不分彼此，以文献为中心开展研究。所以在敦煌学界很难说某个专家属于哪个学科，学科的界限划分越来越模糊，而研究的互鉴越来越紧密，这大概就是敦煌学研究的未来，也是敦煌学发展越来越与中国古典学结合紧密的关键所在。

第三，敦煌学是以通过敦煌文献来揭示汉唐时期敦煌历史文化为目的的学术研究。还原揭示汉唐敦煌历史面貌或者重现历史上敦煌的地位，以及敦煌在汉唐西北和西域地区经营中起到的作用是我们的研究目的。研究文献的目的就是揭示远离我们而去的那个社会，在阅读文献时总以为我们对古代社会足够了解，很多问题都得到了解决，但随着研究的深入，我们始终处于一种无名的恐慌中，就是自以为了解的那个远去的社会越来越模糊，很多原来以为很清楚的问题变得越来越糊涂，这就是历史的真实面貌，我们在清楚到糊涂、糊涂到清楚中不断徘徊，在迷茫中得到解脱。最近笔者在研究西汉时期的敦煌，在对《史记》《汉书》中相关资料进行梳理分析之后，总以为掌握了西汉时期敦煌的历史，但是当研读敦煌出土汉简之后，似乎西汉的敦煌变得离我们越来越远，西汉的历史也显得越来越模糊。

这些文献既丰富了西汉敦煌的历史研究，也丰富了敦煌与西域的关系研究。因为资料不再单一，且每条资料的记载都蕴含深层的意义。比如，在西汉敦煌郡功能方面，敦煌郡是西汉经营西域、南羌和匈奴右部的基地，又是西域贸易的关市所在，西域都护的军备仓储机构居卢仓城也在敦煌。为保障敦煌的安全，西汉围绕敦煌修筑一系列的防御机构，南部有防御南羌而修筑的南塞，北部有防御匈奴而修筑的长城，西部有阳关和玉门关，作为经营和通使西域的塞城。在敦煌郡设置之后，西汉在敦煌进行了大量的移民，主要包括国家主导的移民实边，敦煌地方政府派人招致流民，同时还有罪犯徙边和军队屯垦。这些移民建立了很多村落，开凿了大量水渠，随着这些中原居民进入敦煌，敦煌地区的社会生产和文化也逐渐发展，商业经济繁荣，货币交换充斥着人们生活的方方面面，在敦煌市场上能够见到或者购买来自中原地区的各种商品。西域地区的使节商客往来于长安和西域之间，他们将西域畜牧特产和商品带到敦煌，乃至于贩运到长安，同时将西汉的商品经过敦煌贩运到西域各地。敦煌既是中外交流的中转站，同时也是对外贸易的市场。我们原来将敦煌繁荣看作西汉以后的事情，实际上敦煌的发展始于西汉，西汉奠定了敦煌作为交流都会城市的基础。没有西汉的有意培育和发展，就没有汉唐敦煌的繁荣。这些内容都出自敦煌出土简牍资料记载。因此敦煌汉简的研究非常重要，应当引起学术界的重视。西汉以后的敦煌就是在这个基础上发展起来的。然而学术界目前对西汉时期的敦煌没有给予足够的重视。唐后期归义军时期的敦煌，因莫高窟出土大量文献而受到敦煌学界的重视，特别是吐蕃时期的敦煌，因正史记载的误解而认为敦煌似乎处于汉文化被排斥、社会倒退的状况，经过对敦煌文献的研究，敦煌的商业居民聚落的建立是在唐中宗时期，罗布泊地区的粟特人进入敦煌之后改变了敦煌地区的居民结构，使敦煌的商业贸易更加繁荣昌盛。吐蕃占领敦煌之后基本没有改变此地的居民结构，同时将唐朝的经济制度完整地保留了下来。由于吐蕃利用敦煌汉族上层进行统治，汉文化得到充分保存和发展，寺学和私学发展起来，因此在张议潮收复敦煌之后，派遣的使者如唐悟真和敦煌文士张景球等人，完全能够同中原地区高僧大德对话，而且文采尽显，留下了很多著名篇章。按照中国学者的研究，晚唐五代归义军时期，海路交通得到发展，陆路交通却衰落，但是敦煌文献反映的情况是，中原政权和敦煌归义军政权的相互交流仍然非常发达和繁荣，所以根据敦煌文献的记载和敦煌石窟营建的资料，敦煌社会依旧繁荣，仍然是丝绸之路上的明珠。

总而言之，敦煌学实际上是中国古典学的重要组成部分，敦煌学的研究方法是典型的中国古典学的研究方法，问题意识亦同于中国古典学，敦煌学能够为中国古典学学科的建设和发展、对中国古典学研究方法带来新的有意义的借鉴。

（原载于《国学学刊》2023年第2期）

楚简《诗·召南·驺虞》与上古虞衡制度
——兼论当代中国古典学的构建

黄德宽

  《诗经》作为影响最为广泛深远的儒家重要经典，早在春秋战国时代就形成了定本。从先秦以来，《诗经》的传承和研究在中国古典学术体系中始终占有无与伦比的地位，汉代对《诗经》的传承训释就已分家别派，历代对《诗经》的研究更产生了大量著述。前贤时哲的《诗经》研究为我们积累了丰厚的遗产，也留下了不少疑难问题，如历代对《诗·召南·驺虞》的阐释与纷争就是一个典型的例子。

  历代学者对《驺虞》诗的阐释不仅涉及该诗的解读和诗旨的阐发，也体现了不同时代古典研究的价值取向及其发展轨迹。在对古典文献尤其是先秦文献的阐释过程中，古代语言文字训释和文本流变的考察是一项基础性工作，而不同时期历史文化的变迁和制度的变更对文本内涵的阐释则具有决定性的影响。《驺虞》诗的历代阐释及其存在的分歧鲜明地体现了这一特点。新发现的战国楚简抄本《驺虞》诗，为该诗的释读考论提供了极为珍贵的新材料。根据楚简新材料，不仅长期以来《驺虞》诗阐释未能解决的疑难问题有可能获得突破，也为进而探讨该诗与上古虞衡制度的深层联系提供了线索。关于《驺虞》诗阐释这一典型个案的研究，既彰显出土文献之于古代典籍研究所具有的重要价值，也对当代中国古典学的构建有一定的启迪意义。

一 《诗经》学史上对《驺虞》诗阐释的分歧

  在《诗经》国风诸篇中，《驺虞》属于一篇短诗，全诗如下：

    彼茁者葭，壹发五豝，于嗟乎驺虞！
    彼茁者蓬，壹发五豵，于嗟乎驺虞！

这首诗看似简单明了，但历代治《诗经》者对该诗的理解和阐释却颇有分歧。对《驺虞》诗旨的阐释，影响最大的莫过于《诗序》。《诗序》说："《驺虞》，《鹊巢》之应也。《鹊巢》之化行，人伦既正，朝廷既治，天下纯被文王之化，则庶类蕃殖，蒐田以时，仁如驺虞，则王道成也。"《诗序》以为在《召南》这组诗中，首篇《鹊巢》与最后一篇《驺虞》是前后相互呼应的，而《鹊巢》乃"夫人之德也"，两诗都被定义为道德教化之作。《毛传》："驺虞，义兽也。白虎黑文，不食生物，有至信之德则应之。"孔疏："天下纯被文王之化，则庶类皆蕃息而殖长，故国君蒐田以时，其仁恩之心，不忍尽杀，如驺虞然，则王道成矣。"① 可以说，《诗序》与《毛传》对《驺虞》的训释，长期以来规定和引导着《驺虞》阐释的主要方向。

《诗序》与《毛传》的训释又直接影响到对该诗其他字句的理解。如"壹发"之"发"指引弓施射，本无特别深意。因囿于《诗序》对"驺虞"的解释，经学家对"壹发"则生发出复杂的解读。如郑笺："君射壹发而翼五豝者，战禽兽之命，必战之者，仁心之至。"孔疏："国君于此草生之时出田猎，壹发矢而射五豝兽。五豝唯壹发者，不忍尽杀，仁心如是，故于嗟乎叹之，叹国君仁心如驺虞。"②

实际上，《诗序》与毛、郑对《驺虞》的解释主要代表了汉代古文经学的意见，属于今文经学的《鲁诗》《韩诗》就大不相同。许慎《五经异义》："今《诗》韩、鲁说：驺虞，天子掌鸟兽官。"清人陈寿祺疏证引述西汉贾谊《新书·礼》篇关于《驺虞》的解释，与《韩诗》《鲁诗》对"驺虞"的训释是一致的。③ 按照贾谊之说，该诗中的"驺"是"天子之囿"，"虞"是"囿之司兽者"，"驺虞"并不是"义兽"之名；"壹发五豝"乃"虞人翼五豝以待壹发，所以复中也"，体现的并不是所谓君主之"仁心之至"，而是人臣"甚遵其主，敬慎其所掌职"，"深见良臣顺上之志"。④ 贾谊博学多才，汉文帝初年召为博士，他对《驺虞》诗义的阐发，虽然代表了他"兴礼乐"的政治理想，但与汉代占主流的今文《诗》学并无大的差异。

从今、古文《诗》的兴替流传来看，随着今文《诗》学的衰废，东汉以后《毛诗》才得以"独立国学"，逐渐取得主导地位。⑤ 今、古文《诗》学的变迁，也自然体现在对《驺虞》诗的解读上。宋代"始发新义"的欧阳修认为："后儒异说为《诗》害者，常赖《序》文以为证。然至于二南，其序多失，而《麟趾》《驺虞》所失尤甚，特不可

---

① 参见阮元校刻《十三经注疏》，中华书局1980年版，第294、283页。
② 阮元校刻：《十三经注疏》，第294页。
③ 参见陈寿祺《五经异义疏证》卷下，曹建墩校点，上海古籍出版社2012年版，第223页。
④ 贾谊：《新书校注·礼》卷6，阎振益、钟夏校注，中华书局2000年版，第215页。
⑤ 参见班固《汉书·艺文志》，中华书局2017年版，第1708页；陆德明《经典释文·序录》，中华书局1983年版，第9—10页。

以为信。"① 他以为《驺虞》的本义是："人美其国君有仁德，不多杀以伤生，能以时田猎，而虞官又能供职"，"故诗之首句言田猎之得时，次言君仁而不尽杀，卒叹虞人之得礼"②。欧阳修关于《驺虞》诗本义的阐释，与汉代今文《诗》学的立场基本一致，而对《诗序》和毛、郑之说则持否定态度。一般认为，宋代《诗》学"其舍《序》言诗者，萌于欧阳修，成于郑樵，而定于朱子之《集传》"③。然而，作为《诗经》宋学的代表人物和权威，朱熹对《驺虞》的阐释则与古文《诗》学相近，他认为：《诗经》"惟《周南》《召南》亲被文王之化以成德，而人皆有以得其性情之正，故其发于言者，乐而不过于淫，哀而不及于伤，是以二篇独为风诗之正经"④。"《序》以《驺虞》为《鹊巢》之应，而见王道之成，其必有所传矣。"⑤ 这不仅反映了宋代《诗》学内部在《驺虞》诗阐释方面存在的分歧，更体现了《诗序》与毛、郑之说的强大影响力。

到明代中期之后，宋代《诗》学影响开始下降，重现尊《序》宗毛的倾向。清代汉学复兴，宋学逐渐式微，古文《诗》学则盛行于世。⑥《诗》学这种发展大势，也体现在对《驺虞》诗的阐释上。清初《诗》学，兼采汉宋，如钱澄之《田间诗学》对《驺虞》的阐释。他认为："豝、豵，皆害稼之兽。《周礼》：'迎虎为其食田豕'，所以除春农之害也。""驺虞为从畋之官无疑，《射义》曰：'天子以《驺虞》为节，乐官备也。'当亦以驺御虞人，无不在列，以充任使，故谓之备官也。"⑦ 乾嘉学派代表人物戴震对《驺虞》的阐释，既不盲崇毛、郑，也不排斥韩、鲁，他认为："驺虞之为兽名，既不见于《尔雅》，说者或以为囿名，或以为马名，皆不足据。"戴氏谓"驺"与"虞"皆为官名，《驺虞》之诗乃"言春蒐之礼也"，"春蒐以除田豕，为其害稼也"。"驺与虞田猎必共有事，《诗》因而兼言两官耳。举驺虞则驺之知礼、虞之供职可知，而驺虞已上之官大远乎驺虞之微者尤可知。叹美驺虞，意不在驺虞也，所以美君也。"⑧ 这些看法与钱澄之颇为相近。而对"壹发五豝"的解释，戴震则以为："毛、郑以为驱禽之礼，《集传》谓'犹言中必叠双'，毛、郑是也。"⑨ 清道、咸年间，《诗》学名家胡承珙、马瑞辰、陈奂皆推崇毛氏之学，对《驺虞》的阐释也基本相近。胡承珙肯定毛说"精切"，

---

① 欧阳修：《诗本义》卷1"麟之趾"条，《文渊阁四库全书》第70册，台北：商务印书馆1986年版，第188页。
② 欧阳修：《诗本义》卷2"驺虞"条，《文渊阁四库全书》第70册，第193—194页。
③ 永瑢、纪昀主编，《四库全书总目提要》编委会整理：《四库全书总目提要》卷15《经部·毛诗正义》，海南出版社1999年版，第87页。
④ 朱熹集注：《诗集传》，上海古籍出版社1980年版，"淳熙四年《序》"第2页。
⑤ 朱熹集注：《诗集传》，第14页。
⑥ 参见洪湛侯《诗经学史》，中华书局2002年版，第426—428、457—621页。
⑦ 《钱澄之全集》之二《田间诗学》，黄山书社2014年版，第59—60页。
⑧ 戴震：《毛郑诗考正》，载夏传才主编《诗经要籍集成》（修订版）第27册，学苑出版社2015年版，第239—240页。
⑨ 戴震：《杲溪诗经补注》，载夏传才主编《诗经要籍集成》（修订版）第27册，第288—289页。

并折中今文之说，其结论是："《序》云'天下纯被文王之化'，语必有所本。"① 马瑞辰推崇《毛传》，力驳欧阳修"《毛诗》未出之前，未有以驺虞为兽名"的质疑。② 陈奂同样以为："《鲁诗》以驺虞之虞当即虞人之官，究非达诂……驺虞为兽，古无异说。"③ 尽管宋人对今文《诗》学关于《驺虞》的解释有所肯定并提出新说，然而清代《诗经》研究的代表人物，总体上则又回到维护《诗序》并证成毛、郑之说的道路上。

有清一代，《诗经》学者名家辈出，尽管维护毛、郑之说者占主流，但质疑毛、郑，倡明今文《诗》学的，依然大有人在。如魏源在《召南》问答中引据《礼记·射义》等文献，分析《毛传》驺虞为兽名说的不合理性，认为："自当以三家义为长。"④ 俞正燮《癸巳类稿》卷二《诗驺虞义》篇，全面梳理文献关于"驺虞"的记载和各种注释并加以评议，指出："《毛传》义有不安，后人徒争有无驺虞之兽，于《诗》义无当，用采《韩》《鲁》义以明之。"⑤ 俞氏之说，甚为雄辩。牟应震、方玉润、皮锡瑞等也都有类似看法。⑥ 王先谦立足于今文《诗》学的立场，对《驺虞》《毛传》观点的否定和批评可以说是总结性的，他认为："毛于《关雎》《驺虞》别创新说，又以《驺虞》配《麟趾》，为《鹊巢》之应，私意牵合，一任自为，其居心实为妄缪，宜刘子骏不敢以之责太常也。"⑦ 在《诗三家义集疏·序例》中，他从《诗》学的历史维度，表达了对毛、郑和鲁、齐、韩三家的总体看法，指出"经学昌于汉，亦晦于汉"。从这一立场出发，他进一步阐明今文学家对《驺虞》看法的合理性。⑧

通过以上梳理，不难看出，今、古文《诗》学对《驺虞》阐释的分歧，实际上是经学史上今、古文分歧在具体诗篇阐释中的反映，体现了今、古文学者解读先秦经典立场和取向的差异。今文经学的阐释，立足于先秦的制度背景，大致能与《礼》书相印证；古文经学的阐释，则沉浸于"天下纯被文王之化"，代表了汉儒倡导的道德教化主张。而对"驺虞"是"义兽"抑或"职官"的不同理解，则是经学史上今、古文《诗》学争议的焦点，这也成为影响历代学者解读该诗的关键问题。

近现代学者对先秦经典的反思和传统学术的质疑，也表现在对《诗经》的解读方面。以古史辨派为代表的现代学者，对汉代以来经学家的《诗经》研究进行了尖锐的批

---

① 胡承珙撰：《毛诗后笺》，郭全芝校点，黄山书社1999年版，第126、128页。
② 马瑞辰：《毛诗传笺通释》（三），载夏传才主编《诗经要籍集成》（修订版）第33册，第86—88页。
③ 陈奂：《诗毛氏传疏·诗二》，载夏传才主编《诗经要籍集成》（修订版）第34册，第98页。
④ 魏源：《诗古微》，载夏传才主编《诗经要籍集成》（修订版）第36册，第116页。
⑤ 俞正燮：《癸巳类稿》卷2《诗驺虞义》，载《俞正燮全集》第1册，黄山书社2014年版，第46—48页。
⑥ 参见牟应震《诗问》［载夏传才主编《诗经要籍集成》（修订版）第32册，第400页］、方玉润《诗经原始》（中华书局1986年版，第118页）、皮锡瑞《经学通论》二《诗经》"论毛义不及三家，略举典礼数端可证"条（中华书局1954年版，第23页）。
⑦ 王先谦：《诗三家义集疏·卷首》，载夏传才主编《诗经要籍集成》（修订版）第41册，第91页。
⑧ 参见夏传才主编《诗经要籍集成》（修订版）第41册，第93、138—139页。

判，围绕《诗经》的历史地位及其文学和史学价值展开了热烈的讨论。① 顾颉刚撰文表示要以"求真的欲望""洗刷出《诗经》的真相"。② 古史辨派关于《诗经》的讨论，体现了中国古典学术向现代学术转型的基本态势。郑振铎提出："凡是研究中国古代的文学，古代的社会情形乃至古代的思想，对于《诗经》都应该视他为一部很好的资料；而于研究中国诗歌史的人尤为重要。"③ 胡适认为"《诗经》不是一部经典"，而"确实是一部古代歌谣的总集，可以做社会史的材料，可以做政治史的材料，可以做文化史的材料"④。这些讨论和意见对现当代的《诗经》研究产生了深远的影响，也从根本上终结了传统经学《诗经》研究的历史。

在现代学术背景下，《驺虞》诗的解读出现了一些新说，如顾颉刚解读《驺虞》"很痛快地纠正《序》《传》的错误"，以为该诗表达的是"诗人看见射者之一射而杀五豝，以为残忍之道，所以作诗以伤之"⑤。此外，现当代《诗经》研究者对《驺虞》诗还提出了"田猎诗"⑥"牧童之歌"⑦和"迎虎之礼"⑧等各种新说。这些新说试图从文学的角度来阐释诗义并探索该诗的历史文化意蕴。

不过，现代学者关于"驺虞"的解释，或以为"驺虞"指官名，或以为是举行田狩礼所迎之"虎"，依然无法跳出传统《诗》学的藩篱。关于《驺虞》诗义，现代《诗》学也没能作出令人满意的阐释，各种新说之间依然还存在着较大分歧。《驺虞》诗似乎成为一道长期困扰《诗经》研究者的难题。

二 《驺虞》诗与上古田狩时禁

文本是先秦典籍解读和阐释的基础，历代学者对先秦典籍的传、笺、注、疏无不在文本辨析上投入巨大精力，一些重要的学术突破有时也正取决于典籍文本的新发现。但是，《驺虞》诗在鲁、齐、韩、毛四家中并不存在重要的文本差异，对该诗的阐释分歧则主要是由于历代阐释者的《诗》学思想、解读方法以及对该诗历史文化背景认识的差异所造成的，因此，长期以来对该诗的理解难以获得共识。

---

① 古史辨派学者关于《诗经》讨论的文章多收入顾颉刚所编著《古史辨》第3册（上海古籍出版社1982年版）。
② 顾颉刚：《〈诗经〉在春秋战国间的地位》，载顾颉刚编著《古史辨》第3册，第312页。
③ 郑振铎：《读〈毛诗序〉》，载顾颉刚编著《古史辨》第3册，第383页。
④ 胡适：《谈谈〈诗经〉》，载顾颉刚编著《古史辨》第3册，第577、580页。
⑤ 顾颉刚编著《古史辨》第3册，第438页。陈槃《〈周〉〈召〉二南与文王之化》一文所引顾颉刚《〈诗经〉的厄运与幸运》原稿，陈文也将《驺虞》诗归入"社会文学（写实的）"一类。
⑥ 如张西堂、程俊英、蒋见元等，参见洪湛侯《诗经学史》，第667页。
⑦ 高亨：《诗经今注》，上海古籍出版社2017年版，第40页。
⑧ 尹荣方：《〈诗经·驺虞〉与上古"迎虎之礼"》，《中国文化研究》2015年第4期。

新发现的战国楚简《诗经》抄本,是汉代以来历代研究者所未能见到的时代最早的珍贵材料。① 简本《驺虞》诗与《毛诗》有重要的文本差异,这为重新理解和阐释该诗提供了重要线索和新的契机。② 简本《驺虞》全诗如下:

彼茁者葭,壹发五豝,于嗟从乎!
彼茁者蓬,壹发五豵,于嗟从乎!
彼茁者蓍,壹发五麋,于嗟从乎!③

战国简本《驺虞》诗与《毛诗》的主要差异:一是简本用字与《毛诗》有若干不同,尤其是"驺虞"这个历代《诗经》研究争议的焦点,简本写作"从乎";二是简本《驺虞》多出一章,共三章九句,这是最大的不同。简本"驺虞"异文和多出的第三章,对《驺虞》诗文本的解读可谓具有关键性影响的重要发现。

传世本《驺虞》"于嗟乎驺虞"句,简本作"于嗟从乎",这存在两种可能:一是简本将"驺虞"写作通假字"从乎",也就是说传世本"驺虞"用的是正字,简本"从乎"为借字,所指依然是"驺虞";二是简本"从乎"代表该诗原貌,在流传过程中由于音近原因"从乎"被误读为传说中的神兽"驺虞",并以讹传讹,最终定型成为"驺虞",从而导致后人理解的歧异。④ 对于这两种可能的解释我们如何取舍?按照典籍校读的一般原则,凡是不需借助通假可以通读文本的一般不采用通假的办法来校读。一方面,就《诗经》文本而言,简本是目前所见最早的战国抄本,未遭后世窜乱改易之厄,其文本价值显然要高于传世本,因此,我们应该高度重视简本异文,并立足于简本来阐释该诗;另一方面,就《驺虞》的阐释而言,既然历代《诗经》研究者对"驺虞"的阐释都不能很好地贯通诗意,那么我们依据战国简本异文来寻找另一条解决问题的路径应该是值得尝试的。

一些学者将《驺虞》诗作为一首田猎诗来研究,但是仔细研读该诗文本,我们会发现,该诗与《诗经》所收其他田猎诗有着明显的不同之处。《诗经》中典型的田猎诗或描写猎手的狩猎行为,或描写宏大的狩猎场面。⑤《驺虞》一诗几乎没有对狩猎细节和壮

---

① 参见黄德宽、徐在国主编《安徽大学藏战国竹简》(一),中西书局 2019 年版。
② 参见黄德宽《略论新出战国楚简〈诗经〉异文及其价值》,《安徽大学学报》(哲学社会科学版) 2018 年第 3 期。
③ 为方便阅读,我们以通行字转换了该诗文本。简本字词的补足和考证,参见黄德宽、徐在国主编《安徽大学藏战国竹简》(一),中西书局 2019 年版,第 98—98 页。
④ 阜阳汉简《驺虞》诗"从乎"已作"驺虞",说明汉文帝时这种讹误已经形成。参见胡平生、韩自强《阜阳汉简诗经研究》,上海古籍出版社 1988 年版,第 3 页。
⑤ 这类田猎诗如《周南·兔罝》《郑风·大叔于田》《齐风·还》《秦风·驷驖》以及《小雅·车攻》《小雅·吉日》等。参见洪湛侯《诗经学史》,第 667—669 页。

观场面的描述，三章首句显示的是一派春意盎然的场景，故学者多认为该诗表现的是"春蒐"；各章第二句分别描写"壹发"与不同的施射对象，而"豝""豵""麇"等施射对象都属于动物幼崽。根据该诗的场景设置、施射对象以及各章最后一句反复吟咏的"于嗟从乎"，该诗可能不应作为一般田猎诗来理解。

从《驺虞》诗涉及的时令和动物类型来看，该诗所表达的深层思想很可能与上古田狩时禁相关，反映的是春季众物蕃生之时禁止捕猎动物幼崽的礼俗。根据《周礼》等文献记载，上古有田狩时禁的礼俗制度。《周礼·地官·司徒》："迹人掌邦田之地政，为之厉禁而守之。凡田猎者受令焉，禁麛卵者与其毒矢射者。"郑玄注："为其夭物且害心多也。麛，麋鹿子。"贾公彦疏："此谓四时常禁。案：《月令》孟春云'不麛不卵'，又《曲礼》云'国君春田不围泽，大夫不掩群，士不取麛卵'者，彼以春时生乳，特禁之。"① 先秦其他典籍也保存了关于渔田时禁的记载。《国语·鲁语上》"宣公夏滥于泗渊"章，记载鲁宣公夏季于泗渊取鱼，"里革断其罟而弃之"，并指鲁宣公的行为是违背古训的。②《鲁语》记载的这则故事和表达的思想，与《礼记·王制》等篇田狩渔猎时禁颇为相符。《管子·四时》《禁藏》等篇表达的时禁思想与《周礼》等也是一致的。③《淮南子·时则训》"十二月之常法"继承了这些内容。④ 这些文献记载表明，田狩渔猎时禁在古代一直是受到统治者重视的礼制规范。从这一礼制规范的视角来看《驺虞》诗，这首看似浅显的诗篇所蕴含的内容则是非常深刻的，这为我们理解该诗的诗旨本义提供了新的可能。

上举《周礼》等文献关于田狩时禁的记载，在出土文献材料中也可得到进一步的证实。出土文献资料中，有一方战国齐"亡麋"箴言玺印（《古玺汇编》0360），这条材料是齐国行田狩之禁留存下来的珍贵实物，"亡麋"也就是"毋麋"。值得注意的是，简本《驺虞》诗多出的第三章涉及的正是"一发五麋"，与传世文献和出土材料中的"禁麛卵""毋麋"等一致，当不是偶然的现象。

出土的秦、汉简《田律》则表明田狩之禁已成为强制性的法律禁令。湖北云梦睡虎地秦简《田律》明令：

> 春二月，毋敢伐材木山林及雍（壅）堤水不〈泉〉。夏月，毋敢夜（焚）草为灰，取生荔、麛卵鷇，毋［杀其绳（孕）重者，毋］毒鱼鳖，置阱罔（网），到七

---

① 孙诒让：《周礼正义》，中华书局2013年版，第1209—1210页。类似记载又见于《礼记·曲礼下》《王制》《月令》诸篇，参见孙希旦《礼记集解》，中华书局1989年版，第122、334—335、419页。
② 参见徐元诰《国语集解》，中华书局2002年版，第167—171页。
③ 参见黎翔凤《管子校注》，中华书局2004年版，第843、1017页。
④ 参见刘文典《淮南鸿烈集解》，中华书局2013年版，第193页。

月而纵之。①

湖北江陵张家山第247号汉墓出土的《二年律令》中也包括《田律》，文字与睡虎地秦简《田律》略有差异，二者可相互对照校勘。② 甘肃敦煌悬泉置遗址出土的《敦煌悬泉月令诏条》也有类似的规定。该诏令条文是西汉平帝元始五年（5年）颁布的，虽然与王莽托古改制的政治目的相关，但月令诏条作为地方执行和考核监察的依据，也在一定程度上体现四时常禁制度的长远影响力。③ 出土文献材料不仅证明《周礼》《礼记》等所记载的"四时常禁"实有其事，而且还显示出这些"时禁"至少到秦汉时期已从礼俗约定发展成为强制性的律令条文。不仅如此，战国秦汉时期这些禁忌还融合到日书等术数类文献之中，可见其影响深广。④

根据以上传世和出土文献的考察，按照田狩时禁的文化背景来解读《驺虞》一诗，简本"于嗟从乎"的"从"字，应读为"纵"，其义是"放"，即"放生"。下面这个例子，证明"从（纵）"可以表示"放生"之义。《淮南子·人间训》："孟孙猎而得麑，使秦西巴持归烹之，麑母随之而啼。秦西巴弗忍，纵而予之。"⑤ "纵而予之"一语，可作为简本"于嗟从乎"之"从"读为"纵"的有力佐证。如此，这首诗的主旨应是表达"庶类蕃殖，蒐田以时"的思想，是"四时常禁"的具体体现。《驺虞》诗所赞美的正是遵循"四时常禁"、保护动物幼崽繁育生长的行为。⑥ 简本的发现表明，该诗与神兽"驺虞"发生关联很可能是误读的结果，而建立在误读基础之上的所谓行"春蒐之礼"以"除田豕之害"等各类旧说以及"牧童之歌""迎虎之礼"等新说，也就失去了文本依据。

《驺虞》诗体现的田狩时禁思想，是先民由渔猎时代走向农耕文明所形成的经验和智慧的结晶。通过对自然界动植物繁育生长规律的长期观察，先民们逐渐认识到人类自身对动植物的获取必须遵循其繁育生长之道，毫无节制地采伐和捕猎将会导致动植物资

---

① 陈伟主编：《秦简牍合集（壹）》（上），武汉大学出版社2014年版，第44页。本文所引简文中错误和残缺字据张家山247号汉墓《二年律令》校改和增补，错字在〈 〉中标注正确字，残缺字在［ ］中补出，假借字在（ ）中标注本字，以便阅读。

② 张家山《二年律令》之"二年"当为吕后二年（前186）。参见张家山二四七号汉墓竹简整理小组编《张家山汉墓竹简〔二四七号墓〕》，文物出版社2001年版，第167页。

③ 参见中国文物研究所、甘肃省文物考古研究所编《敦煌悬泉月令诏条》，中华书局2001年版，第4、42页。

④ 参见陈伟武《从简帛文献看古代生态意识》，载中国社会科学院简帛研究中心编《简帛研究》第3辑，广西教育出版社1998年版，第134—140页。

⑤ 刘文典：《淮南鸿烈集解》，第725页。"麑"即"麛"，典籍多作"麛"。《国语·鲁语上》："鱼禁鲲鲕，兽长麑"，韦昭注："鹿子曰麛。"（徐元诰：《国语集解》，第170页）悬泉置月令诏条"麛"作"麑"。

⑥ 《诗经》也有猎狩幼小动物的记录，如《七月》《吉日》中"豵""豝"虽为幼兽，但因田猎取之合时，并不犯禁。孙诒让《周礼正义》注"禁麛卵者"曾曰："'庖人''禽献秋行犊麑'，《士相见礼》注亦云'礼有秋献麑'，则麑非不得取，但非时及它兽之麛则有禁耳。"参见孙诒让《周礼正义》，第1210页。

源枯竭，反而使自身的生存受到威胁，在此基础上进而形成了人与自然和谐共生的朴素生态意识。这种认知与意识的不断深化和长期积累传承，最终发展成为一种约束人们自身采伐渔猎行为的习俗，并进一步提升到礼法制度的层面。

《驺虞》诗与射礼的关联性，可为以上认识提供一定的佐证。射礼作为上古一种重要的礼仪制度当源自远古狩猎活动，体现了先人对渔猎时代生活的深层记忆。渔猎时代，弓矢是猎取动物和部落之间武力争夺最重要的工具，我国新石器时代考古发现的大量各类矢镞表明，弓矢与射技在先民生活中占有重要的地位。根据《周礼·地官·保氏》记载，"射"作为"六艺"之一，是教育贵胄子弟的必修课。[1]《礼记·射义》说："古者天子以射选诸侯、卿、大夫、士。射者，男子之事也，因而饰之以礼乐也。"[2] 尽管射礼作为一种礼乐制度形成之后，其内涵日益丰富，功能不断扩大，其源自远古狩猎生活的历史记忆早已变得模糊不清，但射礼与原始狩猎生活的深层联系依然若隐若现。《周礼·春官·大司乐》："大射，王出入，令奏《王夏》；及射，令奏《驺虞》。诏诸侯以弓矢舞。"[3] "大射"是射礼的最高等级，王举行大射之礼时，奏《驺虞》，舞弓矢，显示《驺虞》诗与"射"的某种内在的联系，而这种联系最大的可能就是与射礼起源于原始狩猎生活有关。虽然我们还无法确定《驺虞》诗的产生与原始狩猎一定有直接关系，但该诗因表现田狩活动和时禁思想而成为大射礼演奏之乐则是很有可能的。礼书类文献涉及射礼时多提到《驺虞》诗，如《周礼·乐师》"凡射，王以《驺虞》为节"[4]，《礼记·射义》"天子以《驺虞》为节……《驺虞》者，乐官备也"[5]。《射义》对"天子以《驺虞》为节"的解释显然不是其原始意义，只是体现了射礼发展到一定阶段之后的一些认识。

由以上分析来检讨前人对《驺虞》的阐释，可以看出，《诗序》所谓"庶类蕃殖，蒐田以时"，在一定程度上已触及该诗的核心思想，而"天下纯被文王之化""仁如驺虞"等附会之说，则显系对诗义的过度引申和误读"驺虞"导致的结果。前人依据《山海经》《尚书大传》等难以信据的材料，试图证明"义兽驺虞"确实存在实在是苍白无力的；而现代学者论说《驺虞》诗为"牧童之歌"或"赞美猎人本领高强"[6]，也是对该诗的历史文化背景有失深入考察而发生的曲解。上古田狩时禁的礼俗源远流长、影响广泛，至少秦汉时期已发展成为律令条文，这为正确解读《驺虞》诗旨提供了可能的历史文化背景。从这一背景来解读，《驺虞》诗畅晓明白、了无滞碍，历代关于该诗的各种误解也可因此得到相应的廓清。

---

[1] 参见孙诒让《周礼正义》，第 1010 页。
[2] 孙希旦：《礼记集解》，第 1440 页。
[3] 孙诒让：《周礼正义》，第 1782—1784 页。
[4] 孙诒让：《周礼正义》，第 1804 页。《周礼·钟师》也载："凡射，王奏《驺虞》。"（《周礼正义》，第 1892 页）
[5] 孙希旦：《礼记集解》，第 1439 页。
[6] 向熹：《诗经译注》，商务印书馆 2013 年版，第 31—32 页。

三 "驺虞"误读与上古虞衡制度

战国楚简本《驺虞》诗与田狩时禁关系的揭示，使我们得以从新的思路来阐释该诗并肯定了《诗序》所蕴含的合理成分。但是，今文《诗》学对《驺虞》的解释与依据简本提供的新说是否存在抵牾，则也是不可回避的问题。依据简本"驺虞"乃"从乎"之误读，那么今《诗》所谓"驺虞"为"天子掌鸟兽官"是否也就成为无稽之谈了？我们认为尚不能作出如此简单的推论。今文《诗》学的这一解释虽然可能是基于文本的误读，但其将"驺虞"与"掌鸟兽官"的联想嫁接，则同样具有某种合理性。而这一点与古文《诗》学的某些合理成分恰可相互关联，因为无论是"田狩时禁"还是"掌鸟兽官"，实际上都涉及上古的虞衡制度。

虞衡制度见载于《周礼》等书。《周礼·天官·冢宰》记载，太宰职掌之一是"以九职任万民……三曰虞衡，作山泽之材"，郑玄注："虞衡，掌山泽之官，主山泽之民者。"[1] 虞衡是"九职"中掌管山泽之职。冢宰下设属官有兽人、渔人、鳖人等，都是各司其职的虞衡属官系列。《周礼·地官·司徒》有山虞、林衡、川衡、泽虞四官职。《地官·叙官》"山虞"，郑玄注："虞，度也。度知山之大小及所生者。"[2] "衡，平也。平林麓之大小及所生者。"[3]《周礼》关于山林川泽职官的记载系统而详尽，山虞、林衡、川衡、泽虞等皆配置有一定数量的下级职官和人员。根据《周礼》记载，虞衡制度的设立是为了度知各类山林川泽情况，以便管理采伐渔猎行为，平衡社会需求与自然界动植物繁衍生长的关系，更好地享有山林川泽之利。虽然这种制度的出发点是服务于贵族阶层，但即便在当代看来也是具有启迪意义的。不过，关于《周礼》的性质、内容和成书时代等历来充满争议，对该书有关虞衡制度的记载自然会有不同的意见。尽管《周礼》所载不一定都是周代职官系统的实录，但相关传世典籍和出土文献资料则证明其记载的关于虞衡制度的内容应该是有依据的。

《书·舜典》有关于舜命益作虞的记载，将虞衡制度的出现归到了尧舜时代。[4]《逸周书·大聚解》则有如下一段记载：

> 旦闻禹之禁：春三月山林不登斧，以成草木之长；夏三月川泽不入网罟，以成

---

[1] 孙诒让：《周礼正义》，第78—79页。
[2] 孙诒让：《周礼正义》，第673、674页。
[3] 参见孙诒让《周礼正义》，第674—677页。
[4]《舜典》本为今文尚书《尧典》之一部分。关于《尧典》的成书年代，有各种说法，"大抵以写成于周代之说较近是"。参见顾颉刚、刘起釪《尚书校释译论》，中华书局2005年版，第358—363页。

鱼鳖之长。且以并农力执，成男女之功。夫然，则有生而不失其宜，万物不失其性，人不失其事，天不失其时，以成万财。①

按照《大聚解》所载，西周初年周公为武王谋划"抚国绥民"之策时，就已经将虞衡制度作为"五德"之"正德"提出，并认为这是沿革夏禹之禁。

在《礼记》《左传》《国语》等典籍中也保存有关于虞衡制度的一些材料。《礼记·曲礼下》"天子之六府"中"司木""司水"，郑玄注："司木，山虞也。司水，川衡也。"《丧大记》："复，有林麓，则虞人设阶。"郑玄注："虞人，主林麓之官。"②《左传·昭公四年》："山人取之"，杜预注："山人，虞官。"③《昭公二十年》："山林之木，衡鹿守之；泽之萑蒲，舟鲛守之；薮之薪蒸，虞候守之；海之盐、蜃，祈望守之。"杜预注："衡鹿、舟鲛、虞候、祈望皆官名也。言公专守山泽之利，不与民共。"④《国语·晋语九》："主将适蝼而麓不闻"，韦昭注："麓，主君苑囿之官。《传》曰：'山林之木，衡麓守之'。"《齐语》中管子为齐桓公"定民之居"，"制国以为二十一乡"，有"泽立三虞，山立五衡"的举措。⑤

战国儒家学派尤为重视虞衡制度的意义和价值，孟子说梁惠王时曾有一段著名的议论：

> 不违农时，谷不可胜食也；数罟不入洿池，鱼鳖不可胜食也；斧斤以时入山林，材木不可胜用也。谷与鱼鳖不可胜食，材木不可胜用，是使民养生丧死无憾也。养生丧死无憾，王道之始也。⑥

孟子的基本思想与《大聚解》所谓周公的论述一脉相承，不过孟子更将施行虞衡制度上升到"王道之始"的层次。《荀子·王制篇》也与《孟子》有相近的论述。⑦孟子、荀子立足于"王道之始""圣王之制"所作的论说，继承和发扬了虞衡制度的思想精华，显示儒家学派对虞衡制度的价值和意义有较为充分的体认。

这些文献关于虞衡制度的记载虽然零散，但虞衡制度在上古确有其事，这种制度及其蕴含的思想也持续发挥其影响力则是可以肯定的。出土文献也提供了相关的可靠材料，表明从西周到秦汉时期虞衡制度都是一种现实的存在。

---

① 黄怀信等：《逸周书汇校集注》（修订本），上海古籍出版社2007年版，第406页。
② 孙希旦：《礼记集解》，第133、1132页。
③ 杨伯峻编著：《春秋左传注》（修订本），中华书局2016年版，第1382页。
④ 杨伯峻编著：《春秋左传注》（修订本），第1574页。
⑤ 徐元诰：《国语集解》，第451、222—223页。
⑥ 焦循：《孟子正义》，中华书局2015年版，第57—59页。
⑦ 参见王先谦《荀子集解》，中华书局2013年版，第195页。

在已发现的西周铜器铭文中，出现了"司虞（吴）""司林""司彔（麓）""司九陂"等虞衡官职，它们分别见于免簋、同簋、散氏盘等器，王国维、郭沫若等都已指出金文这类官职与《周礼》虞衡等官制相当，证实了《周礼》有关虞衡制度的记载具有可信性。① 战国玺印中的官印是各国职官配置的实物，其中有关虞衡官职则是研究该制度的直接材料，根据目前的研究，战国玺印涉及虞衡官职的，如齐玺有"祈望""虎（虞）木""桁（衡）""左桁（衡）""右桁（衡）""行（衡）彔（麓）""桁（衡）木""正木""左桁（衡）正木""右桁（衡）正木""左桁（衡）廪木"等②，燕玺有"左吴（虞）""鱼"等，晋玺有"畋""右畋""右麓"等，楚玺有"虞""行家"③"畋""鱼"④等，这些玺印中的职官名称是战国时期实行虞衡制度的实物和文字证明。战国简牍材料也保存了一些虞官记录，如包山楚简、上海博物馆藏楚简中的"衡""吴（虞）""于（敔）"等。⑤ 出土文献资料表明从西周到战国时期虞衡制度都持续存在，《周礼》等文献记载与地下新材料可以相互印证。

秦汉时期《田律》有关"田狩时禁"的律令，其内容与《逸周书》《周礼》等文献记载的传承关系明显，体现了虞衡制度在秦汉时期进一步向法律禁令的发展。秦汉时期在职官设置方面同样也延续了虞衡制度。《汉书·百官公卿表》记述百官制度的兴起和发展，"益作朕虞，育草木鸟兽"是其一。根据《百官公卿表》，秦汉设"少府"，"掌山海池泽之税，以给共养"（《汉书·百官公卿表》第七上）。少府有六丞，其职掌大概包括了周官虞衡的某些职责。武帝元鼎二年（前115）初置水衡都尉，"掌上林苑，有五丞"。"王莽改水衡都尉曰予虞。初，御羞、上林、衡官及铸钱皆属少府"（《汉书·百官公卿表》第七上）。从这些职官设置和职守划分上，大体还可以看出秦汉时期虞衡制度沿革和发展的基本脉络。

通过对上古虞衡制度及其在秦汉的沿革和发展所进行的简单梳理，可以看出，无论从礼俗、文献还是官制沿革来看，上古虞衡制度一直在传承延续。当然，在不同时期这种制度也"随时宜"而"各变异"，融入新的历史文化内容。经过长期传承，上古虞衡制度以礼俗、律令、经典文本等为"媒体"逐渐成为一种"文化记忆"。⑥ 虞衡制度作

---

① 参见张亚初、刘雨《西周金文官制研究》，中华书局1986年版，第10—12页。
② 《朱德熙古文字论集》，中华书局1995年版，第166—167页。"虎（虞）木"之"虎"，朱德熙原释"奠"。
③ 吴振武：《战国玺印中的"虞"和"衡鹿"》，《江汉考古》1991年第3期。
④ 吴振武：《战国官玺释解两篇》，载吕绍纲编《金景芳九五诞辰纪念文集》，吉林文史出版社1996年版，第190—195页。
⑤ 刘洪涛：《上海博物馆藏楚二合"虞"官印考释》，《文史》2016年第2辑。战国有关虞衡官职材料，参见程燕《战国典制研究（职官篇）》，安徽大学出版社2018年版。
⑥ "文化记忆"是20世纪90年代埃及学家扬·阿斯曼（Jan Assmann）提出的，从文化记忆的视角，有助于我们理解虞衡制度传播和传承现象。参见［德］扬·阿斯曼《文化记忆》，金寿福、黄晓晨译，北京大学出版社2015年版。

为一种文化记忆成为先秦和两汉社会的"整体性和特殊性意识",从而为《驺虞》诗的传承、传播和阐释提供了宏观的制度文化背景。正因为如此,《诗序》《毛传》在误读"驺虞"的情况下,依然能够触及"庶类蕃殖,蒐田以时"的主题;而今文《诗》学以误读的"驺虞"为依据,也自然而然地从"天子掌鸟兽官"这种制度文化中去寻找答案。这一现象不仅揭示了文化记忆对《诗经》阐释的深刻影响,也为探求"从乎"之所以误读为"驺虞"的历史文化诱因提供了线索。

"驺虞"误读的发生和阐释的演变启发我们:上古文化记忆既影响《诗》的产生和传播,也左右着历代阐释者的阐释方向。在对《诗》的阐释过程中,尽管不同时代的阐释者会留下时代印迹,但普遍存在的历史文化事实和深刻的文化记忆始终会以或明或暗的方式成为影响阐释者的无形力量。在由礼俗、制度和律令构成的虞衡制度这个综合知识系统中,今、古文《诗》学都无法摆脱其影响,即便是在误读文本这一不利条件下,依然能够在一定程度上反映出历史文化的部分真实。

今、古文《诗》学对《驺虞》一诗的解读,既体现了文化传统的力量,也较为典型地体现出不同时代新的思想观念的嵌入。《诗序》所谓"天下纯被文王之化"而"仁如驺虞",贾谊所说《驺虞》"深见良臣顺上之志",郑玄以为"'壹发五豝'喻得贤者多也"等,都是阐释者立足于其时代思想观念和文化传统所作的阐释。汉代以来,由于《诗经》注疏各家将该诗的阐释落实到礼乐教化、仁政王道之上,遂使《驺虞》真正的历史文化内涵被曲解。在这种"以意逆志"的阐释过程中,《驺虞》诗义也越发变得模糊不清,成为"《诗》无达诂"的典型个案。我们何其有幸,两千多年之后,竟然看到前人无缘见到的战国楚简《驺虞》抄本,使这首长期令人困惑莫解的诗篇得到重新解读,并对该诗的原义、历史文化蕴涵等有了新的认识。

四 从《驺虞》诗的阐释看当代中国古典学的构建

中国古代典籍的阐释有着悠久而深厚的传统,形成了具有自身特色的理论和方法,既积累了丰硕的成果,也存在着明显的局限。如何在既有传统的基础上深入发掘中国古代典籍的思想和文化价值,更好地服务于中华民族现代文明建设,是中国古代典籍研究和阐释需要回答的时代命题。上文基于新发现的战国楚简《诗经》抄本展开的关于《驺虞》诗的阐释和相关问题的讨论,作为一个典型案例,既对检讨和探索古代典籍阐释的理论和方法具有启迪意义,也对探讨构建现代学科意义的中国古典学有着重要的参考价值。

关于"中国古典学"的构建问题,近年来学术界开展了一些讨论。目前这些讨论主要在两个不同的学术领域进行,一方面是研究世界古代史和西方古典学的学者,他们所关注的是我国西方古典学的研究和学科建设问题；另一方面是研究中国古代典籍、历史文明尤其是古文字和出土文献的学者，他们则是立足于相关学科发展的需求提出中国古典学学科的构建问题。虽然关于中国古典学的讨论引人注目，但对中国古典学学科的对象、任务以及如何构建中国古典学等问题，学术界在认识上还存在明显分歧。① 至于中国古典学与西方古典学是何关系，西方古典学研究的学者与倡导构建中国古典学的学者之间很少有深入的讨论交流。根据本文对《驺虞》诗的阐释，下面我们对中国古典学构建的有关问题略作讨论。

"中国古典学"的提出无疑借鉴了西方"古典学"之名，受到西方古典学论著译介和传播的影响。当中国古代历史和文化典籍研究学者更多接触到西方古典学之后，难免会引发对中国古典研究和学科建设的思考，而相关学科领域研究的现实需求和学科发展的滞后，也触发了一些学者提出构建中国古典学的问题。然而，从讨论中国古典学学者的学术背景、研究志趣和涉及内容来看，他们所倡导构建的中国古典学，似乎与西方古典学并没有什么实质性的关系。我们认为，中国古典学的构建尽管不应该走照搬照抄或改头换面移植西方古典学的路子，也没有必要完全站在西方古典学的立场上来使用"古典学"这个概念和研究范式，但应尽可能地了解西方古典学的历史和成就，客观评估西方古典学对中国古典学构建的参考价值和借鉴意义。

西方古典学有600多年的研究历史和自身传统，有明确的研究对象、发展轨迹和研究目的，② 而中国古典研究则有着更加悠久的发展历史和学术传统。春秋时期，孔子整理三代典籍，"以《诗》《书》礼乐教"，就已经开启了中国古典研究和教育的先河。从汉代开始，通过对先秦典籍的蒐集、整理和校读，中国古代就逐步建立起典籍整理研究的基本方法和范式，形成了自身独特的古典学术传统。如果我们将这种立足于先秦典籍整理研究而建立起来的学问称为中国古典学，那么，在今天看来，总结弘扬中国古典研究的学术传统、客观分析其存在的局限并赋予这一古老学问以现代精神，就应该成为构建当代中国古典学的基本出发点。

裘锡圭认为："中国'古典学'，应该指对于作为中华文明源头的先秦典籍的整理和研究。"比较诸家所论，这是值得重视的看法。按照这一意见，中国古典学的构建首先

---

① 如裘锡圭认为："中国'古典学'，应该指对于作为中华文明源头的先秦典籍的整理和研究。"（裘锡圭：《出土文献与古典学重建》，载李学勤主编《出土文献》第4辑，中西书局2013年版，第1—18页）刘钊、陈家宁认为："中国古典学可以被看作国学的一个分支，即汉代以前（包括汉代）中国古代文明的学问。"[刘钊、陈家宁：《论中国古典学的重建》，《厦门大学学报》（哲学社会科学版）2007年第1期] 孙玉文认为："中国古典学，就是对1912年清帝退位或1919年五四运动以前的中国古代典籍进行研究的一门学问……我所谓的中国古典学，就是我所理解的国学。"[孙玉文：《"中国古典学"之我见》，《江苏师范大学学报》（哲学社会科学版）2018年第5期]

② 参见［德］鲁道夫·普法伊费尔《古典学术史（下卷）：1300—1850年》，张弢译，北京大学出版社2015年版；晏绍祥《古典历史研究史》上、下卷。

就要继承古典研究的学术传统。历代学者在这些方面作出了杰出贡献，积累了数量巨大、内涵丰富的文献遗产。尤其是秦焚禁古书之后，《诗》《书》遏绝，先秦典籍几乎损失殆尽。从汉代开始，历代学者对先秦典籍的整理和研究付出了极大的努力，特别是汉、唐、宋和清代学者的贡献和成就，为构建当代中国古典学夯实了深厚的根基。当然，不同时代的学者也都难以超越其时代的局限，古代留下的这些文献遗产往往正确与谬误兼有、精华与糟粕杂陈，因此，构建中国古典学面临着如何发掘其精华、剔除其糟粕、纠正其谬误的艰巨任务。构建中国古典学还要发扬现代中国古典研究的创新精神，抉择和吸收其有利于学科建设的研究成果。近百年来，殷商甲骨文的发现和科学考古学的发展，金文和简帛文献等上古出土文献资料和众多考古遗址的浮现，为中国古典文献学和古代历史文明的研究开辟了广阔的前景，古文字学、出土文献研究快速发展并取得巨大成就。与此同时，受马克思主义和西方现代学术的影响，中国古代历史文明和文献典籍的整理研究也实现了重要突破。王国维、郭沫若、胡适、顾颉刚、傅斯年等文史学者，在古文字、上古历史文化、先秦文献等领域开展了许多开创性的研究，促进了中国古典研究的现代转型和发展。中国古代历史文化和典籍研究百余年来的发展和积累的成果，既是构建中国古典学的重要学术资源，也是其新的历史起点。

中国古典学的构建，在继承中国古典研究学术传统、发扬现代古典研究所取得的成就的同时，更要着力于总结和探索适合中国古典学发展的科学方法和路径，在这方面西方古典学不可能为我们提供现成的答案。从甲骨文发现以来的研究实践看，许多学者充分利用出土文献资料，通过文字的释读和文本的考论，从多学科视角来揭示古代历史文化的本来面目，这可作为探索构建有中国特色的古典学的可能路径。本文关于《驺虞》文本及其阐释的研究虽然是个案，但从构建中国古典学的角度看，这一个案研究也在一定程度上触及构建中国古典学的相关核心问题。

首先是"文字"问题。文字与古代文献典籍构成一个不可分割的整体，文献文本的形成和解读都需要以文字为媒介。① 西方古典学开展古希腊—罗马文明的研究，必须以通晓古希腊文和拉丁文为基础，否则根本无法研读和整理古典时代的各类文献和铭刻。中国古典学涉及的文献，主要是以上古汉语和古文字记载的各类先秦典籍以及甲骨文、金文、简帛等出土材料，因此，对古汉语和古文字的学习和掌握，就成为中国古典学研究的最基本的要求。由于记载先秦文献的古汉字在世界古典文字中是唯一持续使用和形态稳定的系统，语言文字成为连接古今的天然纽带，这使得中国古典学研究有着得天独厚的优势。但是，作为一个动态发展的系统，上古语言文字的历史变革与发展、古今语

---

① 这里的"文字"不只是文字学所指的汉语的书写系统，实际上是就文字及其所记录的词两个方面而言的，上古汉语的独特之处就在于字词的相统一，以致传统语文学从来就是字词不分。

言文字使用的不同习惯和差异，也为古典文献的释读带来重重困难。如果缺乏对上古语言文字的系统训练，一般人很难进入古典文献的殿堂，一知半解甚至还有可能将文献的解读引向歧途。在传统古典学术体系中，隶属于经学的"小学"（文字、音韵、训诂之学）始终占据着重要的地位，而且"小学"在两汉时期的兴起和发展也正与汉代重整先秦典籍的历程相伴随。此后，历代对典籍的整理和研究也无不以"小学"为根基。无论是开展中国古典学抑或西方古典学研究，古典语言文字都具有基础性地位。由此看来，中国古典学的构建毫无疑问需要以加强上古汉语和古文字的教育为前提，发扬历代古典研究重视"小学"的传统，在继承传统语文学研究成果的基础上开拓上古语言文字研究的新的发展空间。

近代以来，殷商甲骨文、两周金文以及战国秦汉简牍帛书材料的大量涌现，使汉代以前尤其是商周时期的语言文字再次展现在当代学人面前，为拓展上古语言文字的研究提供了前所未有的机遇和可能。在不断提高上古语言文字释读水平的基础上，科学整理释读出土文献资料，并利用新发现的出土文献来检讨历代先秦文献的整理和研究，既可能解决前人长期无法解决的某些难题，也可能纠正他们对语言文字的某些误读误解，这些方面出土文献与古文字研究已经取得了一系列重要成果。本文依据战国简本对《驺虞》词语训释、文字误读提出的一些意见，正凸显了出土文献在解决先秦典籍文字释读难题时的重要价值。因此，中国古典学的构建必须整合传统语文学与出土文献、古文字研究的成果，夯实古代语言文字这一古典学的基石。就这一点而言，上古汉语、古文字对中国古典学的重要性，与古希腊文和拉丁文对西方古典学的重要性毫无二致。

其次是"文本"问题。"文本"这个概念在现代有关学科领域往往被赋予不同的内涵。① 西方古典学的建立正是基于对古典时期古希腊—罗马各类抄本和铭刻的蒐集、校勘和整理研究。古典文献的文本研究，涉及各类文献和铭刻的来源、特点和流传等内容，这是西方古典学的基础。② 中国古代典籍浩如烟海，围绕古典文献的制作、保存、传播、整理、校勘、辨伪和阐释等研究，则形成了中国古典研究的文本之学（版本、目录、校勘之学）。如果我们将春秋战国时期以孔子及其后学为代表的一批文士整理与传授典籍、著书立说、构建上古历史和礼制等看作中国传统古典学的初始阶段，那么经历秦"燔灭文章"之后两汉时期对经典的整理阐释和复兴礼制，则可以说是历史上中国传统古典学的一次重建。由于先秦典籍大多毁于战国兵燹、秦代焚禁，汉代民间所献幸存的典籍文本，书或脱简，文各有异，所以文本研究就成为汉代典籍整理首先要解决的基本问题。汉王朝主导的藏书、写书、校书活动，正是迫于这一现状而采取的相应措施，

---

① 在现代语言学、文体学、阐释学等学科领域中，"文本"概念的内涵和外延有很大的不同。本文所使用的文本概念则主要从古典文献研究出发，不仅包括文本载体和语言文字，有时也涉及文本相关的内容。

② 参见晏绍祥《古典历史研究史》上卷，第78—79页。

这使得两汉对先秦经典文本的整理研究名家辈出，成就卓然。尤其是由于今文与古文不同写本的分歧而导致的今、古文经学的纷争，在中国经学史上一直持续两千多年，这客观上促进了中国传统古典研究优良传统的形成。历代学者在文本研究方面取得了巨大成绩，形成了一整套古典文本研究的知识体系，这是当代中国古典学构建可资借鉴的珍贵遗产。

先秦经典文本的流传所造成的不同文本的差异，往往会对典籍的阐释和研究产生关键性影响，而先秦古本典籍的再发现及其影响则更加重大而深远，如西汉孔子壁中书、西晋汲冢古书就是这样的发现。自 20 世纪 70 年代长沙马王堆帛书、临沂银雀山汉简等重要发现以来，大量战国秦汉简牍文献陆续问世，尤其是湖北荆门市郭店楚简以及上海博物馆、清华大学、安徽大学等单位收藏的战国简本文献，不仅有传世的《诗》《书》《礼》《易》《老子》等经典文献，而且还有多种先秦典籍佚文。[①] 这些极为珍贵的新材料再现了战国秦汉时期古典文献的原貌，可开辟先秦典籍文本研究的许多新领域，是构建当代中国古典学的重要文献基础。

在文献文本研究方面，如何使传世文献与出土文献研究更好地融会贯通，既发扬中国古代典籍研究的优良学术传统，又发掘好出土文献的研究价值，是构建当代中国古典学不可回避的问题。战国秦汉出土文献文本的研究，是近年来古代文献研究的前沿领域，文史哲多学科学者参与了这些研究，成就斐然，也面临着许多有待突破的难题。本文从战国简本《驺虞》出发与传世本对比校读，不仅对《驺虞》诗进行了文本还原，还由此对该诗诗义及其产生的历史文化背景进行了探讨。战国简本《驺虞》为我们的研究提供了文本基础，使我们有可能在前人研究的基础上提出新的研究思路并取得进展，出土文献文本在这一研究案例中发挥了关键性作用。这启发我们，只有解决好传世古典文献与出土文献研究的融会贯通，才能在前人研究的基础上别开生面，将传统古典研究提升到当代中国学科发展的前沿水平。这项研究虽然只是出土文献与传世文本相参互校的一个具体案例，但对古典文献文本研究的参考意义是显而易见的。

最后是"文化"问题。古典文献的形成和传播都是在一定的历史文化背景下发生的，对先秦文献的释读必须尽可能地契合其产生和传播的历史场景，最终复现那个时代的历史与文化。西方学者对古典学本质、任务和研究方法的有关论述值得我们参考。维拉莫威兹（Ulrich von Wilamowitz-Moellendorff）认为，古典学术的本质"是希腊-罗马文明的研究"，作为学科的任务"就是利用科学的方法来复活那已逝的世界"。基于这样的

---

① 参见荆门市博物馆编《郭店楚墓竹简》，文物出版社 1998 年版；马承源主编《上海博物馆藏战国楚竹书》第 1—9 册，上海古籍出版社 2001—2012 年版；李学勤、黄德宽主编《清华大学藏战国竹简（壹—拾贰）》，中西书局 2010—2022 年版；黄德宽、徐在国主编《安徽大学藏战国竹简》（一）（二），中西书局 2019 年、2022 年版。

思考，"由于我们要努力探询的生活是浑然一体的，所以我们的科学方法也是浑然一体的"。① 维拉莫威兹关于西方古典学研究"整体意识"的论述对中国古典学的构建颇具启发性。然而，实事求是地说，古典文献的释读要完全做到与历史场景的契合并"复活那已逝的世界"几乎是难以企及的。就中国古典学而言，最大的优势在于中华历史文化的传承发展始终未有中断，古典文献文本的传承、整理和研究长期沿革有序并形成丰厚的历史积累。即便如此，在古典文本研究方面也存在着如下问题：一方面，先秦典籍文献以简帛为主要载体，文献在抄写、流传过程中往往会发生种种讹错和变异；另一方面，上古历史文化的传承、发展和某些失落，也会对文献的传承和阐释产生难以回避的影响；还有一个不容忽视的因素，即任何文献的传承和阐释者总是一定历史文化背景下的传承和阐释者，他们都无法摆脱其时代和自身的局限，在对古代典籍的传承和阐释过程中无可避免地会出现主观的介入和文化的误植，从而在一定程度上干扰对典籍的准确解读，这就使得那些传承时代愈久的古代典籍情况变得愈加复杂。本文在考察和梳理《驺虞》诗的阐释时，指出《诗序》《毛传》与《韩诗》《鲁诗》对《驺虞》的解释都蕴含了一定的合理成分，这表明无论是古文还是今文《诗》学都无法摆脱上古礼乐文化与虞衡制度的深刻影响；即便是在"从乎"误读为"驺虞"的情况下，上述礼乐文化和制度依然为这种建立在误读之上的阐释提供了一定的历史文化依据。同时，《驺虞》诗的阐释也清楚地表明不同时代的阐释者在对该诗阐释时难以规避因历史文化的时代变迁所造成的影响。在先秦典籍文献的形成、传播和阐释过程中，文化传统始终是一种主导性力量。从中国古典研究的总体发展来看，无论是汉代的传统古典学构建，还是近代以来古典学的两次重建，都鲜明地体现出不同时代历史文化所发挥的导向作用。② 因此，"文化"理所当然地应该与"文字""文本"一并纳入当代中国古典学构建的理论视野之中。

"文化"对于当代中国古典学构建的意义，不仅仅在于历史文化对典籍文献的准确释读所具有的深刻决定性的影响，还在于通过阐明古代典籍文献的文化内涵，以客观揭示中华文明的演进历程并探讨其发展规律，这才是构建当代中国古典学的根本目的之所在。先秦时期是中国早期文明形成、发展的最重要的历史时期，中华文明的长河发源于先秦，经历了几千年来波澜壮阔的发展才走到今天。对早期文明的研究，直接关系到我们对中华历史文明基本特征和发展规律的认识。由于时代久远和先秦文献资料的缺失，历代对先秦历史文明的构建与先秦历史文明的实际面貌必然会有较大的差距，客观

---

① ［德］维拉莫威兹：《古典学的历史》，陈恒译，生活·读书·新知三联书店2008年版，第1—2页。
② 近代以来的两次古典学重建，指20世纪20—30年代的疑古思潮和古史重建、70年代至今立足于出土文献的先秦典籍和古代文明研究。参见裘锡圭《中国古典学重建中应该注意的问题》，载复旦大学出土文献与古文字研究中心编，裘锡圭主编《出土文献与古典学重建论集》，中西书局2018年版，第1—4页。

揭示和科学阐释中华早期文明的历史奥秘应是当代中国古典学的时代使命。中国作为世界文明古国,对中华文明的形成和演进历程及其发展规律的揭示和阐释,必须是客观而非唯心的、科学而非玄想的,这更应是当代中国古典学对世界文明史研究所必须担负起的一份历史责任。

中国古典学以揭示和阐释中华文明形成、演进历程及其发展规律为根本目的,也就明确了该学科的本质和功能。随着我国现代学科体系的建立,文学、史学、哲学成为相对独立的学科之后,与传统古典研究相关的"小学""版本学""校勘学"等知识,则分别划分到文史哲下属的二级学科而各自分离,如"汉语言文字学""古典文献学""历史文献学"等,这在一定程度上已经偏离了中国古典研究的学术传统。而现代科学古文字学的建立和发展、出土文献的大量新发现,极大促进了对中国古代文明和先秦学术史的研究,当前古文字学、出土文献与中国古代文明研究等领域的研究实践,表明现有的学科体系构建已无法适应这些研究领域的需要,相关研究迫切需要建立具有文史哲等多学科知识储备的"浑然一体"的"整体意识"。因此,加快构建可以统摄古典研究方方面面的中国古典学,就成为当代哲学社会科学学科体系建设的题中应有之义。

结　语

构建中国古典学,既是弘扬中华优秀传统文化、加快构建中国特色哲学社会科学学科体系的需要,也是适应出土文献与古文字等研究领域的发展、深入推进古代历史文明研究的现实需求。关于《驺虞》阐释的研究及其对于构建中国古典学的理论参考价值和方法论意义,是笔者在本文中提出和探讨的关键性问题,也是撰写本文的主要目的所在。

这一典型个案研究启发我们,构建中国古典学要以继承弘扬我国古典学术研究优秀传统为前提,脱离了这一传统,中国古典学将成为无源之水;历代学者关于古典研究所积累的经验和成果,为构建当代中国古典学奠定了厚实的基础。构建现代意义的中国古典学,不仅要借鉴西方古典学之名,更要重视西方古典学之实,以西方古典学的理论和方法作为构建中国古典学的他山之石。构建具有现代学科意义的中国古典学,更要重视开展学科建设基本理论问题的深入研究。我们认为,以先秦时期元典性文献和上古文明为中国古典学研究的主要对象和基本任务是非常恰当的。这一点与西方古典学以古希腊—罗马时期的文献和古典文明研究为根本任务颇为相似。虽然对整个中国古代典籍的研究是十分重要的任务,但那不是中国古典学学科所能全部包含的。明确了中国古典学研究的对象和范围,将出土文献与传世文献结合起来比勘稽考,从"文字""文本"和"文化"等维度入手开展综合性整体研究,也就成为当代中国古典学构建的一种路径选择。为此，当代中国古典学的构建，一是要重视发掘传统"小学"的研究成果，与当代古文字学、上古汉语研究结合起来，在"文字"这个维度上实现古今贯通；二是要将以校勘、注疏等见长的古代文献研究传统与新发现的出土文献研究结合起来，在"文本"这个维度上实现传世文献与出土文献研究的融通；三是要将古典文献的阐释与中国古代历史文明的探索结合起来，在"文化"这个维度上，既揭示古代典籍及其内涵与历史文化的深层关系，也通过对古代典籍的研究展现出中华历史文明的本来面貌和演进轨迹，揭示中华文明生生不息的历史规律，挖掘古代文明的现代精神，为建设中华民族现代文明提供深厚的文化滋养。

按照这样的路径构建起来的中国古典学，或许可以说是继承我国古典研究传统并具有现代精神和自身特色的"中国古典学"。当然，当代中国古典学的构建要实现这样的目标，尚需更多学科学者的共同参与和长期努力。

（原载于《中国社会科学》2023年第12期）

从传统走向未来

——"中国古典学"自主知识体系建设

吴 洋　刘欣如

中国古典学，是以中国古代经典和文明为研究核心，以实证主义的治学方法，回归文本，理解文献，并从本体论的角度阐释中华文明庞大且精致的体系。从20世纪20年代的"国学"（Sinological Studies）发展为21世纪20年代的"中国古典学"（Chinese Classics Studies），是我国的人文学术研究从追赶西方到自我树立的一个过程。我们不再以"他者"的视角审视自己的文明，我们将通过对于中华文明的自省，将我们的研究成果、经验体会、问题困惑以及对未来的希冀贡献给世界，与世界各国学者共同促进人文学术研究的进步。

回溯过往，正是"国学"这一名称，接续了中国古代士人安身立命、修齐治平的意志，继承了近代中国学人痛彻心扉的家国情怀，寄托了当代学者对于具有骨血之亲的文化故土的乡愁与思慕。然而，"国学"这一学科始终难以建立。究其原因，大约有内外两点：从内部角度来看，"国学"的范畴与文史哲三学科的范畴均有交叉，难以明确其学科边界；从外部角度来看，不少学者认为"国学"这一概念源自江户时期的日本，原本是日本学者为了对抗"中国学"而提倡的"日本学"，后来被留日的中国学者借用来指代中国本土的学问，而且无论是日本的"国学"还是中国的"国学"都太过笼统，具有强烈的民族主义情绪，难以成为现代意义上的纯粹的"学科"与"学术"。这两个观点当然有其成立的依据和道理，然而时至今日，我们的观念也已经有了发展，对于这两个观点恐有进一步讨论之必要。

一　何谓"国学"

首先，有关于"国学"与日本的关系。学者们多认为："国学一词的近代意义，转借自日本。据小学馆《日本国语大辞典》，国学本为江户时代兴起的一门学问，主要是对日本的古代典籍进行文献学式的研究，以探明其固有文化，又称和学、皇学或古学。"① 这一观点普遍为国内外学界所接受。然而蒋春红曾经对于日本"国学"做过专门研究，她说："在日本，'国学'一词古已有之，最早起源于中国《礼记》，意为'国家的学校'，后传到日本，主要是指地方各国的儒学教育机构。"她还指出，日本古代的"国学"概念与江户时期以荷田春满、贺茂真渊、本居宣长、平田笃胤四人为代表的阐明日本本土文化精神、排斥汉文化影响的"国学"概念并不一样，而且江户时代以"国学"命名的著作很多，这其中也包括日本儒学家研究儒学的著作。到20世纪三四十年代，日本学者更加强调江户"国学"的文化保守主义，使得日本"国学"的概念更加趋向于狭义化。② 如果我们翻检日本词典，比如上文所提到的小学馆《日本国语大辞典》（1974年），在"国学"条，第一条释义即指日本"国家的学校"，第二条则指以荷田春满等人为代表的狭义的江户"国学"，第三条则列中国古代都城所设立学校之义，并举《周礼》为例。检新村出编《广辞苑》（第四版）（1991年）"国学"条，其第一条释义列中国夏商周时代都城设立的学校，隋代以后发展成国子学和国子监；第二条列日本"国家的学校"，以传授经学为主；第三条列狭义的江户"国学"。检小柳司气太著《新修汉和大字典》（1957年），其"国学"条，第一条释义列"都城中教育天子诸侯子弟的学校"，并引《礼记》为例；第二条为"一国固有的学问"；后面两条则是日本本国"国学"的两个含义，即和学和"国家的学校"。诸桥辙次等著《新汉和辞典》（1967年）"国学"条与小柳司气太的字典释义类似。

由此可见，日语的"国学"一词，原本借用自汉语词汇，其含义均指"国家设立的学校"，无论中国还是日本，在国家学校中所传授的主要均为"经学"（即儒学），即使是日本"国学四大家"中集大成的本居宣长一开始学习的也是朱子学。因此，"国学"既指国家设立的学校，又指国家学校中所传习的学问，这对于中国学者来说当然毫无疑义，这一意义的"国学"在清末民初依然通行。比如，《集成报》1901年第31期"政事录要"栏目列有"国学定制"新闻，介绍北京大学堂管理人员配置；《新民丛报》1903年第25号第115页有"国学改章"纪事，记录北京国子监南学更订章程事。中国学者用这一意义去理解狭义的日本"国学"同样也没有任何问题，王先谦在光绪二十八年（1902）刊刻的《日本源流考》中，一方面引《明史·日本传》云"然其时王子滕祐寿者来入国学，帝犹善待之。（洪武）二十四年五月，特授观察使，留之京师"③，这是指中国南京的国子监；另一方面，又云"先是，处士高山正之、蒲生秀实、本居宣长

---

① 桑兵：《晚清民国的国学研究》，上海古籍出版社2001年版，第5页。
② 参见蒋春红《日本近世国学思想——以本居宣长研究为中心》，学苑出版社2008年版，第124—127页。
③ （清）王先谦：《日本源流考》第二册，朝华出版社2017年版，第923页。

等或著书游说，或倡言国学，皆潜有尊王意"①，"维新之初，仍兴皇学、汉学两校于京师，寻废汉学，权称皇学为大学。及收江户，复兴昌平校开成所，奥羽平定以后……是岁六月，改昌平校称大学，以为本校授国学、汉学，改开成所称南校，授洋学……先是，下野人村上英俊修法国学，嘉永中来江户教授生徒。庆应中，丰前人福泽谕吉开庆应义塾，教授英学……后又传德国以下诸学而兰学遂至于废绝矣"②，在这些地方，皇学、汉学、国学、洋学、法国学、英学、兰学并称，"国学"指以尊王为主旨的日本本土之学在书中表达得亦很清楚。除此之外，汉语词汇"国学"还可以用来指代其他国家的官方学校和学问。比如，1898年2月20日的《新闻报》载有"广开国学"新闻，转载《巴黎辩论报》报道意大利在别国积极开设官学之事。显然，在当时中国人看来，"国"就是指国家，"国学"就是指一国之学校和学问，这似乎并无难以理解之处。

日本学者三宅雪岭、志贺重昂于1888年成立政教社，出版《日本人》杂志，提倡"保存国粹"；芳贺矢一于1899年出版《国文学史十讲》，于1900年出版《国学史概论》，分别对日本文学传统和日本"国学"传承谱系进行了梳理。1902年，流亡日本的梁启超计划创办《国学报》，主张"保国粹"③；1905年《国粹学报》在上海创刊，鼓吹国学，以发扬"保种、爱国、存学之志"④；1906年，《民报》在日本东京成立国学讲习会，请章太炎主讲国学⑤。时间线索上来看，近代"国粹""国学"之称似乎确实受到日本影响。

然而实际上，当时的中国学者对于日本之"国粹""国学"似乎颇不以为然。比如，针对梁启超办《国学报》的建议，黄遵宪以为此事非当时所急，并云："《国学报》纲目体大思精，……仆以为当以此作一《国学史》……公谓养成国民，当以保存国粹为主义，取旧学磨洗而光大之。至哉斯言，恃此足以立国矣。虽然，持中国与日本校，规模稍有不同。日本无日本学，中古之慕隋唐，举国趋而东，近世之拜欧美，举国又趋而西。当其东奔西逐，神影并驰，如醉如梦，及立足稍稳，乃自觉己身在亡何有之乡，于是乎国粹之说起。若中国旧习，病在尊大，病在固蔽，非病在不能保守也。今且大开门户，容纳新学。俟新学盛行，以中国固有之学，互相比校，互相竞争，而旧学之真精神乃愈出，真道理乃益明，届时而发挥之，彼新学者或弃或取，或招或拒，或调和或并

---

① （清）王先谦：《日本源流考》第四册，第1609页。
② （清）王先谦：《日本源流考》第四册，第1709—1710页。
③ 丁文江、赵丰田编：《梁启超年谱长编》，上海人民出版社2009年版，第193页。
④ 参见《国粹学报》1905年第1卷第1期《发刊辞》。
⑤ 参见《民报》1906年第7期《国学讲习会序》。

行，固在我而不在人也。"① 黄遵宪认为中日学术脉络和传统不同，日本之"保存国粹"于当时的中国实无太大必要，而其所论"国粹""国学"皆为普泛含义而无特指日本学术之义，甚至将"国学"默认为指中国之所谓"旧学"。

黄节在《国粹学报叙》中则云："呜呼！亡吾国学者不在泰西，而在日本乎！何也？日本与吾同文而易殽也。譬之生物焉，异种者，虽有复杂，无害竞争；惟同种而异类者，则虽有竞争而往往为其所同化。泰西与吾异种者也。日本与吾同种而异类者也。……呜呼！不自主其国而奴隶于人之国，谓之国奴；不自主其学而奴隶于人之学，谓之学奴。……昔者日本维新，归藩覆幕，举国风靡，于时欧化主义浩浩滔天。三宅雄次郎、志贺重昂等撰杂志，倡国粹保全，而日本主义卒以成立。呜呼！学界之关系于国界也如是哉。……夫国学者，明吾国界以定吾学界者也。痛吾国之不国，痛吾学之不学，凡欲举东西诸国之学以为客观，而吾为主观以研究之。"而《国粹学报略例》第二条则云："本报撰述，其文体纯用国文风格，务求渊懿精实，一洗近日东瀛文体粗浅之恶习。"② 黄节认为日本输入之学说是中国的最大敌人，《略例》中也对日本传来的文风表示鄙夷，然而这都不妨碍黄节用日本"保存国粹"的实例来激励国人以学强国，也不妨碍使用"国粹""国学"这样的词汇来指代本国学术。如黄节在叙中所云"国固吾国也，学即吾学也"，只要能在中国境内生根发芽、开枝散叶的学说，就可以成为中国学术的一部分，在这种理念下，从中文字面上来看并无特指含义的"国粹"和"国学"，当然可以作为中国本土学术的指称。

章太炎在《国故论衡》下卷《原学》中说："日本者，故无文字，杂取晋世隶书、章草为之，又稍省为假名。言与文缪，无文而言学，已恶矣。今庶艺皆刻画远西，什得三四。然博士终身为写官，更五六岁，其方尽，复往转贩。一事一义无匈中之造，徒习口说而传师业者，王充拟之邮人之过书，门者之传教。"③ 章太炎以为日本学术辗转稗贩，他对其极不以为然，在这样的认识下，章太炎用"国学"之词汇显然是因为其渊源自中国，乃泛称而非特指。

吴汝纶在光绪二十八年（1902）赴日本考察学政，其六月三十日日记记载，其与小村俊三郎赴日本学者古城贞吉宴，"古城贞吉劝勿废经史百家之学，欧西诸国学堂，必以国学为中坚"④。如果此语为古城贞吉所言之实录，则"国学"一词更显出其普泛之指代意义，即日本学者亦用以指代中国传统学术。

通过上面的分析，我们大致可以做一结论。"国学"，是中国固有的词汇，本来指国

---

① 转引自丁文江、赵丰田编《梁启超年谱长编》，第 292 页。
② 参见《国粹学报》1905 年第 1 卷第 1 期。
③ 章太炎撰，庞俊、郭诚永疏证：《国故论衡疏证》，中华书局 2008 年版，第 474 页。
④ 参见吴汝纶《东游丛录》，《吴汝纶全集》（四），黄山书社 2002 年版，第 703 页。

立学校以及国立学校中学习的内容,这一概念到近代依然通行。[1]"国学"这一中文词汇为日本所借用,在江户幕府时期形成以研究日本本土文化、拒斥中国文化为特征的日本"国学"(Kokugaku)。近代以来,面对着西方文明的逼迫,日本和中国学者先后使用"国学"指代本国固有学术,并且带有强烈的民族主义内涵,这是在近代历史环境下,东亚社会的共性。由于"国学"这一词汇的中国渊源以及字面意思与其内涵之直接关联,即使中国学者可能借用了当时在日本流行的"国学"的汉字词,但是对于中国学者来说,并没有将其当作"外来词",仅仅当作是中国固有词汇之词义引申。

二 "国学"之学术内涵

实际上,随着新文化运动的兴起,"国学"这一概念逐渐成为"国故学"之"缩写",其意义又经历了从民族革命到学术重建的发展。章太炎所使用之"国故",同样也是来自中国的固有词汇。《袁昶日记》在光绪十年(1884)十一月记载:"士不可一日无师友夹持以养吾智、励吾德,并世常所来往,如莆卿之不近名,鼎父之暗然力行,子培之辨通,莼客之善审文章机轴,逸吾之博识国故,兼取其长,而以经术古文为本,亦轻身益气千金散也。"[2] 此处之"国故"虽指清朝掌故,然而却可见这一词汇之本土渊源,章太炎之《国故论衡》并非蹈虚而来。1919年,毛子水在《新潮》杂志上发表《国故和科学的精神》一文,他在文章中将章太炎之"国故"加以发挥,明确指出"国故就是中国古代的学术思想和中国民族过去的历史",并且提出"国故学"的概念:"古人的学术思想,是国故;我们现在研究古人的学术思想,这个学问,亦就是我们的'国新'了。这个学问,应该叫做'国故学'。他自己并不是国故,他的材料是国故。"

1923年,胡适在《国学季刊》的《发刊宣言》中提出:"'国学'在我们的心眼里,只是'国故学'的缩写。中国的一切过去的文化历史,都是我们的'国故';研究这一切过去的历史文化的学问就是'国故学',省称为'国学'。"胡适还说:"'国故'这个名词,最为妥当;因为他是一个中立的名词,不含褒贬的意义。'国故'包含'国粹',但他又包含'国渣'。我们若不了解'国渣',如何懂得'国粹'?所以我们现在要扩充国学的领域,包括上下三四千年的过去文化,打破一切的门户成见,拿历史的眼光来整

---

[1] 如果我们翻检早期英汉字典,比如马礼逊(Robert Morrison)于1815年出版的《汉英字典》(*A Dictionary of the Chinese Language*)第一卷的"国"字下即列有"国学"一词,并且与"监生""祭酒""临雍"同列。罗存德(W. Lobscheid)于1866年出版了《英汉字典》(*An English and Chinese Dictionary*),该字典后来由井上哲次郎增订,1883年再版于东京,为当时日本学习英文的重要资料,在这一字典中,列有英文词"National University",其对应的中文译词则为"国学、大学"。从这些资料也可看出,汉语的"国学"一词在当时依然通行。

[2] (清)袁昶著,孙之梅整理:《袁昶日记》中册,凤凰出版社2018年版,第604—605页。

统一切，认清了'国故学'的使命是整理中国一切文化历史，便可以把一切狭陋的门户之见都扫空了。"这就使得"国学"研究成了真正意义上的平等而纯粹的现代学术研究。

在《国学季刊》的编辑略例中，第一条即云："本季刊……主旨在于发表国内及国外学者研究'中国学'的结果。""中国学"显然是英文词"Sinology"的翻译。而《国学季刊》的英文译名即为"*The Journal of Sinological Studies*"。恒慕义（Arthur William Hummel）在1931年将顾颉刚的《古史辨自序》翻译成英文。在恒慕义的翻译中，"《国粹学报》"被译为"*Sinological Journal*"，"《国学门周刊》"被译为"*Journal of the Institute of Sinology of the Peking National University*"，"国学会"被译为"*A Society for the Study of Chinese Culture*"，"《国学志》"被译为"*A History of Sinology*"，北京大学研究所国学门被译为"*Sinological Section of the Research Institute*"。① 无论在北大《国学季刊》的英文译名中，还是在恒慕义的翻译中，"国学"都没有被翻译成"National Studies"，而绝大部分都被翻译为"Sinology"。显然，当时学者所研究的"国学"，对于中外学者来说已经摆脱了其民族革命的色彩而成了现代意义上的纯粹的学术研究。② 恒慕义在翻译的过程中也没有任何倾向将其与日本的"国学"（Kokugaku）相联系。从这一角度来看，在当时的学界，中国的"国学"并无与日本"国学"的纠葛，也已经独立成为一种现代学术门类。以北京大学研究所国学门为代表，其下设方言研究会、风俗调查会、考古学会、明史史料整理会、歌谣研究会等，其研究方向已经从传统的经史研究，扩展到语言学、民俗学、考古学等领域，这不仅突破了传统学术藩篱，也"预流"于当时世界上的前沿学术领域，这不能不说是一种巨大的进步。

如果说以1922年成立的北京大学研究所国学门和1925年成立的清华大学国学研究院为代表的20世纪20年代以来的众多国学院所面对的是如何将中国古代学术历史化、系统化、学科化和现代化的问题，目前国内国学院的复兴则面对的是在当代随着学科日益细化从而高墙壁垒日益突出的情况下如何对待中国古代经典和传统文化的问题。

如果以《诗经》为例，其中所涉及的天命观、尚德观是我国古代杰出的政治思想和哲学观念，其中所涉及的从西周直到春秋时期的史事是当时第一手的历史资料，诗篇中所提及的耕种、宴饮、战争、祭祀、游猎等内容则是我国古代礼制、民俗和社会状况的真实反映，每一首诗的语言、词汇和韵律是研究上古语言学和音韵学的直接素材，三百篇中的优美的辞藻、深厚的情感更是我国文学的巨大宝库，汉代以来对于《诗经》的注

---

① 参看 Arthur William Hummel, *The Autobiography of a Chinese Historian Being the Preface to a Symposium on Ancient Chinese History*（*Ku Shih Pien*），Brill-Leyden，1931，"前言"第28页，"正文"第6、40、53、92页。

② 当然，这不代表中国学者不具有民族情感，胡适曾说："要想能够有一种学术能与世界上学术上比较一下，惟有国学。"[胡适：《再谈谈整理国故（在东南大学国学研究会）》，载许啸天编辑《国故学讨论集》上册，上海书店据群学社1927年版影印，第22页]可见在第一次世界大战之后，随着世界政治局势和学术风气的转变，中国学者对于"国学"所寄托的民族情感。

释又体现出我国不同时代的学者的时代精神……如此看来,《诗经》到底应该归入哪一个学科呢?被各个学科所分解的《诗经》,是不是还是流传了三千年的那些诗篇的真实面貌呢?

正是考虑到这一点,国内各国学院大多以经典研究为核心理念,希望能够综合运用人文学科研究手段,真正让中国古代经典焕发出新的生命。除此之外,我们必须认识到中国自古以来就是一个多民族共同体,源远流长的中华文明是中华民族共同创造的。除了《诗经》等这些众多的用汉字书写记录的经典之外,中国还保留有大量用民族文字如蒙文、满文、藏文、西夏文、回鹘文、察合台文等记录的经典与文献,这些经典与文献同样也是中华文明的重要组成部分,也应该成为国学研究的重要范畴。

三 作为自主知识体系的"中国古典学"

时至今日,我们又肩负着在哲学社会科学领域建立中国学术话语体系以及"建设中华民族现代文明"的历史使命。我们以为,让"国学"成长为一个学科,将更加有利于"全面深入了解中华文明的历史",更加有利于"推动中华优秀传统文化创造性转化、创新性发展",也更加有利于"推进中国特色社会主义文化建设"。如今,国家设立了"交叉学科"门类,如果能将"国学"发展为"中国古典学",在"交叉学科"门类下设立"中国古典学"一级学科,这或许可以成为我们构建自主知识体系的具体实践。

很多学者认为,古典学这一概念源自西方。我们认为这恐怕是因为翻译所造成的某种误解。西方的古典一词(Classics)用来表示古代经典,最早大约出现于2世纪罗马学者奥略·葛琉斯(Aulus Gellius,约123—170)所创作的一本名为《阿提卡之夜》(*The Attic Nights*)的书中;而在西方古典学传统中,最早带有学者性质的诗人是大约生活于公元前4世纪的菲勒塔斯(Philitas of Cos,约前340—前285)。[①] 然而,在中国最早的经典之一《尚书》中,第一篇即《尧典》,第一句话即"曰若稽古帝尧",这已经具有了"古典"的含义,据刘起釪先生考证,《尧典》一篇大约经孔子手定,也就是成篇于大概公元前5世纪;而"古典"作为固定词汇也已经出现在《汉书》当中,《汉书》完成于1世纪。由此看来,汉语"古典"一词无论从内涵还是从词汇角度来看均早于西方的古典概念。而作为古典学传统的学者的出现,孔子毫无疑问是保留周代古典并加以整理研究和传承的重要学者,其时代同样早于西方。

我们做这样的一种比较,不是为了学习所谓"格致古微"的口吻,而是想要证明

---

① 参见张治《为影印三卷本〈古典学术史〉及〈古典学术简史〉而作》,载[英]约翰·埃德温·桑兹《西方古典学术史》第一卷,中西书局2017年版,第7页。

"古典"一词实在是具有中国自己的渊源，完全无须依傍西方的概念而存在。

正因为如此，"中国古典学"的研究范围也无须比照西方古典学局限于7世纪之前，中国的历史源远流长，直至20世纪初才进行了语体革命，因此，中国古典学的研究范围完全可以延伸到清末民初，研究对象以中国经典为主，包含由汉字和民族文字所书写的经典文献，并且围绕经典文献进行涵容人文多学科的交叉研究。

至于中国古典学的研究方法，胡适在《清代学者的治学方法》一文中已经对清代考据学的方法进行了总结，认为其与西方学术研究的"科学"方法一致。换句话说，在世界范围内，人文学术有其异曲同工的研究方法；中国固有的学术研究方法，如版本学、目录学、校勘学、文字学、音韵学、训诂学、辑佚学、辨伪学等在自身的演进中已经发展出适合时代需要的研究范式，亦无须比附西方而自能独自树立。

从这个意义上来说，我们倡议将"国学"发展为"中国古典学"，实际上是将中国传统的学术概念进一步学理化、学科化，以期为具有明显跨学科特点的古代中国研究在现有学科体制内找到一个归属，在此基础上，进一步吸收世界学术研究的新方法、新思路、新技术，形成真正符合中国自身学术发展规律的学术概念与体系，就如黄节所云"国固吾国也，学即吾学也"。在经历了"重估一切价值"之后，我们应该有信心开始着手"再造文明"了。

从"国学"发展为"中国古典学"，这或许可以成为中国优秀传统文化创造性转化、创新性发展的一个实例。建设中国古典学一级学科，这不仅让研究古代中国的学子有了学科的归属，更重要的是，它将促进中国的年轻学子真正体验到中华优秀传统文化和学术传统历久弥新的魅力，找到深入研究和阐释中华文明的路径，这一定可以让未来的中国充满希望；努力将中国古典学推向国际，让世界理解并认同中国传统学术的特色以及中国古代经典中所蕴含的精神与经验，并借以理解和认同中国，这也足以鼓励中国学人更加奋发前行。

21世纪是一个充满挑战的世纪，中华民族伟大复兴不能缺少人文社会科学的进步，中国古典学作为面向未来的古老智慧，一定能够为祖国、为世界的发展贡献力量。

（原载于《国学学刊》2024年第1期）

略说语文学、古典学与"中国古典学"

沈卫荣

子曰:"必也正名乎!""君子于其所不知,盖阙如也。名不正,则言不顺;言不顺,则事不成。"对孔老夫子所说的"正名",于今日的学术语境中我们或可作这样的理解:凡事人们都必须先给它以一个合适的名称,并对它做出准确和恰当的定义,否则,就难免会陷入众说纷纭、莫衷一是的尴尬,无法说清楚任何一件事情。可令人无奈的是,世间诸法没有事物纯粹只是一件东西(nothing is purely one thing),世间有情也没有一人自成一个孤岛(no one is an island),"正名"又何其难哉!平日我们读书做学问,常被人告诫既不能只见树木,不见森林,又不能瞎子摸象,摸到哪里算哪里。可是,离开了树木,我们又怎么能给森林正名呢?若不把大象的每个部位都摸透,瞎子又怎么能够说清楚大象是怎样一种独特的有情呢?

近年来,笔者一直尝试着要为语文学(Philology)正名,努力想要说清楚何谓语文学,如何语文学;还曾主持编译过一部《何谓语文学?现代人文科学的方法和实践》(上海古籍出版社 2021 年版)的教材,但至今依然觉得心有余而力不足。我们面临的首要困难还是怎样才能给 Philology 正名,为它找到一个大家都能认可的名称。以前有"语学""言语学""古文字学""语言学""历史语言学""语文学",甚至"小学""朴学"等众多名称,都曾被前贤们用来对译 Philology,这给今人捉摸、理解语文学造成了莫大的困惑。例如,傅斯年先生曾将他理想化地设计的 Institute of History and Philology,定中文名为"历史语言研究所",可是,长期以来后人并不很明白他当年所用心倡导的"历史语言研究"到底是历史学和语言学研究,还是历史语言学研究,很少有人会想到他所说的历史语言研究其实是历史学和语文学研究。

进入本科专业目录的"中国古典学"

眼下还有不少坚持用语文学方法从事学术研究的学者,却坚持要把 Philology 理解和命名为"语言学"或者"文献学"。可是，若非要把 Philology 翻译成"语言学"的话，那我们又怎么来区分它与现代语言学，即 Linguistics 呢？今天从事中国古代文献研究和佛教研究的学者中，有不少人坚持要按照早年日本学者的理解，将 Philology 翻译成"文献学"，这固然有其道理，中国近代学术传统中的文献学本来就是梁启超从日本引进的 Philology。

根本说来，语文学是一门从事文本或者文献研究的学问。文献学可与语文学中的 textual studies 或者 textual criticism、quellenforschung 等分支学科相应。但是，语文学，特别是在弗里德里希·沃尔夫（1759—1824）以后，其研究范畴远远超越文献学，它不但包括语言学、历史学的内容，而且还包括文学、哲学、民俗学、古文字学和考古学等研究领域，最终形成超越了古典语文学的德国古典学（Altertumswissenschaft）。

于 19 世纪的德国学界，语文学曾被划分为"词之语文学"（Wortphilologie）和"物之语文学"（Sachphilologie）两大门类，"文献学"或可与"词之语文学"或者"文本语文学"相应，但它通常不包括"物之语文学"的内容，后者还包含古物学、考古学、碑铭学和古文字学等许多不属于文献学所研究的内容。不得不说，坚持用语言学或者文献学来翻译、指称语文学，表达的或更是一种个人的学术情怀，但其实际效果却是对语文学的一种限制和矮化。

近十余年来，"古典学"于国内多所著名高校内兴起，生机勃勃，它不但是中国人文科学界一个异军突起的新领域，也是高校为强调人文学术基础和博雅教育而上演的一场重头戏。起初，古典学的兴起主要是出于对西方古典学及其研究对象西方古典文明和思想的推崇，尝试要把对西方古典文明的学习和研究，作为中国高等院校之人文学术和通识教育的重要内容，引进中国高等教育的体制中；而晚近几年，中国学界对古典学的重视更多表现为对"中国古典学"的热情倡导，要将新世纪以来中国大学校园内层出不穷的"国学"研究，借助西方古典学的既定学科范式和学术规范，进行学科上的整合、改造和创新，以形成具有中国特色的古典学学科。这样的努力无疑是非常必要和有意义的。最近中国人民大学国学院申报的"中国古典学"本科专业成功获批，并进入教育部《普通高等学校本科专业目录（2024 年）》，这是一件可喜可贺的大好事。

令人疑惑的是，眼下虽然人人争说"古典学"，可每个人都对古典学有着自己的定义和理解，大家似乎都做着不一样的古典学。显然，与语文学一样，古典学也是亟须"必也正名乎"的一个概念。一个常常被大家忽略的事实是，所谓古典学其实就是语文学。

傅斯年所说的"两种古典语学"

西方古典学这个名称或是直接从英语的 Classics 或 Classical Studies 翻译而来，可在欧洲近代学术史上本来并没有这样一个学科。其作为一个学科主要是在北美大学中兴起的，可与之相对应的学科，于欧陆的传统中应当就是"语文学"，或者更确切地说是"古典语文学"（Classical Philology）。

最近，德国近代语文学大师维拉莫维兹（1848—1931）一部经典著作之汉译的修订本出版，标题作《古典学的历史》，而其封面右侧标志的德文原标题却是 Geschichte der Philologie，译言《语文学史》，显然，于此译者对"古典学"和"语文学"不加区别，这也可能是受了英译本标题的影响。维拉莫维兹的《语文学史》最初出版于 1921 年，到了 1982 年才被译成英文出版，题为《古典学术史》（History of Classical Scholarship）。与此类似，德国古典语文学家鲁道夫·普法伊费尔（一译法艾费，1889—1979）的大作《古典学术史（上卷）：自肇端诸源至希腊化时代末》（History of Classical Scholarship. From the Beginnings to the End of the Hellenistic Age, 1968），其德文版标题也是《古典语文学史》（Geschichte der Klassischen Philologie. Von den Anfängen bis zum Ende des Hellenismus, 1970）。无疑，当下被人们习惯称为古典学家的维拉莫维兹和普法伊费尔，本来都是古典语文学家，他们的著作讨论的都是古典语文学的历史。

还有一个类似的例子是，尼采曾是瑞士巴塞尔大学的古典语文学教授，可当下他也被人称为"一名古典学家"。2014 年，德国学者编集、出版了一本讨论作为古典语文学家的尼采的语文学水准、方法和成就的论文集，其英文标题就是 *Nietzsche as a Scholar of Antiquity*（《作为一名古典学者的尼采》），而这本书的汉译者则把它译作《尼采作为古代文史学者》。其实，书名中的 Antiquity 指的是西方的"古典"，与德文的 Antike 或者 Altertum 相应，"作为一名古典学者的尼采"对应的应该是"作为古典语文学家的尼采"，所以，英文中的"古典的学者"对应的或是德文中的"ein klassischer Philologe"，或者直接是"ein Altertumswissenschaftler"。这个例子表明，不只是中国学者，就是德国学者，眼下亦都有意无意地将"古典语文学"与"古典学"和"古典学术"等而视之了。

古典学原本是一门从事对西方古典时代之两种古典语言，亦即古希腊语和拉丁语，以及用这两种语言写成的古代文明之经典文本研究的学问。傅斯年曾在《历史语言研究所工作之旨趣》中说："欧洲近代的语言学在梵文的发现影响了两种古典语学以后才降生，正当十八、十九世纪之交。"他说的"两种古典语学"便是指古希腊语文学和拉丁语文学，它们在欧洲近代新语文学和比较语文学形成之后，也曾被称为"旧古典语文学"（Altklassische Philologie），其研究对象大致是从公元前8世纪至公元7世纪内的古希腊文和拉丁文经典文献。

古典语文学主要是一种文本语文学研究，它从研究语言、文献着手，进而研究其历史、文化、宗教和思想等古代文明，它当然可以被认为是古典学研究。但是，如前所述，与我们今天所说的"古典学"更接近的一个学科名称应该是德国古典语文学传统中出现的"Altertumswissenschaft"或"Altertumskunde"，译言：古典学。这是沃尔夫首先提出的一个新概念，他在以语言和文献研究为主的古典语文学之上，增加了古代历史研究和古典考古学两项新的学术内容，使古典学的研究不只是书面的语言文化研究，而且还是物质的文化和文明研究。

把专业性、学术性和科学性放在第一位

长期以来，世界学术传统中的古典学研究一直以西方古典学为主导，它是研究西方古典时代文明的一门学问，这标志着欧洲中心主义对于世界学术的持久和重大的影响。近十余年来，西方世界，特别是北美学界，已开始对这种欧洲中心主义影响下形成的学术传统进行严肃的反思和批判，一些重点大学甚至已经将古典学排除在主修学科之外，或者将古典学改造为"古希腊罗马研究""古地中海研究"一类的学科，减弱其作为古典学学术的特殊地位。与此同时，古希腊、罗马文明之外的其他地区和民族、族群的古典文明的研究，则开始被纳入古典学研究的范畴。作为一个全新学科建制的中国古典学正是在这股世界性的学术变革大潮中开始出现的，并于近十年间与西方古典学一起得到了蓬勃的发展。

然而，与对西方古典学有种种不同的理解一样，我们今天对中国古典学的理解则更加众说纷纭，各执己见。有人用心将中国古代文献学解释和建构为中国古典学的核心，亦有人将中国古文字学作为中国古典学的基础，多年前有从事古文字研究的学者提出了新语文学的说法；还有一种较为普遍的潮流是将整体的中国古代文明研究理解为中国古典学；还有人主张将对古代汉语文经典和思想的研究作为中国古典学之核心，或者延续中国的"国学"传统，将对中国古代思想、经学研究作为中国古典学的核心，等等。

从学术史的意义上说，中国古典学首先是对中国古代语言、文献的语文学研究。这样的中国古典学与早期的西方汉学（Sinologie，Sinology）有很明显的共同之处，有人甚至直接将汉学称为"汉学语文学"（Sinological Philology）。虽然汉学现已被中国研究取代，失去了其学术权威意义，并已经在北美的学术体系中处于边缘位置，但汉学一定是中国古典学必须继承和创新的学术传统。

事实上，与西方之东方学研究的其他分支学科一样，汉学也是一种典型的"民族语

文学"学科。随着欧洲各民族国家的兴起，诸如日耳曼语文学、罗曼语文学、芬兰语文学、伊斯兰语文学等民族语文学纷纷兴起，它们通常被称为"新古典语文学"或"新语文学"（Neuphilologie）。包括了古代历史和古典考古学的德国"古典学"也曾被称为"古典古典学"（Klassische Altertumswissenschaft），这或是表明一种包括德意志古代历史和考古研究在内的民族语文学，要算是"新古典学"了。与此相应，我们自己的古典学既可以是一种纯粹的以文本为研究对象的汉学式的语文学，也可以是一种包括了中国古代历史和考古学在内的，同时包括书面语文文献和物质文明研究的"中国古典学"研究。傅斯年当年倡导历史语言研究，以此来实现中国人文学术的现代化，他借用的范式就是这种德国式的"古典学"。

2002 年，著名古典语文学家格兰·莫斯特主编了一本讨论语文学历史和古典学学科性的论文集，题为《学科化古典学》（*Disciplining Classics*），特别有意思的是，这本论文集的德文标题竟然是 *Altertumswissenschaft als Beruf*，译言《作为职业的古典学》。莫斯特不但将英文中的 Classics 与德文中的 Altertumswissenschaft 完全等同起来，而且明确表明"古典学"与欧洲其他人文科学学科一样，必须是一种专业性极强的职业的科学，而不是预言家和先知们擅长的宣传和说教。所以，不管是从事西方古典学研究，还是倡导和建设中国古典学，我们都必须把古典学"作为一种职业的科学"，把它的专业性、学术性和科学性放在第一位。我们还有很长的路要走。

（原载于《文汇报》2024 年 5 月 12 日第 8 版）

探寻中国古典学建构的第三种路向

景海峰

古典学来自西方，但它自传入中国之后，在翻译比较和扎根本土的过程中，便有了中国化的问题，或带有了中国的元素和色彩；尤其是在西方古典学内容与方法的刺激下，反观中国文化自身发展的历史，来寻求中西方之间的相似性，从而尝试提出中国古典学的建构，也就顺理成章。但究竟怎样来理解和定义"中国古典学"，是古典学"在中国"，还是"中国的"古典学？这中间的差异还是很大的。如果强调古典学的西方背景和西学属性，则所谓"中国古典学"就是指西方的古典学在中国传播和发生影响的过程，即在中国学习、研究、移植和扩展古典学的种种努力及其工作之成效。假如只是把古典学作为一种参照物、作为文化比较的一个镜像，而其实质内容是以中国的历史文化和特有经验作为旨归，则"中国古典学"便是一个比拟的说法，是一种借用的名号。很显然，这里包含了两个要素，二者缺一不可。一个是作为话语主体的古典学，或为主语，或为参照，须臾不可离；另一个就是中国性，或从文明地域而言，或就文化形态来说，必须在场。只有这两项内容都具备了，并且尝试融合在一起，才能够构成所谓"中国古典学"的内核。

从这一前提出发，我们把所有既包含了古典学的内容与方法，又指涉或处理中国文化研究问题的努力，都纳入"中国古典学"的视域当中，将这些林林总总、形态各异的尝试、构想或者相关提法，都看作具有相似目标和共有基础的一类研究，以作为中国古典学形态建构的积累与前奏。职是之故，我们既不纠结于中国有没有古典学的问题，也不讨论中国古典学的概念能否成立；而是从既有的学术研究状况，来分析这类工作的时代背景与思想旨趣，探讨其学术发展和观念演变的路径，并在此基础上，尝试提出新的建构路向。

一 双路并进各擅胜场

迄今为止的中国古典学研究，包括对西方古典学的翻译介绍、引申发挥，以及在此基础之上的各种"在地化"的努力，特别是在古典学理念与体系的激发下，结合中国自身的文化传统和历史经验，从具体内容上所做的种种勾画与设想，不外乎有两大路向：第一种是以西方古典学的引进和消化为重点，强调近代以还作为一门新知识的古典学之学科体制化的特点和研究规范化诸要素；即便是考虑到学术本土化的问题，也必须要严格遵循古典学的基本规则和经典范式。此一路向的研究者大多有西学背景，以西籍中译为志业，或从事于西方哲学、历史和文学的研究，谙熟西典，有比较系统的专业知识训练和较为广博的国际学术视野。其中的部分学者还能够在翻译介绍外来典籍的基础上，考虑到古典学的在地化问题，从而对中西思想与经典展开比较。这一类研究的长处是对西方古典学的发展历史及各种线索比较熟悉，讲求原汁原味，能与国际古典学研究相对接，乃至于同步；但他们对于西方古典学如何实现在地化，即同中国学术当代发展的现实要求相结合，却考虑得不多，偶或涉及，亦往往显得扞格而不胜。更有甚者，有些人还完全否定古典学的移植和本土化的可能性问题，对他们而言，甚至用中文来表达古典学的话题都显得多余，这类研究自然也就和中国没有什么关系了，更遑论"中国古典学"的建构。第二种路向大多是把西方古典学作为一个参照物，他们并不专门研究古典学，而只是在古典学的视域和名号下，将中西的学问做一个比照或者对转。他们试图吸纳西方古典学的知识与方法，用古典学的名义来研究中国传统的学问；尤其是在学术体系方面，用古典学包容诸科的优长来反思现代的学科划分和研究方式，以便能够在学术形态上做出一些调整。① 这一类的研究者大多以治中学为主，特别是在传统的文史哲各学科内，尤以古典文献、古文字、古代文学和思想历史文化的学者为众。他们的长处是熟悉中国历史上的典籍文化，对古代的语言文字、文学作品及史学、哲学、社会制度生活等各类著作，有着比较精细或者深入的研究；但西学的功底普遍欠缺，尤其是对西方古典学的了解和把握往往限于皮毛、失之粗浅，是为其不足之处。

这两种路向的"古典学"，就其学术背景而言，本无交集，一为西学，一为中学；但是在现代的学科形态和学问状况底下，中西交融，互为因果。西方的古典学要想在中

---

① 这类调整的意愿，大致可以概括为"小三通"和"大三通"两种。所谓"小三通"，就是将中文学界的古典文献学、汉语言文字学和古代文学这三个类别的研究结合起来、融贯起来，打破它们之间的隔膜状态；于历史学界而言，可能就是历史文献学、考古学和中国古代史（包括部分专门史）之间的相通关系。所谓"大三通"，则主要是指文、史、哲三大学科之间的融合，特别是在古代文献、历史语言、古文字、考古艺术及古代宗教哲学等领域内的相互配合、相互支援以及协调等。

国传播、扎根，进而变成中国现代知识形态的有机组成部分，就有一个在地化和本土化的问题；而中国传统的学问在这一百多年来，本身就处在一个走向世界、走向现代化的过程中，在不断地吸收和消化外来文化的前提下，已经建构起了一种新的形态。正是在这样一种中西互动、互融的前提下，古典学才进入一个比较的视域当中，也才有了"中国古典学"的提出。

从西方的原初语境来讲，古典学一般被理解为是起自荷马史诗的古希腊文化中偏向人文性的那部分内容，后经过拉丁文（罗马）作家的扩展，尤其是通过希腊化时期大规模的文献整理与编纂以及注解之后，所存留和延续至今的那些围绕着文献整理与研究的学问。从语文学渊源看，古典学术的出场是以古希腊文和拉丁文作为基础的，与西方文明的最初记忆，尤其是它最早的本文记述联系在一起，因而具有文化源头的意义。就学术特征而言，古典学是不尚思辨的，偏向于文明体系的历史性和文学性，这便与古希腊哲学，尤其是中世纪的经院哲学有了比较大的距离。所以古典学给人的印象往往是重在文献整理、考辨与注解，特别是语言基础和文本释读一类的工作，这就非常类似于我国经学传统中的小学工夫。从广义上讲，有时候人们又把古典学和古代学问简单地画上等号，以示其与现代学术的区别；有时候则不分古典学和作为限定词或修饰语的"古典"之间的差别，这样便造成了混用之中的模糊和歧义。实际上，古典学是特有所指的，并不是所有的古代学术都可以纳入其中；而且从狭义上讲，作为一门具有现代学科属性的知识，古典学是迟至18世纪后期才出现的。所以，专业的古典学并非"原生态"的古代学问，而是经过了一个学术近代化的复杂过程。在科学方法论的影响下，"古典学作为一门学问要与基督教神学相颉颃，要使其学问的对象古典文明与基督教文明对峙，从而实现古典精神与基督教精神的抗衡，这正是古典学为整个西方文明的格局所担负的精神使命"[①]。所以，正是伴随着意大利的文艺复兴、英法的启蒙运动和德国以古典主义和浪漫主义为标志的文化更新，古典学作为一门学科才最终得以成立。

古典学的东传，一如其他西方学术进入中国，起起伏伏，道路并不平坦。早在20世纪初，近代的古典学术理念便在中国学界激起过反响。当时要改造旧学术，走出经学之藩篱，接纳西方的新思想和新观念，如何在中西之间寻找可比性和结合点，便成为大家普遍关注的问题。作为一种对文艺复兴和人文主义的跨域想象，梁启超最早在《中国学术思想变迁之大势》（1902）一文中，便以"文艺复兴时代"来比喻有清一代学术，以此称赞乾嘉考据的典范意义。在这之后的《清代学术概论》和《中国近三百年学术史》二书中，他又特别表彰了清儒的"反求之于古经""以复古为解放"的特点，以及"实事求是""无征不信"的治学方法，认为这些内容与西方文艺复兴以来的科学精神及

[①] 张巍：《西方古典学研究入门》，北京大学出版社2022年版，"序言"第9页。

学问方式是不谋而合的。他还有意使用了"古典学"这一概念,指出"总之,乾嘉间学者实自成一种学风,和近世科学的研究法极相近,我们可以给他一个特别名称,叫做'科学的古典学派'。他们所做的工作,方面很多,举其重要者",如经书的笺释、史料之搜补鉴别、辨伪书、辑佚书、校勘、文字训诂、音韵、算学、地理、金石、方志、类书、丛书校刻等。① 在他看来,这些类别的工作是清儒做得特别有成绩的地方,远远超越了前代,实为古典学术之重光,而此类的研究大致就属于"古典学"的范畴。这一比附式的理解在后来的现代学科体系构建中影响甚巨,并且文史学界也一直是按照这个思路来接纳和对待古典学的,所以后来有"中国古典学"的提法,大家便觉得顺理成章,并无违和感。

从梁启超总结有清一代学术,首次使用了"文献学""古典学"这样的新词语以来,这些认识已经慢慢在学术界形成了一种共识,即清代的考据范式便是中国的古典学,以文献为中心的实证研究便是古典学,它代表了传统学术向现代形态过渡的唯一路向,而新的学科建设也大致是按照这个模式来设计的。从梁启超开始,到后来傅斯年的史语所模式,这种理解已经变得根深蒂固,成为现代学术界的主流观念,并且在学科建设方面取得了不俗的成绩。② 远的不说,像近些年来兴起的古典学专业设置的风潮,以及相关的学术研究工作,都呈现出一种燎原之势。又譬如,裘锡圭近年来所提倡的"古典学"重建,就是拿西方的古典学来作比照的。他说:"我们这个'古典学'是比较名副其实一点,主要就是研究作为我们文明源头的那些上古典籍。"这相当于西方古典学对古希腊罗马的兴趣。而古典学的内容主要就是研究这些上古材料,"牵涉到的方面很广,如这些书的形成过程、资料来源、体例、真伪年代、作者、流传过程,流传过程里的变化、地域性等,都应该研究。这些书的校勘、解读,当然也是古典学的重要任务"。对于重建古典学而言,其重心当然就是放在文献学的工作上,包括传世文献,也包括出土文献。所以,"最重要的还是古汉语、古文字以及文字、音韵、训诂的基础,也要有古典文献学的基础和出土文献整理方面的知识,对古代思想、历史、社会也要有一定了解。其实就是要求把出土文献和传世文献很好地结合起来进行研究"。③ 裘先生的这些观点,总结和延续了民国以来新文史学术的理路,在很大程度上代表了国内多数学者对中

---

① 梁启超:《中国近三百年学术史》,中国书店 1985 年影印本,第 22—23 页。
② 尽管傅斯年引进古典学的学术背景与梁启超一系的学者有所区别,但他所创建的"中研院"史语所,其思想宗旨也是向科学化、实证化的研究方式去靠拢。傅氏强调"思想就是语言",思想为语言所支配,哲学只是语言的副产物,人文学术的根据全在于语言而不在思想,从而确立了历史语言和文献考证在整个人文学术之中的核心地位。(参见傅斯年《战国子家叙论》,载《傅斯年全集》第 2 卷,湖南教育出版社 2003 年版,第 87 页)这种科学化的文献考证方向及其历史语言学方法,虽然在形式上貌似继承了乾嘉的遗绪,并且在实证的精细化与实效性方面大大地超过之,但在骨子里面,这一取向不仅排斥了玄学(哲学或义理),而且从根本上抽掉了古典学术的精神,由传统的古代经学走向了现代的实证科学。
③ 裘锡圭、戴燕:《古典学的重建》,《书城》2015 年第 9 期。

国古典学的看法，也反映了目前学界的实际状况。

二　诠释学的引入

将古典学定位为以语言文字为基础的文献整理与研究，其在很大程度上就变成了一种历史材料的考证和语文学的工作，这便与古典学兴起之初的人文主义精神有所悬隔，继而和思想的兴趣、哲学的论辩等内容明显地拉开了距离。一如传统的训诂学及古代的语文学，其重心是在文献本身，而不是文献所承载的道理，这种研究视角及其方式便与现代的诠释学意识和思辨的学问方法有了明显的不同。作为对古典知识储存物的经籍文献之董理，在文化的根源性上，中国确实与西方的古典学源头有着很多相像的地方，面对现代化的冲击，将这一类的学问自发地寻求庇护，向古典学靠拢，自报家门，同气相求，互依取暖，这也是情有可原的。① 但从根本上来讲，这种视古代文献为简单"接受"的对象、施以"小学"之手段以图保存与传递的方式，并不适合于中国文化在新的时代之创造性发展的需求；而走入象牙塔的古典文献学，更是与我们时代所急需的新动力源的"经学"不在一个频道上。当然，西方的古典学本身也在不断地变化着，在新一轮的古典学引进热潮中，人们对于古典学的理解和期许已经有了不同于以往的宽阔视野和思想深度。就西方古典学内部来讲，目前也面临着各种文化挑战和重大的自我调整，甚至有了"后古典主义"的登场。这些新情况的出现，都给重塑古典学的理念，大胆地将诠释学引入古典学的讨论中，重新理解文本阐释在古典学中所扮演的关键角色，或者在巨变的时代背景下来深入思考中西方学问深度融合的问题，提供了相当的机遇和值得期待的前景。

古典学研究的科学化和实证化方向，使之逐渐远离了哲学的玄思，作为更加接近于文史属性的知识，它也和哲学学科分道扬镳了；同样是面对文本，古典学的方法和诠释学之间似乎已了不相涉，因为古典学的性质使然，其所处理的材料纯属于"历史的事实"，而非思想论辩的对象。在不断地向自然科学靠拢的过程中，古典学的研究方式在面对传世文献时，不但彻底地否定了某些经典的神圣性与权威性，而且还不时地对一般

---

① 有意思的是，中外学术界一般都是用西方的古典学来看待和比照中国的经学，而美国当代汉学家韩大伟（D. B. Honey）却用中国的经学来比附和讲述西方的古典学，并且撰写了《西方经学史概论》一书，其路数与维拉莫维兹的《古典学的历史》（1927）和普法伊费尔的《古典学术史》（1968）很相近，所述内容实为西方的古典学术史。对此，杨乃乔评论道："韩大伟之所以执著于这样一种中国本土化的学术立场与翻译策略，究其终极学术目的，即在于他把中国经学研究与西方古典学研究给予了比较研究的会通性思考，他的学术观念与行动不仅推动了传统的中国经学研究跨出两千多年来封闭的师法与家法，开始走向国际学界，同时，也潜在地对当下为数渐多的中国经学研究者提出了一个更为国际化的要求，要求他们能够敞开自己的研究视域，能够对西方古典学研究及其理论、方法论给予关注与接受。"参见杨乃乔《口传注经与诠释历史的真值性——兼论公羊学的诠释学传统和体例及其他》，载《比较经学：中国经学诠释传统与西方诠释学传统的对话》，上海人民出版社2018年版，第199页。

的历史记载和事实表达都充满了疑问，从实证性走向普遍的怀疑。所以，越是想追寻"历史的本来面貌"，揭示文本的陈述和被隐蔽的真实意义之间可能存在的间隙，便越是使得古典研究充满了疑虑和困惑。研究者总是想要找到文本之外的"实在"，这就逼使他们不得不借助于考古实物的发现，以"无言"来确证或者矫正"有言"。而对于地下出土文物的渴望和借助于科学工具的实物考证，便成为古典文献之历史研究发现新材料和成立新论据的重要导向。这种科学实证精神对于确定性的急迫追求，使得"历史学家总是返回到传承物的背后，返回到传承物给予表达的意义的背后，以便探讨那种传承物不是自愿表达的实在"。这样一来，怀疑传世文献的真实性或者试图完全剔除后人之意义添加物的努力，就渐渐地变成一种坚执的疑古心理。近代以还，那些由实证主义史学家们所发起的各式"古史辨"运动，就像伽达默尔所说的，"历史学家对其文本的态度，类似于审讯官盘问证人的态度"，"试图返回到文本的后面，以便迫使文本产生它们不想给出并且自身也不能给出的解释"。疑古风气的盛行，不只是颠覆了经典文献的意义，而且使得一般传承物所附加的历史蕴含也大打折扣，这样一来，文本的意义便日渐稀薄起来。

与古典学历史研究的实证性要求相反，诠释学并不把历史文献和文本对象推之于我身之外，而是"走入其中"。因为就哲学诠释而言，古典并不是一个时间性的概念，古典也并不意味着只具有已经过去的、仅仅可以供人凭吊与怀想的历史遗物之意义，而是带有强烈的实存感与共时性，是与我们的当下处境交织在一起的，所以它是一种创构性的观念。正如伽达默尔所说的："古典型乃是对某种持续存在东西的意识，对某种不能被丧失并独立于一切时间条件的意义的意识，正是在这种意义上，我们称某物为'古典型的'——即一种无时间性的当下存在，这种当下存在对于每一个当代都意味着同时性。"就如"传统"的观念一样，我们不能用历史时序的机械线条把它与当下的实存性切割开来，更不能把它从我们的现实处境之中剔除出去，或者推出去做一种对象化的认知，因为我们本身就经常地处于传统之中。传统并不是异己的另一物，而是我们本身存在的状态，包括现实活动中的种种范例和借鉴，也包含了对于自我的不断塑造和重新认识。同样的道理，"古典"也不是离我们远去的东西，而是时时缠绕在现实生活当中，对于我们每一代人的人格涵育和品行培养来说，古典元素都起着至关重要的作用。尽管在现代社会条件下，古典有时候只是表示一个历史时期或者历史发展的阶段，而不表示任何超历史的价值，"但是，古典型概念里的规范要素事实上从未完全消失，一直到今天它仍是'德国中等人文科学教育'观念的基础"。伽达默尔认为，"古典"概念里面所蕴含的这种意义，恰恰是在经过了近代的历史反思和对于一切目的论的构造历史之方式的批判以后才得以存留下来的。他说：

古典型概念里所包含的价值判断通过这种批判实际上获得了某种新的真正的合

法性：古典型之所以是某种对抗历史批判的东西，乃是因为它的历史性的统治、它的那种负有义务要去传承和保存价值的力量，都先于一切历史反思并且在这种反思中继续存在。①

这种超越了时间性的"古典"概念，实际上所要表达的是，人类文明在不断的积累过程中一直在寻求一种连续性，以此来消弭实际存在着的、由遗忘和断裂所造成的那种历史紧张感，从而能够进入一个平缓和有序的理想状态之中，这正是表明历史意识与历史观念之存在本身的一种独特方式。所以，通过古典观念的塑造，蕴聚起各种完美的、规范的历史要求，就理所当然地成为某种类型学意义上的榜样，可以被推展到后续的任何"发展"过程之中，并由此来体现一种文明模式的持久性和有效性。

对古代文献的传承与整理，本身就包含了理解与解释的意味，古典学可以说是另外一种意义上的解释学。因为从哲学诠释的本体意义来看，人的存在本身就离不开解释活动，任何意义的呈现或者建构都需要诠释，经典文献之中恰恰积淀和蕴含了这样的意义。就经典文本而言，这些历史文献并不是过去的陈迹和一堆死材料，而是人的精神活动的连续性积累和丰富多样性的记录。理解它们，需要当代人"精神的当下或在场"（伽达默尔语），通过对文字的解读，体会其中的深刻含义，使生命个体能够在当下与历史"相遇"，以融贯于人类精神发展的长河之中。所以，有深度的文献研究不应该只是简单地陈述事实，而是要努力发现其中所附属的一切意义，在有限的文字表达和浅显的表象背后捕捉到更为深刻的内容，从而领悟人类精神活动的丰富性和复杂性。研究这些文献，解读这些经典，不是为了寻求简单的确定性，而是要不断地去发掘新的意义，在创造性的诠释中深刻体会当下的精神生活。伽达默尔说：

> 真正的历史对象根本就不是对象，而是自己和他者的统一体，或一种关系，在这种关系中同时存在着历史的实在以及历史理解的实在。一种名副其实的诠释学必须在理解本身中显示历史的实在性。因此我就把所需要的这样一种东西称之为"效果历史"。理解按其本性乃是一种效果历史事件。②

所以，作为人类活动经验的历史不仅是可以叙述的对象，也是一个不断被重构的过程，并不存在一种既定的、凝固的历史。文献作为历史过程的见证者和传承物，本身就附带了丰富的信息，需要后人不断地释读，只有不间断的理解和解释活动，才能够确保

---

① ［德］汉斯-格奥尔格·伽达默尔：《诠释学Ⅰ. 真理与方法——哲学诠释学的基本特征》，洪汉鼎译，商务印书馆 2021 年版，第 486、489、417、415、416 页。
② ［德］汉斯-格奥尔格·伽达默尔：《诠释学Ⅰ. 真理与方法——哲学诠释学的基本特征》，第 434 页。

这些文献的本真意义和长久价值。也就是说，历史是在理解中不断建构的，也是在复杂的理解活动中一一呈现的；文献便是这些理解活动得以展开的基石，也是保证解释活动有效性的先决条件。

三　第三种路向的可能性

这样，除了偏向于移植性的古典学和本土格义式的古典学之外，我们能否找到第三种路向？它要追寻的是古典学的根本意义之所在，要回溯古典学兴起之时的人文主义特征，从哲学意义上来重估古典学的价值。因为在古典知识向现代学术形态转化的过程中，始终伴随着路径的选择及方法论的问题，如何有效地说明这些文化遗产的意义，使原典材料的内容能够最大限度地与现代的思想观念发生融会和衔接，便是传承与研究这些古代文献的根本意义之所在。正如张巍所说的："归根结蒂，古典学的精神使命就是维系古典世界与现代世界的内在关联，而成为维系两者的有效手段，就是古典学的现实意义。"① 作为古典学术传承的基本方式，对文本的解释和文献意义之呈现成就了诠释的学问，解释活动衍生出各种复杂的技艺，出现了不同的阐释路径和各具特色的方式方法。总的来讲，古典形态的文本解释和文献处理不外乎就是语文学和解经学两种形式。诠释学家斯特万在分析近代诠释学兴起的两个背景时说："语文学是力图确立由传统流传下来的文本，并力图重新实现文本的意义；解经学则除此之外还力求译解隐藏在字面意义背后的意义。语文学主要是进行考定工作，以便将继承下来的东西忠实地传给后代；而解经学却力图重新唤起一种灵感，这种灵感超出文本范围，要求对世界有一个完整的理解（在信仰的指导下），并对服务于这种理解的文字有一个完整的理解。"② 解经学和语文学的不同旨趣以及相对的剥离，是西方文化走出中世纪神学、走向近代化模式过程中的特有情景，由解经学的变革逐渐演化出了哲学性的诠释学，而古典学则在传统语文学的基础上发展出了现代的学科形态。西方学术近代化过程中的这一大背景，不一定完全适合于对中国古代文化形态的分析，但就儒家经学的演变和发展来说，大体上也涉及了义理分析和文献考证这两个方面的问题。所谓的"解经学"比较接近于义理的探讨，而"语文学"则相当于重视考据的文献学形式，从总体上说，我们的传统经学既包含了义理的内容，也有文献考证的成分，是二者合一的形态。因此之故，探讨中国古典学的建构，除了着眼于文献考证的传统之外，也要充分注意到解经学这条路线，应该去研究和发掘义理方面所包含的重要资源。

---

① 张巍：《西方古典学研究入门》，"序言"第6页。
② ［比］B. 斯特万：《解释学的两个来源》，王炳文译，《哲学译丛》1990年第3期。

就中国本土的古典传衍史而言，对经籍的解释和处理当然有其技巧性的一面，它是注经实践活动中长期积累的结果，在方法论上可以有不断的总结，最后能够达致一套可以验证的操作技术。经学所包含的这种"工具性"内容，比较符合科学实证的要求，故而在近代学术转换的过程中，便被着力地提举并引向了语言文字学、文献学等，这是很自然的事。但经学中被现代科学理念所遗弃或者遮蔽的部分，可能恰恰是充盈着人文主义特色的内容，也是最能够与古典学的原初精神相互比照的部分。和文献考据不同的是，这种非客观的解经学内容在很大程度上是"自我"的体证，充满了个人的情趣、飘忽不定的艺术气息和种种不确定性，与科学方法的实证性要求有着比较大的距离，因而在古典学移植过程的选项中就被摈弃掉了。而在我们传统的解经方式中，除了倚重于"他解"的文献学方法之外，尚有"自解"的哲学意识问题，即"以传解经"和"以经解经"的区别。① 当注释方式在理解的完满性和终极意义上遇到无法突破的困境，即语言的解释在有限的层面上不断地累积、叠加和循环，而永远不能达到自洽的理解时，便需要有哲学思想的突破。这样，"以传解经"的注释形式便会转向"以经解经"，即回到自我理解本身，从而形成各式各样的系统创造。这一路向显然是文献学所不能承受的，而只能依赖哲学的形式。

再从我国经学史上的汉、宋分野来看，与早期古典学的人文主义精神相投契的，恰恰是宋学，而非汉学。在解经方面，宋明儒不但抨击训诂之儒，开始跳出汉唐注经的老路，尝试着寻求新的理解方式和解经原则，而且能够应因时代的挑战，重新来诠释儒学，掘发儒家的真精神，开创了儒学第二期发展的新局面。理学家不走"以传解经"的老路，而是自创新义，重构经典系统，重视体证，明确提出"心解"的观念。张载（1020—1077）说："心解则求义自明，不必字字相校。譬之目明者，万物纷错于前，不足为害，若目昏者，虽枯木朽株，皆足为梗。"② 又说："诵《诗》虽多，若不心解而行之，虽授之以政则不达，使于四方，言语亦不能，如此则虽诵之多奚以为？"③ "心解"便不是传统的文字注释，不是靠语言训诂的方式，而是以体证、体验和体悟的形式来面对经典，在个体生命的成长历程和日常生活的真实状态中，与经义所呈现的境况实现对接，即所谓"心解意得"。这样，"心解"便是一种"默识"的工夫，不依靠言语，不形诸文字，默而心解，默识即是："识，知也，不言而心解也。"④ "心解"所强调的是道德实践工夫，"心解力行"，所谓"心解性达，无所不综"，是整个生命活动的全幅呈

---

① 景海峰：《论"以传解经"与"以经解经"——现代诠释学视域下的儒家解经方法》，《学术月刊》2016年第6期。
② 张载：《经学理窟·义理》，载《张载集》，中华书局1978年版，第276页。
③ 张载：《语录上》，载《张载集》，第309页。
④ 朱熹：《论语集注》卷5，载《四书章句集注》，中华书局1983年版，第93页。

现。即便是对于文字的理解,也不是诂训字义,而是心领神会、心解神契,以融入经义所述的境地。这样,"心解"也就是以心对心、以心解之,将文字表达转换成为一种精神活动的历程,经学也就成了心学。明初大儒宋濂(1310—1381)在《六经论》中说:

> 六经皆心学也,心中之理无不具,故六经之言无不该,六经所以笔吾心之理者也。是故说天莫辨乎《易》,由吾心即太极也;说事莫辨乎《书》,由吾心政之府也;说志莫辨乎《诗》,由吾心统性情也;说理莫辨乎《春秋》,由吾心分善恶也;说体莫辨乎《礼》,由吾心有天序也;导民莫过乎《乐》,由吾心备人和也。人无二心,六经无二理;因心有是理,故经有是言。心譬则形,而经譬则影也。无是形则无是影,无是心则无是经。其道不亦较然矣乎![1]

宋明儒者的解经实践,重视个人的生活阅历与生命体验,将日常的道德工夫融入对经义的理解当中,更为强调解释者本人在解经活动中的主导作用。这样一来,个体生命的情志及精神状态、独特的思维习惯和丰富的想象力,便构成了诠释活动生动而多样化的基础,这便冲破了文本意义的僵固性和唯一性,每个读者都能够在经典中体味出不一样的内蕴。所谓"直面经典",读经、解经就不是为了确定文本知识的有效性和唯一性,而是为了更好地理解和证成生命存在的价值与意义,经义的广度和深度也只有在此不同的体验及丰富的实践工夫中才能够体现出来。所谓"赏训锡赉,岂关心解;抚训执握,何预情理"(《文心雕龙·指瑕》)。如果解经只是对已有的知识做注脚,那解释活动的意义就极为有限,解释者和文本之间的关系也始终是疏离的。所以,重视义理阐发的儒者在注解经典时,往往都特别强调发挥个人的主观能动性,解经要"以身体之,以心会之",将个体的生命体验和文本所表达的内容有效地融会起来,构成一种切近己身的意境。所谓"六经之实,则具于吾心,犹之产业库藏之实积,种种色色,具存于其家"[2]。宋明以还,儒者所说的"以经解经"的"心解"之法,其实质并不在于文本的互证性,不是在讲外缘的文字释义问题,而是强调经典内涵与生命意义的紧密关联。在"心解"活动中,解经已不再局限于知识性的探求,而是一种生命意义的体验与证成,此一理境的呈现更接近于哲学而非文献学。

古典学在很大程度上是对应着现代意识而呈现的,有什么样的现代性理解,便有什么样的古典学想象。古典学在其成型初期是针对基督教神学的,因而充盈着人本主义的气息和浪漫主义的精神,随着自然科学的急速发展,实证化的科学方法论弥漫了一切知

---

[1] 宋濂:《六经论》第1册,载《宋濂全集》,浙江古籍出版社2014年版,第192—193页。
[2] 王守仁:《稽山书院尊经阁记》,载吴光等编校《王阳明全集》,上海古籍出版社1992年版,第255页。

识领域，古典学也从精神想象的空间走入实验材料的世界。古典学发展的科学化和实证性，使之逐渐远离人文学术的精神特质，变成一种实物考证和材料分析的学问，研究方式也越来越接近于自然科学。正是在这种科学实证化风气普遍弥漫的状况下，近代诠释学的兴起给出了一个新的路向，它重新确立了精神科学的意义，将精神性的理解放在一个很突出的位置，这便与科学方法论的认知原则以及主流的古典学方法都划清了界线。在传统的古典学中，文本观念更多的是立足于历史的理解和语法的理解，而近代诠释学的方式则更为重视精神性的理解。就面对文献而言，显然诠释学和儒家经学之中的义理方法是更具有契合度的。传统的古典学重视的是文献本身，而儒家的"心解"之法重视的则是生命体验，是要透过文字的理解以达到对精神意义的把握，从而进入生命的本真状态中。利科（P. Ricoeur）说："任何解释都企图克服存在于文本所属的过去文化时代与解释者本身之间的疏远和间距。通过克服这个距离，使自己与文本同时代，解经者才能够占有意义：他想把陌生者变为本人的，也就是说，把陌生者变作他自己的；因此，解经者正是通过理解他者来追求扩大对自身的本人的理解。于是，任何解释学，无论明显还是不明显，都是经由理解他者的迂回而对自身进行理解。"[1] 所以，如何拉近经典文本与解释者之间的时空距离，在诠释活动中重新获得和拥有文字、文本、经义之中所包含的普遍性，是阐释文本与读经、解经活动的根本意义所在。从儒家思想的现代转化来讲，只有义理担当是可以绵延的，在解释经义的过程之中，每个生命个体都可以思接千古，与经典展开直接的"对话"，从日常生活的经验来体证生命的独特意义，以融入文字、文本、经典所凝聚的共识当中。在此，历史传承物的可诠释性和古典新义之中的人文精神倡扬，都需要破除各种即在的理解框架和解释程式，在确定性中寻求和体会不确定性，同时也在现实的变动不居当中来把握永恒性。这就需要展开对"自我"的理解，而不仅仅是对文本对象的理解，因为在历史上，"经"的权威性正是在自我生命的体验当中得到确认和升华的，经典的意义必须要通过历史经验和生命体证来熔铸。所以，解释不是一种外在的活动，而是对自我处境的文化使命与活力显现的直接参与，通过解释活动的展开来证成生命的价值和意义。这也就意味着，我们今天对中国古典学建构的设想，对"经学复兴"的理解与期待，只能在更高的哲学诠释的意义上来进行，而不能退居到只是保存与传递古物的境况下，或者坚守在只属于文献整理范畴的传统古典学的堡垒中。

（原载于《人文杂志》2024 年第 7 期）

---

[1] ［法］保罗·利科：《解释的冲突》，莫伟民译，商务印书馆 2008 年版，第 18 页。

再谈中国古典学的构建

黄德宽

一 引言

建设"中国古典学"或"重建中国古典学",是近年来我国学术界关注的热门话题之一。有关高校和单位在推进"古典学"研究、学科建设、人才培养和机构设置等方面开展了不少工作。[①] 在出土文献与古文字研究领域,裘锡圭(2000、2013)、林沄(2007)、刘钊(2007)等都讨论过中国古典学重建及相关问题。"重建中国古典学"还被复旦大学出土文献与古文字研究中心列为国家"2011 计划"出土文献与中国古代文明研究协同创新中心的重点方向,编纂出版了《出土文献与古典学重建论集》《出土文献与中国古典学》等论著。[②] 2017 年,北京大学中国语言文学系召开第一届古典学国际研讨会,专设一场讨论中国古典学构建的圆桌会议,并于 2020 年正式创刊了《中国古典学》集刊。[③]《出土文献与古典学重建论集》一书编纂说明表示,论集的编纂是"为配合'出土文献与古典学重建'学术研究的开展";《中国古典学》创刊号发刊词则明确提出:"中国古典学是一门新兴的学科",编纂《中国古典学》是为了"共同建设中国古典学的学科体系"。这些都显示,"中国古典学"作为一门新兴学科越来越受到学术界的重视。

[①] 徐正英:《扎实推进"中国古典学"学科建设》,载杜晓勤主编《中国古典学》(第一卷),中华书局 2020 年版,第 7—8 页。中国人民大学特设的"中国古典学"(050111T),已列入 2024 年教育部发布的《普通高等学校本科专业目录》。

[②] 裘锡圭:《出土文献与古典学重建》,载李学勤主编《出土文献》第四辑,中西书局 2013 年版;刘钊、陈家宁:《论中国古典学的重建》,《厦门大学学报》(哲学社会科学版)2007 年第 1 期;裘锡圭:《出土文献与古典学重建论集》,载《出土文献与中国古典学》,中西书局 2018 年版。

[③] 在本次会议上,英国牛津大学圣安学院罗伯特·恰德(Robert L. Chard)教授以及国内学者徐正英、孙玉文、廖可斌、刘玉才等围绕中西古典学关系、中国古典学建设等问题发表意见并展开讨论,参见《北京大学第一届古典学国际研讨会论文集》,北京大学,2017 年;杜晓勤主编《中国古典学》(第一卷)。

关于"古典学"的讨论，主要涉及两个不同的学术领域：一是世界古代史和西方古典学研究领域，二是中国古代典籍、古文字和出土文献以及中国历史文化研究领域。前者关注的是我国关于西方古典学的研究和学科建设问题，后者则是根据自身学科发展的需要提出中国古典学学科的建设问题。虽然"古典学"概念的提出，受到西方古典学的影响，但中、西古典学各有自身的历史渊源、研究对象和关注的问题。① 中国古典学作为一门新兴学科的提出，对建设我国人文学科体系是很有意义的。但是，由于参与讨论的学者立足于不同的学科背景和学术取向，在中国古典学学科内涵、建设目标以及如何建设等基本问题上，还存在着较大的认识分歧，有必要将相关研究和讨论持续下去，引向深入，尽可能地在学术界形成共识，以推进中国古典学的建设和发展。因此，在研究新出楚简《诗经·召南·驺虞》诗阐释问题时，笔者对当代中国古典学的构建及其可能路径也提出了一些意见。② 由于该文对相关问题的讨论只是"兼论"而已，语焉不详，故撰此文，以就教于各位同仁。

二　中国古典学的学科内涵

中国古典学作为一门新兴学科的建设，首先应该明确其学科内涵。中国古典学学科内涵的确定，涉及学科研究对象、主要问题、知识体系以及研究目的和方法等不同方面。经过梳理中国古典研究的历史，与西方古典学进行比较分析，有多位学者已认识到：只有明确中国古典学学科内涵这一前提，才能阐明古典学建立的必要性并确立其在现代学科体系中的定位，把握其建设的重点和方向，取得预期的建设成效。③

在中国古典学相关的研究中，涉及学科内涵的界定和表述大都较为简单，学术界的认识也各有不同。关于何谓"中国古典学"，各家就有不同的表述，如林沄（2007）认为："'古典学'是指研究古书和古史的学问。这门学问在中国有很悠久的历史。""从古史辨派开创了疑古时代之后，中国的古典学，实际上就逐步进入了疑古和释古并重的古史重建时期。这种重建是以对史料的严格审查为基础，把古文献和考古资料融会贯通

---

① 《中国古典学》创刊号《发刊辞》宣称："'中国古典学'中的'古典学'一词借自西方学术界。在西方，'古典学'是一门历史悠久的学问，指对古希腊罗马经典文献的研究。"发刊辞还简略概述了中、西古典学各自的研究基础、核心问题和涉及的主要研究领域。
② 黄德宽：《楚简〈诗·召南·驺虞〉与上古虞衡制度——兼论当代中国古典学的构建》，《中国社会科学》2023年第12期。这篇文章是根据笔者2017年在北京大学第一届古典学国际研讨会上所作大会报告修改而成，因此，撰写本文的目的就是通过个案研究探讨中国古典学的构建问题。
③ 参看徐正英《扎实推进"中国古典学"学科建设》、廖可斌《借用、借鉴，还是另起炉灶——关于建立中国古典学的一些思考》、刘玉才《中国古典学的建构刍议》等文的讨论，见杜晓勤主编《中国古典学》（第一卷）。

而进行的。"① 裘锡圭（2013）主张："中国'古典学'，应该指对于作为中华文明源头的先秦典籍（或许还应加上与先秦典籍关系特别密切的一些汉代的书，如《史记》先秦部分、《淮南子》《说苑》《新序》《黄帝内经》《九章算术》等）的整理和研究，似乎也未尝不可以把'古典学'的'古典'就按字面理解为'上古的典籍'。"先秦典籍的整理研究主要包含以下内容："搜集、复原、著录、校勘、注释解读以及对古书的真伪、年代、作者、编者、产生地域、资料的来源和价值、体例和源流的研究。"② 刘钊、陈家宁（2007）认为："中国古典学可以被看作国学的一个分支，即研究汉代以前（包括汉代）中国古代文明的学问。"而"国学就是研究清代以前（包括清代）中国古代文明的学问"。中国古典学的"研究内容是'国学'研究内容的前半段"，相当于李学勤所称的"中国古代文明研究"。③ 徐正英（2020）则认为："既然是'古典学'，就应该像西方'古典学'那样把握两点：一是'古'，二是'典'。具体而言，就是在学好古代汉语的基础上运用该语言工具阐释中国早期经典、探讨中国早期文明智慧。时段划分则当以先秦经典为重点，延至两汉时段，不宜再往下延。"廖可斌（2020）赞成裘锡圭的意见，主张把中国古典学作为"中国古代历史文化研究的一个分支"，"借鉴西方古典学的研究方法，以对出土文献和文物、稀见早期文献以及少数民族语言、文字、文献、文化的研究为主，旁及相关领域，整合对中国古代文化中被掩埋、被遗忘的部分的研究，建立一门中国古典学。用这个概念可以把上述研究领域统一起来，它既相对宽广，又有比较明确的边界限定"④。孙玉文（2020）认为："中国古典学，就是对1912年清帝退位或1919年五四运动以前的中国古代典籍进行研究的一门学问。当今流传'国学'这一术语，我所理解的'国学'，跟这里'中国古典学'内涵和外延一致。我所谓的中国古典学，就是我所理解的国学。"⑤

各家之说基于不同的学科和学术背景，既有一些共同的认识，也有各自不同的主张，分歧是明显的。综合各家意见，以下方面可看作基本共识：中国古典学是以古代典

---

① 林沄：《真该走出疑古时代吗？——对当前中国古典学取向的看法》，《史学集刊》2007年第3期；收入《林沄文集·古史卷》，上海古籍出版社2019年版，第268、280页。

② 裘锡圭：《出土文献与古典学重建》，载李学勤主编《出土文献》第四辑；收入裘锡圭主编《出土文献与古典学重建论集》，中西书局2018年版，第13—15页。

③ 刘钊、陈家宁：《论中国古典学的重建》，《厦门大学学报》（哲学社会科学版）2007年第1期；裘锡圭主编：《出土文献与古典学重建论集》，第41—42页。按：李学勤曾说："我自知研究能力有限，所及范围只中国古代文明前面一段，即自文明起源到汉代初年。"（李学勤：《走出疑古时代·自序》，辽宁大学出版社1994年版，第1页）

④ 廖可斌说他所据裘锡圭的意见，出自戴燕《陟彼景山》（中华书局2017年版）所刊裘锡圭教授《古典学的重建》访谈录，见《借用、借鉴，还是另起炉灶——关于建立中国古典学的一些思考》，载杜晓勤主编《中国古典学》（第一卷），第26页。

⑤ 孙玉文：《略谈中国古典学》，载杜晓勤主编《中国古典学》（第一卷），第12—13页；《"中国古典学"之我见》，《江苏师范大学学报》（哲学社会科学版）2018年第5期。

籍（古书）的整理研究为基本任务，有着悠久的历史和深厚的传统，建设中国古典学应遵循中国古典研究的传统，借鉴西方古典学的某些理论和方法。各家的分歧则主要表现在：（1）对"古代典籍"的时代划分意见不一致，有"先秦"（裘锡圭，2013）、"先秦秦汉（包括汉代）"（刘钊等，2007）、"先秦两汉"（徐正英，2020）、"1912年清帝退位或1919年五四运动以前"（孙玉文，2020）等不同；（2）关于研究任务与学科属性认识的差异，有"研究古书与古史"（林沄，2007）、"先秦典籍的整理研究"（裘锡圭，2013）、"中国古代文明研究（前半段）"（刘钊等，2007）、"阐释中国早期经典、探讨中国早期文明智慧"的研究（徐正英，2020）、"中国古代历史文化研究（分支）"（廖可斌，2020）、"中国古代典籍研究"即"国学"研究（孙玉文，2020），等等。这些不同的表述反映了各家对中国古典学学科内涵、研究任务和研究目的等方面存在着不尽相同的认识。

从研究对象来看，将中国古典学限定在先秦或先秦秦汉典籍（经典）的整理研究较有代表性，这是对古典学之"古典"含义的主流看法；将两汉以后直到清帝退位以前的整个中国古代典籍都作为研究对象则显得过于宽泛，只是少数人的主张。从研究内容来看，裘锡圭（2013）将古典学主要限定在先秦典籍文本的整理及相关问题的研究，并强调"没有必要把先秦汉语汉字和先秦时代各个方面的研究都从相关学科里分割开来纳入古典学的范围"。徐正英（2020）认为："'古典学'的任务则主要侧重于对经典文本深度阐释基础上的文明智慧发掘"，应该与"国学""传统经学""中国古典文献学"之间划清边界。刘玉才（2020）指出：古典学的"内容不能是现有专业领域的简单归并，而是贯彻以传统小学为基础，以文本研究为方法，致力揭示古典之学的思想核心及其在文学、艺术层面的呈现"。这些意见都是对古典学研究内容较为谨严的论述。至于将古典学表述为"研究古籍与古史"或"中国古代历史文化（分支）""中国古代文明"研究等，则使得古典学自身的学科内涵和属性难以把握。如果将古典学限定为"古书与古史"研究，古典学与古代文献学、历史学学科之间的界限就变得模糊；而"古代历史文化""古代文明"研究则是涉及多学科、含义宽泛的学术研究领域，不是严格意义的学科概念，直接用来限定"古典学"，对厘清古典学的学科内涵和边界并无助益。如刘钊等（2007）立足于古典学即中国古代文明的研究，谈到考古新发现对中国古典学诸学科的影响时，将古代文明起源和发展、哲学史、思想史、宗教学、语言学、文学史、民族学等相对独立的研究领域和学科都囊括在"中国古典学诸学科"之下，"中国古典学"似乎成为一个可以涵盖各相关人文学科的大学科门类。"国学即中国古典学"是近年来颇有影响的看法，甚至连研究西方古典学的学者也有这样的意见。[①] 众所周知，"国学"

[①] 如南开大学世界史研究著名专家、西方古典文明研究中心主任王敦书（1999）曾说："中国是东方文明古国，具有辉煌的国学亦即中国古典学的研究传统。"见王敦书《古典历史研究史·初版序言》，北京大学出版社2013年版。按：晏绍祥《古典历史研究史》一书，1999年由华中师范大学出版社初版。

一名的产生有其特殊的历史缘由，从来都不是一个学科概念，其内涵和外延难以限定，而且从来就没有纳入现代学科体系之中。① 前些年有些学者倡导建立"国学"学科，但引发学术界较大争议，因而有学者主张以"中国古典学"来定义"国学"，以便确立"国学"的学科地位。② 如果以并非学科概念的"国学"来定义"中国古典学"，不仅不能科学限定中国古典学，反而使得中国古典学学科内涵泛化，从某种意义上说实际上是消解了其学科属性，有可能将中国古典学研究引向误区。由此可见，以学科定位尚未解决的"国学"来定义"中国古典学"，或通过建立"中国古典学"学科来确定"国学"在现代学科体系中的定位，不仅在学理上而且在实践中都会陷入难以摆脱的困境。

三　中国古典学学科建设的实践

在开展古典学相关问题的研究和讨论的同时，中国古典学作为一门新兴学科的建设也在积极推进。在中国古典学学科建设的实践中，中国人民大学文学院、北京大学中文系具有代表性。据徐正英（2020）介绍，2010 年人大文学院创办"古典学本科实验班"，2014 年设立"古典学"二级学科硕士、博士授权点，包括"中国古典学""西方古典学"两个研究方向，在现有学科体系中开始了构建"古典学"学科和开展古典学教育的实践。北大中文系 2016 年打破古代汉语、古代文学和古典文献等专业之间的壁垒，以"三古"专业为基础构建跨学科"中国古典学"学科平台。③ 两校古典学学科建设的实践，体现了它们对中国古典学学科内涵的理解和建设目标的追求，是中国古典学建设值得关注的样本。

2017 年中国人民大学为打造"古典学学科"，以国学院为依托整合成立了"一体两面"的办学实体"古典学院"，其目的也"是为'国学学科'争取合法地位、登上'户口'。"（徐正英 2020）人大"古典学学科"与"国学学科"的关联，实际上体现了对中国古典学学科定位的认识。2022 年，人大国学院乌云毕力格、吴洋撰文阐述国学院建设中国古典学的一些设想，涉及中国古典学的名称、时段、研究领域、方法论、学科建设等方面，主张秉持"大国学"以及"融贯中外文明"的交叉学科理念，提出"'中国古典学'这一概念应该包括两层含义：一是'对于中国古典'的学术研究，这直接延续了

---

① 钱穆曾说："学术本无国界。'国学'一名，前既无承，将来亦恐不立，特为一时代的名词。其范围所及，何者应列为国学，何者则否，实难判别。"见钱氏所著《国学概论·弁言》，商务印书馆 1997 年版，第 1 页。
② 朱汉民曾在岳麓书院举办"国学学科问题会讲"，邀请林庆彰、姜广辉、李清良、吴仰湘、邓洪波等讨论"国学"与"中国古典学"问题，提出"国学即中国古典学"，目的就是"以'中国古典学'来定义原来的'国学'"，以推进"国学"作为一门学科的建设。见《光明日报》2010 年 10 月 18 日第 12 版。
③ 见杜晓勤主编《中国古典学》（第一卷）《发刊辞》。

'大国学'的理念;二是'中国的古典学研究',这有利于学科建设和融贯中外文明。"①虽然文章没能展开充分的论述,但也较为全面地表达了作者对中国古典学学科内涵的认识和基本建设思路。

北大中文系构建"中国古典学"跨学科平台,立足于研究中国古代人文经典作品,强调由古典语文切入,以文本考察为核心,研究内容主要包括中国古典语文学、古典文献学和古代文学三个方面,并将古典学术史、古典艺术史作为学科分支。②《中国古典学》创刊以来各卷所发表的论文基本体现了以上范围和古典学学科的建设宗旨。

如果能全面、深入比较分析两家代表性高校"古典学"学科建设情况,对彼此关于古典学学科内涵的认识、建设思路和目标追求将会有更加准确的判断。总体来看,两校对中国古典学的认识及如何建设等方面差异明显,各自也都存在着一定的问题。在我们看来,秉持"大国学"理念,除传统经史子集的研究之外,把边疆史地、民族语言文字、宗教人类学、考古文物乃至其他国家古代文明的研究都纳入中国古典学的研究领域,尽管立意高远,建设目标宏伟,但这样的"中国古典学"建设思路在实际推进过程中难免会面临种种困难。在中国古典语文学、古典文献学和古代文学"三古"基础上建设"中国古典学",不仅体现了中国古典研究深厚的学术传统,而且也有着较为充分的学理依据,但却面临着如何处理中国古典学与这几个学科之间的关系、"跨学科"建设领域如何确定、古典学自身学科内涵和建设目标如何设立等问题,这些问题如不能得到合理解决,这样的"中国古典学"建设也有可能难以实现作为一门新兴学科的建设目标。

当然,中国古典学作为一门新兴学科应该如何建设,并无先例可循,目前尚处于探索阶段,因此,学术界应进一步开展相关学术研讨,鼓励不同建设单位结合自身学科基础大胆尝试,开展积极的建设实践。在这个过程中,我们认为还是要立足于中国古典研究的传统,从学科内涵的界定出发,吸收学术界对相关问题研究的成果,在诸如古典学研究的核心内容(领域)、时段限定、研究方法和目标等基本问题上尽可能凝聚共识,在正确理论指导下来开展中国古典学学科建设实践,这样才有可能取得更好的建设成效。与此同时,我们还要重视借鉴西方古典学研究和教育的历史经验,科学设计和规划中国古典学学科建设的路径和未来发展。Robert L. Chard 认为:"中国和西方在古代阶段有很多相同之处,可以互通有无的领域远比我们现在所探讨的范围要大。中国建立'中国古典学'这一新学科的学术价值将会远远超过现有学科,它可以扩展学术研究的方法和思路,并且促使学者将中国古代文化和遗产方面的研究与当代教育相结合。而中国和

---

① 乌云毕力格、吴洋:《建设中国古典学的一些设想》,《中国社会科学报》2022年11月17日第4版。
② 见杜晓勤主编《中国古典学》(第一卷)《发刊辞》。

西方的'古典学'专业有很多相似之处，其中很多观点值得互相借鉴。"① Robert L. Chard 的意见是非常中肯的，西方古典学在研究领域、研究方法、古典教育和学科建设的许多方面，对中国古典学学科建设都有一定的借鉴意义。

四 关于构建中国古典学的三个维度

综合分析学术界关于中国古典学研究和建设的实践，我们对中国古典学的构建有如下看法：

> 我们认为，以先秦时期元典性文献和上古文明为中国古典学研究的主要对象和基本任务是非常恰当的。这一点与西方古典学以古希腊—罗马时期的文献和古典文明研究为根本任务颇为相似。虽然对整个中国古代典籍的研究是十分重要的任务，但那不是中国古典学学科所能全部包含的。明确了中国古典学研究的对象和范围，将出土文献与传世文献结合起来比勘稽考，从"文字""文本"和"文化"等维度入手开展综合性整体研究，也就成为当代中国古典学构建的一种路径选择。②

这段文字表达了我们对构建中国古典学的基本看法，下面做一些补充说明。一是关于中国古典学研究的主要对象和基本任务问题。我们所谓"先秦时期元典性文献"，也即裘锡圭（2013）"作为中华文明源头的先秦文献"。"元典性文献"，指先秦时期原创的作为中华文明源头的基础文献，不仅指历代公认的儒家经典、诸子百家，还包括先秦时期所有与中华文明有关的文字记录。同时，两汉以降，先秦元典性文献的传承传播以及历代整理研究和阐释成果，体现了先秦元典性文献对中华历史文明传承、演进的深远影响，也应作为中国古典学研究的重要内容。先秦是中华文明形成发展的关键时期，中国古典学以产生于这一时期的元典性文献为主要研究对象就抓住了根本。关于"上古文明"之"上古"，是一个限定并不严格的时段概念。中华文明从文字萌芽的"传说时代"到有文字记载的"狭义的历史时代"，经历了漫长的持续不断的沿革和历史发展。③ 我们所说的"上古文明"，主要指处于中华文明发展史上关键时期

---

① Robert L. Chard：《谈"古典学"》，李卿蔚整理，刘玉才审定，载杜晓勤主编《中国古典学》（第一卷），第 1 页。
② 黄德宽：《楚简〈诗·召南·驺虞〉与上古虞衡制度——兼论当代中国古典学的构建》，《中国社会科学》2023 年第 12 期。
③ 关于"传说时代""狭义的历史时代"，参看徐旭生《中国古史的传说时代》（增订本），文物出版社 1985 年版，第 19—20 页。

的先秦文明。① 中国古典学的主要任务也就是探索从中华文明曙光初现的传说时代到有文字记录的夏、商、周（西周、东周）时代的文明。中国古代文明研究是一个含义广泛的学术研究领域，作为中国古典学基本任务的"上古文明"研究，主要指着重于以先秦元典性文献为基础、结合考古发现的先秦文明研究，与一般意义的中国古代文明研究既密切相关又有所区别。具体说来，就是从"文字""文本""文化"三个维度开展先秦典籍与上古文明的整体性研究。

二是关于"文字""文本""文化"三个维度的问题。"文字"是文献形成的基础，我们这里所说的"文字"指的是先秦古文字及其记录的上古汉语。文字是中华文明最为重要的载体，先秦时期典籍的形成、传承都依赖于文字的发明和运用。中国古典学研究必须从语言文字入手，只有借助语言文字才能走进先秦典籍，进而探索上古文明。因此，古文字、上古汉语是从事中国古典学研究者的基本素养，这就如同西方古典学者必须通晓古希腊文和拉丁文一样。与西方古典学不同的是，记载上古文明的汉语言文字延续至今而没有发生根本性变化，这是中国古典学研究得天独厚的优势。值得注意的是，上古语言文字的古今演变使后世对先秦典籍释读变得困难，因此，中国古典学研究既要充分发挥语言文字古今延续性的优势，也要留意古今语言文字演进对典籍训释的影响，在充分挖掘和利用传统古典文献研究积累的训释成果的同时，充分重视运用古文字与出土文献研究的成果，以新材料和新成果检视传世文献和传统典籍的训释，在"文字"这个维度上为构建中国古典学奠定坚实的基础。

"文本"是古代典籍文献的存在形式，由文本稽考以揭示其负载的历史文化内涵是古典学的不二法门。西方古典学对古希腊—罗马手稿、抄本、铭刻文献的搜集、校勘、整理以及来源、流传的研究，中国关于古代典籍文献制作、传承、整理、校勘、辨伪、辑佚和阐释等研究，都可归之于"文本"研究的范围。"文本"研究是古典学研究的基本任务，也是构建中国古典学不可或缺的维度之一。我国古代典籍文本研究源远流长，裘锡圭（2013）认为：春秋战国时代孔子及其弟子的经学文献整理和传授、汉代对先秦以来典籍的全面整理都属于传统古典学的范畴；二十世纪二三十年代疑古派对古史、古书的质疑和辨伪，以及七十年代以来战国秦汉出土文献考古新发现所引发的关于古书真伪、年代、体例、源流、校勘、解读等研究，是现代古典学的两次"重建"。② "古典学

---

① 关于"先秦"的这一时段的限定，《中华大典·先秦总部》提要有以下表述："本总部所涉及的中国历史，约起公元前二十六世纪，迄公元前二二一年秦朝建立，共约二千四百年。在这一时段中，中国经历了五帝、夏、商和周（西周、东周）四个阶段。"见《中华大典·历史典·编年分典》之《先秦总部》（编纂人员：钱杭），上海古籍出版社2017年版，第3页。

② 裘锡圭：《出土文献与古典学重建》，载李学勤主编《出土文献》第四辑；收入裘锡圭主编《出土文献与古典学重建论集》，第15—17页。

重建"，一方面是基于对先秦典籍文本整理研究应归属于古典学的认识，另一方面是由于战国、秦汉先秦文献抄本新发现带来的巨大影响。因此，裘锡圭（2013）指出："发展古典学已经成为时代的要求。我们不能照搬在很多方面都早已过时的传统古典学，也不能接受那种疑古过了头的古典学，必须进行古典学的重建。而古典学的重建是离不开出土文献的。"① 二十世纪七十年代以来，继长沙马王堆帛书、临沂银雀山汉简的考古发现，战国简本文献多批次问世，不仅有传世的《诗》《书》《礼》《易》《老子》等先秦元典文献的战国楚地抄本，而且还有多种未能传世的先秦典籍佚文。② 这些战国秦汉出土文献是考辨先秦古典文献原貌及其传承流变的一手资料，为构建中国古典学提供了极其重要的文献支持。古代典籍研究优良传统的继承发扬、出土文献文本研究价值的充分发掘，成为当代中国古典学构建重要的文本基础。

"文化"之所以作为古典学研究的维度之一，一方面，由于任何古典文献的产生和流传都与特定的历史文化背景密切相关，"文化"对古典文献的释读具有决定性影响，"文字"的辨识、"文本"的释读都要尽可能地契合其产生和传播的历史文化场景；另一方面，古典学研究古典的目的是复现那个时代的历史与文化。在西方古典学者维拉莫威兹（Ulrich von Wilamowitz-Moellendorff）看来，古典学的本质是"希腊-罗马文明研究"，"该学科的任务就是利用科学的方法来复活那已逝的世界"。他认为："由于我们要努力探询的生活是浑然一体的，所以我们的科学方法也是浑然一体的。"③ 尽管古典研究要完全做到与历史场景的契合并"复活那已逝的世界"，几乎是一个难以企及的终极目标，但维拉莫威兹对古典学的本质和学科任务的阐述，启发我们在古典研究中应该将"文化"确立为一个重要的维度，要从这个维度来考索先秦典籍产生和流传的历史文化背景，并最终落实到对上古文明形成、演进历程及其发展规律的揭示和阐释。为此，在"文化"这个维度上，中国古典学研究必然要充分利用现代考古新发现以及历史学、语言学、文献学等多学科知识、方法和成果，并以整体意识来阐释古代典籍的文化内涵，努力揭示我国上古文明的形成历史和发展情状。

从"文字""文本""文化"三个维度研究先秦典籍，是我国历代典籍研究的悠久传统，前人所谓"说字解经义""由小学而经学"之类的表述，实际上已蕴含了类似的

---

① 裘锡圭在《出土文献与古典学重建》一文编入《出土文献与古典学重建论集》时加了几条按语，说明本文所说古典学的范围与西方的古典语文学（Classical Philology）比较接近，跟以我国全部古文献为研究对象的古典文献学的关系，类似于古文字学跟一般文字学的关系，并提出："随着先秦典籍的战国、秦汉抄本的不断出土和相关研究的日渐深入，古典学独立的必要性已日渐凸显。"见《出土文献与古典学重建论集》，第35页。
② 参看荆门市博物馆编《郭店楚墓竹简》，文物出版社1998年版；马承源主编《上海博物馆藏战国楚竹书》第1—9册，上海古籍出版社2001—2012年版；李学勤、黄德宽主编《清华大学藏战国竹简》（壹—拾叁），中西书局2010—2023年版；黄德宽、徐在国主编《安徽大学藏战国竹简》（一）（二），中西书局2019年、2022年版。
③ ［德］维拉莫威兹：《古典学的历史》，陈恒译，生活·读书·新知三联书店2008年版，第1页。

思想。需要强调的是，古代典籍研究并非从"文字"到"文本"再到"文化"的简单递进过程，"文字"是"文本"产生的基础，"文本"是"文字"的存在形态，典籍的整理研究往往是"文字""文本"统观，并非将二者截然分开；而"文化"要素则更是贯穿于古典研究的全过程，为"文字""文本"分析确定历史背景和阐释依据，并将古典研究导向最终目标的实现。因此，古典学的"文字""文本"研究，与文字学、语言学、古典文献学等学科密切相关，但也有着自身不同任务和学科属性；"文化"虽然关涉古代史、考古学、艺术史、文化人类学等相关学科，但古典研究只是对相关学科知识、方法和成果综合运用的整体性研究，而不是将相关学科都纳入古典学的范围。我们认为，从"文字""文本""文化"三个维度来阐释古典学的要义，有助于将古典学与其他相关学科区别开来。

"文字""文本""文化"三个维度相结合，可为构建当代中国古典学提供一种路径选择。在构建当代中国古典学这一新兴学科的过程中，一是要重视发掘传统"小学"积累的丰厚成果，与当代古文字、上古汉语研究结合起来，在"文字"这个维度上实现古今语言文字研究的贯通；二是要重视发扬古代文献研究传统并利用历代形成的成果，与新发现的出土文献研究结合起来，在"文本"这个维度上实现传世文献与出土文献研究的融通；三是要重视将先秦文献的整理研究与上古文明的探索结合起来，在"文化"这个维度上，揭示先秦典籍与上古历史文化的深层关系，探寻上古文明的历史面貌、演进轨迹和发展规律，为中华民族现代文明建设开拓思想源泉。

（原载于杜晓勤主编《中国古典学》第五卷，北京大学出版社2024年版）

内蒙古大学民族古典学高等研究院成立致辞

乌云毕力格

尊敬的各位领导、学界前辈和同仁，大家好！

衷心感谢各位今日拨冗莅临指导内蒙古大学民族古典学高等研究院的启动仪式。

民族古典学高研院的成立，首先要感谢内蒙古大学刘志彧书记、武利民校长及相关领导的大力支持。内蒙古大学成立民族古典学高研院，对新时代国学研究具有重要的意义，主要可以总结为以下三点：

第一，今天我们所定义的民族古典学，是运用语文学—古典学方法，通过对中国各民族语言、文献、经典的解读和研究，来从事对这些民族之历史、文化、宗教、思想等古典文明的研究，在民族学学科上与"中华民族学"相应，或可称之为历史之中华民族学。众所周知，中国自古以来是一个统一的多民族国家，中华民族是由五十六个民族组成的文明共同体。中华传统文化的组成既是多元，亦为一体，多元一体实互为表里，并无二致。故此，民族古典学以与多元一统的国家认同和民族认同为基础，将研究重点放在中华民族交往交流交融史、中华传统文化和中华文明等诸方向上，加强中华民族共同体理论体系和知识体系的探究，总结中华民族共同体建设实践经验政策，铸牢中华民族共同体意识。今天我们无论是研究汉文、蒙古文、藏文、回鹘文、西夏文、满文等古代中国各民族经典作品的发掘、整理、释读和研究的学问，凡是运用语文学—古典学方法来研究中华民族的学问，就属于我们所建设的民族古典学。

第二，民族古典学是中国古典学的组成部分。中华民族历史悠久，在人类文明的发展长河中具有举足轻重的地位，因此以古典学研究中华民族的历史文化，不仅仅是弘扬中国的"大国学"，同时也是发展世界性的国际古典学学科。今天我们所发展的民族古典学，并非空中楼阁，实际上是站在新中国诸位学术巨人的肩膀上。我个人的学术养成，始于内蒙古大学亦邻真、周清澍诸先生的教导，内蒙古大学的民族史研究，始终坚持文献精读与多民族文字的扎实训练，多年来在各位学术前辈的努力下奠定了国内乃至国际领先的前沿地位。2006年本人在季羡林、冯其庸先生"大国学"的精神号召下，加盟中国人民大学国学院。季、冯二位先生所倡导的"大国学"，即是在研究传统"汉学""儒学"的同时，进一步强调推动研究中华民族五十六个兄弟民族的精神文化。换句话说，只要是研究中国五十六个民族的学问，就是中国的"国学"。季、冯二位先生对"大国学"的理论总结，不只在客观上体现中国历史发展的长流，更彰显中华民族多元一体的宏伟格局，对于民族团结、国家建设有积极正面之意义。我在人大国学院负责学科建设期间，依循季、冯二位先生的"大国学"号召，进一步推动大国学与古典学的学科对接，致力于推进古典学视野下的"大国学"研究，着力打造"汉语古典学系"和"西域古典学系"两个特色鲜明且与国际同步的学科平台。2023年度教育部公布高校本科专业备案和审批结果，并发布2024年高校本科专业目录，其中中国人民大学新增了"中国古典学"专业，成为国内首次也是目前唯一设立该专业的高校。这显示党和国家有关部门领导对于发展中国古典学的大力支持。民族古典学不仅包含中国少数民族古典学，同时更是中华民族古典学，因此民族古典学的英文翻译为 National Philology and Classics，如此也正与上述教育部认可的中国古典学在学科上相应。我们通过对中国多语种文献的研究，来从事中华民族之古典文化研究。

第三，弘扬民族古典学对于推动"世界中国学"具有关键的时代意义。习近平总书记鼓励和倡导"世界中国学"研究，提出"历史中国之学"和"当代中国之学"两大内容，而民族古典学即是"世界中国学"之"历史中国之学"的重要内容，它不但能够补充、完善"世界中国学"的古典文明研究部分，而且也能够以此推动"世界中国学"真正成为一门世界性的学问。倡导"世界中国学"的目的便是要打破"世界汉学"的格局，让中华民族共同体的概念反映在学术研究当中，当西方人真正接受中华民族和中华文化的概念，唯有将民族古典学纳入中国古典学作为一个重要组成部分，"世界中国学"才能成为可能。今日内蒙古大学愿立基北疆文化、赓续中华文脉，大力倡导、支持民族古典学的学术发展，建立起国内乃至世界一流的民族古典学高等研究院，为中国古典学和世界中国学的进步和发展做出一份特殊的贡献，而我本人有幸躬逢其盛，承担学术发展工作，在感到荣幸的同时，亦倍感战战兢兢，定将踔厉奋发、笃行不怠，以期不负历史、不负时代、不负人民！与在座诸位共勉！

谢谢大家！预祝本次学术研讨会圆满！

中国古典学的开阔视野与包容特征

景海峰

中国古典学是在西方古典学传播与影响的基础上提出的，也是在中国传统学术现代转型已经取得丰硕成果，特别是在当代中西文明交流互鉴及呼唤中华文化主体性的大背景下出场的。中国古典学的构想包括了两个基本的维度，一是从现代学术研究以及学科形态来理解和阐释古典文明的遗产，尤其是那些带有文化根源性意义的古代典籍，也就是打通古今的问题；二是以中国历史文化典籍作为主要的研究内容，而在方法上却是中西杂糅的，既有传统，也具现代色彩，这就需要比较中西，处理中西融合的问题。正是在古今中西交汇的基准点上，中国古典学才找到了它的学术目标和学科方向，并呈现出未来可期的发展前景。

中国古典学的提出显然和西方的古典学有着直接的关系，因为我国传统学术中并没有古典学的说法，更不用说作为一门知识体系的古典学了。随着西学传播，特别是现代知识形态的逐步扎根和制度化，古典学才渐渐地进入中国学界的视野，并且和我国传统的学术有了类型上的比较，由此生发出许多联想，乃至进行创造性的融合工作，这才一步步地走向中国古典学的成立。

古典学研究在西方有着悠久的历史。从语文学渊源来讲，它是以古希腊文和拉丁文作为基础的，与西方文明的最初记忆尤其是它最早的文本记述系统联系在一起，因而具有文化源头的意义。就学术特征而言，它是不尚思辨的，而偏向于文化传承的历史性与文学性，和古希腊哲学尤其是中世纪的经院哲学有着比较大的距离。所以古典学的重点在文献整理、考辨与注解，特别关注语言基础和文本释读一类的工作，这就和我国经学传统中的那些小学功夫非常类似。从广义上来讲，有时候人们往往把古典学和古代学问简单地画上等号，以示与现代学术的区别；有时候则不分古典学和作为限定词或修饰语的"古典"之间的差别，这样便造成了语用上的模糊和歧义。实际上，古典学是特有所指的，并不是所有的古代学术都可以纳入其中；而且从狭义上来讲，作为一门具有现代学科属性的知识，古典学是迟至18世纪后期才出现的。所以专业的古典学并非"原生态"的古代学问，而是经过了一个学术近代化的复杂过程。

这样一门学问传入中国后，逐渐被人们认识和接受，并且有了一个深化理解的过程。除了移植性的学习与研究之外，在中西比较的背景下，又产生了本土化的问题。从梁启超开始，使用古典学来比附清代学术，他总结清学的特点，将古典学和文献考证画上等号，这样慢慢在学界便形成一种共识，即乾嘉考据的范式便是中国的古典学，它代表了传统学术向现代形态过渡的一种典范。从梁启超到傅斯年，这种实证主义的古典学理解渐渐地普遍化，成为现代学术的主流观念。裘锡圭先生近年所提倡的"古典学"重建，仍然是拿西方的古典学来比照传统的文史考证。他说："我们这个'古典学'是比较名副其实一点，主要就是研究作为我们文明源头的那些上古典籍"，这相当于西方古典学对古希腊罗马的兴趣。而古典学的内容主要就是研究这些上古材料，"牵涉的方面很广，如这些书的形成过程、资料来源、体例、真伪、年代、作者、流传过程，流传过程里的变化、地域性等等，都应该研究。这些书的校勘、解读，当然也是古典学的重要任务"。对于重建"古典学"而言，其重心当然就是放在文献学的工作上，包括传世文献，也包括出土文献。所以，"最重要的还是古汉语、古文字以及文字、音韵、训诂的基础，也要有古典文献学的基础和出土文献整理方面的知识，对古代思想、历史、社会也要有一定的了解。其实就是要求把出土文献和传世文献很好地结合起来进行研究"。（裘锡圭《古典学的重建》）裘先生的这些观点，在相当程度上代表了国内大多数学者对中国古典学的看法，也反映了目前学界的一般状况。

偏重于历史文献整理与考证的定位，使得中国古典学在一定程度上取代了旧有的学问形态，它的叙事内容是古代的，在形态上与前代（清代考据）亦有相似处；但在性质上却完全是现代的，与西方传来的学科形式可以联通起来。另外，用古典学来代替四部之学，儒家的独尊性便不复存在了，它与诸子乃至于佛道二教都处在平等的地位，故而经学也就被更为广阔的古典研究所取代。经过现代的调整之后，经学由传统的主导地位变为普通的历史材料。这样一来，包括经学在内的古代学问也就自然变成了文献学的研究；而在中西比较的视野下，这便相当于西方的古典学。

实际上，在古典知识向现代学术形态转化的过程中，除了语言文字和文献学的理解之外，还应该有对各种复杂的文本解释活动的认知与挖掘。所以，对古典文本的现代处理除了文献学之外，还应该包括意义阐释的学问，即诠释学。现代的古典学本身就包含了语文学和解经学两种形式。语文学着力确证由传统流传下来的文本，并力图重现文本的原意；而解经学则力求释解隐藏在字面意义背后的东西。语文学主要是进行文献考订工作，以便将这些遗产忠实地传给后人；而解经学却力图唤起一种思考，使对文本所表达的意义有一个完整的理解。在西方文化走出中世纪神学、走向近代化的过程中，由解经学的变革逐渐地演化出了哲学性的诠释学，而古典学则在传统语文学的基础上发展出了现代的学科形式。中国古典学的现代转型在早期比较多地关注到了语文学的方式，而对于解经学则相对忽略了。就中国古典的传统来说，大体上也涉及了义理分析和文献考证这两个方面的内容。所谓的"解经学"比较接近于义理的探讨，而"语文学"则相当于重视考据的文献学形式，我们的古典传统既包含了义理探讨的内容，也有文献考证的成分，是二者合一的形态。因之故，中国古典学的建构，除了着眼于文献考证的传统之外，也要充分注意到解经学的这条路线，应该去研究和发掘义理方面所包含的重要资源。

从中国古典研究的传统而言，注经实践活动经过长期的积累，在方法论上可以不断总结，最后达致一套可验证的操作技术，这一"工具性"的面相比较符合科学实证的要求，故而在现代学术转换的过程中被着力地引向语言文字学、文献学等，这是很自然的。但传统古典中被现代科学理念所遗弃或者遮蔽的部分，可能恰恰是充盈着人文主义色彩的内容，也最能够与古典学的原初精神相呼应，因为近代古典学的兴起，恰恰是为了冲破实证主义和科学方法论的独断与笼罩性。和文献考据的指向不同，这种"非客观性"的内容在很大程度上可能是"自我"的体证，充满了个人情趣、艺术感和不确定性，与科学实证的要求有着明显的距离。但这种哲学性的"自我"理解活动，恰恰孕育着时代的创造精神，因为古典的意义正是在自我生命的体验当中得到确证和升华的。通过对自我处境的理解，古典的价值和当下的文化使命能够结合起来，以活化传统的意义。即如福柯（M. Foucault）所说的："历史的首要任务已不是解释文献、确定它的真伪及其表述的价值，而是研究文献的内涵和制订文献：历史对文献进行组织、分割、分配、安排、划分层次、建立体系、从不合理的因素中提炼出合理的因素、测定各种成分、确定各种单位、描述各种关系。因此，对历史来说，文献不再是这样一种无生气的材料，即：历史试图通过它重建前人的所作所言，重建过去所发生而如今仅留下印迹的事情；历史力图在文献自身的构成中确定某些单位、某些整体、某些体系和某些关联。"（福柯《知识考古学》）在人类历史上，能够持续提供思想演进与文明成长的共识性元素，是古代经典最为重要的特征，而这些元素的增强和力量呈现，又是在后人不断的理解与解释之中得以实现的。所以，我们对中国古典学的构建，除了文献学的思路之外，也应该接纳哲学诠释的内容，以使其具有更大的包容性。

（原载于《光明日报》2024年10月26日第11版）

中国古典学的语境和特性

王中江

一个文明只要有人文经典，就有古典学。从最一般的意义上说，古典学是研究自古以来流传的人文经典的学问，是语文学、文献学、历史学和哲学等彼此关联的一门交叉性学术。这算得上是东西方古典学的最大可通约性，这一可通约性也不排斥其他的可通约性。由于这种可通约性，古典学（Classics 或 Classical Studies）这一词汇虽来自欧洲，但也适用于中华文明。若用中国古老的"经""典"和"学"这三个字，立一个"经典学"名称，它完全可以同古典学一词互换。

文本的经典化

广义的人文经典包括古代流传下来的各种正宗性、典范性、权威性和最有价值的一类著作。从这种意义上说，在欧洲，Classics 指称的是典范性的著作，*Bible* 或 *Holy Bible* 指称的是具有正宗性和神圣的著作（如基督教、犹太教的圣经等）。在中国，儒家信仰的六经、《汉书·艺文志》所称的"六艺"类书籍、四库全书所称的"经部"书籍都是经典，儒家对六经（或六艺）、十三经的注释类著作也是经典；道家《老子》《庄子》《列子》和《文子》等是经典，对它们的解释性著作也是经典；佛家的经、律是经典，解释经、律的论也是经典。若对这两类进行区分，最具原创性、正宗性和典范性和被不断解释的可叫元典，对元典进行解释的子学类著作可叫次典，合称为经典。儒家及其信奉的六经在汉代被体制化后，在中国传统社会中就具有了世界观、真理观和价值观的正统性地位。《汉书·艺文志》单列为"六艺略"，使之不同于诸子略和其他略，《四库全书》单列"经部"使之不同于史子集三部就是如此。

文本能够成为经典和被经典化是一些合力的结果。文本的古老性本身就有魅力，文本的创造性使之具有了内在的力量，人们的不断阅读和解释使之不断焕发出活力，人们对文本中的真理和价值的认同使之具有了权威性和典范性，表彰和规范性的词汇的产生使之从无冕之王成为有冕之王。这一切都发生在早期中国从殷周之变到东周时代的巨大转变中。从东周开始，天下体系动摇，士阶层纷纷从官学走向私学，诸子各家放言立论。孔子述而不作，整理和编纂的六种文本《诗》《书》《礼》《乐》《易》《春秋》被大体确定，并成为他和他的弟子学习的主要书本。《礼记·经解》篇中，"经"就明确被用来指称《诗》《书》《礼》《乐》《易》《春秋》。《庄子·天运》"丘治《诗》《书》《礼》《乐》《易》《春秋》六经"，是东周时期将六种书明确叫作"六经"的例子。叫经和六经就是肯定这些书的典范性和权威性。与此同时，儒家还将自己的著论叫作经，如帛书《五行》分"经""说"。

儒家之外的其他诸子如道、墨、法等，也有将其著述叫"经"的，道家有《黄帝四经》，墨家有《墨经》，法家也有"经"。汉代以后，儒家因被体制化，经典系统源远流长，从最初的"六经"到"五经"（"乐"失传）再到九经和十三经，"经"的范围不断被扩大；东汉之后中国道教和佛教的诞生，其文本的经典化也不断变化。《老子》在西汉就被广泛叫经。在唐代，道家的元典《老子》《庄子》《文子》和《列子》被叫作《道德真经》《南华真经》《通玄真经》和《冲虚真经》；慧能的说法被弟子记录下来也被叫作"经"。"佛藏"和"道藏"概念中的"经"都是古典学的中心。新立的"儒藏"体系不言而喻。

诠释的大链条

文本意义的开放性和不断被解释，不需要也不能被夸张到它们都是由诠释者决定的，否则古典学就真的要陷入无公度性的泥淖中。一个基本的事实是，文本的经典性永远不能脱离阅读、理解和解释。岂止如此，从东周以来，几千年来的中国历史叙事、语言文字、文学评说，特别是哲学义理的建构在很大程度上都是通过注释和诠释展开的。这是一个巨大的解释和诠释之链。东周时代同"经"相对的诸如"述""解""说""传""序"等，都是用来表达解释和诠释"经"的词汇；汉之后使用的"训""诂""注""释""正义""疏""笺"等也是如此。由此可见不同历史时期形成的解释和诠释链条是何其长又何其复杂。

中国经学史整体上是从六经到十三经的注释史和诠释史。孔子和他的弟子以及孟荀直接注释"六经"的著作不突出。《论语》和《孟子》是语录体，《礼记》特别是《荀子》主要是按照主题展开论说的论述体。《礼记》中的《中庸》《大学》《礼运》等久负盛名，新出土的郭店竹简儒家类文本也是论述体。汉代以后，《论语》和《孟子》重要性被升格。唐代《论语》入经，宋代《孟子》入经。在宋代，《论语》《孟子》和《大学》《中庸》被单列为"四书"，中国经学也从汉唐以"五经"为中心变成宋代以"四书"为中心。此外道家、佛家也都形成了自己的诠释史，收入"佛藏""道藏"和"儒藏"中的著作除了"经"的部分，更大的部分则是对"经"的注解和诠释类的著作。这些巨大解释和诠释链条中的著作后来也都成了古典学研究的对象。

诠释方法和形态的多样性

中国古典学，广言之就是中国的古典语言学、文学、艺术、哲学和历史学等。南北朝时期设置的玄、儒、文、史四科，前两者属于义理学，后两者属于文学和历史；明代将学术分为质测、通几和宰理。通几学属于哲学和人文学；清代区分义理之学、考据之学和辞章之学，分别相对于哲学、史学和文学。章太炎在《国学讲演录》中将国学分为小学、经学、史学、诸子和文学，这是狭义的国学概念，属于广义上的古典学。中国古典学不同领域的划分，也是中国古典学的不同方法和形态。

汉代古典学主要是儒家经学，又有今古文之争，这是儒家内部古典学之争。争论的焦点，一是书写经典的文字和来源不同；二是对孔子的理解和认识不同，古文同时崇奉周公，认为五经是记载先王典章制度的书，保存了王道的理想；三是今文以"六经"为孔子所作，古文以六经为古代史料和典章制度的汇集；四是今文与古文对经典的诠释方式和方法不同。这些争论主要是文献学、文字学、训诂学、历史学与义理学之间的争论。郑玄合今古文之学而用之，但他的义理学仍弱于训诂学。

与汉唐主要是以五经为主的注疏之学有别，宋代兴起的新儒家既诠释五经，又诠释四书，主要发展的是义理之学；清初黄宗羲、顾炎武开始将义理之学往文字学、考证学方向推动，批评义理之学末流的空疏，后发展出清代考据学，在乾嘉时期达到兴盛。江藩的《汉学师承记》所谓的"汉学"，实指汉代的古文经学，认为清代的考据学、乾嘉之学或者所谓朴学是汉代古文经学的复兴。方东树则著《汉学商兑》，批评江藩之说，为宋学和程朱理学辩护，批判汉学。

汉宋之别，义理考据之辨，是经学古典学中两种不同方法的争论，对解释义理文本来说，两者都是需要的；宋学和义理学的解释离不开语文学基础。因此，焦循、阮元等主张汉宋兼容。儒家之外，道家和释家的诠释方法和诠释形态也多种多样。魏晋道家诠释学发展出了玄学；唐代道家诠释学发展出了重玄学。佛家诠释学发展出的学派更多，隋唐佛家宗派兴盛。三教之争并行也好，三教合一也好，都集中表现在信奉、诠释的经典不同及其相互竞争和融合中。

意义和价值信仰

人类是社会性的存在，是按照理性、规范和价值而生活的存在，是靠意义、信念和信仰支撑的存在。除了硬性的强制性规范，伦理规范、意义和价值信仰，理性和智慧，都来自人文经典，特别是来自宗教、伦理和哲学经典及其诠释。中国的意义和价值信仰，不仅来自儒家的六经，也来自儒学的经传和论说；不仅来自道家，也来自佛家。按照正统与非正统之分，儒家主要是正统性的，道、佛主要是非正统性的。

中国古典学，不仅是追求知识，而且是追求智慧；不仅是追求理性，而且是追求价值；不仅是论道理，而且是论道德。道家尊道贵德，儒家求仁求义，佛家信佛信空（悟真悟法），皆为意义和价值追求。东周时代，各家各派就有不同的世界观和价值观。儒家诠释"六经"其主要表现是将"六经"的意义符号化。

儒家古典学是天人统一之学，是伦理本位学，成人、成物和成就天下之学，是价值和意义信仰之学。《汉书·艺文志》谓儒家"游文于六经之中，留意于仁义之际"。《韩诗外传》强调儒家的价值信仰说："儒者，儒也。儒之为言无也，不易之术也。千举万变，其道不穷，六经是也。若夫君臣之义，父子之亲，夫妇之别，朋友之序，此儒者之所谨守，日切磋而不舍也。"儒家信奉的普遍价值"仁、义、礼、智、信"，汉代人叫作"五常"。儒家的德目非常广泛，如"孝""诚""直""勇""刚""宽""恭""敬""廉""让""惠"等，都是儒家所信奉的伦理道德价值。

儒家的古典学自西汉被确立为正统的学问之后，一直延续到清末。而佛道整体上是非正统性的，但在不同时期，两者或多或少也有正统性。如汉初道家或黄老学具有官方性，《老子》这部经典在汉初七十年变成了官方的经典。在唐代，老子和道家受到特别的礼遇；佛家也有类似的情况，南朝的梁武帝热衷于佛家，唐代也有皇帝热衷于佛家，佛家在唐代最兴盛。中国古典学整体上奉行三教并行又有主次之别。在三教争论中，儒家自居于正统，将道家和释家看成是异端，宋明新儒家往往以释道为空无，抵制声称的虚无性，重建意义和价值信仰，并寻找根源论的基础。古典学的方法和形态的不同，所引发的正统、道统与非正统和异端的争论，是意义和信仰之争；为了调和、弥合各经典的差异性，使之井然有序和具有统一性，佛学不同宗派对各类经典的地位和意义的判别、判定的教相判释论，其实也是各宗派确立本宗的正统性和权威性的一种方式。

整体上说，古典学中的"道"，是中国文化的最高的原动力和最普遍的价值。正如金岳霖所说："中国思想中最崇高的概念似乎是道。所谓行道、修道、得道，都是以道为最终的目标。……各家所欲言而不能尽的道，国人对之油然而生景仰之心的道，万事万物之所不得不由，不得不依，不得不归的道才是中国思想中最高的概念，最基本的原动力。"（金岳霖《论道·绪论》）

（原载于《光明日报》2024年10月26日第11版）

国学与中国古典学

杨庆中

近几年兴起的中国古典学热,与世纪之交以来的国学热有着内在密切的关系。溯其源,有三个时间节点值得注意,一是1993年北京大学创办《国学研究》,当年曾有人在《人民日报》撰文,报道"国学在燕园悄然兴起";二是2005年11月中国人民大学成立本硕连读的教育科研实体机构国学院,海内外媒体争相报道,可谓轰动一时;三是2023年中国人民大学国学院申报中国古典学专业获得教育部批准,被纳入2024年普通高等学校本科专业目录,填补了国学作为学校自设交叉学科在教育部本科专业目录中没有专业的空白。

20世纪90年代悄然兴起的国学,基本局限于学术圈子之内。新世纪第五个年头中国人民大学创建国学院,是基于社会层面广泛的国学热和学术界对中国传统学术整体特性的反思,尝试破除学科壁垒,打通文史哲,还中国传统学术及其研究、弘扬一个整体的面貌。中国古典学专业的获批,则是基于国家发展战略,即培植根脉,赓续文脉,构建中国自主知识体系,实现"第二个结合",在文明互鉴中贡献中国智慧、中国方案、中国力量。

说到中国古典学,人们自然会想到西方古典学,西方古典学专注于对古希腊、罗马的历史、哲学、艺术、考古等方面的研究。有学者认为,"中国本有与古典学相关的概念,称为'国学'"(刘钊语);有学者指出,"应将国学看作中国古典学"(朱汉民语),这些说法是富有深意的。从这个视角论,中国古典学就是中国的国学。在国学热持续多年的今天,人们研讨构建中国古典学专业和学科,是国学研究发展过程中,自我审视,与时俱进,更新和完善原有知识架构的新努力,是国学研究的新拓展,也是呼应国家发展战略,满足时代需要的新尝试。今天所谓的中国古典学,是以中华古代文明与典籍为研究对象,以探源、培根为基点,以整体把握、系统呈现为方法,以服务当下、走向世界为目标,深挖经典内涵,辨章其流变脉络,梳理中国传统经典知识体系的结构特征,考察其在历史不同发展阶段对中华文明乃至周边世界的意义,揭示中华文明对人类文明发展的价值。

中国古典学作为一个专业，其学科交叉的特征十分明显。追求学科交叉，恰恰是当年包括中国人民大学国学院在内的国内诸多国学研究机构成立的初衷，即破除学科壁垒，打通文史哲，解决近现代学科分类造成的对中国传统知识整体性的割裂、肢解，等等。问题在于，如何才算交叉？如何才能打通？把文史哲等各院系从事中国传统学术研究的学者抽调到一起，拼成一个小学院，开授经史子集等方面的课程，就能够交叉、就可以打通么？近20年来大家几乎走过这样一条探索的路。回过头来看，问题远非如此简单，交叉或打通绝非文史哲等课程的简单相加就能实现。文史哲等作为几种不同的学科范式，其研究理念与研究方法等是有着明显的差异的，只有在差异中求其同，才能找到交叉并进而打通的切入点。

有没有这个"同"呢？有的。例如，文史哲都离不开对经典的研读，尤其是对中国古代经典的研读。这就需要研读者掌握最基本的研读经典的知识与方法，如语言文字层面、文献层面、经典意涵诠释层面等。在这些层面，文史哲等是可以也是必须交叉并进而打通的。从这个意义上说，中国古典学专业的设置，并不是要颠覆文史哲分科体系，也不是要淡化文史哲学科范式，而是在交叉的意义上为人文领域（甚至包括自然科学如中医）传统经典的研读打下更好的"地基"，以便在相对的意义上整体呈现古典知识体系的面貌，从而避免过早地先入为主地局限在某一范式之内，戴着有色眼镜去研读或阐释经典文献与史料。

中国古典学的研究，宜乎遵循"入乎小学，参稽西学，出乎大学，结穴于'第二个结合'"的进路。这是一条由"通而精"到"专而深"，再到"明体达用"地扎实推进的学、研、履的进路。"入乎小学"中的"小学"较传统小学内涵要略宽泛些，特指文字学、文献学、语文学等，其中的文字学包括文字、音韵、训诂以及古文字学中的甲骨文、金文、战国文字等；文献学包括版本、目录、校勘、出土文献整理以及与人工智能科技相关的古籍数字化等；语文学则特指少数民族历史语言学等。"入乎小学"，目的在于引导学生打下坚实的语言文字、文本文献史料等方面的根底。这一点十分重要，是经典研读的入手工夫。在近现代中国大学学科设置过程中，这些本来应该是人文领域的研究者所普遍具备的小学知识，却被作为少数高校相关院系的二级学科，成为专门之学，且只有相关院系从事该专业研究的部分学生修习。所谓"方法变成了目的"，造成了方法与方法所要服务的对象之间的割裂。"参稽西学"中的"西学"，一方面是指借鉴和吸收国外汉学研究的方法、理念和成果；另一方面是指借鉴和吸收西方古典学研究中的经验和成就。当然，也包括借鉴和吸收西方人文研究领域的前沿理论，兼通中西，参学互鉴，以培养学生宽博的人文视野和振拔中国学术于世界学术之林的胸怀与勇气。"出乎大学"中的"大学"，较传统所谓的"大学"内涵也略宽泛，或许谓之"经典学"更为恰切，除传统的经学、子学外，还包括历史、文学、宗教、自然科学以及少数民族的经典等。运用小学的方法，参稽西学的经验，借助于经典的诠释，梳理中华文化的基因图谱，探源中华文明的渊源流变，揭示中华民族共同体形成的历程，解析中华文明的特征及其对人类文明发展的贡献与现代价值等，是"出乎大学"的主要工作。这毫无疑问也是文史哲等各学科交叉互通的一个点。习近平总书记在文化传承发展座谈会上强调："让马克思主义成为中国的，中华优秀传统文化成为现代的，让经由'结合'而形成的新文化成为中国式现代化的文化形态。""结穴于'第二个结合'"是从明体达用的层面，实现中华优秀传统文化的创造性转化与创新性发展，构建中国自主知识体系。

习近平总书记在中国人民大学考察时指出："加快构建中国特色哲学社会科学，归根结底是建构中国自主的知识体系。要以中国为观照、以时代为观照，立足中国实际，解决中国问题，不断推动中华优秀传统文化创造性转化、创新性发展，不断推进知识创新、理论创新、方法创新，使中国特色哲学社会科学真正屹立于世界学术之林。"这就是中国古典学专业建设的初心与使命。

（原载于《光明日报》2024 年 10 月 26 第 11 版）

中国古典学学术刊物

《出土文献》

期刊。2020年创刊。前身为2010年创刊的同名集刊，为出土文献领域首份正式出版发行的学术期刊。常设栏目有：出土文献新发现，海外汉学，学术札记等。季刊。

主办单位：上海中西书局有限公司，清华大学

《传统文化研究》

集刊。2023年创刊。《传统文化研究》刊载中国传统文化研究成果，体现学科交叉特点，服务构建中国特色哲学社会科学学科体系、学术体系、话语体系。主要登载有关中国传统文化的学术论文，跨学科的综合研究与各学科的专题研究并重。每期根据来稿设立栏目，如：经学研究，文学研究，书籍史，史料与文献等。季刊。

主办单位：北京大学国学研究院

《传统中国研究集刊》

集刊。2006年创刊。收录近期国内外众多学者研究中国古代政治、经济、社会、风俗礼仪等多方面的论文。致力于传统中国研究，不分畛域，同时注意刊发文献整理及已故前辈学者遗稿。常设栏目有：史料辑存，国史新论，经典新诠，读史札记等。年刊。

主办单位：上海社会科学院历史研究所

《敦煌学辑刊》

期刊。1984年创刊。国内最早创办的敦煌学专业学术刊物，主要刊发敦煌与丝绸之路最新学术研究成果。发表内容涉及敦煌历史，敦煌地理，敦煌文献整理，西北史地，石窟艺术研究，敦煌胡语文献，读史札记，研究动态等。季刊。

主办单位：兰州大学敦煌学研究所

《敦煌研究》

期刊。1981年创刊。为敦煌研究院院刊，内容涉及敦煌学的所有专业。敦煌学以外，还扩展到中国佛教考古、美术史研究等领域。《敦煌研究》以促进世界范围内的敦

煌学发展为宗旨，站在敦煌学及相关学科的前沿，刊发国内外敦煌学及相关学科研究的新成果、新资料、新信息。常设栏目有：石窟考古与艺术，敦煌文献，敦煌史地，敦煌语言文学，简牍研究等。双月刊。

主办单位：敦煌研究院

《古典文献研究》

集刊。1989年创刊。登载以古典文献为中心而展开的各种专门性研究。常设栏目有：文史新研，文学及文学文献学研究，文献考证，经学及经学文献学研究，出土文献研究等。半年刊。

主办单位：南京大学古典文献研究所

《古汉语研究》

期刊。1988年创刊。专门研究古汉语的学术刊物，主要发表本领域最新科研成果，弘扬民族优秀传统文化。常设栏目有：古汉语文字，音韵，词汇，训诂，语法，修辞及古籍整理等。季刊。

主办单位：湖南师范大学

《古籍整理研究学刊》

期刊。1985年创刊。主要刊登古籍整理研究方面的科研成果，提倡实学，去绝浮言。常设栏目有：文献史论，文献研究，版本研究，校勘注释，古籍辑佚，古书辨正，简帛文献，出土文献等。双月刊。

主办单位：东北师范大学文学院古籍整理研究所

《国学论衡》

集刊。1998年创刊。主要内容涉及中国哲学、文化、历史、文学、艺术等多个领域，此外还关注国学的国际传播、中医学、古代科技知识等方面。常设栏目有：先秦名辩，当代思潮，逻辑史评，学界动态等。半年刊。

主办单位：甘肃中国传统文化研究会，兰州大学哲学社会学院

《国学学刊》

期刊。2009年创刊。《国学学刊》是以经、史、子、集与包括出土文献在内的新出国学资料为研究对象的学术性期刊，是国内唯一具有正式期刊刊号的国学类杂志。常设栏目有：国文研究，文献学与语言学，经学研究，国史研究，学术评论等。季刊。

主办单位：中国人民大学国学院

《汉学研究》

期刊。1983年创刊。为文史哲综合性汉学学报，内容包括学术论文与书评，兼收中英文稿件。凡出土文献，语言学，古典文学，近现代文学，台湾文学，台湾史，台湾明清社会史，思想史，性别史，医疗史，艺术史，先秦诸子，台湾佛教发展，台湾道教，宋明理学，民族学，国际汉学研究等均有涉及。季刊。

主办单位：台湾汉学研究中心

《汉语史学报》

集刊。2000年创刊。主要刊载海内外汉语史研究的原创性学术论文，包括词汇、训诂、语法、音韵、方言、文字及文献等方面，同时适量刊登理论综述性文章以及国外重要文献的译文。刊发的学术论文集中在古汉语文字、音韵方言、词汇训诂、语法四方面，每辑论文按此四方面归类，不设具体栏目。半年刊。

主办单位：浙江大学汉语史研究中心

《甲骨文与殷商史》

期刊。2011年创刊。主要刊发甲骨文、殷商史及先秦史的研究成果。常设栏目有：甲骨文殷商史专题研究，商周甲骨文新材料发现整理与研究，甲骨文字考释，甲骨文例与语法研究，甲骨文组类区分与断代，甲骨缀合与辨伪，甲骨学史与海内外甲骨文研究动态，商金文及殷墟考古研究。年刊。

主办单位：中国社会科学院甲骨文殷商史研究中心

《简帛》

集刊。2006 年创刊。旨在推动简帛研究的发展，主要关注三个学术领域，即以战国文字为主的古文字研究，以简帛为主的先秦秦汉出土文献整理与研究，以简帛资料为主要着眼点的先秦、秦汉史研究。涉及简帛文字考释、简帛年代及地理分布、简帛制度与历史、简帛与其他出土材料的比较研究等方面。半年刊。

主办单位：武汉大学简帛研究中心

《简帛研究》

集刊。2004 年创刊。收录春秋战国秦汉三国时期简牍帛书整理研究成果，内容涉及简帛新资料整理公布，文字校释，文义辨析与文本解读，春秋战国秦汉三国时期的政治、经济与社会等方面。从 2016 年起连续刊布我国台湾地区与日本、韩国以及西方学界简帛研究年度综述。常设栏目有：古文字研究，简帛文献整理与研究，先秦至汉晋史研究，战国至汉晋出土文献研究综述等。半年刊。

主办单位：中国社会科学院简帛研究中心，中国社会科学院古代史研究所秦汉史研究室，出土文献与中国古代文明研究协同创新中心

《简牍学研究》

集刊。1997 年创刊。主要刊登简牍整理、简牍研究和以简牍为主要材料研究中国古代语言文字、制度、历史、社会、文化、思想的成果，兼及帛书、金石等其他出土文献和丝绸之路研究的最新成果。年刊。

主办单位：西北师范大学历史文化学院，甘肃简牍博物馆，河西学院河西史地与文化研究中心，兰州城市学院简牍研究所

《经学文献研究集刊》

集刊。2006 年创刊。该刊内容限定在广义的经学和文献学范围之内，涵盖经学、文献学、历史学等多个学科领域的研究成果。集刊以所论问题的时代先后顺序排列，隐含栏目包括：遗稿整理，经学经义求索，四部文献考证，历代儒家石经文献研究与复原以及历代典籍的版本目录校勘等。半年刊。

主办单位：上海交通大学唐文治经学研究中心

《考古》

期刊。1955年创刊，曾用名《考古通讯》（1955—1958）。该刊主要刊发考古调查发掘简报与研究论文，同时刊登有关科技考古的实验报告、论文，以及重要的学术动态和书评等。常设栏目有：考古前沿，述评·综论，新发现·新进展，调查与发掘，研究与探索，海外学者论坛，考古与科技，考古简讯。月刊。

主办单位：中国社会科学院考古研究所

《孔子研究》

期刊。1986年创刊。以刊登与孔子思想、儒家文化和中国传统文化等有关的学术论文为主，特别关注中国思想文化源头和中华优秀传统文化的创造性转化与创新性发展。常设栏目有：现代新儒学，中西文化，海外儒学，原典新诠，儒学源流，宋明理学，简帛研究等。双月刊。

主办单位：中国孔子基金会

《历史地理研究》

期刊。2018年创刊，前身为创办于1981年的《历史地理》集刊。主要刊载历史地理学理论与方法、历史自然地理、历史人文地理、地理学史等相关领域的学术论文，也刊登书评、译稿、综述等介绍国内外最新历史地理研究进展等的学术信息。季刊。

主办单位：复旦大学，中国地理学会

《历史文献研究》

集刊。1980年创刊。发表以中国古代文献为研究中心的学术论文，宗旨在于推动历史学科的发展，鼓励对历史文献的系统性研究与解读，促进不同领域学者的学术交流。刊发文章涉及古籍、手稿、档案等历史文献的发掘、整理和注释。常设栏目有：历史文献学总论，古代典籍研究，历史文献与古代史研究，古代学术思想研究等。半年刊。

主办单位：中国历史文献研究会

《历史语言学研究》

集刊。2008 年创刊。主要发表原创性的历史语言学及相关专业的学术论文，宗旨是促进语言学的学术研究，尤其是在历史语言学领域的创新探索。目前涉及范围不断扩展，涵盖更多新兴领域，如计算语言学、语言技术等。年刊。

主办单位：中国社会科学院语言研究所

《励耘学刊》

集刊。2005 年创刊。主要发表海内外具有原创性的文学研究论著，涉及领域包括中国古代文学、中国现当代文学、文艺学、中国古典文献学、比较文学、民俗学等。常设栏目有：文学史研究，现当代文学研究，文学与文化研究，文献考辨。半年刊。

主办单位：北京师范大学文学院

《励耘语言学刊》

集刊。2005 年创刊。该刊主要刊发汉语言文字学领域的研究成果，涉及古汉语与现代汉语的各个分支。常设栏目有：语言学史与辞书学，训诂学研究，词汇与汉语史研究，方言研究，音韵学研究，语法研究，文字学研究等。半年刊。

主办单位：北京师范大学文学院

《明清小说研究》

期刊。1985 年创刊。主要发表明清小说方面的学术论文、研究资料等，兼发表相邻时代与领域的研究文章。常设栏目有：明清小说与文化，明清小说与叙事，名著研究，小说理论研究，小说跨文体研究，话本小说研究，文言小说研究，晚清小说研究，中国古代小说在海外等。季刊。

主办单位：江苏省社会科学院文学研究所

《清华国学》

集刊。2022 年创刊。宗旨是跟踪清华及国内外其他高校、研究机构的研究动态，刊发国学研究的最新文章。常设栏目有：宋代思想研究，明清思想研究，近现代思想研究，访谈等。半年刊。

　　主办单位：清华大学国学研究院

《清史研究》

　　期刊。1991 年创刊。国内外清史研究者进行学术交流的重要阵地，对诸如"清史修纂"等一系列重大学术问题都曾有专门讨论。常设栏目有：政治军事，社会文化，边疆民族，动态书评等。双月刊。

　　主办单位：中国人民大学清史研究所

《人文论丛》

　　集刊。1998 年创刊。主要刊载文史哲等人文学科的学术论文。从第三期开始，每期确定一个主要课题，围绕该课题进行征稿。常设栏目有：人文探寻，经典研究与反刍，语言文字研究，文学思潮与作品研究等。半年刊。

　　主办单位：武汉大学中国传统文化研究中心

《儒家典籍与思想研究》

　　集刊。2009 年创刊。着重刊发儒家典籍与儒家思想研究方面的成果，推动儒家思想在当代社会的应用与发展。常设栏目有：儒学新论，国际儒学，儒藏讲坛，专人专书，校勘辨正，文史论丛等。年刊。

　　主办单位：北京大学《儒藏》编纂与研究中心

《史学月刊》

　　期刊。创刊于 1951 年。原名《新史学通讯》，1957 年改为《史学月刊》。常设栏目有：史学理论，史学评论，社会史，城市史，乡村史，生态环境史，文化史，学术史等。月刊。

　　主办单位：河南大学，河南省历史学会

《唐研究》

集刊。1995 年创刊。该刊为国内隋唐史、中古史研究领域的期刊，主题涉及中古时代的政治、经济、军事、文化等各个方面。每期都收录书评数篇，对近年来出版的重要学术著作进行学术上的介绍与评价。年刊。

主办单位：唐研究基金会，北京大学中国古代史研究中心

《文史》

期刊。1962 年创刊。刊载有关中国古代和近代的文学、史学、哲学、考古学、语言学和科学技术史等领域的学术论文，亦兼及中国其他传统人文学科。季刊。

主办单位：中华书局有限公司

《文史哲》

期刊。1951 年创刊。该刊致力于中国古典学术研究。《文史哲》遵循以文、史、哲为主，以其他社会科学为辅的编辑指导思想，主要突出中国古典学术的特色。常设栏目有：中国哲学研究，儒学研究，文史新考，当代学术纵览，学术史研究。双月刊。

主办单位：山东大学

《文物》

期刊。1950 年创刊。主要刊载文物研究领域内的原创性研究论文、综述和评论等。常设栏目有：考古新收获，研究与探索，科技考古，简牍文书等。月刊。

主办单位：文物出版社

《文献》

期刊。1979 年创刊。以披露中国国家图书馆与其他公私家典藏各种新发现的重要古、近代文献资料及其研究成果为主。着重发表古典文学、史学、古文献学及训诂学、校勘学、目录学、版本学、辨伪学、辑佚学等领域的研究论文，重视海外汉学研究进展。常设栏目有：文献之窗，方志图谱研究，中国刻书藏书史，中国科技史文献研究，

少数民族文献与研究，中外文化交流，名人手札等。双月刊。

主办单位：中国国家图书馆

《文献语言学》

集刊。2015 年创刊。注重出土文献、传世文献包括海外汉籍的挖掘与利用，主要发表文献语言学理论与方法、汉字与汉字史、训诂与词汇史、音韵与语音史、语法与语法史、方俗语与方言史、语文与语言学史等研究领域的最新成果。同时刊登学术热点与重点的研究综述，有重要影响的学术著作的书评，重要论题的纯学术争鸣或商榷性文章，以及具有重要学术价值的文献语言学研究资料。半年刊。

主办单位：北京文献语言与文化传承研究基地，北京语言大学文献语言学研究所

《文学遗产》

期刊。1954 年创刊。主要内容涉及古典文学理论、各时代作家作品、各文学流派、各种文体的研究，以及中国古典文学与现当代文学的贯通，与外国文学的比较研究论文。此外还关注古典文学文献资料的考据及研究整理，有关学科建设的探讨，对有关研究著作的评论，国内外学术信息等。双月刊。

主办单位：中国社会科学院文学研究所

《西夏研究》

期刊。2010 年创刊。主要发表西夏语言文字与文献、西夏历史文化、西夏文物与考古、西夏与周边民族关系史、西夏遗民与遗迹调查研究、国内外西夏学研究评介等领域的研究成果。常设栏目有：中华民族共同体研究，语言研究，文献研究，历史文化，敦煌与西夏等。季刊。

主办单位：宁夏社会科学院

《西域历史语言研究集刊》

集刊。2007 年创刊。以刊登国内外学者关于中国西北边疆地区少数民族历史、语言、考古、地理、宗教等方面的最新研究成果为主要宗旨，发表具有原创性的学术研究论文、书评和研究综述等。半年刊。

主办单位：中国人民大学国学院

《西域研究》

期刊。1991年创刊。主要刊发与西域或东西方交流有关的文章，常设栏目有：文物考古，历史地理，经济开发，社会生活，历史人物，语言文学，宗教文化以及吐鲁番学研究等。季刊。

主办单位：新疆社会科学院

《域外汉籍研究集刊》

集刊。2005年创刊。国内外唯一一种域外汉籍研究领域的专门性学术刊物，重视以文献学为基础的研究成果。常设栏目有：日本汉籍研究，朝鲜—韩国汉籍研究，越南汉籍研究，汉籍交流研究，书评，文献汇编等。

主办单位：南京大学域外汉籍研究所

《元史及民族与边疆研究集刊》

集刊。1977年创刊。曾用名《元史及北方民族史研究集刊》（1977—1990）。栏目设置以"元史研究"和"民族，宗教与边疆研究"为核心，另设有海疆与海洋活动史，文献研究，读书札记，研究综述，书刊评介，译文等。半年刊。

主办单位：南京大学元史研究室，民族与边疆研究中心

《中国典籍与文化》

期刊。1992年创刊。所刊发成果注重运用专论、散论、杂文等形式，在传统文化视角下，关注现实文化热点，进行理论阐述。此外兼主考据，也着眼珍稀文献的探幽析微，透过具体细微的古代文化事象，多角度审视传统文化。常设栏目有：文献天地，文史新探，文化广角，读书丛札等。双月刊。

主办单位：全国高等院校古籍整理研究工作委员会

《中国古典学》

集刊。2020年创刊，目前已出版五卷，各卷以专题专号的形式编发，议题集中，内

容前沿。所刊文章以中国古代经典著作及出土文献作为研究对象，大体包括三个方面：一是中国古典语文学研究，即对中国古代人文经典著作及出土文献中的文字、音韵、训诂、语法、格律等各方面进行的个案讨论、系统研究；二是中国古典文献学研究，包括对中国古代人文经典著作的版本、目录、校勘、辨伪、辑佚等方面的研究，以及对出土文献的文本形态、文本生成过程等的考索；三是中国古典文学研究，主要是对古代文学经典作品进行艺术分析与思想阐释。该刊各学科的专题研究与跨学科的综合研究并重，亦刊发关于中国古典学学科建设的理论文章。年刊。

主办单位：北京大学人文学部，北京大学中国语言文学系

《中国经学》

集刊。2005年创刊。主要刊发经学方向的研究成果，如经学总论、专经研究、经学史研究、经学思想研究、经籍研究、名物研究、小学与经学、出土简帛与经学等。此外也会介绍经学名家和学术资讯，发布书评与青年论坛成果等。半年刊。

主办单位：清华大学中国礼学研究中心

《中国历史地理论丛》

期刊。1985年创刊。主要报道有关历史地理学基本理论和方法研究、历史自然地理和历史人文地理研究、文化与自然遗产保护研究、文化地理与地名学研究、环境考古与环境史研究、方志学研究、古都学研究、历史地理学史研究等方面的学术论文。常设栏目有：历史地理学理论和方法研究，历史人文地理研究，历史环境变迁研究等。季刊。

主办单位：陕西师范大学

《中国诗歌研究》

集刊。2002年创刊。主要刊登关于中国古典诗歌、现代诗歌、民间诗歌等方面的研究文章，内容涵盖了诗歌的创作背景、艺术特色、思想内涵、历史传承等多个方面。同时还关注当代诗歌创作和评论。常设栏目有：域外汉诗与诗学研究，古代诗歌研究，词学研究，诗歌文献研究，现代诗歌研究等。半年刊。

主办单位：首都师范大学中国诗歌研究中心

《中国史研究》

期刊。1979年创刊。坚持以唯物史观为指导的办刊方针，刊登研究中国古代政治、经济、思想文化和社会生活等领域的高质量学术论文，以及学术评论。常设栏目有：专题论文，书评，读史札记等。季刊。

主办单位：中国社会科学院古代史研究所

《中国史研究动态》

期刊。1979年创刊。该刊是反映中国古代史研究状况及其动态的专业学术刊物，以发表本学科及相关交叉学科的研究性综述、专论文章为主，也包括各相关交叉学科的年度综述，专题论述，海外汉学状况，年度学术会议介绍，以及最新著作的书评或书讯等。双月刊。

主办单位：中国社会科学院古代史研究所

《中国文化》

期刊。1989年创刊。特别重视甲骨学、敦煌学、周易学、西夏学、简牍学等以中国传统文化为研究对象的世界性专学的整理与研究，旁及宗教信仰与文化传播的整理与研究，中国文化发生学和各种不同文化圈的参证比较研究，各种珍贵文献资料的发现与辑存。常设栏目有：文史新篇，专学研究，文化与传统，古典新义，文学的文化学阐释，中国艺术与中国文化等。半年刊。

主办单位：中国艺术研究院

《中国文化研究》

期刊。1993年创刊。刊发文章集中在中国传统文学、历史、哲学、宗教、民俗学、艺术、审美文化以及文化地理、文化传播等领域。常设栏目有：中国文学文化，中国历史文化，中国哲学文化，中国典籍翻译研究，中外文化交流等。季刊。

主办单位：北京语言大学中华文化研究院

《中国藏学》

期刊。1988年创刊。主要刊发关于藏族的社会历史文化和藏族地区现实状况的研究，并适当刊登其他文章及反映藏族藏区历史文化民俗山川风貌的图片。常设栏目有：藏族社会历史，哲学宗教，藏医藏药，语言文学，文化艺术，文献档案等。双月刊。

主办单位：中国藏学研究中心

《中国哲学史》

期刊。1992年创刊。刊登国内外中国哲学史研究的最新成果及其他有关中国哲学与传统文化方面有价值的学术论文。常设栏目有：中国哲学与文化，中国哲学与现代化，宋明理学研究，先秦哲学研究，近现代哲学研究等。双月刊。

主办单位：中国哲学史学会

《中华文史论丛》

期刊。1960年创刊。专门发表研究中国文学、历史、哲学等学科的论文，重视对文史哲作贯通研究，注意发表海外中国学研究者的论文。内容涉及从先秦到五四时期的文学、史学、哲学、语言文字学、版本目录学、古代科技、敦煌学、民俗学等。季刊。

主办单位：上海古籍出版社有限公司

《周易研究》

期刊。1988年创刊。中国大陆唯一公开出版发行的易学研究专刊。刊物宗旨是传承、发展传统易学，探讨冷门绝学领域的疑难问题。常设栏目有：易学史研究，近现代易学研究，周易与哲学研究，《周易》经传研究，出土易学文献研究，海外易学研究，周易与文化研究，中国哲学研究等。双月刊。

主办单位：山东大学

《诸子学刊》

集刊。2008年创刊。以复兴诸子学,促进中华文化的全面重构为宗旨。常设栏目有:诸子学专题研究,诸子学研究动态,诸子学会议综述与书评,新子学论坛,新子学动态,《子藏》工程动态等。半年刊。

主办单位:华东师范大学先秦诸子研究中心

中国古典学教育与研究机构

北京大学国学研究院（北京大学中国传统文化研究中心）

北京大学国学研究院的前身是成立于1992年1月的北京大学中国传统文化研究中心。2000年初，北京大学中国传统文化研究中心正式更名为北京大学国学研究院，是直属北京大学的跨学科学术研究机构。研究院以充分发挥北大文、史、哲、考古等学科雄厚的学术力量，发掘与弘扬中华优秀传统文化，促进社会主义精神文明建设和学术事业的发展为宗旨，联系着北大从事中国传统文化研究的学者多达百人。

北京大学国学研究院从2002年开始招收博士生，先后聘请文、史、哲、考古等方面学有专长的著名学者共同担任导师，提供有利于诸学科融汇交叉的课程安排、学习形式及论文指导方式，在"中国传统文化"的大方向下，鼓励学生选择多方向交叉的博士论文选题，以培养知识和视野较为开阔、能够进行跨学科综合研究的博士生。研究院开设"专书选读、中国传统文化专题研讨"等课程，注重培养文、史、哲和考古等学科的研究方法、研究思路，为博士论文交叉选题和跨学科研究奠定了良好基础。

北京大学国学研究院有《国学研究》年刊、《传统文化研究》季刊、"国学研究丛刊"、"中国历史文化知识丛书"等学术刊物。

北京大学中国古典学研究平台、北京大学中文系中国古典学平台

北京大学中国古典学研究平台成立于2019年，由北京大学中文、历史、哲学、考古、外国语学院等院系的相关学者组成，是人文学部重点建设的三大跨学科研究平台之一。具体到北京大学中文系，又有与之对应的"北京大学中文系中国古典学平台"，包含中文系的"五古"（古代汉语、古典文献、古代文学、古代文论与古文字学）力量。校级古典学平台由人文学部牵头，侧重跨院系、跨学科融合式研究，由中文系主任杜晓勤教授担任平台主任；中文系中国古典学平台由中文系牵头，侧重中文系学科建设，由中文系古代文学教研室钱志熙教授担任平台主任。两个古典学平台层次、侧重点不同，又互有交叉、相辅相成。

学校、院系两级古典学平台均立足于研究中国古代人文经典作品的"中国古典学"，强调由古典语文学切入，以文本考察为核心，其研究内容主要包括三个方面：一是中国古典语文学，对中国古代人文经典著作中的文字、音韵、训诂、语法、格律等各方面展开基础训练和系统研究；二是中国古典文献学，包括对中国古代人文经典著作进行版本、目录、校勘、辨伪等方面的研究；三是中国古典文学研究，主要是对古代文学经典作品进行艺术分析与思想阐释。

学校、院系两级古典平台近年来积极开展各类学术活动，以推动中国古典学范围内重要议题的推进和跨专业研究。学校古典学平台创办了《中国古典学》学术集刊，由中文系承办，一年两卷，已被"中国知网"全文收录。截至 2024 年 10 月，《中国古典学》已出版五卷，各卷以专题专号的形式编发，议题集中、内容前沿，引起了热烈的学术反响。学校古典学平台还先后举办三届"古典学国际研讨会"、四届"中日古典学交流与融通工作坊"（均由中文系承办），邀请了来自欧、美、日、韩及中国香港、中国台湾的数百位学者参会报告，并由北京大学出版社、日本汲古书院分别出版中文版、日文版《中日古典学交流与融通工作坊论集》。中文系古典学平台除承办学校古典学平台各类古典学刊物、会议外，还专门开设"中国古典学学术前沿"课程，邀请不同领域的教授为研究生讲授中国古典学前沿课题，并与北大文研院合作，举办"作为方法的文献学"系列学术论坛。此外，中文系古典学平台还设立了平台官方微信公众号"中国古典学"，发布系内外、校内外古典学研究前沿学术资讯。校系两级古典学平台的学术工作，为推动中国古典学发展、促进中外古典学学术交流作出了有益的探索。

北京语言大学中华文化研究院

北京语言大学中华文化研究院成立于 2018 年 3 月，是北京语言大学的实体科研机构。研究院内设北京市首都国际文化研究基地、光明文学遗产研究院、孔子与儒家文化研究所、汉学与中国学研究所、中华文化创新阐释与国际教育研究中心、梅兰芳艺术传承传播中心。中国屈原学会挂靠在该研究院。

专业设置方面，现有中国古代文学、比较文学与世界文学、语言学及应用语言学、文艺学、课程与教学论 5 个硕士专业，中国古代文学、比较文学与世界文学、语言学及应用语言学、文艺学、汉语国际教育 5 个博士专业。

中华文化研究院主办有《中国文化研究》和《汉学研究》。

北京中医药大学国学院

北京中医药大学国学院成立于 2014 年 1 月。国学院以传承、弘扬中医药文化与中华优秀传统文化为使命，展现中医药文化魅力提升中医药文化软实力，凸显与其他国学院不同的优势和特色。国学院下设教研机构有：中医文化教研室、医古文教研室、国学经典与大学语文教研室、国学教育与传播教研室和美育教研室等。海峡两岸中医药交流与合作研究所、易学与儒释道医学研究所挂靠在国学院。

国学院设置中医文化学（包含中医文化资源研究、中医文化理论研究、中医文化应用研究 3 个专业)和中医医史文献(包含古今名医学术思想与历代名著研究、中医临床文献研究、中医训诂学研究、中医文化与中医哲学研究、中国医学史与中医学术思想史研究、中外医学交流与比较研究 6 个专业)两个方向,招收本科生与研究生。

复旦大学文史研究院

复旦大学文史研究院成立于 2007 年 3 月,是国家哲学社会科学创新基地。文史研究院致力于沟通文、史、哲不同学科的交流与融合,推动世界视野中的中国文化研究,推动各种新文献和新资料的整理,以建设起一个从事中国文史研究的国际性、开放性的学术研究机构。

文史研究院的"宗教、思想与艺术史"项目招收硕、博士生。院内另设有专题工作室,下分"交错的文化史""图像文化史""从周边看中国""宗教、思想与艺术史""批判的国际中国学"五个专题。

文史研究院每年出版四期《复旦大学文史研究院学术通讯》,持续推进"域外有关中国的汉文文献集成"、学术著作集"复旦文史丛刊"、论文集"复旦文史专刊"、学术演讲集"复旦文史讲堂"与"研究生学术入门丛书"的出版。此外,曾经在《复旦学报》(哲学社会科学版)建设"文史研究新视野"专栏。

贵州大学中国文化书院

贵州大学中国文化书院成立于 2002 年 12 月,是贵州大学的独立学术机构和传播文化精神的场所。贵州大学中国文化书院成立的宗旨是:弘扬中国的传统文化精神,在坚持以中国文化为根本的前提下,推动东西方文明之间的交流与对话,并致力于中华优秀传统文化的研究与传播,从而推动中华优秀传统文化在现当代世界的发展。通过开展各种学术研究、举办各类文化讲坛和推广国术传习等活动,传播中国的历史文化精神及其所蕴含的文化意象和生命智慧,为贵州大学人文社会科学的建设和发展作出贡献。

贵州大学中国文化书院在历史与文化研究、宗教文化研究、儒学和阳明学、人类学与民族学研究、传统文化与地域文化研究、古籍整理研究等领域成果较集中,发表的相关学术论文、著作在国内外有一定的影响。

中国文化书院主办的《阳明学刊》,是研究"阳明学"的专门学术刊物。

海南师范大学国学研究所

海南师范大学国学研究所的前身是1987年成立的"古籍整理研究室"。"研究室"于1990年11月26日更名为"古籍研究所",1994年7月14日又改名为"国学研究所"。两度更名旨在将古籍整理研究的目标扩大至传统文化的研究,并同时更紧密地服务于师范教学。

海南师范大学国学研究所是海南师范大学下属的独立科研机构。研究所教职工为本硕博开设"先秦经典研究""经学与文学""佛学与文学""《周易》导读"等课程。

湖北大学国学研究所

湖北大学国学研究所成立于2021年9月。研究所侧重在"国魂学"的概念基础上开展工作,兼顾"国故学"的概念。宗旨是弘扬中华优秀传统文化,系统梳理国学史,并进行现代转换。湖北大学国学研究所挂靠在湖北大学哲学学院下,是哲学院附属虚体科研机构。

湖北大学国学研究所的核心研究力量是哲学学院的中国哲学史学科的相关研究人员,已经形成独特的研究视野:平视儒释道,兼容文史哲,中西互相阐释,突出中国哲学自身的特点的把握,同时能够反映和回答西方哲学提出的问题。研究所学术团队已经形成一定的影响力,学术方向明确。

湖南大学岳麓书院

湖南大学岳麓书院的前身是1984年成立的岳麓书院文化研究所,2005年改岳麓书院文化研究所为湖南大学岳麓书院。岳麓书院是湖南大学下设的二级学院,下有人文高等研究院、岳麓书院国学研究院、四库学研究中心等10余个科研机构。

岳麓书院现设有历史学系、哲学系、宗教学系、考古学系4个教学机构,已经形成从本科、硕士、博士到博士后的完整的人才培养格局,在中国史和哲学的人才培养上尤为完整,并承办湖南大学人文科学试验班。在本科生培养上,湖南大学人文科学试验班依托岳麓书院建设和管理,实施现代高等教育背景下的"书院制"人才培养模式,整合校内外师资,实行全程导师制。设立针对人文试验班的特色课程,以经典研读为主,导论课程为辅,开展国内外游学活动,分阶段、有侧重地开展个性化培养。

岳麓书院主办集刊《原道》(半年刊),创刊于1994年,主要刊发儒家研究论文,兼收社会科学领域文章,常设专题研讨、思想与学术、读书与评论三大栏目。

华东师范大学思勉人文高等研究院

华东师范大学思勉人文高等研究院成立于2007年。以吕思勉先生之名命名,以华东师范大学中文系、历史系、哲学系与古籍研究所为依托,是华东师范大学集中优势资源,推进人文学科综合性研究,探索新型学术研究机制,凝聚与培养杰出人文研究人才,以建设具有国际水准和影响力为目标的人文科学学术高地。

思勉高研院下设10个研究中心和思勉人文图书馆,有经典与诠释研究中心、知识分子与思想史研究中心、吕思勉研究中心、上海史研究中心、中国当代史研究中心、华东师大—康奈尔比较人文研究中心、中国近现代社会变迁研究中心、知识与行动研究中心、ECNU-UBC现代中国与世界联合研究中心、中国古代小说戏曲研究中心等。不定期举办思勉人文讲座与思勉人文思想节。

思勉高研院独立招收硕士和博士研究生。以跨学科、精英化、国际化为特色,旨在培养既具有一定专业背景,又具备跨学科知识视野的精英人才。

华中师范大学国学院

华中师范大学国学院成立于2012年3月,按照"由虚而实"的方针开展建设,开展道家道教与中国佛教文化研究、中国社会文化研究、中国文学文献整理与研究、中国古代教育研究以及国学资源的开发与利用。

华中师范大学国学院由历史文化学院与文学院联合组建,挂靠在历史文化学院。下设6个研究中心,其中中国儒家经学研究中心、中国佛教文化研究中心、中国道家道教研究中心、文学与文献研究中心主要承担学术研究任务。国学院师资都来自历史文化学院与文学院。

国学院目前设有专业硕士、博士点,授予历史学学位。为研究生开设有国学概论、经学概论、经学史、经典名著导读、文字音韵学概论等课程。

吉林大学中国文化研究所

吉林大学中国文化研究所成立于1988年,依托于文学院,是校属院管实体科研机构。为校级重点研究基地、吉林省人文社科重点研究基地、吉林省首批特色新型高校智库。

研究所下设中国文化与诗学、比较文学、中国文化与语言学、文艺学、《金瓶梅》五个研究室。成员以中文系教师为主,同时聘请部分兼职人员。研究所以语言文学为基点，立足现实，面向世界，对中国文化进行多角度、多侧面的宏观和微观研究，并在科研过程中逐渐形成贯通古今中外，以边缘学科为主攻点的文理渗透、多学科交叉的综合研究集体。

研究所自2006年起办有《华夏文化论坛》集刊，涵盖中国古代文学、中国现当代文学、文化传播、文化创新与文化产业等方面研究。

兰州大学敦煌与西域文明研究院

兰州大学敦煌与西域文明研究院创立于2019年10月，挂靠在兰州大学敦煌研究所。研究领域涉及历史学、考古学、艺术学等，具体内容包括：敦煌与古代西域地区出土文献整理与社会历史研究、敦煌与古代西域地区非汉语文献整理与研究、敦煌与古代西域地区宗教艺术研究、敦煌与西域研究丛书集成的编辑、敦煌与西域文化遗产保护与研究、敦煌与西域文化弘扬研究等。

南昌大学国学研究院

南昌大学国学研究院成立于2009年，是南昌大学人文学院下设教研室，以"融贯经史子，会通文史哲，涵化中西东，参究天地人"为教育理念。

国学研究院创新教学体系，研究方向分经学、史学、子学、集部学四种。实验班以专书精读的教学方式使学生直奔元典，同时开设西学经典名著研读课程，以中西元典并举的培养模式扩大学生的学术视野。国学研究院试图改变传统文科"概论+通史"的教育教学模式，在课程体系上以元典精读为主，开设了《尚书正义》《毛诗正义》《说文解字》《史记》等元典精读课程。

南京大学中华文化研究院

南京大学中华文化研究院成立于2010年，是南京大学校级直属的虚体研究机构。中华文化研究院致力于优秀传统文化的研究与弘扬，以"文化中国"为理念，促进大中华文化圈各地区、各民族之间的良性互动，进一步增强中华民族的认同感和凝聚力，为振兴中华文化、实现中华民族伟大复兴贡献力量。

中华文化研究院主要设有八个机构，分别是人间佛教研究中心、生命哲学研究中心、两岸三地文化研究与交流中心、中国书画研究院、文学研究所、民族与边疆文化研究所、旭日佛学研究中心、新四库全书编纂研究中心。

文化哲学是在哲学一级学科下新增设的二级学科博士点，以中华文化研究院单列招生计划，学生的学籍和日常管理属于哲学系。

中华文化研究院主办集刊《宏德学刊》《丝路文化研究》与《禅学研究》。

南开大学中华诗教与古典文化研究所

南开大学中华诗教与古典文化研究所成立于1993年，原名中国文学比较研究所，由南开大学中文系与叶嘉莹教授合作建立，以研究和传播传统文化为职志。中华诗教与古典文化研究所内部设儒学研究中心、诗词研究中心和文学比较研究中心。研究所以中文系教师兼任主要研究人员，同时接受国外学者来所作学术访问或专题研究。

中华诗教与古典文化研究所积极开展国际学术交流与学术协作活动，一方面利用"永言"学术活动基金有计划地加强国际学术交流，另一方面与国外学术机构就有关重大课题的研究进行长期稳定的合作。除高水准的学术研究以外，研究所还致力于古典诗词的普及，开展幼儿诵读古诗和中小学师资培训。

内蒙古大学民族古典学高等研究院

内蒙古大学民族古典学高等研究院成立于2024年6月。"民族古典学"以多元一统的国家认同和民族认同为基础，以中国边疆各民族多种语言、多文种文献与经典为研究对象，以民族语文学为主要研究方法，研讨各民族古典文化与文明以及其对中华民族共同体和中华文明的贡献。"高研院"民族古典学研究包括蒙古学、藏学、西夏学、回鹘学、满学等研究方向，强调各学科方向的相互交叉和呈现中华民族之共同体形态与意识。民族古典学在学科上既与"中国古典学"相应，又与民族学的"中华民族学"对应。高研院引进一批国内外具有重大学术影响的学者和优秀的青年学者，同时吸收内蒙古大学相关学科的兼职教师，依托内蒙古大学现有人文学科力量，将高研院打造成国内一流的民族古典学研究基地。

高研院为内蒙古大学直属实体机构，设立"'金心'蒙古学研究高端讲座""'阿纳尔'多语种文献研究博士生论坛"，讲座每年一次、每次若干讲，论坛每年一次，促进学术交流。高研院学科建设工作正在全面展开，计划推进以下工作：创办高质量的学术刊物《民族古典学研究集刊》，组织出版高水准的"民族古典学研究丛书"，编辑出版"民族古典学研究文献丛刊"，广泛建立国际国内合作学术网络，组织国际学术会议和合作科研项目，改进相关研究领域人才培养方案，开设多语种学科语言课程，建立长效的国际一流学者访学计划，联合培养博士研究生，加强人才培养工作。

尼山世界儒学中心

尼山世界儒学中心成立于2019年，由山东省与教育部共同建立，致力于打造世界儒学人才集聚和培养高地、儒学研究高地、儒学普及推广高地、儒学国际交流传播高地。2020年10月，中国孔子基金会秘书处整建制并入尼山世界儒学中心，设立尼山世界儒学中心（中国孔子基金会秘书处）。

尼山世界儒学中心的主要承办活动与项目有：纪念孔子诞辰国际学术研讨会、尼山世界文明论坛、尼山中华优秀传统文化联合研究生院、教育部人文社会科学研究中华优秀传统文化专项课题、孔子学堂、孔子文化世界行、中国孔子网融媒体平台、《论语》译介工程、尼山讲堂、尼山杏坛等。

尼山世界儒学中心联合研究生院于2020年11月成立，2023年8月更名为"尼山中华优秀传统文化联合研究生院"。联合研究生院是教育部重点支持的新型研究生院，由尼山世界儒学中心联合中共中央党校（国家行政学院）、中国社会科学院大学、北京大学、清华大学、中国人民大学等16所院校以共建共享的方式开展硕士、博士研究生教育。

尼山世界儒学中心主办《孔子研究》《中国儒学年鉴》。

清华大学国学研究院

清华大学国学研究院成立于2009年。秉承老清华研究院国学门的精神，接续20世纪三四十年代清华人文研究的传统，参与新时期以来清华文科的恢复振兴，力求把"清华大学国学研究院"办成具有世界影响的中国文化研究中心，为中国文化研究提供一个一流的国际化平台。研究院依托清华大学多种人文学科，关注世界范围内中国研究的进展，内外沟通、交叉并进，着重围绕中国哲学、中国史学、中国美学与文学、世界汉学进行多维度的深入研究，以高端成果、高端讲座、高端刊物、高端丛书为特色，为发展国际化的中国文化研究做出贡献。

清华大学国学研究院直属清华大学，为跨学科研究机构。设立"梁启超讲座""王国维讲座""陈寅恪讲座"，每年各一次、每次若干讲，分别邀约文、史、哲诸领域的学者，围绕特定的专题讲演，并与国内同行进行深度的交流。

清华大学国学研究院有集刊《中国学术》《清华国学》，出版丛书"清华国学研究"（清华国学院专任、兼任、客座教授、访问学者、博士后学人，以及该院支持的研究计划的研究成果）、"清华国学文存"、"清华国学讲座"（清华国学院讲座系列的整理、翻译和修改）。

曲阜师范大学孔子文化研究院

曲阜师范大学孔子文化研究院的前身是1956年12月成立的孔子研究会，1983年更名为孔子文化研究院。研究院致力于儒家文化、中国儒学史、儒家文献、儒家文物古迹、孔子文化传播研究及服务社会。

研究院设有儒家文学研究所、中华礼乐文明研究所、尚书学研究中心、周易研究中心等机构。

研究院设有以儒学及儒家文献为研究方向的博士点、博士后流动站，招收中国史、儒学及儒家文献、儒家文化等方向的博士、硕士生。

山东大学儒学高等研究院

山东大学儒学高等研究院成立于2012年，由原儒学高等研究院、儒学研究中心、文史哲研究院和《文史哲》编辑部整合成新的儒学高等研究院。儒学高等研究院是山东大学直属的独立科研实体，是一个以古文、古史、古哲、古籍研究为重心，以儒学研究为特色的综合性人文学术机构。

儒高院下设古典文献研究所、中国哲学研究所、中国史学研究所、中国文学研究所、经学小学研究所、民俗学研究所，设有独立的学术委员会和学位委员会。儒高院现分有中国哲学、中国史、文艺学、中国古代文学、汉语言文字学、中国古典文献学、民俗学（中国民间文学）、科学技术哲学等教研室。儒高院特设国学专门人才培养基地"尼山学堂"，由儒学高等研究院负责其教学及学生管理，实行"1+3+3本硕贯通模式"，大二时面向全校二次选拔，此后为三年本科、三年硕士研究生贯通培养。硕士、博士均设有外国哲学、科学技术哲学、文艺学、汉语言文字学、中国古典文献学、中国古代文学、中国民间文学、史学理论及史学史、中国近现代史9个专业方向。

儒学院主办《文史哲》、《民俗研究》、《汉籍与汉学》、《当代儒学》（集刊）、《儒林》、《节日研究》（集刊）、《中国诠释学》（集刊）等学术刊物。

山东师范大学齐鲁文化研究院

1999年，山东师范大学根据学科建设与发展需要，整合全校文、史、哲学术力量，正式组建齐鲁文化研究中心。山东师范大学齐鲁文化研究中心是山东师范大学主管的研究机构，是教育部批准的"省属高校人文社会科学重点研究基地"。

齐鲁文化研究院现有中国古典文献学、区域文化与中国文学两个博士点，中国史、中国哲学、区域文化与中国文学3个硕士点。

齐鲁文化研究院一直紧跟学术前沿，提倡不同学科之间的对话与交流，多层次多角度地开展齐鲁文化和中国传统文化研究，在中国早期文明、儒学与中国传统文化、山东区域文化、黄河文化、礼学、古代石刻等方面形成了独具特色的研究优势。

山西大学初民学院

山西大学初民学院成立于2009年9月，以邓初民的名字命名，是山西大学积极探索高素质创新人才培养模式的试验基地。2013年，初民学院被山西大学正式设立为具有独立编制的实体性学院。

初民学院设文科试验班（文学+史学+哲学）、理科试验班（应用化学+生物科学）和工科试验班（数据科学与大数据技术+金融学）。初民学院实行四年全程导师制，导师围绕科研训练计划和毕业论文（设计），对学生的学习、科研、思想和生活进行全方位指导。文科试验班开设的主干核心课程有中国文学史、西方文学史、现代汉语、古代汉语、中国通史、世界通史、中国哲学史、西方哲学史、逻辑导论等。

初民学院2013年创办《初民》杂志，服务学院学生，培养学术兴趣。

深圳大学国学研究院

深圳大学国学研究院前身是成立于1984年9月的深圳大学国学研究所。2017年，国学所更名为"深圳大学国学院"。深圳大学人文学院是涵盖文、史、哲三个专业的学院，国学院即人文学院的下设机构。国学院致力于中国传统学术的研究与传播，目前涵盖古代文学、古典文献、中国哲学、中国历史等研究方向。

2012年，深圳大学人文学院依托国学所创办"深圳大学国学精英班"，成为学校探索实施高素质研究型拔尖人才培养改革的第一个实验班，主要承担本科教学任务。"国学精英班"旨在培养富有人文情怀和文化素养，对文史基础、国学典籍和治学门径能全面掌握，能熟练阅读中国古典文献、出土文献和外文资料，对中国传统文化拥有学术兴趣和研究能力的高素质人才。"国学精英班"于每年秋季学期初面向全校新生公开招考，大二学生亦可参与申请。每年选拔20名左右对中国传统文化有强烈学术兴趣的优秀学生，以转专业方式进入国学精英班进行培养。

四川大学儒学研究中心（国际儒学研究院）

2009年10月，四川大学与国际儒学联合会、中国孔子基金会合作共同组建了"四川大学国际儒学研究院"。2011年，研究院被四川省社科联批准为哲学社会科学重点研究基地——并改名为儒学研究中心。2015年被贵阳孔学堂接纳为入驻科研单位。2017年，四川省委宣传部在研究院设立人文社会科学重点研究基地——杨慎研究中心。2018年，四川省委宣传部、四川大学以研究院为依托，共同成立"四川大学中华文化研究院"。2022年，被四川省社科联评选为中国文化普及重点基地——"经学文化普及基地"。国际儒学研究中心以古籍所为依托，整合全校文、史、哲等学科相关研究力量，集儒学研究、儒学教育和儒学普及诸功能于一体，形成一个跨院系跨校际的学术研究和儒学普及平台。

机构设置上，下设"三所"：中国儒学研究所、古籍整理研究所、蜀学研究所，"四室"：儒商文化研究室、宋代文化研究室、海外儒教研究室、非物质文化遗产研究室。

儒学研究中心编辑出版了《儒藏》《巴蜀全书》《中国儒学通案》《儒学大师文库》《宋会要辑稿》等。

四川师范大学中华传统文化学院

四川师范大学中华传统文化学院成立于2018年10月，挂靠文学院，是以中华传统文化及巴蜀文化研究为特色的跨学科、跨领域的中华优秀传统文化研究和传承平台。学院着眼薪火相传，继承和发扬四川师范大学优良传统，推动传统学科代有传承、发扬光大，着力融合传承，坚持深入民间、走向社会、走入基层，推动中华优秀传统文化与地域文化相融相通，实现活态传承，有力地推进中华优秀传统文化的创造性转化、创新性发展。

学院现有"中华文化与西南区域文明互动研究中心、简帛与石刻文字研究中心"2个研究中心和1个省级社科普及基地"四川历史名人文化普及基地"。与文学院、历史文化学院资源共享，在中国语言文学、中国史两个一级学科下自设中国典籍与文化、文化史两个专业方向，招收硕士研究生。

中华传统文化学院主办《中华传统文化研究》集刊，2021年创刊以来每年一期。主要发表四川学者对中华优秀传统文化的研究，常设栏目有：古今融通，学者访谈，名家随笔，经典发微，史料汇集。

苏州大学唐文治书院

苏州大学唐文治书院成立于2012年。主要承担本科教学任务，培养复合型与学术型文科人才，专业课程设置打通文史哲，回到文史哲专业的基本面，回到中国文化的"原典"，强调经典研读，从传统出发并对传统进行创造性的转化，以现代的立场阐释经典。

唐文治书院是与文学院并列的实体学院，主要师资来自苏州大学文学院、哲学院、历史学院、艺术学院。唐文治书院只招收本科生，从文学、哲学、历史、思想政治教育四个专业招收学生，组成三十人左右的小班进行教学，设有汉语言文学（基地）、哲学、历史学（师范）和思想政治教育四个方向。核心课程覆盖文史哲艺四个领域，包括中国文学、文献学、古代汉语、现代汉语、西方哲学史、马克思主义哲学、中国哲学史、世界历史等。

唐文治书院办有院刊《文治学刊》，每年一期，主要内容为教师专栏、学生论文和自由创作。

台湾大学人文社会高等研究院东亚儒学研究中心

台湾大学人文社会高等研究院东亚儒学研究中心成立于2015年，依托人文社会高等研究院进行建设，主要执行高研院"东亚经典与文化"及"东亚儒学"两大研究计划，并出版相关研究成果。

研究范围主要集中在东亚的儒家文化圈，以儒家经典为研究核心，梳理文化脉络。既聚焦于东亚各地的文化互动，又不偏废东西文化交流史，并以此探讨经典与价值的理念变迁及其展望。

计划成果汇编为"东亚文明研究丛书"，由台湾大学出版中心负责出版。

同济大学中国思想文化研究院暨经学研究院

同济大学中国思想文化研究院暨经学研究院是人文学院下设的研究平台，同济大学中国思想文化研究院成立于2012年，依托中国哲学、古典学博士点，整合了人文学院相关领域的研究力量，致力于中国哲学、儒学、经学、古典学和现代汉语哲学的研究。研究院坚持基础研究与前沿创新相结合，致力于加深当代中国的自身理解，促进中国文化的通古今之变。先后主办了"儒学与古典学年会""古今通变工作坊"两个学术系列论坛，并编辑出版了"同济·中国思想与文化丛书"及《儒学与古典学评论》学术辑刊。

目前以儒学、古典学与经学为研究重点，兼及比较哲学与当代汉语哲学研究。

同济大学经学研究院成立于 2021 年，为整合人文学院经学研究的跨学科研究平台，其前身为 2012 年成立的经学研究所，成立后与中国思想文化研究院进行联合研究。经学研究院以对"四书"和"五经"的基础研究为主，同时致力于将传统经学研究成果引入现代学科，实现对现代中国问题的创造性诠释。

武汉大学国学院

武汉大学国学院成立于 2010 年 3 月。2005 年开始，国学挂靠相关学科招收硕士生，2007 年，正式挂靠哲学一级学科设立国学博士点和硕士点；2010 年正式成立国学院。国学院以悉心培养国学的读书种子为唯一宗旨，遵循传统中国学术，强调义理、经世、考据、辞章一体，与现代学术分科体系有着显著差异，体现了明显的跨学科特点。

国学已经形成完整的本、硕、博三级培养体系，细分为经部研究、子部研究、史部研究、集部研究和佛道研究五个方向，强调原著经典的创造诠释，突出小学训练和古文献训练。

西北师范大学国学中心

西北师范大学国学中心成立于 2012 年，挂靠文学院，整合本校文学、历史学、哲学史、考古学、艺术史等领域的学术力量，联合校外有关从事中国传统文化研究的专家学者，共同开展国学研究和人才培养。

国学中心的师资队伍从全校选拔，由文学院、历史文化学院、马克思主义学院、美术学院、教育学院、传媒学院等学院的相关教师，以"双聘制"的形式，自愿参与国学中心的教学科研工作。

在教学和人才培养方面，国学中心面向全校本科生开设"国学与华夏文明"公选课、同教务处联合举办"陇原国学讲堂"。国学中心下设中华伏羲文化研究会学术文献编纂委员会、中国辞赋学会秘书处。

西华师范大学国学院

西华师范大学国学院成立于 2015 年 12 月，是一个以科学研究、本科和研究生培养、国学推广与传播为主要任务的学术机构。校内文学、历史学、哲学、考古学、艺术学等相关学科的教师以"双聘制"的形式，自愿参与国学院的教学科研工作。同时国学院也和省内外、国内外学术界进行广泛的学术交流与合作，积极参与地方的文化建设事业。

国学院面向全校本科生开设"国学"类课程，招收国学专业的硕士研究生，培训省内外中小学国学教师，并面向社会举办各种形式的国学讲座，为社会企事业单位提供国学服务。学院注意吸收国内外的新思想和新方法，结合地域文化特色，形成了自己的研究方向和学术风格：巴蜀文化研究、经学研究、古代文学研究、出土文献研究、古代碑石研究、古代艺术文献（音乐、美术）与文化研究、古写本研究等。

国学院主编有《古代文学特色文献研究》《写本学研究》等学术集刊。

厦门大学国学研究院

厦门大学国学研究院成立于2006年12月，以为接续20世纪20年代厦门大学国学院的研究传统，是厦门大学的直属学院。国学研究院以"萃取国学精华，弘扬中华文化"为宗旨，研究中华文化和中华学术，秉持"兼容并蓄、开拓创新"的学术精神，集聚海内外国学研究专才，搭建学术平台，开展国学研究，同时培育国学研究人才。

复办的国学研究院继承发扬厦门大学国学研究的优良传统，发挥多学科交叉整合优势，突出国学主流和区域性研究特色。以朱子学为学术研究重点，一方面是以朱熹理学为研究核心，探索唐宋以来中国南方思想文化、政治社会、民生经济、宗教习俗等各领域的演变发展，形成国学研究的东南特色；另一方面是研究在朱熹与闽学影响下的闽台及周边区域的历史、文化、社会诸特征，尤其注重对东南海洋带文化传承的探讨，努力建构国学研究的东南风格。

香港浸会大学饶宗颐国学院

香港浸会大学饶宗颐国学院成立于2013年，是香港浸会大学文学院下属研究所，是香港首所国学院。饶宗颐国学院以传统国学、汉学、经学为研究基础，融合东西方国学、汉学、经学研究优势，探索古今，希望用创新方法提升国学，使之形成一种具有中华文化特色，并可以得到世界广泛认知和接受的思想体系。

饶宗颐国学院重视培养扶植年轻一代学人，推出"选堂博士计划"及制定"哲学硕士课程"，旨在培养具有国际视野的国学人才。饶宗颐国学院经常举办国际学术论坛及高端学术讲座，并邀请海内外知名的国学、汉学名家前来畅谈学术，交流思想，充分发挥香港地接南北、辐辏东西这一得天独厚的地理、文化优势，将饶宗颐国学院建设成为国际学术交流平台。

饶宗颐国学院创办双语国学与汉学研究学术刊物《饶宗颐国学院院刊》，出版"国学丛书"、《容兼阁问学集：海内外文史暨汉学名家访谈录》。

香港中文大学中国文化研究所

香港中文大学中国文化研究所成立于1967年，以广义的中国文化研究为基础，促进综合及比较性研究，协助本地及海外学者提高中国文化研究水平。作为一个国际学术中心，研究所与该领域的其他学术研究机构和学者保持交流与合作，又通过出版书刊和举办学术会议，促进中国文化研究。

研究所下设吴多泰中国语文研究中心、当代中国文化研究中心、刘殿爵中国古籍研究中心及岭南文化研究计划，各自发展学术及出版工作。

研究所主要出版物包括：《中国文化研究所通讯》《中国文化研究所学报》《中国语文研究》《中国语文通讯》《岭南文化研究通讯》《先秦两汉古籍逐字索引丛刊》《魏晋南北朝古籍逐字索引丛刊》及"汉达古籍研究丛书"等。

扬州大学文化传承与创新研究院

扬州大学文化传承与创新研究院创立于2016年7月。研究院以中华文化经典为中心，扬州学派为重点进行研究。主要科研方向有：（1）中华文化诠释与传播。该方向对最具中国精神的儒家元典进行义理诠释，同时考察海外传播情况。（2）经学文献整理与研究。该方向对经部文献进行搜集与整理，从文献学角度进行考镜源流、辨章学术研究。（3）俗文学与中华民族共同体研究。该方向以小说、戏曲、道情等俗文学为研究对象，考察文本，探究其中折射的中华民族共同体意识。

浙江大学马一浮书院

浙江大学马一浮书院成立于2017年12月，是浙江大学与浙江敦和慈善基金会联合发起创建的教育创新实验性特区。书院重点围绕传统经学研究、优秀传统文化传播、国际文化交流与文明对话等领域开展工作，聚焦以六经为主的经学研究、义理名相学研究及国学教育等重点任务。书院继承复性书院"尊经、重道、育人、刻书"的传统，以"复性明体，开物达用"为宗旨，开展学术研究、人才培养、出版书刊、传播文化四个方面的工作。书院作为以经学为研究特色又具有现代学科内涵的人文科学综合性研究基地，致力于打造经学与人文研究重镇，呼应自主知识体系创新和中国话语体系建设的时代脉动,并努力展现新的时代意义。

马一浮书院是实体单位,下设中华经典传习所与经学文献中心。书院承担研究生培养任务,主要领导团队和师资来自浙江大学文史哲院系教授。书院从2019年开始招收博士生,开设"经学通论、经学历史、五经文本、五经音义、清代学术专题专究"等特色专业学位课,推广以经学为中心的传统化教育。

书院曾主编集刊《经学文献研究》。

中国海洋大学中国传统文化研究中心

中国海洋大学中国传统文化研究中心成立于2018年,依托文学与新闻传播学院进行建设。中心以传统文化与古代文学为纽带,以中国古代文史研究为重点,突出海洋与地域特色。

研究中心初步形成了古典诗文研究、古代叙事文学研究、民俗文化研究、齐鲁文化研究、海洋文化研究五个方向。同时积极推动文化素质教育类课程建设,开设有"中国文化传统""论语导读""唐诗宋词名篇导读""史传文学导读""红楼梦导读""民俗学""海洋文化概论""中国文化史""中外文化交流史""文史要籍导读"等课程。倡导科研与教学的深度融合,努力实现学科建设与学生人文素质教育的同步提升。

研究中心主办集刊《古典文学研究》,创刊于2020年,主要刊发古典文学领域文章。

中国人民大学国学院

中国人民大学国学院创建于2005年,本、硕、博培养体系完备,是新中国第一家以"国学"命名的教学研究机构。人大国学院始终强调贯通文史哲,打破学科壁垒,致力于推进古典学视野之下的"大国学"研究以及根植于"大国学"的古典学研究,开展有深度的古今对话和跨文明沟通,以整体把握、系统呈现为方法,以服务当下、走向世界为目标,深挖经典内涵,辨章其流变脉络,梳理中国传统经典知识体系的结构特征,考察其在历史不同发展阶段对中国周边乃至世界的影响,揭示中华文明对人类文明发展的意义。自创院以来,学院一直秉持冯其庸老院长所提倡的"大国学"理念,积极响应"提振中国传统文化研究、创造性转化中华优秀传统文化、构建中华民族共同体"的国家战略,不仅聚焦儒家经典,也兼顾其他汉文文献,不仅根植汉语古典学,也深入挖掘满蒙藏西夏察合台等少数民族的古代文字、语言、文献和历史,不仅广泛研究中国境内的古典文献和考古材料,也密切注意中亚、欧洲的古典文献和考古发掘。

国学院设汉语古典学系和西域古典学系，目前覆盖中国语言文学、中国史和哲学三个一级学科及其下属的中国哲学、汉语言文字学、中国古典文献学、中国古代文学、考古学及博物馆学、历史地理学、专门史、中国古代史八个二级学科，硕、博士可自由选择研究方向并获得相应学位。

国学院是国内唯一设置"中国古典学"专业的学院。"中国古典学"是以中国古代经典研究为主的教学和研究主体，以古代中国的本体研究为目标所设立的新专业。在研究方法上，更加强调继承中国传统学术方法，入乎"小学"，参稽"汉学"，出乎"大学"，在中国传统文献学的基础上，加强对于中国古代经典的诠释；同时，"中国古典学"还重视古代中国境内其他民族历史语言文化的研究，推广中华民族共同体理念下的中华民族优秀传统文化观念。学生经过专业学习，能充分理解中华优秀传统文化内涵，并具备对中华优秀传统文化创造性转化和创新性发展的能力。

人大国学院拥有《国学学刊》《西域历史语言研究集刊》《蒙古学问题与争论》《卫拉特研究》等学术刊物。其中《国学学刊》是全国唯一一家以"国学"为名的正式学术期刊，《蒙古学问题与争论》《卫拉特研究》则是国际学术集刊。

中国艺术研究院中国文化研究所

中国艺术研究院中国文化研究所的前身是成立于1988年7月的中国艺术研究院直属的中国文化研究室，1993年4月，经原文化部批准正式成立中国文化研究所。

中国文化研究所是由艺术、人文及社会科学多学科组成的研究所，以研究、传播和弘扬中华优秀传统文化为职志，掌握前沿新知，兼顾冷僻旧学，注重方法的反思与创新，致力建立理想的学术家园。中国文化研究所的功能、方向和特色大致体现在四个方面：一是立足经、史、子、集四部文献，精研古代经典文献；二是关注古代物质文明和思想资源，发扬阐释最具核心价值的中华优秀传统文化；三是综融文、史、哲、艺，学术研究具有跨学科、跨文化的特点；四是提炼古代艺术的人文精义，与本院从事其他具体艺术门类创作和研究工作的机构建立沟通、展开对话。研究人员的岗位职能设置有三个部类：宗教与思想研究、文学与文献研究、历史与语言研究。

中国文化研究所的主要出版物为《中国文化》杂志。中国文化研究所还以集刊方式不定期出版《中国文化研究所学报》和《文明》，前者以发表本所重要研究成果为主，后者致力于多元文明交流互鉴视野下的中国文化观念研究。

中国藏学研究中心

中国藏学研究中心成立于 1986 年 5 月。中国藏学研究中心是以我国西藏和四川、云南、甘肃、青海四省涉藏州县的历史、现状和未来发展为研究对象的国家级学术研究机构，是党和国家涉藏工作的重要智库。自成立以来，中国藏学研究中心紧紧围绕党和国家涉藏工作大局，坚持理论联系实际，在基础研究、现实研究方面均取得丰硕成果，建立起多民族的藏学专家学者队伍，建成了以科研为中心的多功能藏学研究机构。

中心已完成一系列重大科研项目。先后承担《中华大藏经》藏文对勘、《西藏通史》《中华大典·藏文卷》编纂等国家级重大项目。所属中国藏学出版社是国内外最有影响的藏学专业学术出版机构。

中心主编有《中国藏学》期刊，是我国目前唯一的国家级藏学专业学术期刊，有汉、藏、英三种文版，同时负责《中国藏学年鉴》的出版。

中国古典学相关学术活动

湖南师范大学"东亚古典学研究"学术研讨会

2022年6月18日,由湖南师范大学语言与文化研究院、湖南师范大学外国语学院、湖南师范大学东北亚研究中心、湖南师范大学"一带一路"文化交流与传播研究中心共同主办的"东亚古典学研究"学术研讨会成功举行。来自国内外的专家学者围绕"东亚古典文学现象与东亚文化交流、东方古典美学特质、东亚汉籍流播、东亚内部佛教关联"等学术问题展开了精彩的讲演,湖南师范大学及其他院校的数百名师生共同研讨、学习"东亚古典学"。

湖南师范大学语言与文化研究院副院长杨安主持开幕式。湖南师范大学东北亚研究中心主任蔡美花教授在致辞中表示,东亚古典文明是独具特质的区域文明,点明了"东亚古典学"是对近代以前中国、日本、朝鲜、越南等国家之间,生成并相互关联的、以汉文记录的文学与文化事实的研究,并从历史和"人类命运共同体"的时代背景出发,认为"东亚古典学"是一个既古老而又新鲜的话题。同时,她也对即将问世的《东亚古典学研究》学术集刊进行预告,指出《东亚古典学研究》学术集刊是集中日韩三国专家之力,共同研究东亚古典学的一次全新尝试。本次研讨会将集中展示近年来东亚古典学专家所取得的丰硕成果、展现东亚古典学研究的新观点与新风貌,并为积极建构中日韩东亚古典学研究的学术网络打下良好基础,为积极拓展东亚古典学的研究内涵、丰富东亚古典学的研究视角提供有益借鉴。

本次研讨会主旨讲演的上午场由湖南师范大学"一带一路"文化交流与传播研究中心主任陈小法主持。厦门大学李无未教授围绕《日韩"汉诗作法"书之特质》的题目,分析了韩国金信炯、金银容编写的《汉诗作法》,日本岸田吟香训点清人的《诗法纂论》,爽鸠正长编辑的《诗筌》等七本学术日韩汉诗作法书,寻求其不同于中国"汉诗作法书"的特质。

日本早稻田大学河野贵美子教授以早稻田大学图书馆藏《释氏源流》为例,考察了佛教典籍在东亚传播的状况以及所谓"域外汉籍"的重要意义。

广东外语外贸大学王向远教授从"东亚诗学"出发,延伸到"东亚美学",进一步深入到"东方美学",尊重传统,并对其进行现代化建构,明确提出了"东方美学"在构建东亚共同体方面的重要性。

湖南师范大学吕双伟教授以"新罗崔致远骈文浅论"为题,从狭义与广义的角度指出了骈文的含义和特点及其范围的广泛性。

研讨会主旨讲演的下午场由湖南师范大学东北亚研究中心副主任闫超主持。南京大学卞东波教授以唐代诗人李峤的《杂咏诗》为主题,从中国咏物诗集在江户时代的刊刻、李峤《杂咏诗》的日本写本与刻本、户崎淡园《李峤咏物诗解》的成书与价值、《和李峤百二十咏》对李峤咏物诗的接受四个方面分析了中国咏物文学对日本文学的影响。

延边大学徐东日教授以朝鲜通信使为主题,指出当下学界对于"朝鲜通信使"一语在内涵和时间限定方面争议和误解,提出在叙述朝日关系时也应对日本派遣到朝鲜的使行给予关注。

湖南师范大学冉毅教授以"玉涧绘《潇湘八景图》题诗东渐西传之'远意'流变考"为题,从与潇湘八景相关联的地域记录,潇湘八景的文学底蕴渊源,潇湘八景的创始者宋迪等多个方面分析了潇湘八景诗画的流传变迁。

湖南师范大学教授陈小法以日本禅宗与湖南的渊源关系为题,详细说明了中国禅宗史上湖南的历史地位。

本次研讨会是近年来东亚古典学研究方面的一次盛会,深入探讨了东亚古典学研究的视域及方向,对于构建东亚共同体,提升东亚各国人民的互知互信具有重要意义。

(原载中国社会科学网,作者:关锐、陈文华)

中国人民大学国学院"中国古典学的问题与方法"研讨会

2022年7月16日下午，国学院20多位教师参加研讨，就"古典"的概念与"古典"时代的界定、研究方法与实践、学科建设等问题进行了深入探讨。

一 "古典"概念与"古典"时代的界定

本次会议，陈伟文和孙闻博都通过考据，详尽梳理了"古典"的本义。"古典"一词最早出现于两汉时期，有两种含义，一指古代典章制度，典出《汉书·王莽传》，二指古代典籍，初见于《后汉书·樊准传》。孙闻博的《中国古典学与中华文明研究》一文也解释了"西方古典学"的含义，指出"西方古典学"以古希腊罗马文明终结的公元600年为时代下限，研究内容涉及文史哲、考古学及艺术史。

关于中国"古典"时代的界定，张齐明的《古典何以可能：基于知识史的几点思考》一文从知识史角度梳理了古典学的研究，提供了一种界定"古典"时代的可能性。自先秦至近代，华夏文明的文化本质特征保持了独特的稳定性，正是建立在知识长期的稳定性基础之上。知识的稳定，并不是否定不同历史时期的知识的变迁与发展，而是指知识最为深层的结构部分长期保持稳定——"时空同构"，即强调世界万物的时空属性及其相互关系，并由此衍生出了一系列可以相互转化或者互表的符合系统：阴阳五行。源于这一知识结构的天文、历法、术数、医学等具体知识基本上确立了我们文明的基本形态，经典的创制与诠释，政治、制度及社会生活的展开，均依赖于这一知识结构的支撑。这种长期稳定的知识结构，为开展古典学研究提供了自然的合理的时代界定。

孙闻博的《中国古典学与中华文明研究》一文也认为由于中华文明呈现没有中断的延续性，以及不断发展更新的特征，"中国古典学"的研究时段或可包含整个中国古代。面临"中国古典学重建"的历史机遇，应以"大国学"为理念，以文史哲贯通为基础，"中国古典学"有希望在汉语、西域多语种文献整理，中华文明研究等方面，贡献更多力量。

张耐冬的《分期与分流：中国古典学成立的前提》一文讨论了中国古典学的学科特征，认为中国古典学的学科路径与方法应与西方古典学有所区别。同时，中国之"古典"应是区域性的典范，可借鉴西嶋定生对"东亚世界"的论说，将构成东亚世界文化的要素作为中国古典的基础，按照东亚世界的形成、巩固与发展、变迁的历程为古典时代分期，将中唐以前视为古典时代的形成期，其后为古典时代的流变与更新期。

二　"中国古典学"的研究方法与实践

关于"中国古典学"的研究方法与实践，索罗宁的《"人文研究"和"比较研究法"》一文认为，比较研究法通过设立标准，进行历史比较研究，可以应用于语言学、文献学和考古学等多个领域，与"中国古典学"交叉学科特点相吻合。局限在于，有些研究对象变化规律不明显或样本过少，无法通过历史比较得出科学的结论。吴洋的《中国古典学与中国传统学术方法的继承与发展》主张在中国学术传统和研究方法的意义上为"中国古典学"定位，重点对乾嘉考据学与西方考古学和碑文释读的同步发展、中国传统学术方法的继承与发展等问题进行了阐述。强调乾嘉考据学以汉学和宋学的争论为主要特征之一，与西方考古学和碑文释读的发展处于同一时期，这是东西方学术发展阶段不约而同的共鸣。

张明东的《金石学、考古学与中国古典学的重建》认为中国古典学在其发展过程中，经历过多次重建。传统的金石学在古典学历次重建中都发挥了重要作用，两者关系密切。中国传统的金石学萌芽于汉代，正是两汉时期古典学重建的阶段。成熟的金石学形成于两宋，发展于清代至民国初年，都为不同时期古典学重建起到了推波助澜的作用。在上千年的发展过程中，金石学逐渐构建了较为完整的学术体系，形成了关注经典、文本与物质并重的学术传统，在收藏、鉴赏、资料整理和学术研究等方面，留下了丰富的遗产。随着近代考古学的传入，金石学完成了它的学术转型，其核心内容被纳入考古学中。在当代"中国古典学"重建过程中，考古学不仅要发挥其现代学术特点，更须重视其金石学传统，建立文本与物质的良性互动，融合语文学和考古学的优势，延续千年学术传统，实现传统文化的创造性转化和创新性发展。

辛亚民的《"文史哲贯通"之我见》一文认为，无论是"国学"还是"古典学"，"文史哲贯通"是始终遵奉的理念，明确、清醒的学等科意识是"文史哲贯通"的前提，研究者要立足于自身的学科、专业，对自己的研究领域、方向有精熟掌握的前提下才能向相邻学科延伸、拓展。立足本学科、本专业，依托自身研究领域，积极借鉴相邻学科、专业的研究范式，充分吸收、利用相邻学科、专业的研究成果，这应该是"文史哲贯通"最低限度的要求。"文史哲贯通"既是对教师、研究者自身学力的挑战，也面临由于学科划分而造成的"体制"困境。未来需要向业已成熟的西方古典学学科学习、借鉴，也应该与国内兄弟院校国学院、人文社科试验班交流互鉴。

三 "中国古典学"学科建设

在国学研究至今未能顺利地被整合进中国大学的人文学术体制之中这一大背景下，沈卫荣的《构建以国学为基础的中国古典学》一文认为，在现有国学研究的基础之上，构建一个具有明显中国传统学术特色的中国古典学学科，以推动国学研究的学术化进程，大幅度提升中国古典研究的学术性和学术质量，改变以"西方古典学"为主导的世界古典学的面貌，这是摆在我们面前的一条势在必行的正确道路。

杨庆中的《古典学与国学教育》一文认为，立足于古典学建设国学院学科体系，是国学院建院十多年来不断探索的结果，是国学研究的深化。国学院下设两个系，分别接续了两种治学的传统，欧亚古典学系接续了西方语文学的传统，中国古典学系接续了中国文字文献学的传统。把两个传统有机地结合起来，中西合璧，是中国人民大学国学院有别于兄弟单位的闪光点和特色所在。基于国学院文史双主学位的现实，院长杨庆中建议在课程设置、学生培养中贯穿一条主线，即始于小学，终于大学，工具理性与价值理性并重，技能学习与人文关怀合一，"道问学"而"尊德性"。

华建光的《中国古典学本科课程体系建设》从课程体系和学生培养两个方面出发，指出要发挥"中国古典学"作为交叉学科的优势，做到文史哲深度交融、第二课堂体系化和产学研贯通。在第一课堂专业课为学生夯实语言文献功底的基础上，依托导师组，采用项目制，结合读书班和游学制度，建立完整且有深度的第二课堂人才培养体系，培养"大国学根基、文史哲贯通、古典学视野"的高水平人才。

李建强的《关于国学—古典学建设的几点思考》一文讨论了国学—古典学建设对时代要求的响应，在"双一流"背景下如何根据国学院特色进行学科建设，依托学科优势如何培养"大师"三个问题。国学—古典学建设不仅响应了2022年2月28日中央全面深化改革委员会第二十四次会议强调要走好基础学科人才自主培养之路，培养出大师，也响应了习近平总书记在2022年5月27日中共中央政治局就深化中华文明探源工程进行第三十九次集体学习时提出"要建立中国特色、中国风格、中国气派的文明研究学科体系、学术体系、话语体系，为人类文明新形态实践提供有力理论支撑"。在"双一流"按一级独立学科进行评价的背景下，国学—古典学建设应扬长避短，发挥学科交叉的优势。建院以来，国学院在人才培养方面颇有建树，主要有以下四点特色：一是相对完整的学科知识结构；二是发挥学科交叉的优势，瞄准学术前沿问题有目的地进行选择性学习；三是学习与科研相结合，以科研带动学习；四是有清晰的未来规划。

此外，李若晖的《求真实以黜名辩——〈论六家要指〉名家论之哲学分析》一文认为，名家实质上在"名实相符"的名义下构建了两种截然不同的"真"，一是"名"与现实之"物"的相符，这也是通常所认为的"名实相符"，另一则是将"名"本身作为一"物"，将"真"理解为"名"与"名作为物"自身相符，这是名家独特的理解。名家由非经验性概念在并无矛盾的逻辑思维中，通过关联经验的事实的推理，构造出悖经验性命题。司马谈通过将经验还原入概念之内，将名学改造为"合经验性命题"。这固然使名学能够顺利指导政治实践，却摧毁了名学的灵魂，仅仅留下了工具性的框架和躯壳。

梁海燕的《制度、礼仪、音乐与文辞：乐府学的四个维度》一文，从实践出发，基于国学院"国学—古典学"学科特色，试从制度、礼仪、音乐与文辞四个角度，对乐府学史的书写进行了思考。概言之，乐府学本于朝廷"制礼作乐"之需，依托于朝廷乐府制度，融入各类礼仪活动，并在音乐史雅、俗嬗变中不断获得新变，同时文辞写作沉淀为文人诗学。

讨论环节有多位教师发言。其中，乌云毕力格发言指出，中国古典学与大国学在研究对象上基本是重合的，主要研究中国古代语言、文字、文献和文本。由于"国学"一词缺少学科性，"古典学"可以说是"国学"的学术化和学科化。在中国古典学研究中，不同学科的贯通是必要的。黄维忠的发言围绕产学研贯通，建议成立国学院"中国古典学数字文献中心"，可与上海交通大学文献中心、中宣部出版产业通用数据交换技术重点实验室等多个校外单位进行深度合作，共同建设中国古典学数字文献平台与知识服务平台。

本次研讨会由中国人民大学国学院院长杨慧林作学术总结发言。他从"古典"概念在西方中世纪、17 世纪、18 世纪和当代学术的不同含义出发，认为"中国古典学"的意义恰恰是要在古今之间、中外之间的对话中得以延展。这也正是 2016 年 5 月 17 日习近平总书记在哲学社会科学工作座谈会上强调的"立足中国、借鉴国外、挖掘历史、把握当代、关怀人类、面向未来"。国学院的老师们各有专攻，此次研讨亦如马一浮先生所言的"精密"：精则无肤廓之言，密则无疏略之病。由此响应习近平总书记 4 月 25 日在中国人民大学考察调研时提出的"建构中国自主的知识体系"，"中国古典学"当可拓展出巨大的思想空间。

（原载《国学学刊》2020 年第 3 期，作者：《国学学刊》编辑部）

《文献·文学·文化：中日古典学交流与融通工作坊论集》第一卷正式出版

近现代以来，中国古典学界与日本研究中国古典学（包括古代语言文字、典籍文献与古典文学）的学者之间有充分的学术互动。从二十世纪九十年代开始，中国古代典籍在日本的东传和影响以及日本抄刻的汉籍，渐渐成为中国古典学界的研究热点。中国高校相继成立了多家专门研究日藏汉籍的学术机构，日藏汉籍的目录汇编、版本研究及珍善本影印等工作也取得了长足的进步。同时，两国学界还从题材、意境风格和文学观念等方面深入探讨了中日古典文学之关系。近年来，两国古典学界希望作进一步交流的呼声更高。其背后的学术考量主要有：其一，中国古典学界以前一直关注的日藏汉籍确实具有重要的版本价值和学术意义，但是汉籍的和刻本、日抄本及日本古代典籍中数量更多的非汉文典籍，则全面深细地反映了日本对中国古代经典、汉字文化、古典文学的受容与变容，亦应得到重视和利用；其二，中国古典学界以前多与日本研究中国古典学的同行如汉语史、古文献和古典文学的学者进行交流，而甚少与日本古典学界中研究国语、国史、国文学的专家一起讨论问题，实际上日本古典学者所进行的相关研究，中国古典学者更应给予关注。同理，日本研究国语、国史、国文学的专家，如果对中国研究汉语史、古代史、古文献和古代文学的方法、理念和成果能够及时全面掌握的话，其本身的研究也会取得更大的进展甚至突破。基于此，经过较为长期的筹备和探讨，北京大学中文系从事中国古典学研究的一些学者，与早稻田大学文学学术院、早稻田大学总合研究机构日本古典籍研究所从事日本古典学的学者开始联合起来，正式建立了"中日古典学交流与融通工作坊"这一常规化的学术交流平台，并商定每年秋季举行一次学术会议，就共同关注的研究对象进行专题研讨。

2018年11月10日，在日本东京的早稻田大学户山校区，"中日古典学交流与融通工作坊"举办了首届国际学术研讨会。此次会议事先设置的主旨是"中日古典学的交流与融通"。分论题有三：1. 日本古典文献（日本语、日本文学、日本史）中的中国古典资料及其影响；2. 日本所藏汉籍的文献价值与传播史研究；3. 和刻本汉籍及汉籍日抄本的文献价值与文化意义。

2019年11月2—3日，"中日古典学交流与融通工作坊"第二届学术研讨会在北京大学人文学苑举行。此次会议主题为"中日古典文学关系研究"。预先设定的分论题较之首届更广泛，主要有：1. 日本古典文学与《文选》《白氏文集》等中国文学作品集及具体作家作品之关系；2. 日本汉诗、和歌艺术理论与中国古典诗歌理论之关系；3. 日本古代类书的编撰与中国唐宋时期类书之比较；4. 中日古典文学典籍交流史及个案专题研究；5. 中日古代文学家交游考述；6. 其他中日古典文学交流和比较问题研究，等等。

青年学者论坛之后，所有参会的青年学者兴犹未尽，又举办了主题为"对建立在文献史实考证基础上的中日古典文学关系研究的思考"的圆桌会议，主持人为乐曲、杨照，评议人为程苏东、Edoardo Gerlini。

会议的闭幕式由北京大学中文系刘玉才教授主持，早稻田大学大学院文学研究科长高松寿夫教授与北京大学中文系副主任杜晓勤教授分别致闭幕辞。

在整整两天的会议期间，近四十位中日学者围绕从上古到近代各时段，从散文、诗歌到戏曲等各种文学体裁，从文学典籍、艺术创作到作家交游等各个层面的中日两国古典文学之关系，进行了具体而细致的探讨，通过事先对发言提纲的中日互译，到现场交流时的同声传译，会议完全克服了语言交流的障碍，与会者在分享发表自己研究心得的同时，也从其他学者的研究心得和讨论中得到了不少学术启发。

（原载《文献·文学·文化：中日古典学交流与融通工作坊论集》第一卷，前言，北京大学出版社2022年版，作者：杜晓勤）

中国人民大学国学院"中国古典学问题与方法"学术论坛

2022年10月3日，中国人民大学建校八十五周年"走出一条建设中国特色、世界一流大学的新路"学术论坛——国学院分论坛成功举办。论坛由中国人民大学国学院院长杨慧林教授主持。来自北京大学、清华大学、中国社会科学院等兄弟高校、科研机构的近二十名专家学者参与了此次会议，就"中国古典学问题与方法"这一主题，进行了广泛、深入的讨论。

首先，由中国人民大学党委副书记、纪委书记吴付来教授为论坛致辞。吴付来指出，作为新中国第一家以国学命名的高等教育研究机构，中国人民大学国学院遵循大国学、新国学的学科发展方向，努力探索和完善学科建设体系，逐步形成了极具特色的优秀传统文化教育创新机制。国学本科专业被教育部特设为交叉学科，成为中国人民大学学科建设新的增长点。2022年4月25日，习近平总书记来校考察时强调，要不断推动中华优秀传统文化创造性转化、创新性发展。站在新的历史起点上，我们更需要从中华优秀传统文化中汲取力量，将中华优秀传统文化与新时代精神文明建设有机结合，为中华民族伟大复兴提供不竭的精神动力和文化支撑。希望国学院能够坚守初心，潜心治学，扎根中国，因时而进，更好地发挥国学在加强文化认同，增强文化自信，建设中华民族共有精神家园中的积极作用。不断开创国学教学研究与学科建设的新局面，推动国学教育行以致远，再续华章。

中国人民大学国学院常务副院长乌云毕力格教授发言的题目为"有关中国古典学的诸设想"。他认为，人大国学院自建院以来，一直秉承"大国学"理念，强调文史哲贯通，将各种具有交叉学科性质的研究范畴，纳入研究视野中。在建构中国自主的知识体系和新文科建设的背景下，人大国学院提出建设中国古典学学科和学术研究体系的设想，并从名称、时段、研究领域、方法论、学科建设五个角度，扼要介绍了人大国学院对中国古典学的理解，期待能够在交叉学科门类下面，申请构建中国古典学的一级学科。

中国社会科学院原副院长张江教授的发言题为"训诂与阐释",表达了对"训诂阐释学"这一学科概念的看法。张江指出,中国古代有丰厚阐释学经验,但有阐释而无学。中国阐释学要想有自己的完备体系,必须与训诂结合起来,训诂要走到前沿,也必须和阐释学相结合。从方法论意义上,阐释学是学科交叉的抓手。文史哲交叉是新文科建设的当务之急,建设中国古典学则是文史哲交叉的抓手。

《光明日报》原副总编李春林教授发言的题目是"中国古典学的破圈和跨界"。李春林认为国学院举办此次研讨会具有重要而深远的意义。今年教育界几个标志性事件与今天人大国学院的探索,都有一个核心要义,那就是交叉、融合、破圈、跨界。国学院探索在交叉、融合中建设中国古典学一级学科,标志着人文研究领域的交叉、融合迈出了实质性的一大步。他期待人大国学院坚持尊德性和道问学并重,坚持致广大和尽精微并重,坚持继往圣和开来学并重,现在做中国古典学学科建设的试验田,将来做中国古典学学科建设的示范田。

河北大学副校长过常宝教授发言的主题为"中国古典学的话语体系建设"。过常宝提出,建设话语体系应从三方面入手:第一,新学科建构应该从话语体系建构入手;第二,应认真梳理传统学术的话语方式;第三,建设融合古今的新话语体系,必须深入研究和继承传统话语方式,并符合现代学术和话语规范。

浙江大学刘迎胜教授作了名为"西域语文及史地研究的人材培养与学科划分问题"的主题发言。刘迎胜指出,基于中国国情,边疆问题仍是中国在国际上面临的主要挑战之一,而国内有关西域古代文献研究人才培养的机制,与我国国际地位严重不相符。因此,人大国学院把西域古典研究列入大国学范围,是非常重要的创举。经过近20年的发展,把国学整合为中国古典学,符合中国是多民族国家、有多元历史文化的国情。

兰州大学敦煌学研究所所长郑炳林教授发言的题目是"中国古典学与敦煌学"。敦煌学研究离不开相邻学科的研究,离不开对汉唐中原文化的研究,更离不开对敦煌相邻地区文献资料的研究。郑炳林指出,随着研究的深入,我们越来越需要学科之间的交叉融合,一个问题的解决,往往无法单靠某一个学科,而是需要复合型人才。敦煌学是中国古典学的重要组成部分,对于中国古典学建设具有很大的借鉴意义。

湖南大学岳麓书院院长肖永明教授的发言题为"'回归'与创新——关于中国古典学学科建设的几点思考"。肖永明指出,把中国古典学放到交叉学科门类下,成为一级学科,是一种可行的、操作性很强的选择,中国古典学学科的设置适逢其时。我们在学科建设中,需要注意解决知识基础问题、知识构架合理性问题、学科研究方法以及具体操作等基础性问题。

首都师范大学历史学院院长刘屹教授发言的题目是"中国文化传统对佛教思想的改造三例"。他通过对正、像、末三时的确切时间、南朝真谛三藏"人种说"、佛教末世论三个具体例子，指出中国文化传统对佛教的影响、改造可以丰富我们对于中国古典学术的认识。

陕西师范大学国学院院长曹胜高教授作了题为"中国古典学科建设的实践与思考"的发言，提出中国古典学学科建设需要思考以下问题：第一，学科建设需要按照人才培养模式思考；第二，要有自己的学理阐释；第三，要有自己的学术史；第四，必须有专业的设置；第五，要有不同于、立足于、超越于其他学科的研究路径；第六，要直面国家巨大需求，解决单一学科无法解决的问题。

中国社会科学院学部委员史金波教授的发言题目为"古典学视阈下的西夏学"。史金波指出，从古典学的角度来审视西夏学，对进一步推进西夏学深入发展有重要意义：西夏学的发展过程，体现了古典学常见的学术路径，古典学往往以解读难以释读的文献为重要工作内容，西夏学符合这一特征，西夏学具有古典学恢复古代社会生活的特点，西夏学在发展过程中还注重与其他学科的交叉，具备古典学的主要特征。

北京师范大学文学院原党委书记李国英教授发言的题目是"关系推衍考证法的初步思考"。李国英指出，中国传统考据采取的是"发疑→求解→证明"的模式。传统考释很难聚合大量材料，发现的大都是个例性问题，证明也是在有限范围内证明，所以可以尝试在数字化条件下构建新模式，即"关系→推延→证明"模式。此模式利用已经确认的关系，创建新关系，建构关系库，进行智能化推衍，扩展了推衍范围，提高了考证效率与精度，为数字化技术介入提供了可能，适应了时代的要求。

河北大学国学院院长李金善教授的发言《中国古代灾异研究的新思维》，从中国古代灾异记录是一部与灾异斗争史、一部思想发展演进史、一部灾异律学史、一部灾异信息系统史、一部灾异文化发展史五个面向进行了阐释。

中国社会科学院哲学研究所所长张志强教授进行了题为"古典学、国学与经学"的发言。他指出中国古典学确立的基本目标，在于建立中国自主的知识体系。国学并没有提出独立的方法学概念，中国古典学的提出，正有利于解决这一问题。实证主义方法的建立，是古典学成立的前提条件。实证主义方法与乾嘉考据学有内在呼应性，中国传统学术还有更为重要的文史校雠方法。中国古典学的建构，要把这一方法当作首要方法来考虑。

北京大学中国语言文学系孙玉文教授发言的题目是"谈谈从内容安排的整体性出发阅读《论语》"。孙玉文认为，中国古典学大致相当于原来的国学范围，并指出，建立中国的古典学既要借鉴西方，又要从中国实际情况出发，希望中国古典学的建立，能够使我们对中国古代文本的阅读，比以前更精准。并以《论语》研读为例，指出要从整体性上把握《论语》的思想内容。这一阅读方法对中国古典学在方法论上有很好的理论启示。

北京大学中国语言文学系刘玉才教授发言的题目为"中国古典学的建构刍议"。刘玉才对何为古典、古典与经典的关系、西方古典学的知识体系及其借鉴意义等基本问题进行了梳理。刘教授指出，构建中国古典学，要基于中国学术文史不分的传统，借鉴西方古典学成熟的学科建构。中国古典学已具备很好的学科基础，虽然借鉴了西方古典学的称谓，但并非新瓶装旧酒，而是参考西方古典学的理论方法与中国古典研究的实践，兼顾传统学术理念与现代学术分工。

《世界宗教研究》副主编李建欣教授的发言题目是"新文科建设背景下中国古典学的重构"。李建欣指出，《新文科建设宣言》的发布，拉开了中国高校新文科建设的序幕，中国古典学的提出恰逢其时。这不仅是学科发展的问题，也是为中华文化续命，为中华民族铸魂。中国古典学是一个综合性、交叉性的人文学科。发展中国古典学不是全面复兴传统文化，而是将现代的学术方法、工具、进路，应用于中国古典学的研究，同时要高度重视现代信息技术，在全球视野下进行研究。

清华大学中文系主任沈卫荣教授的发言题目为"构建以国学为基础的中国古典学"。沈卫荣认为，从国学回归到中国古典学，是一种理性和学术的回归。中国古典学实质上是对西方古典学的一种反抗、拯救、超越。古典学并不是西方特有的，我们研究中国古代自己的语言、文化、文本，只是在学术方法上与西方对应。今天严格的学科分野、精细的学术分工，实际上是美国工业化的结果，给我们的研究穿上了越来越多的紧身衣。回归到中国古典学，文史哲可以不分家，中国古典学就是新文科建设的抓手。

议程的最后，中国人民大学国学院学术委员会主任杨庆中教授进行了总结发言，他指出国学院在建院之初，就已经埋下了古典学的伏笔，其英文名称实际上就是"古典学"。他认为，各位嘉宾的发言内涵非常丰富，涉及的面广而深，围绕古典学学科建设问题各抒己见，提出了非常富于启迪的建议。这不仅是对中国古典学学科的探讨，更是对人大国学院古典学学科建设的建言献策和精神鼓励。

（原载《国学学刊》2022年第4期，作者：刘欣如、田可心）

中国人民大学国学院首届中国古典学青年学者论坛

2022年12月26—27日，由中国人民大学国学院和中国人民大学古代中国与丝路文明研究中心主办的首届"中国古典学青年学者论坛"在线上成功举办。论坛旨在搭建一个让青年学子交流进步的平台，鼓励大家将目光聚焦于"中国古典学"，突破单一学科的思维限制，以更多元的理论基础和视角充分理解文献材料。

杜鹏副校长表示，习近平总书记在中国人民大学考察调研时强调，要以中国为观照、以时代为观照，立足中国实际，解决中国问题，不断推动中华优秀传统文化创造性转化、创新性发展。国学院一直秉承"大国学"理念，强调文史哲贯通，在传统经史子集国学研究范畴基础上，进一步加强民族历史语言文献、边疆史地文明等领域的交叉学科研究。中国人民大学依托国学院，整合校内资源，挂牌成立国内首个古典学学院，并积极推进"中国古典学"一级学科建设。中国古典学即是推动中华优秀传统文化创造性转化、创新性发展的生动体现。传承中华优秀传统文化，讲好中国故事，传播好中国声音，离不开中国古典学人才，离不开中国古典学教育与学术研究。参加这次论坛的青年学者都是中国古典学学科建设的生力军力量，希望从事中国古典学研究的青年学者能够通过本次论坛，增进交流，拓展视野，为中国古典学学科的建设作出应有贡献。

乌云毕力格常务副院长表示中国人民大学国学院在遵循"大国学"理念的基础上，提出建设"中国古典学"的设想，希望能够建立起一种新型的人文研究范式，更新人文学科的人才培养方式，将优秀的文化成果融会贯通，促进对中华文明的深入研究和创新性阐发。"中国古典学青年论坛"是"中国古典学"学科建设中的一环，致力于引导青年学子聚焦中国古典学，本次论坛讨论的主题涵盖"中国古典学"的多个领域，充分体现了跨学科的、融会贯通的研究视角，不仅为广大青年学子提供了一次难得的交流机会，而且也将对"中国古典学"的学科建设起到重要的推动作用，既有利于对中国古代文明的整体性研究，也有利于联合"国学"研究、统合"汉学"研究，更有助于响应国家号召，不断推动中华优秀传统文化创造性转化、创新性发展，不断推进知识创新、理论创新、方法创新。期待各位青年学者可以通过本次论坛为建设"中国古典学"贡献一分力量。

论坛共收到124篇投稿，作者分别来自中国人民大学、北京大学、清华大学、复旦大学、南京大学、武汉大学、北京师范大学、中山大学、南开大学、湖南大学、山东大学、首都师范大学、香港中文大学、日本国学院大学、香港教育大学、新加坡国立大学以及中国社会科学院、中国艺术研究院等40所国内外知名高校和研究单位，参会学者的研究方向涉及的二级学科包括中国古代文学、中国古典文献学、汉语言文字学、中国哲学、中国古代史、专门史、文艺学、人类学、美术学等。

百余位青年学者与点评嘉宾在这个平台上畅所欲言，分享研究成果，结识师友，共同进步，一起探索了"中国古典学"的具体问题与方法，与此同时也展现了中国古典学研究者的时代担当，展示了青年学者的活力和潜力。

（原载"中国人民大学国学院"官网，作者：刘欣如、高艺鹏、余宣蓉、王娜、卜嘉辉）

冯其庸学术馆"人文学术新路径：中国古典学研究"学术研讨会

2023年4月15日下午，"人文学术新路径：中国古典学研究"学术研讨会在冯其庸学术馆和锦绣园会议中心举行。本次学术研讨会围绕"中国古典学"这一概念展开，与会学者从理论构建和实践研究两个方面探索建设"中国古典学"学科和学术研究体系的道路。

中国人民大学国学院常务副院长乌云毕力格教授以"冯其庸先生的国学学术理念对中国古典学学科建设的指导意义"为题做了本次会议的主旨演讲。国学院多年来秉承冯其庸先生留下的"大国学"的研究理念，同时积极响应习近平总书记在人民大学考察时关于建设中国人文学术自主体系的要求，进一步提出了建设"中国古典学"学科和学术研究体系的设想。国学院希望用"中国古典学"这样一个学理性质更为清晰并且能够在中外学术交流中通用的概念来重新界定"国学"的学科范围，同时推进"国学"作为一门学科的学科建设。这项工作是国学院的努力方向，其中还有不成熟的地方，因此国学院期待学界同仁能够给予批评和支持，共同为中国的人文学术研究开辟一片新天地。

第一组研讨会由中国人民大学乌云毕力格、南京大学华涛主持，浙江大学刘迎胜、兰州大学白玉东、内蒙古大学乌云格日勒、清华大学沈卫荣、中央民族大学赵令志、内蒙古社会科学院树林、中央民族大学苏发祥、中央民族大学叶尔达、《世界宗教研究》副主编李建欣以及中国人民大学黄维忠、李建强等十余位老师参与学术讨论。

第二组研讨会由中国人民大学吴洋主持，中国文化遗产研究院胡平生、清华大学刘绍刚、北京大学刘玉才、清华大学刘国忠、西安碑林博物馆王庆卫、《光明日报》计亚男、上海辞书出版社秦志华以及中国人民大学李若晖、陈伟文、梁海燕、辛晓娟、张明东、郭文仪、夏宸溥等十余位老师参与了学术讨论。与会学者围绕古典学理论构建、出土文献材料运用、古文字释读、古书考据与古代文学等学术主题进行了发言。

（原载"中国人民大学国学院"官网，作者：刘欣如）

北京大学国学研究院举行《传统文化研究》创刊号出版座谈会

2023年6月21日，《传统文化研究》创刊号出版座谈会暨首届编委会聘任仪式在北京大学举行。据了解，《传统文化研究》季刊是由教育部主管、北京大学主办的综合性学术刊物，每年出版四期，由袁行霈先生领衔，老中青三代学者构成编委会与编辑部。该刊登载有关中国传统文化的学术论文，跨学科的综合研究与各学科的专题研究并重。

北京大学副校长孙庆伟在致辞中提出，《传统文化研究》创刊是北京大学文科发展中的一件大事。在前不久举行的文化传承发展座谈会上，习近平总书记对传承中华优秀传统文化、推进文化创新提出了新的要求。北京大学历来高度重视传统文化研究。北京大学国学研究院创办之初，即重视"龙虫并雕"，将研究与普及相结合，三十年来，创办大型学术集刊《国学研究》，主编《中华文明史》，培养博士生一百余人。深入探讨中华优秀传统文化，不仅具有历史意义，更具有现实意义和世界意义。

中华书局副总编辑俞国林谈到，北京大学的国学研究有着深厚传统。一百年前，北京大学研究所国学门成立，《国学季刊》创刊。从北京大学中国传统文化研究中心到国学研究院，从《国学研究》集刊到《传统文化研究》期刊，北京大学的国学研究取得了优异成绩。新时代《传统文化研究》的创刊，必将为中华优秀传统文化研究注入新的生机。

《北京大学学报》常务副主编刘曙光表示，在新的起点上，继续推动文化发展，建设文化强国，是时代的伟大使命。应运而生的《传统文化研究》既具有专业性，又有综合性，充分体现了北大风格。希望《传统文化研究》为构建中国特色哲学社会科学学科体系、学术体系、话语体系作出应有的贡献。

北京大学国学研究院副院长、《传统文化研究》常务副主编李四龙表示，《传统文化研究》编辑部将以习近平新时代中国特色社会主义思想为指导，以研究促进传承，赓续北大人文学脉，为推动中华优秀传统文化的创造性转化和创新性发展作出贡献。

据介绍，作为一本学术季刊，《传统文化研究》近期将会重点关注以儒家经典为代表的中华文明经典研究,尤其是结合出土文献和文物的前沿研究。此外,《传统文化研究》不仅关注中国中古时期中外文明交流,还要重点挖掘宋元明清时期中外文明交流的前沿学术成果,既能从世界看中国,也能从中国看世界,充分展现当代中国人的文化自信。

会上,北京大学历史学系教授、《传统文化研究》副主编何晋宣布了《传统文化研究》荣誉编委、编委、特约编委与编辑部成员名单。李四龙代表中央文史馆馆长、北京大学国学研究院院长袁行霈先生为孙庆伟颁发编委聘书。孙庆伟、北京大学社会科学部部长强世功、北京大学出版社社长马建钧、李四龙为《传统文化研究》荣誉编委、编委、特约编委颁发聘书。

随后由《传统文化研究》荣誉编委、编委和国学研究院毕业生代表发言。北京大学中国语言文学系教授葛晓音、历史学系教授阎步克、哲学系教授张学智先后回忆了多年来与北京大学国学研究院、《国学研究》集刊的缘分,并结合自身研究探讨传统文化研究的对象、方法与未来。作为国学院导师,三位老师希望国学院的同学们珍惜学习机会,扩展学术视野,实现跨学科的深层次对话。南京大学文学院教授徐兴无对《传统文化研究》创刊表示祝贺,希望《传统文化研究》守正创新,推动学术进步。广东外语外贸大学中国语言文化学院教授曹胜高作为国学院毕业生代表发言,他回忆了在国学院学习的时光,表示今后将继续坚守学术理想,传承中华优秀传统文化。

(原载中国社会科学网,作者:吴楠、李柏杨)

中国人民大学国学院"国学与中华民族现代文明建设"暨全国高校国学机构负责人学术研讨会

2023年7月18日，中国人民大学国学院主办的以"国学与中华民族现代文明建设"为主题的全国高校国学机构负责人学术研讨会在中国人民大学国学馆召开。

开幕式由中国人民大学国学院院长杨庆中主持，中国人民大学党委副书记郑水泉教授代表学校致辞。郑水泉表示，习近平总书记今年6月2日在文化传承发展座谈会上强调指出："在新的历史起点上继续推动文化繁荣、建设文化强国、建设中华民族现代文明，要坚定文化自信，坚持走自己的路，立足中华民族伟大历史实践和当代实践，用中国道理总结好中国经验，把中国经验提升为中国理论，实现精神上的独立自主。"这是习近平总书记站在时代前沿，高瞻远瞩，向每一位传统文化研究者发出的伟大号召。

大会发言环节，清华大学国学研究院院长陈来围绕国学的当代意义发表演讲。中共中央党史研究室原副主任、中共中央党史和文献研究院院务委员会原委员冯俊对于深刻理解"第二个结合"是又一次的思想解放进行了系统的理论分析。中国社会科学院原副院长张江基于自主知识体系创新，分享了建构中国训诂阐释学的构想。武汉大学国学院郭齐勇就国学学科建设与国学现代转化的人才培养提出了自己的见解。中国社会科学院哲学研究所所长张志强以"经史传统与中国哲学"为题，阐述了经史传统在中国哲学中的重要地位。中央社会主义学院原教务长李道湘探讨了国学教育在中央社会主义学院推出的10个"讲清楚"中的意义。北京大学国学研究院副院长李四龙探讨了传统文化与大学古典教育的关系。湖南大学岳麓书院院长肖永明就新文科的建设与国学学科的发展发表了自己的看法。北京师范大学哲学学院中国哲学与文化研究所所长章伟文探讨了传统国学如何在新时代背景下实现创造性转化和创新性发展的问题。武汉大学国学院院长孙劲松以"学习习近平总书记6月2日重要讲话精神，积极推动国学学科建设"为题发表了自己的观点。同济大学经学研究院院长曾亦讨论了经学在近代的衰落与新时代复兴的契机。深圳大学国学院问永宁院长讨论了国学与构建中华民族共同体的密切关系。中国政法大学国际儒学院副院长王心竹介绍了建设儒学院的心路历程。复旦大学哲学学院教授郭晓东探讨了经学与中国自主知识体系建设的关系。北京中医药大学国学院院长李良松论述了国学与中国人文精神的关系。喀什大学国学院吕蒙轩讨论了国学在文化润疆中的价值意涵及实践路径。台州学院临海国学院院长张京华探讨了国学的普及方式，分享了讲授国学课程的几种方法。曲阜师范大学孔子文化研究院副院长刘彬以《周易》为例讨论了经学知识体系的返本开新。

在会议闭幕式上，中国人民大学国学院教授梁涛就国学的时代意义与学科定位提出了国魂之学与学科之学的问题，杨庆中从中华民族现代文明建设理论基础的视角探讨了习近平的"文明观"的哲学内涵。

此次研讨会旨在学习贯彻习近平总书记在文化传承发展座谈会上的重要讲话精神，推动中华优秀传统文化的创造性转化和创新性发展，以"第二个结合"为指导，探讨国学的内涵和时代意义，国学学科体系和人才培养模式的建设等。国学作为中国人民大学的特色专业，是中国人民大学自设一级交叉学科，中国人民大学国学院自建院始即致力于打破学科壁垒，探索更能体现中国传统学术特色的教学科研新模式。近年来又确立了"以传统经典为研究对象，以整体把握、系统呈现为方法，以服务当下、走向世界为目标，深挖经典内涵，辨章流变脉络，梳理中国传统经典知识体系的结构特征，考察其在历史不同发展阶段对中国周边乃至世界的影响，揭示中华文明对人类文明发展的意义"的办院理念。本次研讨会必将推动中国人民大学国学院的发展，发挥国学研究在中华民族现代文明建设中的积极作用。

来自国内高校、科研机构和社会团体的40余位专家学者参与了此次研讨会。

（原载中国社会科学网，作者：李秀伟、夏宸溥）

北京大学"文体·文献·文本形态"中国古典学前沿论坛

2023年8月26—27日,由北京大学中文系、北京大学中国古典学研究平台共同主办,《传统文化研究》编辑部协办的"文体·文献·文本形态"中国古典学前沿论坛在北京大学大雅堂举行。来自北京大学、清华大学、中国社会科学院、中国人民大学、复旦大学、南京大学、武汉大学、华东师范大学、华中师范大学、首都师范大学、天一阁博物院等高校和科研单位的二十余位学者参加了论坛,众多青年学子列席旁听。

本次论坛由北京大学中文系叶晔、李成晴两位老师发起,旨在立足于中国古典文学的研究,兼及中国古典语文学中的语言形式问题和中国古典文献学中的物质形态问题,从而更好地推动"中国古典学"这门新兴学科的发展,促进相关领域的研究。论坛的具体议题包括"中国古典学"的理论思考,古代作品的文体、文类及文本形态研究,古代作品的文献、书籍及物质形态研究,"集部之学"的本土话语建设等。

8月26日上午的开幕式由北京大学中文系教授叶晔主持,北京大学中文系主任杜晓勤为开幕式致辞。杜教授就中国古典学的学科旨趣进行了提纲挈领的阐释,并对以参会学者为代表的中国古典学新生力量表达了殷切期望。他指出,"中国古典学"其实是中西学术思想相结合的产物,以往学界较少用此来界定研究对象。之所以提出这一概念,一方面是在分科治学的背景下,不仅传统学问整体遭遇分割,而且作为学术根柢的语文学和文献学也因独立为专门学科而不为其他文史研究者所重视,而中国古典学就是强调以小学为基础进入古典研究;另一方面,古典的生成是人类文明发展的共同现象,中国古典学也强调要借鉴西方古典学的理念和方法,具备国际前沿视野。进一步而言,中国古典学以文献及其载体为研究对象,以文本分析为核心,综合运用不同分支学科的方法,进行作品解析、思想解读和文明解码。自2017年以来,北京大学中文系中国古典学研究平台联合文学、历史、哲学、艺术、考古等不同学科背景的学者,着力于构建中国古典研究的学术共同体,已经先后举办了一系列的专题活动。作为系列活动的延续,本次论坛以集部文献研究为主干,希望通过个案研究的积累,为集部研究话语体系的建立奠定扎实的基础。

论坛于 8 月 27 日下午闭幕。北京大学中文系副主任程苏东主持闭幕式，叶晔作为论坛的召集人致闭幕辞。叶晔指出，本次论坛以"文体·文献·文本形态"为主题，其关键词就是"形态"：一方面，形态是多样的，包括文体这种相对稳定的文本语言形态，作品和作品之间构成的文本组合形态，书籍的各种版本形态、物理形态乃至数字形态等；另一方面，形态本身就是一种意义，即便完全一致的文本，其意义也会因形态的不同而变化多端。因此，借助"形态"既能够为文学、文献、历史等不同学科背景的学者搭建对话的桥梁，又有助于通过其他学科有关形态与体制的研究为本学科提供启示。与此同时，以形态为基础的研究也传达出这样一种学术理念，即秉持更加精细化的研究态度，通过实证性、科学化的形式分析去解决不同学科的问题。最后，叶晔向特邀嘉宾和各位与会学者表示感谢，希望能以此次论坛为契机，今后进一步加深中国古典学不同时段、不同领域的交流与合作。

（原载公众号"北京大学中文系"，作者：吴扬广）

北京大学"中日古典学交流与融通工作坊"第四届学术研讨会

2023 年 11 月 6—7 日，第四届"中日古典学交流与融通工作坊"在北京大学人文学苑举行，主题为"中日古代'文''集'观念及相互关系"。本次工作坊由北京大学中国语言文学系与早稻田大学总合研究机构日本古典籍研究所联合举办，来自北京大学、早稻田大学、京都大学、广岛大学、台湾大学、复旦大学、中国社会科学院文学研究所、中国人民大学、浙江大学等高校和学术机构的三十余位学者出席并参与讨论。

11 月 6 日上午，工作坊开幕式由北京大学中文系副主任程苏东主持，北京大学中文系主任杜晓勤、早稻田大学总合研究机构日本古典籍研究所所长河野贵美子先后致辞，他们指出，汉籍与文化是中国古典学与世界汉学研究者共同关注的议题，本届工作坊的主题旨在理论与文献相结合，并期待经由会议报告与讨论，中日古代"文、集"观念及相互关系的相关研究得到进一步推进。

主旨报告由北京大学中文系教授杜晓勤、早稻田大学文学学术院教授吉原浩人主持，台湾大学特聘教授蔡瑜、京都大学综合人间学部教授道坂昭广、早稻田大学文学学术院教授河野贵美子、北京大学中文系特聘教授傅刚先后进行主旨报告。

蔡瑜报告的题目为"论白居易律诗的多元风貌——规范与创新"，她指出《白氏文集》所有标为"律诗"的作品中，包含了五言律诗、七言律诗、六言律诗、杂言律诗四种基本体式，通过诗律检核可以确认白居易创作出大量极合规范的五、七言律诗，但另一方面也存在一些在黏对结构上与律体定式相异的变化形式。这些形式可以与《金针诗格》《炙毂子诗格》等中晚唐诗格所列举的特殊体式相呼应。

接下来，在"《怀风藻》序传用典考"为主题的报告中，道坂昭广指出《怀风藻》序和传并非把中国古代的人物和行为作为典故来使用，而是直接套用撰写时期较近的中国典籍中的表达手法，这种典籍利用的特征体现出，编纂者对同一时期的中国，特别是唐代文明怀有强烈憧憬，以及日本希望也作为其中一分子参与到该文明当中。而这种意识正好也是《怀风藻》编纂的动机。

河野贵美子报告的题目为"通过《本朝文集》的编纂看'文'与'集'",她根据《本朝文集》的无一遗漏地汇编日本的"文"这一现象,考察其编纂方针、收集"文"的内容以及其依据的典籍资料与所编书籍的关系,同时指出,虽然《本朝文集》只取"文人"的作品,但作品中与佛教有关的"文"非常多,可以看出日本文人的"文"与佛教之间的深刻联系,以及佛教与政治和社会之间的密切关系。在这方面,有必要与中、韩进行进一步的比较研究。

最后,由傅刚带来"文人群体的成立及著述观念的产生和集部的编纂"主旨报告,他指出,文人阶层的出现、符合艺术特征的作品的写作,以及文体的成熟应是判断文学是否自觉的标志。就这个意义而言,文人阶层在西汉时已经出现,而具有艺术性的辞赋写作也在西汉发生,文体则由西汉发展至东汉而成熟,所以两汉时期文学已经具备后世的基本内涵。

此次工作坊共设三个专题,第一场"中日集部文献交流与比较"专题,第二场"中日文学观念与集部文献研究"专题,第三场"中日集部体制与生成研究"专题。

工作坊闭幕式于11月7日上午举行,由河野贵美子教授主持,高松寿夫教授、刘玉才教授先后致辞。高松寿夫教授表达了对工作坊主办方北京大学中国语言文学系的感谢,并对下一次工作坊的举办进行了规划与展望。刘玉才教授在致辞中回顾了"中日古典学交流与融通工作坊"的历届举办情况,指出北京大学与早稻田大学是历史悠久的姐妹学校,现代学者之间同样建立了密切的学术友谊,工作坊以"交流、融通"为初衷,讨论深入、角度多样并形成若干专题,期待中日学者在此基础上加深合作与交流,不断开拓新的学术领域。

(原载"北京大学中文系"公众号,作者:王婉璐、隋雪纯)

中国人民大学国学院首届中国古典学本科生、硕士生学术论坛

2023年11月18日和19日，中国人民大学国学院举办了首届"中国古典学"本科生、硕士生学术论坛，并取得圆满成功。本次论坛共收到了投稿两百三十余篇，最终有来自全国多所高校和研究单位的本科生32人、硕士生66人通过选拔参加了论坛。论文主题围绕"中国古典学"展开，涉及经学研究、古典文献研究、古代文史研究以及西域研究等各个方向。

11月18日上午8时30分，论坛开幕式在国学馆122会议室举行。开幕式由国学院副院长吴洋主持，国学院院长杨庆中教授、教务处陈威副处长莅临现场并致辞。国学院院长杨庆中在开幕式致辞时指出，人文研究虽然在当今被划分为文史哲不同的方向，但是各方向的学者在面对中国古代经典的时候都感到学科交叉和融合的必要性，这也是中国人民大学建立国学院的初衷和我们最近所倡议的"中国古典学"学科之所以能够成立的依据。中国固有的知识体系难以被现有学科畛域合理划分，而古典的、作为文化根脉的学术传统与学术研究对象也更加强调综合性的、融通性的研究和观照。中国人民大学国学院一直以来以整体把握、系统呈现为方法，以服务当下、走向世界为目标，深挖经典内涵，辨章其流变脉络，梳理中国传统经典知识体系的结构特征，考察其在历史不同发展阶段对中国周边乃至世界的影响，揭示中华文明对人类文明发展的意义并且在努力构建带有自主知识体系特点的"中国古典学"学科。这也是本次论坛定名为"中国古典学"论坛的目的所在。

随后，中国人民大学教务处副处长陈威致辞。陈威副处长首先指出，在2022年4月25日习近平总书记到人民大学考察访问的过程中，习近平总书记要求人大构建中国的自主知识体系，而国学院的中国古典学在这方面具有得天独厚的学科优势。中国人民大学作为研究型大学，历来重视对学生的科研训练，"中国古典学"论坛的举办有利于对学生进行学术训练，对学生各方面素质的培养都大有裨益。陈威副处长还分享了自身的科研心得，他鼓励同学们培养创新精神与严谨的学术态度。最后，陈威副处长对国学院本

研一体化的建设推进与现有成果作出了高度评价。

  本论坛由中国人民大学教务处支持，中国人民大学国学院主办，旨在培养"中国古典学"学科新生力量，搭建科研交流平台，以学科交融的视角，突破学科壁垒，加强本硕博贯通，构建本研学术训练体系，助力中国古典学学科创新发展。今年是国学院创院院长冯其庸先生百年诞辰，国学院组织了一系列活动以为纪念。中国人民大学国学院全体师生，借本次论坛向冯其庸先生致敬。

（原载"中国人民大学国学院"公众号，作者：王鑫）

中华孔子学会儒家古典学研究专业委员会首届年会

2023年11月18—19日，中华孔子学会儒家古典学研究专业委员会首届年会暨第五届"预流"的中国哲学研究工作坊在南京师范大学召开。

从学术研究角度看，将经典解释与传统经学有关问题引入中国哲学研究，既可以从材料方面拓展原有研究范围，丰富学术资源与扩大视野，亦隐含着突破现代学科体制，从整体上来理解和解释中国学术传统的意图。与会学者希望由此出发，从古典学角度开掘中国哲学的研究领域，将历史文献、经典解释与现代的诸多哲学方法结合起来，提升当代中国思想叙事的深度与广度，为开拓中国哲学研究新局面提供突破与可能性。

学界对古典学的研究主要有两种路向：一是强调原汁原味移植和照搬西方古典学，如大量翻译介绍西方古典学经典；二是以中国传统学术为背景研究古典学，如打通古代文学、古汉语和古典文献的界限，以文史为主导，以文献为基础开展中国式古典学研究。

"今天，我们能否在这两种路向之外，从中国哲学的视角切入古典学研究，打通文史哲的界限"，深圳大学国学院院长景海峰表示，中国哲学介入古典学研究应该有"古典学的视野和充满古典学的人文主义精神，但又要与文献考据的主业不同，把当代遇到的问题用儒家古典学的概念进行研究"。所以我们对经学复兴的理解，不能局限于文献整理的古典学，而应在更高的哲学诠释的意义上进行。

会议由中华孔子学会儒家古典学研究专业委员会主办，南京师范大学公共管理学院哲学系承办，兰州大学哲学社会学院、《人文杂志》编辑部、《国学论坛》编辑部协办。

（原载中国社会科学网，作者：吴楠）

北京大学"东亚古典学的方法"国际学术研讨会

2023年11月22日,"东亚古典学的方法"国际研讨会在北京大学民主楼如期举行。会议代表包括十三位学者以及八位青年学者。中山大学、北京第二外国语学院等校外学者也参与了会议讨论,另有来自北京大学、中国人民大学、北京外国语大学、首都师范大学等多名在京高校的青年学者列席旁听。

在以"东亚古典学的视域与方向"为主题的开幕式上,北京大学外国语学院院长、东方文学研究中心主任陈明教授首先发表致辞。陈明指出了从古典学的角度探讨东亚文化交流和文明互鉴的意义,强调古典学是建构东亚人文和学术世界的重要素材和基石,是东亚研究的核心组成部分。陈明援引汉诗和佛经的例子,指出古典不仅渗透到现代人的日常生活中,丰富了人们的精神世界,并且在东亚的不同时期和不同作者的创作中,同一古典作品呈现出了多彩而鲜活的面貌。通过印度佛经中的譬喻故事成为东亚典故的具体例子,陈明指出东亚的古典学研究不仅要聚焦于汉籍经典、汉文著作,还要在全球史视野下探讨接受西方文化因素的古典在东亚的生成、流传和影响。除了古典之文字文本之外,也应关注相关图像史料,以图证史,图文互证,为东亚古典学研究再开辟新路。最后,陈明强调了青年学者的参与对于探讨东亚古典学研究方法的重要意义,高度评价了本次会议的价值。

北京大学中文系系主任杜晓勤教授和东京大学文学部的斋藤希史教授分别以"杨贵妃·白居易·空海——从陈凯歌的电影《妖猫传》说开去"及"汉字圈的多层性与古典学的回廊"为题进行了主旨演讲。杜晓勤以一个具体案例呈现了一段中日文化、文学交流史。杨贵妃与唐玄宗的爱情悲剧被白居易写成《长恨歌》后,流传更加广泛,远播东瀛后在日本更是深受喜爱,从古代到近现代,与杨贵妃相关的文学、文艺作品数量众多,不胜枚举。从《今昔物语集》《十训抄》等古典文学作品到近现代的戏剧、小说、电影等各种不同体裁的文艺作品,在接受的过程中发生了不同程度的演变。当代日本作家梦枕貘的小说《沙门空海之大唐鬼宴》也是其中之一,小说以9世纪的历史人物、入大唐求密宗佛法的日本高僧空海为主角，以《长恨歌》为主脉，书写了一个新的杨贵妃故事，其中最重要的一条线索来自"杨贵妃之死"这一历史悬案。陈凯歌导演执导的魔幻电影《妖猫传》正是根据梦枕貘的这部小说改编而成，电影虽有种种扬弃和改编，但保留了小说的故事主线与魔幻悬疑的主色调，以极富冲击力的视觉画面，呈现出了大唐盛世的华丽图景，抽丝剥茧地讲述了杨贵妃之死的凄美故事，再次渲染了极乐之都长安的盛景。虽然电影与原著都是魔幻文艺作品，其中多有与史实不符甚至差距甚远之处，但看似荒诞的传说与故事反映了中日两国人民对大唐美人杨贵妃以及开天盛世图景的深情缅怀和浪漫想象。中国的古典传入日本、经历漫长的演变之后再以不同的姿态回归当代中国，这一跨越时空的文化、文学交流中实现了中日文艺美学的交融与升华。

斋藤希史则从多个角度详细考察了"汉字圈"这一概念，阐述了对东亚古典学方法的思考。斋藤希史指出，东亚地区往往被称为"汉字文化圈"，以"同文同种"这一概念强调其文化同一性。虽说使用汉字汉文的区域很自然地形成了一个场域，但是否能将其视为同一文化场还有待商榷。为此，斋藤希史提出"汉字圈"的概念，这是由多个书写体系构成且不断更新的、多种读写场域的联结体，这一联结体根据其中汉字汉文的书写情况是动态的、不断变化的，由历史意义及地理意义上的多重多层的场域形成。"汉字圈"也是探讨东亚古典学的方法之前提。接下来，斋藤希史从历时性角度将"汉字圈"分成三个历史层面进行了详细分析。第一个汉字圈是指春秋战国到秦汉统一后的中国；第二个汉字圈是指通过政治外交及汉文汉籍的流通而不断扩大的场域，也即包括朝鲜半岛、日本列岛、中南半岛东部等在内，通常被称为"汉字文化圈"的地区；第三个汉字圈则是近代以来，在与西方文明的紧张关系中重新建构的东亚。

在以"东亚古典学的方法与创新"为主题的论文报告环节，八位青年学者进行了发言，中日双方的学者针对每个报告进行了深入细致的评议，指出选题、研究方法等方面的创新点及可圈可点之处，同时也提出了今后的课题与可进一步深入的方向。

青年学者的报告结束后，在道坂昭广和刘雨珍的主持下，举行了以"东亚古典学的传承与合作"为主题的座谈会。

首先，八位青年学者围绕评议问题，陈述了想法和观点，并对其他报告者的研究发表了感想，对今后的研究进行了展望。接下来，与会学者结合各自的研究领域，从不同角度阐述了关于"东亚古典学的传承与合作"这一命题的思考。潘钧回顾了自身的语言学研究，对青年学者们的报告予以了积极评价。潘钧还提到，随着研究资料的数字化，"真正的交流时代"已经到来。贾智表示，本次会议呈现了亚洲文化对话的可能性，强调了对中日经典的比较价值和方法展开探讨的必要性。围绕贾智提出的课题，道坂昭广、斋藤希史、刘雨珍、田村隆、马场小百合、德盛诚、李铭敬采用不同视角，以江户时代被广泛阅读的《唐诗选》，平安时代深受喜爱的《文选》《蒙求》，以及引用了大量中国经典的《日本书纪》等典籍为例，从各自研究领域出发，提供了多角度的思考。接着，张龙妹对其指导的两位青年学者报告中的研究方法进行了比较，提出了"超越比较"这一深刻命题。周以量以江户文学研究为例，围绕中日两国学者在研究方法上的差异发表了感想。高阳提出了"随时代复兴的古典"这一课题，指出有必要从流动的视角对古典进行更加全面的理解。丁莉谈及了"可共享的经典"的意义，并提出了除文字之外的"绘画"作为另一种"回廊"（方法）的价值。

座谈会后，结合会议总结，举行了本次会议的闭幕式。斋藤希史致闭幕辞，表达了从青年学者的报告中收获的感动，并高度评价了研究数据及成果共享的意义。此外，斋藤希史还强调了读者视角与历时性研究作为研究方法的重要性，并就"中华文明圈"这一概念陈述了自己的理解和思考。斋藤希史指出，中华无疑是中华文明圈的中心，然而有必要注意到日本及朝鲜文明的独特之处。须采取全新的视角，看待与传统的"同心圆文明论"相偏离的部分。斋藤希史高度评价了本次会议的意义，并表达了感谢之情。最后，丁莉代表主办方向所有参会的专家学者、同学表示感谢，会议顺利闭幕。

（原载"北大东方文学"公众号，作者：匙可佳）

中国人民大学"古典新诠与古史重释"暨顾颉刚《与钱玄同先生论古史书》发表一百周年学术研讨会与第二届中国古典学青年学者论坛

2023年12月16—17日，由中国人民大学国学院和中国人民大学古代中国与丝路文明研究中心主办的纪念冯其庸先生百年诞辰系列会议"古典新诠与古史重释"暨顾颉刚《与钱玄同先生论古史书》发表一百周年学术研讨会与第二届中国古典学青年学者论坛在中国人民大学国学馆成功举办。

12月16日8时30分，论坛开幕式在国学馆122会议室顺利举行。开幕式由国学院副院长吴洋主持，国学院党委书记汪永红、副院长黄维忠发表致辞。

汪永红书记表示，习近平总书记在中国人民大学考察调研时强调，加快构建中国特色哲学社会科学，归根结底要建构中国自主的知识体系，要以中国为关照，以时代为关照，立足中国实际，解决中国问题。中国人民大学国学院自2005年创建以来，一直秉持"大国学"理念，以国学—古典学为研究对象。近年来尤其致力于中国古典学学科的建设，力求推动中国古代文明的整体性研究，并且响应国家号召，不断推动中华优秀传统文化的创造性转化和创新性发展，不断推进知识创新、理论创新、方法创新，使中国特色哲学社会科学真正屹立于世界学术之林。

黄维忠副院长表示本次系列论坛是为了纪念先贤丰厚的学术遗产和不断求索的学术精神，参会嘉宾在国学研究领域都深有造诣，同时本次会议还汇聚了一批青年才俊，相信在会议上大家都能够激荡思想，汇聚智慧。最后，黄维忠副院长对冒雪参会的各位嘉宾再次表示衷心感谢，并期待各位老师和同学在会上的精彩发言。

本次系列会议自2023年上半年开始筹备，由中国人民大学国学院主办。旨在推动"中国古典学"学科建设，搭建科研交流平台，以学科交融的视角突破学科壁垒，助力中国古典学学科创新发展。今年是国学院创院院长冯其庸先生百年诞辰，国学院组织了一系列活动以为纪念。

"古典新诠与古史重释"旨在纪念顾颉刚《与钱玄同先生论古史书》发表一百周年，并借此机会来讨论中国早期经典和早期中国研究的新思路等问题。国内外多所高校的学者围绕主题进行发言，重新审视中国古代经典及思想，梳理了古史辨派的发展与学术贡献，也特别强调了出土文献等新材料对于古代中国研究的重要影响。

第二届中国古典学青年学者论坛旨在搭建一个让青年学子交流进步的平台，鼓励大家将目光聚焦于"中国古典学"，突破单一学科的思维限制，以更多元的理论基础和视角充分理解文献材料。本次论坛共有55名来自全国多所高校和研究单位的青年学者参会。参会论文主题围绕"中国古典学"展开，具体涉及经学研究、古典文献研究、古代文史研究以及西域研究等多个方向。参会人员分享研究成果，共同探索了"中国古典学"的具体问题与方法，展示了青年学者的活力和潜力。

12月17日18时，论坛闭幕式在国学馆122会议室举行。闭幕式由国学院党委副书记辛亚民主持，国学院副院长黄维忠、吴洋出席并致辞。黄维忠副院长对评议老师的细致点评与参会同学的充分准备表示衷心的感谢，并再次强调本次论坛的主旨，是为了给青年学者们搭建交流平台，相互分享心得。闭幕式最后，党委副书记辛亚民作总结性发言。辛亚民再次向参会的学者表示感谢，他还指出冯其庸先生办学指导思想中就有要求通过举办论坛的形式促进和加强学术交流，值此冯其庸先生百年诞辰之际，本系列会议的成功举办，无疑是对冯其庸先生最好的纪念与缅怀。

(原载"中国人民大学国学院"公众号，作者：王鑫)

"中国蒙古学与国学—古典学传统"学术研讨会

2024年5月11日，中国蒙古学学会与中国人民大学西域历史语言研究所联合主办，《西北民族研究》《西域历史语言研究集刊》编辑部协办，国家社科基金社科学术社团主题学术活动资助项目"中国蒙古学的国学传统与学科发展研究"承办的"中国蒙古学与国学—古典学传统"学术研讨会于中国人民大学国学馆举行。开幕式由中国人民大学国学院副院长黄维忠主持。来自中国社会科学院、北京大学、中国人民大学、中央民族大学、国家图书馆、浙江大学、内蒙古社会科学院、内蒙古大学、内蒙古师范大学等高校及科研院所26位专家学者出席会议并发言。在京各高校相关专业部分研究生旁听会议。

中国蒙古学学会副会长、中国人民大学西域历史语言研究所所长乌云毕力格表示，"大国学"是中国蒙古学一贯的立场、情怀和视野，从"西北舆地之学"时期以来，中国蒙古学界把蒙古学作为中国学的一部分来建设，中国蒙古学的研究方法具有悠久的国学—古典学和语文学传统。20世纪初开始，中国蒙古学学者们把古典学和语文学方法用于中国学研究，拓展了传统汉学的学术空间。内蒙古社会科学院院长包银山在致辞中介绍了内蒙古社会科学院的办院历史、组织机构、馆藏资源和学术期刊等，充分肯定了内蒙古社会科学院与中国蒙古学学会之间的紧密合作关系，希望双方在学术研究、项目合作、学术交流方面进一步取得丰硕成果。

接着是学术报告环节，分五场进行。第一场学术报告由内蒙古大学教授齐木德道尔吉主持。第二场学术报告由内蒙古师范大学民族学与人类学学院教授胡日查主持。第三场学术报告由吴英喆主持。第四场学术报告由树林主持。第五场学术报告由乌云高娃主持。

闭幕式由叶尔达主持。中国蒙古学学会学术委员会主任委员、北京大学外国语学院教授陈岗龙作学术总结。陈岗龙认为，中国的蒙古学是大国学的一部分，但不能局限于旧国学，而是要和语文学、古典学等学科相结合，国学传统中研究蒙古史时，应采用多语种史料语文学的研究方法。他提出，此次会议集中展示了蒙古学重大项目的前沿成果，多数学者的报告代表了该领域的最新研究进展。中国蒙古学学会秘书长、中国社会科学院民族文学研究所蒙古族文学研究室主任纳钦致闭幕辞,向与会专家学者致谢,并表示,本次研讨会是国家社科基金社科学术社团主题学术活动资助项目"中国蒙古学的国学传统与学科发展研究"的重要成果,对深入认识中国蒙古学与国学传统之间的关系具有重要意义。

与会学者认为,蒙古学是国际性、综合性学科群,因学统绵长和大师辈出而颇具影响力。中国的蒙古学走过了一条在国学传统中孕育、在国际交流中发展的道路,尤其是在中华人民共和国成立后获得了前所未有的进步和提升,并为中国的人文社会科学研究作出了独特贡献。中国蒙古学百余年的发展,是与中国人文社会学科的整体发展结合在一起,因而具有鲜明的中国特色。王国维、陈寅恪、陈垣、韩儒林、亦邻真等学术大师走过的蒙古学研究道路代表了中国蒙古学的中国式发展道路。立足今天,面向未来,中国蒙古学需要继承优秀学术传统,也需要具有更广泛的学术视野,更为包容的学术胸襟,为建构中国自主的知识体系作贡献。从大国学的立场出发,深入思考中国蒙古学的历史、现状和未来道路,是今天中国蒙古学学者的历史责任。

(原载"中国蒙古学学会"公众号,作者:苏日利格)

内蒙古大学民族古典学高等研究院揭牌仪式暨新时代中国民族学学科建设高层论坛

2024年6月8日，我校在赛罕校区学术会议中心8号会议室举行民族古典学高等研究院揭牌仪式暨新时代中国民族学学科建设高层论坛。校党委书记刘志彧，校长武利民，副校长杜凤莲、达胡白乙拉及来自中国社会科学院、北京大学、中国人民大学、浙江大学、兰州大学、南京大学、青海民族大学、中央民族大学、中国第一历史档案馆、内蒙古社会科学院、内蒙古师范大学、呼和浩特民族学院等区内外20余所高等院校、科研院所、相关单位的专家、学者、博士研究生等200余人参加会议。会议开幕式由副校长达胡白乙拉主持。

开幕式上，校党委书记刘志彧致辞。他说，内蒙古大学作为边疆民族地区的重要学府，担负着铸牢中华民族共同体意识理论与实践研究的重大使命，希望通过"民族古典学高等研究院"这一高端平台的搭建，引进高端人才，提高学术水平、科研创新和社会服务能力，承担国家重大重点项目，产出重大成果，扩大国内外学术影响，打造一个富有时代使命、立足学术前沿、具备国际影响力的民族学高等研究机构，提高内蒙古大学民族学学科的核心竞争力，服务国家和自治区重大战略需求，为中国民族学研究和世界中国学研究贡献内大的智慧和力量。校长武利民宣读了成立民族古典学高等研究院的决定，聘任教育部"长江学者奖励计划"特聘教授乌云毕力格为民族古典学高等研究院院长。中国人民大学国学院院长杨庆中教授在致辞中对我校成立民族古典学高等研究院表示祝贺，并表示中国人民大学国学院要与我校民族古典学高等研究院开展全方位合作，为中国古典学事业的发展以及铸牢中华民族共同体意识谱写新的篇章。内蒙古自治区社科联党组书记、主席乌恩奇，内蒙古自治区社会科学院院长包银山，中国人民大学国学院院长杨庆中，我校党委书记刘志彧、校长武利民，我校民族古典学高等研究院院长乌云毕力格共同为高等研究院揭牌。乌云毕力格教授向支持我校民族古典学高等研究院成立以及指导我校民族学科建设的各位专家、教授表达了诚挚的谢意，并希望通过自身和团队的共同努力，将内蒙古大学民族古典学高等研究院打造成一流的民族古典学高等研究院，为中国古典学和世界中国学的进步和发展、为铸牢中华民族共同体意识作出贡献。揭牌仪式后，举办了以"新时代中国民族学学科建设任务、方法与路径"为主题的高层论坛。

中国社会科学院学部委员郝时远研究员，中国社会科学院学部委员朝戈金研究员，教育部"长江学者奖励计划"特聘教授、国务院学位委员会民族学学科评议组召集人麻国庆教授，中国人民大学一级教授王子今，教育部"长江学者奖励计划"特聘教授、兰州大学敦煌学研究所所长郑炳林教授，浙江大学教授、南京大学铸牢中华民族共同体意识研究基地学术委员会主任刘迎胜，南京大学铸牢中华民族共同体意识研究基地首席专家华涛教授，教育部"长江学者奖励计划"特聘教授、浙江大学李华瑞，国家清史编纂委员会副主任、中国人民大学成崇德教授，青海民族大学铸牢中华民族共同体意识研究院执行院长、国务院学位委员会民族学学科评议组成员关丙胜教授等分别围绕主题作了主旨发言。与会专家学者围绕全面贯彻落实习近平总书记关于加强和改进民族工作的重要思想，铸牢中华民族共同体意识，加快形成中国自主的中华民族共同体史料体系、话语体系、理论体系，立足北部边疆地区，发挥好内蒙古大学民族古典学高等研究院的作用，推动民族学学科整体建设水平实现晋位升级，集聚力量与智慧，打造一流民族学学科品牌等内容进行了深入探讨交流。民族古典学高等研究院建立后，将立足于多语种古籍、档案文献资料和语文学研究这两个基本点，挖掘好、利用好、研究好反映中华民族多元一体和各民族共同创造国家历史、疆域、文化与精神的各民族语文古籍，深入研究北疆地区相关文化区域的多民族、多语种文字、文献、经典。挖掘古籍文献所包含的中华民族交往交流交融历史，探索各民族在中华文明形成过程中的作用，探究中华民族古典文明实态。我校各职能部门、相关学院、系所中心负责人和专家学者参会。

（原载内蒙古大学新闻网，作者：刘阳、郑旻彤）

南京大学"文史结合与中国古典学的推进"学术研讨会暨卞孝萱先生百年诞辰纪念会

2024年10月26日,"文史结合与中国古典学的推进"学术研讨会暨卞孝萱先生百年诞辰纪念会在南京大学召开,来自全国各地的专家学者汇聚仙林校区,共同缅怀这位在文史研究等诸多领域做出了卓越贡献的学术大家。会议由南京大学文学院、南京大学古典文献研究所主办,凤凰出版社、南京大学中国文学与东亚文明协同创新中心协办。

上午8时30分许,纪念会在文学院报告厅开始。南京大学文学院副院长童岭教授主持会议并代表文学院致辞,欢迎各位与会专家的到来,指出我们纪念卞孝萱先生,就是要学习他的科研精神、育人精神和开拓精神。南京大学古典文献研究所所长程章灿教授代表主办方致辞,指出卞孝萱先生在文史领域的宽阔视野和深厚造诣,为南京大学"两古"学科的学科建设、人才培养及学术研究做出了巨大贡献。

南京大学人文社会科学资深教授、江苏省文史研究馆馆长莫砺锋因事无法到会,特为撰成《缅怀卞孝萱先生》七律一首,委托程章灿代为宣读:"鸣机画荻传千载,射矢悬弧忽百年。典册华章曾贵纸,洪声健步已随烟。出文入史才情溢,启后承前脉络全。最仰凌寒松柏质,冬青树色胜春妍。"程章灿和诗一首:"绿杨城郭春晖丽,寸草歌中忆昔年。世泽忠贞铭岁月,家声慈孝焕云烟。三唐老树枝新绽,八怪神龙体具全。传诵遗书遍寰宇,满堂桃李竞暄妍。"借此表达对卞先生的深切怀念。

随后的嘉宾致辞环节,七位专家学者先后发言。扬州文化研究会名誉会长赵昌智围绕卞先生几部代表性的著作总结其学术成就,强调《辛亥人物碑传集》《民国人物碑传集》罗列的十条编辑构想对研究辛亥、民国乃至其他历史时期的人物都具有指导意义;《郑板桥全集》是目前整理最为完备的郑板桥集,从中可以领略卞先生搜集资料的用心与考证史实的功力;《唐人小说与政治》以小说写作的政治背景为出发点,从小说作者的政治态度入手,文史互证,以意逆志,改变了人们对古小说即"街谈巷议"的粗浅看法。他认为卞孝萱先生真正做到了文史兼通,是继承"扬州学派"优良传统的一代通儒。

西北大学中国文化研究中心主任、中国唐代文学学会会长李浩教授从三个方面谈了他对卞先生学术贡献的理解：一是打通文史，文史结合，从宏观综合的大历史看文学现象和文人活动；二是在专书、专题和专门作家研究等方面点面结合，深入专精；三是在学术组织方面特别投入，对学会工作兢兢业业。

暨南大学文学院程国赋教授以"文史结合与卞孝萱先生的教学思想"为主题，总结卞先生在教学实践中对"文史结合"方法的运用。他指出，在卞先生丰富多彩的治学方法中，文史兼治、专通结合最为重要，这一治学方法的形成受其家乡"扬州学派"和恩师范文澜的影响尤深。

北京语言大学中国书法国际传播研究院执行院长朱天曙教授回忆自己与卞先生的交往经历，从四个方面介绍卞先生给他的启示。一是卞先生特别强调文史与艺术的结合；二是卞先生喜欢研究身边熟悉的人和作品，注重细节；三是卞先生特别注重学术交往，与文史、书画等众多领域的杰出人物均有交游；四是卞先生珍惜时间，注重提高效率，反对枝蔓，提倡文风简洁。

凤凰出版社社长吴葆勤在讲话中回顾了卞先生与凤凰出版社的合作经历。他指出，卞先生是凤凰出版社的老朋友，小到出版社的中级职称评审会，大到全省的出版研讨会，只要和古籍沾边，先生就欣然前往。

凤凰出版社编审卞岐撰写书面致辞，委托南京大学文学院赵益教授代为宣读。卞岐编审对南京大学文学院、古典文献研究所和不辞辛劳从四面八方赶来参加纪念会的嘉宾学者表示衷心的感谢。致辞指出，友情之中，以文字、思想交流的学术之友和超越亲情的师生之谊最为可贵，父亲一生致力于自己所喜爱的事业，认真读书，努力研究，做考据，写文章，乐此不疲，他的学术生涯得到了同行的尊敬和学生的爱戴。今天的相聚不仅是为了缅怀一位学者，更是传承和发扬他那种对知识、对学术的执着追求。

南京大学历史学院教授、六朝博物馆馆长胡阿祥作了题为"卞孝萱师致缪钺、缪元朗书札所述文史互证"的报告，指出卞孝萱、缪钺两位先生都是文史兼通的学术大家。胡教授展示卞先生致缪钺、缪元朗祖孙的若干封书信，信中多处涉及文史互证。如卞先生于1983年致缪钺先生信中提及："范仲沄师生前常言：吾国传统，史学家兼文学家者也。"1992年在给缪先生祝寿信中称："文史结合是我国学者的优良传统，近代王国维、陈寅恪两前辈继承发展，而当代则由您老高举这面旗帜。"2004年，缪先生久已逝世，卞先生在致其孙缪元朗信中写道："诗史互证，我所私淑者两前辈，即寅恪先生与彦威丈也。我发展为小说证史，为彦威丈所赞赏，特在拙著《唐人小说与政治》后记中郑重提到此点。"胡阿祥通过展示上述信件，揭示了卞、缪两位前辈学者共同的学术旨趣和深厚的私人情谊。

（原载"南雍论学"公众号，作者：王修齐）

首届世界古典学大会

11月7日,国家主席习近平向首届世界古典学大会致贺信。与会中外嘉宾和社会各界人士一致表示,习近平主席的贺信为赓续历史文脉、加强文明对话、推动人类文明发展进步提供了重要指引。

大家表示,将充分利用世界古典学大会这个平台,切磋研究成果,分享有益经验,碰撞出更多思想火花,推动世界古典学发展不断取得新进步。

加强古典学研究,守护文明薪火

习近平主席在贺信中强调"担负起古典学研究的使命",令在场专家学者深感使命在肩、任重道远。

中国社会科学院外国文学研究所古典学研究室是国内首家古典学研究的实体机构。现场聆听习近平主席的贺信,中国社会科学院古典文明研究中心秘书长、外国文学研究所古典学研究室负责人贺方婴备受鼓舞:"未来我们将继续担负起阐释古典智慧和传播古典文明的使命,立足中华文明渊源,兼容中西古典传统,在引介西方优质古典学著作的同时,更好推动中国古典学经典阐释、中国原创性古典著作出版。"

"近年来,中国人民大学古典学实验班积极培养学生经典阅读的能力,加深他们对古代经典、古代文明和现代文明的理解。"中国人民大学古典文明研究中心副主任娄林表示,"我们将继续探索中国特色哲学社会科学的人才培养模式,努力培养一批兼通中西之学、明古今之变的新时代栋梁人才。"

古典文明是人类文明的高峰和灯塔,积淀着人类认识和改造世界极为深厚的理性知识和实践知识。

"在接下来的工作中,我们会努力推动古典学研究和教学,从中外先贤留下的原始文献着手,深入阐发经典文本所蕴含的精要,保护、传承好古典学这一人类共有的精神家园。"东北师范大学世界古典文明史研究所所长张强说。

推动文明传承发展，加强国际人文交流

习近平主席在贺信中指出："中国积极致力于推动文明传承发展，加强国际人文交流，促进全球文明对话，注重从不同文明中寻求智慧、汲取营养。"

中国式现代化作为人类文明新形态，正是立足于源远流长、博大精深的中华文明，在学习借鉴人类一切优秀文明成果中不断丰富的。

"我们学院非常重视中国文史哲经典的提炼与转化，将中国古典智慧与优秀文化因子纳入教材与课程之中，努力培养国际学生了解中国经典、古代圣哲、古典智慧。"复旦大学国际文化交流学院院长罗剑波表示，"我们将继续向国际学生讲好中国故事，通过青年学子互动交流，播撒文明互鉴的种子。"

"中国和埃及同为世界文明古国，分别孕育出灿烂的古典文明，这是人类智慧的结晶。"埃及爱资哈尔大学中文系主任阿卜杜勒·阿齐兹·哈姆迪与中国文化结缘近半个世纪，曾翻译《论语》《老子》等经典著作。他说："要通过经典著作互译推动文明传承发展。经典中蕴含的人类共通的情感和道德价值观，指引我们从历史的源头汲取智慧。"

"2021年我们曾举行中国和希腊青少年古典戏剧表演活动，促进古老文明间的交流与对话。"尤金妮娅·马诺利杜是希腊一所教授青少年古希腊语学校的负责人，她表示，"古典文化具有联通人心的作用，不同的古老文明在交流中能够增进理解与欣赏，凝聚共识、兼收并蓄。"

践行全球文明倡议，共同推动人类文明发展进步

习近平主席在贺信中强调："愿同各方一道，践行全球文明倡议，携手解决人类共同面临的各种挑战，共同推动人类文明发展进步。"

中希文明互鉴中心中方秘书长王勇对此深有感触，他介绍，践行全球文明倡议，中希文明互鉴中心成立一年多以来，召开了中希文明高峰论坛等10余场国际学术会议，"我们将通过学术研究和推广、国际联合人才培养和品牌人文交流活动，持续推动中国和希腊、中国和世界的相互理解，为世界和平与发展、共建人类命运共同体注入蓬勃力量"。

英国剑桥大学古典学系希腊语教授蒂姆·惠特马什表示，古典文明虽萌生于过去，却启迪当下和未来，"在复杂多变的时代，我们更要深入推广内在价值巨大的古典文明，厚植古典主义文化土壤，为当代生活与未来发展积蓄精神源泉"。

"我们从古典找源头，就能找到更多文化共鸣。"山东大学儒学高等研究院副教授蔡

杰表示，"古希腊和古代中国在思想文明层面都强调美德和共同体，这是古典文明留给我们的巨大思想财富，具有克服现代性冲突的时代价值，各方应积极携手，相互欣赏相互学习，共同推动人类文明发展进步。"

（原载《人民日报》2024 年 11 月 8 日第 2 版，作者：李卓尔、陈熙芮）

"'中国古典学'视野中的法家学说"学术研讨会暨中国先秦史学会法家研究会第七届年会

2024年11月9—10日，由中国人民大学国学院与中国先秦史学会法家研究会联合举办、中国人民大学法家研究中心承办的"'中国古典学'视野中的法家学说"学术研讨会暨中国先秦史学会法家研究会第七届年会在北京召开。本次会议汇聚了来自全国各地近五十位高水平专业学者，共同探讨了"中国古典学"与法家思想两大核心主题。

会议于11月9日上午8时30分正式开幕，中国先秦史学会会长宫长为研究员、中国先秦史学会法家研究会会长蒋重跃教授、中国先秦史学会法家研究会副会长宋洪兵教授与安徽华艺生物装备技术有限公司董事长陶安军先生分别发表了开幕致辞。宫长为会长强调坚持"两个结合"揭示出法家研究的方法论和实践路径，肯定了法家研究会研究的深度与广度。蒋重跃会长从法家研究的跨学科、多主题等特性出发，突出了法家研究的贡献与社会实践引领作用。陶安军董事长则以"当代稷下学宫"为喻，预祝本次会议顺利开展。在第一场主题发言中，西北大学法学院特聘教授武树臣先生提出孔子乃"大法家"的观念，北京师范大学历史学院蒋重跃教授提出商鞅的兵学思想，南京师范大学文学院的徐克谦教授对中国古代"中道"政治的深刻阐述，引起与会学者热议。清华大学政治学系任剑涛教授指出法家一直处于知识分类的边缘，他从知识与权力的角度重新思考了法家与儒家思想的境遇，令人印象深刻。

在为期两天的会议中，学者们围绕法家学说的历史演变、思想内涵、哲学意义及其现代价值等议题进行了深入讨论。

此外，本届年会还创新性地举办了第一届"法家智慧与企业家精神"的圆桌会议，邀请了国内十位杰出的企业家与管理者分享他们对法家的认识和理解。这一环节旨在通过企业家的视角，探讨法家思想在现代企业管理中的应用与价值，以期产生良好的社会效应，并吸引更多社会人士关注法家学说及其研究。

本次会议的举办，不仅推动了法家学说的学术研究，也为法家思想在现代社会的传播与应用提供了新的视角和平台。通过学者与企业家的深入交流，会议为法家研究的未来发展注入了新的活力。

（原载"中国人民大学国学院"公众号，作者：陈滢）

附录：中国人民大学国学院"中国古典学"建设大事记

2017年4月，中国人民大学国学院挂牌成立古典学学院，并举行古典学学科建设咨询会。

2019年12月，中国人民大学国学院与冯其庸学术馆共同举办的"文献·文本·文字：中西古典学研究的路径与方法"学术研讨会在无锡冯其庸学术馆召开。

2020年11月，中国人民大学国学院成立十五周年，举办"国学—古典学学科建设"研讨会暨首届"古代知识与文明的产生与传播"学术研讨会。

2022年3月，中国人民大学党委书记张东刚与人大国学院班子成员就学科建设进行座谈。

2022年7月，中国人民大学国学院举办了"中国古典学的问题与方法"研讨会。

2022年8月，中国人民大学张东刚书记就国学院学科建设作重要指示，强调国学院要坚持把马克思主义基本原理同中国具体实际相结合、同中华优秀传统文化相结合。

2022年9月，中国人民大学林尚立校长到国学院调研，听取国学院的工作汇报，肯定了国学院建设"中国古典学"的努力方向并做出进一步指示。

2022年10月，中国人民大学建校八十五周年"走出一条建设中国特色、世界一流大学的新路"学术论坛——国学院分论坛"中国古典学问题与方法"成功举办。

2022年12月，由中国人民大学国学院和中国人民大学古代中国与丝路文明研究中心主办的首届"中国古典学青年学者论坛"在中国人民大学国学馆成功举办，这是全国第一次以"中国古典学"为主题的青年学者论坛。

2023年4月，中国人民大学国学院与无锡市惠山区委、惠山区人民政府以及冯其庸学术馆共同合作，在无锡冯其庸学术馆举办了"人文学术新路径：中国古典学研究"的学术研讨会，就中国古典学的学术研究方法与范式等展开讨论。

2023年7月，中国人民大学国学院在国学馆举办全国高校国学机构负责人会议。

2023年9月，以杨庆中院长为负责人的国学院团队以"中国古典学专业本硕博贯通培养改革探索"为题申报 2023 年度中国人民大学教育教学改革研究项目并成功获批。

2023 年 10 月，中国人民大学支持国学院向教育部申报成立"中国古典学"本科专业。

2023 年 11 月，中国人民大学国学院组织了首届"中国古典学"本科生、硕士生学术论坛，这是全国第一次以"中国古典学"为主题的本科生和硕士研究生学术论坛。

2023 年 12 月，中国人民大学国学院组织了第二届中国古典学青年学者论坛，同时还组织了中国古典学系列会议——"古典新诠与古史重释"暨顾颉刚《与钱玄同先生论古史书》发表一百周年学术研讨会。

2024 年 4 月，中国人民大学国学院申报的"中国古典学"本科专业成功获批并进入教育部《普通高等学校本科专业目录（2024 年）》。

2024 年 5 月，中国人民大学国学院与无锡市惠山区委、惠山区人民政府以及冯其庸学术馆继续合作，共同组织了"经典、政制与生活：中国古典学的视野"学术研讨会。

2024 年 7 月，中国人民大学国学院经过反复论证，修订完成了中国古典学本科专业的培养方案。

2024 年 9 月，中国古典学第一批本科生进入中国人民大学国学院学习。同时制定出"中国古典学专业本硕博贯通培养方案"初稿。

2024 年 10 月，以杨庆中院长为负责人的国学院团队以"《中国古典学史》跨学科课程与教材体系建设"为题申报 2024 年度北京市高等教育学会课题立项。